CUBA DETRÁS DEL TELÓN

IV

INSULARIDAD Y EXILIO

(1969-1979)

COLECCIÓN POLYMITA

EDICIONES UNIVERSAL, Miami, Florida, 2010

MATÍAS MONTES HUIDOBRO

CUBA DETRÁS DEL TELÓN

IV

INSULARIDAD Y EXILIO

(1969-1979)

...EDICIONES UNIVERSAL

Primera edición, 2010

EDICIONES UNIVERSAL
P.O. Box 450353 (Shenandoah Station)
Miami, FL 33245-0353. USA
Tel: (305) 642-3234 Fax: (305) 642-7978
e-mail: ediciones@ediciones.com
http://www.ediciones.com

Library of Congress Catalog Card No.: 2008901103
Vol IV: ISBN-10: 1-59388-145-2
Vol IV: ISBN-13: 978-1-59388-145-0
Obra completa: ISBN-13: 978-1-59388-125-8

Composición de textos: María Cristina Zarraluqui

Diseño de la cubierta: Luis García Fresquet

Obra en la portada: «Esta gente» de Antonia Eiriz
Se reproduce con permiso del Sr. Manuel Gómez, viudo de la artista

Un proyecto de Pro Teatro Cubano

En memoria de Virgilio Piñera

Para Yara, siempre

Para: Jorge J. Rodríguez-Florido
       Orlando Rossardi
       Jesús Barquet
       Mario García Joya
       Oscar Montero López

ÍNDICE

PRIMERA PARTE

INSULARIDAD

INTRODUCCIÓN

Durante toda la década del setenta, la construcción del socialismo y la imitación del modelo soviético, con algunos ingredientes de su propia cosecha, se convirtieron en dos consignas que la Revolución se encargó de repetir una y otra vez. La dramaturgia cubana se hizo, no diré eco sino voz explícita, de estos objetivos propagandísticos y políticamente recalcitrantes, cuyas obras, autores y textos discuto en *Creación colectiva y realismo socialista*, que sirven de muestra del pernicioso carácter y la inoperancia estética y moral de un discurso dramático subordinado a la propaganda marxista y al totalitarismo, dejando constancias de los riesgos que se asumen cuando las artes están subordinadas al férreo control del estado. Me propongo en este libro, discutir la escasa producción dramática que trasciende los límites más estrechos de este discurso.

insularidad

Dentro de este marco bastante desolador, sobresale la resistencia de la dramaturgia marginada de Virgilio Piñera, que representa la continuidad del movimiento de resistencia estética de la década de los sesenta, la cual se abre con *Un arropamiento sartorial en la caverna platómica,* y que sella el período con la muerte del dramaturgo. Naturalmente, la presión del «parametraje» se deja sentir como si fuera un torniquete y el movimiento dramático nacional se resiente. Nicolás Dorr escribe un texto sintomático, *El agitado pleito...,* pero al mismo se reducen sus logros, como también ocurre con David Camps con *En el viaje sueño,* escapista y ambiguo. Para José Triana será prácticamente imposible superarse a sí mismo tras los rotundos logros de *La noche de los asesinos,* limitándose su producción conocida a *Ceremonial de guerra* y *Revolico en el Campo de Marte,* que aunque tienen considerables méritos, no están a la altura de su mayores logros y carecen, en parte gracias a las circunstancias en que se producen, de la resonancia de su obra anterior. Aunque Abelardo Estorino escribe una de sus obras más importantes, *La dolorosa historia...*, a la misma se limita básicamente el logro de su producción en la década de los setenta. Hernández-Espinosa con *Mi socio Manolo* y *La Simona* mantiene la altura del discurso previo y hasta se supera a sí mismo en la primera de estas dos obras. Otros, sencillamente, desaparecen: Carlos Felipe, Rolando Ferrer, Antón Arrufat, Gloria Parrado, Fermín Borges, etc.

el sello de la marginación

Pero, básicamente Virgilio Piñera, que muere en 1979, gradualmente va a elevarse como arquetipo de la resistencia, convirtiéndose en el símbolo ético de dos orillas donde la marginación es la tónica dominante. A partir de su inmersión en la oscuridad platónica y platómica, su voz se diluye pero no perece en un teatro inconcluso que va repercutir en la conciencia dramática cubana, incluyendo en aquellos que le dieron la espalda y que se darán golpes de pecho después de su muerte. Queda como una muestra de la vigencia ritual de un absurdo que es la vida y máscara del teatro cubano, como si fuera el que viniera a salvarnos.

Es por eso que este libro parte de *Un arropamiento sartorial en la caverna platómica,* texto clave para comprender el juego de caras y caretas que se desarrolla en el ámbito cubano. En lo político impera en todo su poder el torniquete castrista; en el ámbito teatral, una serie de contradicciones van del discurso hegemónico de la creación colectiva y el realismo socialista al subversivo de una vanguardia marginada donde todavía Piñera juega un papel protagónico.

Investigaciones recientes me han llevado a considerar otros vínculos, encabezados por tres teatristas frecuentemente mencionados en relación con la praxis escénica en la segunda mitad del siglo XX: Tadeus Kantor, Jerry Grotowski y Eugenio Barba. Para un mejor entendimiento de las circunstancias y la mentalidad de esta década, debemos ubicar no sólo a Piñera, sino a estos teatristas foráneos, cuyos nombres eran anatema. La culpa de la crisis teatral que tiene lugar no hay que achacársela solamente a Luis Pavón Tamayo, Director de Cultura durante los cinco primeros años de la década de los sesenta. Hay que tener en cuenta la posición asumida por muchos participantes del movimiento teatral que años después pasarán a rendirles pleitesía a Kantor, Grotowski, Barba y al propio Piñera, como si no hubiera pasado nada.

contrastes y contradicciones

La gran paradoja de la marginación piñeriana, que merece estudios más profundos e investigaciones que no están en mi poder llevar a efecto, es el contraste que ofrece con otras trayectorias de la dramaturgia mundial. Si uno contrapone la de Piñera con la de Tadeus Kantor, nacidos respectivamente en 1914 y 1915, y los reubicamos a ambos en la década de los setenta, nos damos cuenta de la monumental regresión estética que tiene lugar en el ámbito teatral cubano. Si consideramos que en los setenta, Kantor recorre el mundo con el montaje de *Dead Class,* que fue aclamado internacionalmente, comprendemos que las concepciones teatrales de Piñera, y muy en particular las de *El arropamiento sartorial...,* representan una contrapartida nacional en el terreno de la imaginación escénica, con una recepción alienatoria de inversa naturaleza. *Dead Class* vino a ser la consagración de Kantor, que llevaba a efecto, según Miklaszewesky, un espectáculo furioso de formas fantásticas y bizarras connotaciones consistentes en imponentes secuencias «of dream-like images»: «marching and whispering, they arise and subside rhythmically, anarchically enacting their ferocious rituals of birth and death...», «a ghostly world, familiar, but farther from us than the moon...»; «a strangely haunting evening...» (Miklaszewski, 48-49). Imagínese lo que le hubiera pasado a Kantor si se hubiera bajado con «dream-like images» en el Teatro la Yaya o en el colectivo de la Cubana de Acero. ¡Lo hubieran mandado a freír espárragos! Nada más distante del teatro hegemónico que se hacía en Cuba por esos años, y nadie más cerca en el teatro cubano que Piñera, cuyo teatro estaba poblado de imágenes de esa naturaleza. Marginado en un limbo, sin que sus obras se llevasen a escena, el teatro cubano alienaba a Piñera mientras que Corrieri, Paz, Lauten, Orihuela, Hernández, Sánchez, y muchos más, recorrían el mundo, recibiendo aplausos y medallas, gracias a una creación colectiva politizada. Con el paso del tiempo, naturalmente, los mismos que asfixiaban en Cuba este tipo de dramaturgia a favor de la creación colectiva y el realismo socialista (es decir, el castrismo en escena) pasarán a darse golpes de pecho.

cronologías paralelas

La cronología en cuanto a Grotowski es bien diferente. Nacido en 1933, cronológicamente podría asociarse con el movimiento de resistencia estética de principios de los sesenta, encabezado por Piñera pero formado por un grupo de autores que, nacidos por los mismos años que Grotowski, respondían a una nueva estética, en correspondencia con Edward Albee (1928) y Harold Pinter (1930), que si hubieran vivido en Cuba hubieran tenido que exiliarse o pagar las consecuencias.

Hay que tener en cuenta que tras la muerte de Stalin en 1953 se produce un movimiento de desestalinización en los países del bloque soviético. En Polonia se incrementa el liberalismo, que da lugar a una creciente tensión. En 1956, Wladyslaw Gomulka, a la cabeza del gobierno logra un cierto grado de libertades internas, con períodos de fluctuante optimismo. El triunfo revolucionario castrista coincide con estas tendencias de mayor liberación en Polonia, que tendrán sus resonancias en la cultura y que se reflejó con la positiva recepción del cine polaco en Cuba. Por consiguiente la «mentalidad» de la cultura cubana en el momento del triunfo revolucionario no es estalinista, sino todo lo contrario, como también se va a poner de manifiesto en la preferencia de la crítica cinematográfica con respecto a las películas más innovadoras que llegan de los países del bloque soviético.

Jennifer Kumiega ha observado la necesidad de considerar el ambiente teatral y político dentro del cual Grotowski estableció sus nuevas concepciones teatrales. «The period for 1939-1956 had been one of almost total stagnation in the theatrical world in Poland... Even after liberation there was an enforced program of Socialist Realism (proclaimed in 1949 at the Congress of the Polish Writers Un-

17

ion)» (10). Este hecho, juntamente con una administración centralizada, logró aniquilar cualquier posibilidad de desarrollo teatral independiente, arrasando con las fuerzas creadoras que le dan al teatro un valor único. «But with the general relaxation of restrictions in the mid-fifties, the Polish theater began to flourish again… The political changes also brought behind them an influx of avant-garde influences from the West…» (Kumiega 10). Grotowski participa activamente en estas corrientes liberadoras, escribiendo artículos sobre civilización y libertad, que ve como el único camino posible del socialismo. Su posición de vanguardia se pone de manifiesto a través de sus montajes, estableciendo lo que fue llamado el primer teatro experimental de Polonia, y funda el teatro de «das trece filas». Por consiguiente, coincide con el espíritu renovador del movimiento de resistencia estética que se va desarrollando en Cuba y no con los parámetros «a lo Sergio Corrieri» que van a asfixiar este movimiento.

No obstante el reconocimiento internacional que va a recibir Grotowski a partir de 1962, hacia fines de la década de los sesenta es atacado por sus oponentes en la prensa polaca, posición que se parece en mucho (cuando menos teóricamente) con el recorrido internacional de *La noche de los asesinos* y la reacción de la crítica cubana sobre el supuesto anquilosamiento de la vanguardia experimental. Kumiega explica que a pesar del apoyo y las credenciales de muchas personas de influencia en los medios artísticos, y del hecho de que entre 1967 y 1970 Grotowski recibiera tres medallas estatales por sus logros escénicos; había en Polonia, en general, «a distrustful reticence» respecto a sus logros y puntos de vista, «that for many years was manifested by a lack of serious response on the critical and literary levels» (Kumiega 49). Los libros más importantes de Grotowski durante los años sesenta, traducidos por Barba y Temkine, fueron publicados en italiano y francés respectivamente, y traducidos al inglés en 1972. Paradójicamente un libro escrito por un director polaco se publica en inglés por una editorial danesa por iniciativa de un italiano, ya que los métodos radicales y sin compromisos de su teatro experimental no acababan de ser aceptados por el estado. ¿Cómo es justificable que dramaturgos y críticos de peso sean capaces de apoyar los regímenes totalitarios de izquierda, aplaudir los textos más pedestres de la creación colectiva y al mismo tiempo llenarse la boca para mencionar a Grotowski? En otras palabras, cuando uno recorre los textos de la elite teatral de izquierda, saltando de un «festival» al otro, que no son más que manifestaciones elitistas de control de la cultura escénica, puro *snobismo* oportunista, se hace palpable la contradicción. Grotowski en particular representa una reacción experimental de vanguardia, inaceptable en los regímenes totalitarios, como ocurre con el teatro que se desarrolla bajo el castrismo: no es posible respaldar dos direcciones opuestas al mismo tiempo.

Sirva lo mencionado para puntualizar lo siguiente: para los años setenta los participantes del movimiento teatral cubano no se identifican ni siquiera con las figuras más representativas de la vanguardia teatral de los países del bloque soviético (que era el espíritu que animaba a la vanguardia de la década anterior), sino con las más retrógradas, sacrificando el teatro en beneficio de la politización, cuyo objetivo no es otro que derrocar los principios democráticos en beneficio del marxismo, dando un paso atrás, culturalmente hablando, hacia las propuestas más rígidas y represivas impuestas por la construcción del socialismo.

conversiones y golpes de pecho: el discurso de caras y caretas

A fines de los sesenta, la crisis sico-teatral que se va desencadenando en Cuba crea mayores y radicales bifurcaciones. De un lado está *Teatro Escambray,* la creación colectiva, y el realismo socialista; del otro, aquellos que no saben qué hacer, que no se integran a este discurso o son rechazados. Más bien en este segundo ámbito, parece desarrollarse la crisis personal que sufre Vicente Revuelta, según la explica en *El juego de mi vida, Vicente Revuelta en escena,* de Esther Suárez Durán, tras un viaje a Europa donde una serie de puestas en escena parecen haberlo sacudido violentamente, particularmente un homenaje a *La peste* de Artaud. Recuérdese, en primer término, que a principios de la revolución *Teatro Estudio* y Vicente Revuelta eran la meca del brechtianismo-marxista, pero aparentemente para fines de lo sesenta los ánimos estaban cansados. El viaje a Europa tiene todas las señales de un viaje de «redescubrimiento»: «Cuando aquello terminó, *si yo hubiera sido coherente conmigo mismo [¿?], me hubiera ido con aquella gente,* porque sentía que aquello era lo que yo realmente quería, lo que yo había pensado, durante toda la vida, que era el teatro. Toda la teoría encerrada, en cuarenta libros, sobre lo que es el teatro de grupo, estaba allí... Claro, no sé qué hubiera sido de mi vida, a lo mejor no volvía más a Cuba, porque *aquellas gentes te brindaban el paraíso. Toda la teoría, la filosofía de Grotowsky estaba allí» (130-131)*. La descripción de Revuelta (incluyendo nuestras cursivas) casi refleja lo que Piñera haría poco después con *Un arropamiento sartorial...,* como si Revuelta hiciera un viaje innecesario a París cuando los materiales los tenía en La Habana. Pero en Cuba, bajo el castrismo, se ha vivido un proceso distorsionador que ha exigido siempre el sacrificio de la identidad, hasta tal punto, que es muy difícil saber quién es quién, en total oposición a la declaración de principios grotowskianos: quitarse la careta, revelar, física y sicológicamente lo substancial de uno mismo en una entrega de teatro total.

De regreso, en busca del teatro perdido, Revuelta se vuelve el director del grupo *Los doce,* y se pone a trabajar con Barba y Grotowski en 1969, en un contexto polémico y fuertemente politizado. Esencialmente, parece haber mucho miedo, que se pone de manifiesto en «una sesión de desnudo» donde se desnuda una de las actrices (Ada Nocetti) de la cintura para arriba [y] al término de aquella sesión, uno de los actores pidió ponerse de acuerdo para que aquello que había sucedido, no se comentara. Había un temor tremendo a que trascendiera. «En realidad no se comprendía lo que estaba pasando» (137). Hay que recordar que entre los feligreses estaba René Ariza, que planeaba un montaje grotowskiano del *Don Juan* de Zorrilla pero que fue a parar a la UMAP, y se hicieron proyectos para montar *Una caja de zapatos vacía*. Al influjo de Grotowski, Revuelta empieza a ensayar *Peer Gynt.*

«No se puede perder de vista que estamos hablando de los años 68-70. Durante todo el tiempo de la zafra del 70, aquello era considerado como que uno estaba en la torre de marfil, en un momento en que el país andaba enfrascado en aquella batalla. Como si cada cual no tuviera su frente, su lugar, su manera de ser más útil. Y desde luego, el nombre de Grotowsky no se podía ni mencionar. Cuando aquello la propia oficialidad cultural polaca hablaba mal de Grotowsky, porque él no era bien visto dentro de su país, no se comprendía lo que él hacía» (141).

Es decir, Grotowski representaba un discurso subversivo que estaba en el ambiente y Piñera era el que llegaría a lo medular de su propuesta. Revuelta lo explica casi del modo que lo hace Piñera en la creación de Ceremonio en *El arropamiento sartorial...*, como si el dramaturgo estuviera escribiendo la crisis del director, que también era la suya. «Había un proceso por el que estaba pasando ya desde antes y era que me resultaban muy evidentes las máscaras de los demás. Como yo estaba fungiendo como guía, yo daba los estímulos y veía las respuestas, y me daba cuenta de que aquella gente estaba enmascarada. Me percaté de la existencia de las máscaras en las relaciones humanas. Y me enfermé» (142). Como Piñera, Revuelta está haciendo referencia al «arropamiento».

Uno de los enmascarados debió ser Carlos Pérez Peña, elegido para ser uno de los doce discípulos de Revuelta para formar el grupo *Los Doce*, el cual se refiere a los ensayos de *Peer Gynt* de otro modo:

«Había mucho contacto físico porque los actores iban casi desnudos, y por esa y otras razones simplemente formales aquello fue adquiriendo un carácter de santuario. Dudábamos que lo hiciéramos bien, pero incluso llegué a convencerme de que, bien hecho, aquello no tenía sentido para nosotros; no era eso lo que tenía que hacerse aquí en Cuba... Con Grotowski nosotros no hacíamos más que trasladar un método... Habla del teatro como un equivalente de las catacumbas para los cristianos, es decir, un teatro para elegidos, para una superminoría que sólo puede ascender a ese teatro, tanto actores como público. A partir de eso, todo empieza a construirse sobre una base falsa y endeble.» (Citado por Séjourné, 46).

Pérez Peña le objeta a Grotowski la presentación de imágenes religiosas y no ve la religiosidad nacional, que considera de superficie, afirmando que la imagen de la *Pieta* en escena no produciría ninguna conmoción en los cubanos. Descartaba, por consiguiente, la liturgia religiosa, para él «todo se redujo a un modelaje individual nuestro, dentro de aquel círculo muy cerrado, que no condujo absolutamente a nada» (46). Como es de esperarse, Carlos Pérez Peña se va para el

Teatro Escambray, donde según él no se trabajaba bajo una base falsa, aunque el tiempo ha demostrado otra cosa.

Esto pensaba Pérez Peña a mediados de los setenta, bajo las candilejas del *Teatro Escambray,* pero veinticinco años después, aproximadamente, se va a expresar de otra manera en un artículo publicado en *Tablas.* «*Peer Gynt* nos arrastró en un salto mortal hacia el lago que era el centro de sí mismo. El proceso de improvisaciones para *Peer Gynt* lo recuerdo fascinante. Pudimos llegar a propuestas esplendorosas y arriesgadas; en muchos momentos –y con una hubiera sido suficiente— fuimos prismas que irradiaban multitud de sentidos e imágenes. Entonces nuestras puertas se abrieron y ojos ávidos pudieron mirar aquel proceso que había estado cerrado al mundo exterior» (34). ¿Cómo? Es decir, veinticinco años atrás había dicho que ese teatro grotowskiano se construía sobre «bases falsas y endebles» y que «no condujo absolutamente a nada», y después, como buen actor, cambiando de casaca, cuando Grotowski está en el candelero, afirma que aquello fue una maravilla. Su posición, por cierto, no es la excepción sino la regla, representativa de los cambios de colores del camaleón, las «rectificaciones» del «socialismo».

Magaly Muguercia, después de haberle dado la espalda a *La noche de los asesinos,* porque no estaba en honda con ese tipo de dramaturgia y que había hecho profesión de fe con el realismo socialista, irá a parar en 1993, nada más y nada menos, en el trabalenguas grotowskiano:

«Los años sesenta introdujeron un viraje en la evolución del teatro del siglo XX. En medio de una década fulgurante que vio reverdecer la imaginación y la rebeldía y que produjo inolvidables desbordamientos de utopismos, aparece un nuevo profeta en escena. Creo que fue Jerzy Grotowski el máximo representante de la renovación que entonces se inició [...] En aquella década de exaltaciones y pasión crítica, por intermedio de él no hablaba ni la utopía pletórica ni el descreimiento, sino un utopismo doloroso, como el de Dostoyevski. Hablaba, entre otras cosas, su identidad de ciudadano "disidente" de una nación que, oprimida por siglos, vivía paradójicamente la experiencia del socialismo como un sojuzgamiento más. Ya en los años sesenta, con la radicalidad de su ruptura, Grotowski estaba inscribiendo, en lo profundo de la escena contemporánea, conmociones en las que de alguna manera resonaba uno de los episodios más trágicos de la separación entre la vida y el sentido que han tenido lugar en este siglo: el fracaso del "socialismo real"» (*Teatro y utopía, 73-74*).

¿Cómo es posible entenderse negando hoy lo que se dijo ayer y lo que se dirá mañana? Es cierto que hay que dejar cierto espacio para el cambio y la rectificación, pero es imprescindible mantener cierta coherencia en el discurso creador y en el crítico. Estos comentarios de fin de siglo contradicen la praxis ideológica que se defendió en los años sesenta y setenta, causando un daño irreparable, cuando no se aceptaba la oposición de ningún ciudadano «disidente», que en otro momento caería en la categoría de un anti-social. En los setenta había que ser brechtiano; no grotowskiano.

«Barba era un estudioso de las religiones comparadas y su recorrido por la India en esos años, me imagino que tuvo que ver con la búsqueda de principios rituales y religiosos comunes al teatro. Grotowsky es un individuo cristiano; en su trabajo están los elementos de la tradición y el cristianismo. En aquellos tiempos yo era un ignorante con respecto a todos estos asuntos, con unos prejuicios enormes hacia todo lo que tuviera que ver con la religión y con la iglesia, entonces no acababa de entender claramente a qué se refería todo aquello. Empecé un proceso que recuerdo como muy doloroso y peligroso. Estaba nutriéndome de un grupo de cosas nuevas para mí, empezando por toda la aplicación de la filosofía oriental que hay en Grotowsky» (Revuelta, citado por Suárez, 135).

¿Qué tenían que ver estos polacos metafísicos, ritualistas, entre budistas y cristianos, con lo que estaba pasando en Cuba a principios de los setenta? Más cerca de los Testigos de Jehová que de otra cosa, estaban, efectivamente, fuera de juego, y tendría que pasar un par de décadas de caras y caretas, como ha pasado con Piñera, para que muchos de los que los negaron les rindieran pleitesía.

Lo cierto es que *Los Doce* fue un momento efímero del renacer de la vanguardia de fines de los sesenta, el Canto del Cisne, que recibirá un levántate y anda de los grotowskianos y piñeristas finiseculares. De nada les valió la connotación de los «doce apóstoles» o la profanación de los «doce sobrevivientes del Granma». Si es que eran doce.

Apocalipsis cum Grotowski

El artículo bajo este nombre que publica Freddy Artiles, un dramaturgo característico de las promociones que desarrollan su actividad teatral en esta década, publicado en *Conjunto* en 1975, es representativo de la actitud asumida por el discurso oficial con respecto a Grotowski. Haciendo referencia a las actividades organizadas por el Centro Polaco del ITI con motivo de la celebración en Varsovia de la temporada internacional de Teatro de las Naciones, al cual asistió, se extiende con bastante extensión sobre el trabajo de Grotowski, poniendo de manifiesto su distanciamiento y, prácticamente, su sintomático rechazo. Es lamentable que Piñera, el dramaturgo más grotowskiano que había en Cuba en ese momento, no hubiera sido uno de los invitados a asistir al Teatro de las Naciones. No obstante ello, dejará con el *Trac* un documento digno de un montaje grotowskiano.

Citando declaraciones de Grotowski en Madrid en 1970, Artiles construye el análisis para oponerse a un punto de vista de este último, que ve en franca contradicción con el discurso del teatro en la Cuba revolucionaria. El contenido ritual que hay en su teoría y práctica teatral grotowskiana, representa una franca oposición a lo que era la norma del teatro hegemónico cubano. Como consecuencia, Artiles se hace planteamientos «racionales» en correspondencia con la norma oficial: «¿A dónde conduce entonces [...] todo este riguroso entrenamiento? ¿Cuál es la función que desempeña dentro de un colectivo humano y, por tanto, social, el actor grotrowskiano, si el público –que es para quien se supone que un actor trabaje –es una especie de advenedizo cuya presencia no molesta pero tampoco se hace imprescindible?» Y agrega después que no resultaría «exagerado decir, parafraseando a un teatrista polaco con quien conversamos acerca de esto, que Grotowski hace teatro para los actores, mientras que el teatro debe hacerse para el público» (88). Es obvio que un teatro de esta naturaleza no tenía nada que hacer en un contexto dominado por la creación colectiva y el realismo socialista, y la percepción de Artiles refleja esta posición, llegando a la conclusión de que un actor entrenado bajo los principios grotowskianos, tendría un futuro incierto, porque era improbable que tales puntos de vista subsistieran por mucho tiempo, viéndolo como un «testamento teatral en vida» (90); lo cual era el criterio «oficial» del momento.

Artiles asume la misma posición que había adoptado la crítica cubana respecto a Piñera y el movimiento de resistencia estética que en los sesenta propugnaba una renovación teatral, y considera a Grotowski el propulsor de «un teatro cerrado, negado a toda influencia social, y, sobre todo, elitario» (91). Dándole la vuelta, lo cita para llegar a sus conclusiones: «Cada vez que he oído a alguien decir que está haciendo un teatro para todo el mundo, un teatro que todo el mundo entienda, un teatro que le interese a todo el mundo y cosas así, he tenido la sensación de que tal cosa no era más que una miserable decepción, una especie de terrorismo» (Grotowski, citado por Artiles, 91). Para el cubano, en oposición al polaco que estaba en un punto de avanzada respecto a las entrañas del monstruo en el cual había vivido, esas opiniones «por si solas constituyen una revelación, como si al cabo de los años el acusado se hubiera confesado culpable» (91). Esta oración final de Artiles, constituye una muestra de la mentalidad represiva y antigrotowskiana asumida por la dramaturgia cubana en general frente al individualismo escénico y la independencia que hay en las teorías del teatrista polaco. No sabemos si Artiles, fallecido recientemente, llegó a decir lo que no dijo en el momento en que debió haberlo dicho.

congelaciones y descongelaciones

En cuanto a Eugenio Barba (Gallipoli, 1936), comparte con Piñera paralelismos de congelación y descongelación. Un deshielo significativo tiene lugar en el año 2001, cuando con motivo de concedérsele el título de Doctor Honoris Causa por el Instituto Superior de Arte, Barba redacta una pieza brillante llena de mensajes cifrados, que publica *Conjunto* bajo el título plurivalente de «En las entrañas del mons-truo». Aunque en su conclusión se refiere al teatro como monstruo al cual nos entregamos y en cuyas entrañas vivimos, el texto invita a otras lecturas. Dictada en Cuba por un discípulo de Grotowski, fun-dador del «herético Odin Teatret» (según su propia definición), bien conocerá Barba otras entrañas más allá de las teatrales:

> «Aquí culmina un vínculo con vuestra isla que empezó en 1946 en Buenos Aires, en el café Rex, donde el escritor polaco Witold Grom-browicz solía reunirse con sus amigos para traducir *Ferdydurke*, una novela que ha significado mucho en mi vida. En sus memorias, Grombrowicz recuerda sobre todo a dos de aquellos amigos, *su fan-tasía y empatía creativa* a la hora de trasladar al castellano las *excentricida-des* y las *paradojas lingüísticas* de su libro. Los dos eran cubanos y se llamaban Virgilio Piñera y Humberto Rodríguez Torneu. De esta forma Cuba entró en mi vida: a través de *la solidaridad de artistas deste-rrados*» (2).

Nuestras cursivas apuntan a una serie de términos que distancia el discurso de Barba de todo lo que pueda asociarse con el discurso oficial del régimen de La Habana, particularmente su *solidaridad con los artistas desterrados*, perseguidos, representativos de un discurso de van-guardia. Obviamente, los desterrados no estaban allí y configuran la segunda parte de este libro.

La sola referencia a Piñera es en sí misma sintomática y sor-prendente por todo lo que Piñera representa en el discurso de resis-tencia estética, *excentricidades* y *paradojas lingüísticas* que fueron mucho peor que mal vistas. Además, el propio Gombrowicz, «el mosquetero de la vanguardia polaca» con una obra «inmensa, admirable, irritante, sorprendente [...] profeta ambiguo y pesimista» (Zand 64), establece una perspectiva fuera de serie. A ello se unirá la subsiguiente mención del primer cubano que Barba conoce en carne y hueso, Eduardo Ma-net, que al poco tiempo del encuentro en 1963 acabará yéndose de Cuba. Recuerda, paradójicamente, el «trastorno» que creó su interven-ción «en el ambiente ortodoxo del Partido y el teatro polaco», porque «su discurso contribuyó a legitimar el trabajo de Grotowski permitiéndole extenderse fuera de Polonia como una provocación y un estímulo incesante para todos nosotros» (3). ¡Cuántas paradojas!

Confirma, por consiguiente, circunstancias paralelas cuatro décadas atrás, donde el propio Barba (en Polonia, en Cuba) había sido rechazado. «El Odin era acusado constantemente de su manera de tomar posición, por su "formalismo", por su decisión elitista de limitar el número de espectadores. También en Cuba, cuando el nombre del Odín aparecía en los debates o en las publicaciones, el escepticismo y la desconfianza era más que evidente» (3), hasta que, finalmente «la aceptación del herético Odin Teatret tuvo lugar en 1989» (3). Una paradoja adicional es que Raquel Carrió, que unos años atrás consideraba liquidado el discurso de la vanguardia (es decir, el del propio Piñera, como opinaban otros críticos) porque giraba sobre sí mismo y porque no estaba revolucionariamente al día, afirmando que *La noche de los asesinos, Dos viejos pánicos* y *Los siete contra Tebas,* eran muestras de un «puro ritual de formas estáticas» (38); fuera, según Barba, «el *sagaz* caballo de Troya que introdujo oficialmente el Odín en Cuba» (3) (las cursivas son mías). «¡Vivir para ver!», como en Cuba se decía.

Es decir, el Doctor Honoris Causa que recibe Barba en el 2001 no es más que un reconocimiento y una rectificación del error cometido —como cometieron con Piñera y otros todavía innombrables. Claro que a Barba, a tal altura, ni le va ni le viene. Es un daño reparable. Bueno, ni siquiera un daño. Para un cubano, y específicamente un cubano muerto, (Piñera, Ariza, Hernández, Arenas), es otra cosa (aunque están las reparaciones póstumas propuestas por César López). Pero rectificaciones no quiere decir olvido. Para los cubanos que tuvimos que sufrir las consecuencias de nuestro «formalismo» y conocemos las entrañas del monstruo (me refiero al castrismo), cargando con múltiples «parametrajes», la historia es bien diferente. No obstante ello, su discurso de aceptación es un mensaje individualista de resistencia y disidencia, con resonancias para las dos orillas y todos los tiempos.

«Existe la Gran Historia que nos arrastra y nos sumerge, y sobre la cual muy a menudo sentimos que no podemos intervenir. Ni siquiera podemos conocerla [...] La Gran Historia no nos concede ninguna libertad. Procede inexorablemente sin que sepamos adónde va ni por qué [...] Sin embargo, en la Gran Historia es posible recortar pequeñas islas [...] vivir *nuestra* Pequeña Historia [...], la de nuestro hogar y de nuestra familia, la de los malentendidos, encuentros y coincidencias [...] Las Pequeñas Historias pueden crear pausas y hábitats imprevistos en las márgenes de la Gran Historia y trasmitir al futuro las huellas de las diferencias [...] No es una llamada al egoísmo [...] Es la afirmación de la necesidad de contradecir la Gran Historia con una Pequeña Historia que nos pueda pertenecer [...] El teatro es un intento de estar en el agua del río sin dejarse arrastrar por la corriente» (4-5).

Lamentablemente, muchos se dejan arrastrar por ella. Las palabras de Barba configuran un discurso de la liberación (y no me refiero a esa que preconizan los sacerdotes marxistas) frente a una Gran Historia (la de la Revolución) que no concede ninguna libertad. No se vaya a entender, aunque pudiera enmascararse, como el discurso de una islita politizada (Cuba) que crea su modesto hábitat al margen de la Gran Historia mundial, como nos contó Osvaldo Dragún al principio de la Revolución en una obrita que se estrenó en La Habana por aquellos días. La historia ha demostrado otra cosa. Se trata de esa pequeña historia de cada uno, individualista; lo minúsculo (yo, familia, malentendidos) que configuran el hábitat íntimo de nuestra resistencia a esa corriente que nos arrastra y no nos deja decir ni pío. La historia personal que va en dirección opuesta a la creación colectiva y el realismo socialista.

Barba está proponiendo un discurso individualista, quitándose la máscara a través del hacer escénico: «El teatro permite vivir dentro de las entrañas del monstruo [¿Cuba?] y al mismo tiempo en una isla de libertad [la de cada uno de nosotros]» (10), cuya praxis ya había puesto en práctica Virgilio Piñera. Insiste en un discurso de la utopía de una naturaleza diferente al cacareo de la izquierda teatral latinoamericana: «La utopía es el salto a "otro lugar" cuando el mundo en que vivimos [¿Cuba?] nos enseña su cara repelente» (10): reintegra la evasión como salto que nos libera, en la medida de lo posible, de la intolerancia. La necesidad de contradecir la Gran Historia es el imperativo del escritor porque crea «las huellas de las diferencias» que son las de nuestra insularidad. La «insularidad» de lo que somos es lo que nos libera del acoso histórico. Dejarse llevar por la corriente histórica es un no ser. Barba aceptó los honores con un discurso francamente contrarrevolucionario:

> «La rebelión del teatro es sobre todo creación de una condición de insularidad, de exilio interior, una forma material, a menudo no explícita, de disidencia. Toda la órbita del teatro es marginal respecto a los centros en que pulsa la vida y la cultura de nuestro tiempo. El teatro parece ser una reliquia arqueológica de épocas pasadas. Y sin embargo, incesantemente se renueva. Continúa llevando la marca de una diversidad que puede tener [...] la fuerza y la dignidad de quien se reconoce en minoría» (7)

Nada de lo que está proponiendo se acerca ni remotamente a las propuestas masivas de un teatro del Estado y por el Estado acorde con el castrismo. Insularidad, marginalidad y disidencia son los términos definitorios, que establecen una condición de exilio, explícito o implícito, con la dignidad (y esto es ética) de quien se reconoce en minoría. Lo que propone Barba es todo lo contrario a las propuestas anteriores para volver al punto de partida, que es el eterno retorno. Se entierra a Piscator y a Brecht, en los contenidos ideológicos, a Boal y a Buenaventura y a todos sus compinches. Reintegra la autenticidad de los exiliados, marginados e individualistas. Con los despojos del pasado, resucita un teatro nuevo.

Omar Valiño se sorprende de algunas declaraciones barbianas. «Nunca se me hubiera ocurrido esta relación, cuasi simbólica, entre Barba y Piñera» («El Odín se detuvo en La Habana», 3). Pero no hay motivo de sorpresa, porque lo que hace Barba es reconstruir un tiempo perdido, otra época de la cultura, la inteligencia y el modo de ser cubano, cuando Piñera y Gombrowicz formaban parte de una vanguardia internacional que con acento porteño se reunía en Buenos Aires en 1946 y 1947, y que poco tenía que ver con lo que iba a pasar en Cuba con la Revolución, donde relaciones de esta naturaleza representan una sofisticada variante de la decadencia del intelecto.

En esos años se publican en Buenos Aires dos boletines «Aurora-Revista de la Resistencia» y «Victrola-Revista de la Insistencia», en el que confluyen dos términos medulares, resistencia e insistencia, esenciales para comprender el contrapunto estético revolucionario-contrarrevolucionario que va a correrle por dentro al teatro cubano por casi medio siglo. El nexo ulterior con Barba, que sorprende a Valiño, es el de una corriente del intelecto interrumpida por el cisma político regresivo, primitivo y barbárico, que va a sufrir la cultura cubana con la Revolución. Es por eso que tiene que ocurrir el deshielo de Piñera y la aparición de un espíritu renovador entre los participantes teatrales del movimiento del teatro cubano en el siglo XXI, para que esta relación simbólica del intelecto pueda establecerse.

Como dice el manifiesto de «Aurora», «puesto que en la prensa literaria de la Superficie ya no se puede escribir, porque todo choca, nos vemos obligados a descender al subsuelo para hacer oír de vez en cuando la voz clandestina de esta Revista. ¡Atención! ¡Mantened la santa llama de la resistencia!» (4). Es decir, el periodismo liberador de la «internet», al que no es tan fácil ponerle una mordaza en el teclado. No se sabe en la medida que entró la voz de Piñera en la redacción del manifiesto de «Aurora», pero importante papel tuvo que jugar al lado de Gombrowicz, ya que ciertamente el manifiesto *es* Piñera. Entre Piñera-Gombrowicz y la visita de Barba en el 2002 el mundo teatral cubano sufrió fuertes y desconcertantes sacudidas. Obviamente, lo que representa Piñera en el teatro cubano es una política de resistencia marginada que no se deja doblegar, que corresponde con el manifiesto de «Aurora».

«¡Mantened la santa llama de la resistencia!»

Todo esto viene a cuento porque la década del setenta es el arquetipo de la congelación, aunque ya algunos habíamos sido congelados desde los sesenta, expuestos a las temperaturas siberianas de un aire frío que llegaba desde la Unión Soviética. En su conjunto es el telón de fondo, la vida misma, de la dramaturgia que pasamos a discutir y que lleva a un exilio encadenado de una generación tras otra. En esta atmósfera de conversiones auténticas e inauténticas, de «parametrajes», verdugos y víctimas, de disfraces y enmascaramientos, de discurso oficial y discurso subversivo, de hegemonías y marginaciones, Virgilio Piñera va a escribir la que quizás sea la obra más representativa de los setenta: *El arropamiento sartorial en la caverna platómica*.

El eterno retorno

La trayectoria del teatro cubano de 1959 a 1979 es impresionante. Los años sesenta desencadenan un vórtice de acontecimientos políticos que en Latinoamérica se centran alrededor de la revolución cubana, con profundas repercusiones estético-temáticas. Del antihéroe-introspectivo de la década anterior y con el cual comienza la nueva década, atrapado en las redes del mundo capitalista y que se ve a sí mismo en un callejón sin salida, se pasará al hombre de acción que se compromete con una causa colectiva en busca de un mundo mejor, aunque muchos acabarán triturados por la nueva maquinaria.

En el mundo occidental en general, «la década del sesenta abre una dimensión casi orgiástica de la cultura, caracterizada por la rebelión estudiantil, los derechos civiles de las mujeres, de las minorías étnicas y sexuales, la exteriorización y asunción del cuerpo propio, el regreso a la naturaleza, entre otras cosas» (Geriola, 16). Es la revolución contra el autoritarismo. De ahí que Cuba se vuelva el modelo a seguir, el agente creador de «un proyecto común, un proyecto americano signado por la revolución cubana [y aunque] no se tuviera una militancia partidista concreta, se tenía una posición tomada frente a la realidad; uno era parte de ese momento, uno sentía que podía cambiar las cosas, ser protagonista de la historia política, social y cultural del país» (Geriola, 17). Sin embargo todo ha sido una farsa. Y lo que es peor: una farsa que tiende a repetirse. En Cuba, a la larga, todo esto estará bajo control porque la Revolución es la autoridad, y el modelo de exportación difiere de las circunstancias internas, que son coercitivas. Cuba se convertirá en el escenario de una batalla campal llena de muertos, mutilados y maltrechos sobrevivientes. Mucho me temo que en la actualidad, ya no en Cuba, sino más acá en la otra orilla, esté pasando lo mismo y muchos crean que son protagonistas de un proyecto participativo que no es más que una coletilla de la utopía. Algunos, claro, a río revuelto ganancia de pescadores, que es otra historia. O el eterno retorno, como diría Piñera.

Un lugar peligroso

Si bien no es estrictamente necesario pedir disculpas por el pasado, debemos asumir la responsabilidad de lo que fuimos e hicimos, porque sólo así se puede construir el futuro. Desde 1959 el teatro cubano, en cada punto de su trayectoria, ha desarrollado una conciencia del pasado debido en gran parte a la fragmentación y el desmembramiento histórico. La obsesión por el pasado que se desconoce, acrecentada por la otredad del espacio fabricado por la historia, ha calado en superficie y en profundidad en sus textos. Quizás esto se deba a que «el pasado es un lugar peligroso, especialmente porque sus cimas y sus abismos, están oscurecidos por la niebla. No sólo las cosas terribles que han ocurrido en el pasado moldean el presente, sino que los recuerdos y los recuerdos parciales se vuelven armas en la lucha desesperada en la cual estamos envueltos. El pasado tiene el poder de desorientar, desequilibrar, obsesionar, atrapar y destruir caracteres que están frecuentemente al borde de un abismo dentro del cual están más bien solos» (Nightingale, H5; la traducción es mía). La incógnita de lo que fuimos reafirma lo que se desconoce. En lugar de mirar hacia delante se mira hacia atrás, fija la vista en la niebla del trópico. El pasado es una otredad a la que no podemos regresar, otra ecuación del imposible, no reversible, pero de la que dependemos: la memoria imborrable sin la cual no estamos completos: una amnesia que necesita el retorno de la memoria. El pasado es inclemente, pero tenemos que volver a él para edificar el futuro y, de ser posible, evitar que volvamos a caer en el abismo.

CAPÍTULO I

VIDA Y MÁSCARA, CARAS Y CARETAS

VIRGILIO PIÑERA
ENTRE EL ARROPAMIENTO Y LAS ESCAPATORIAS

> «Ya no soy más el que avanza enmascarado,
> sino el que avanza a cara descubierta...» Virgilio Piñera

> «Hoy día podemos convertir el mundo en un Infierno, como
> ustedes saben, y estamos en buen camino para conseguirlo».
> Herbert Marcuse: *El final de la utopía.*

«En los años del setenta, calificados por [Piñera] de muerte civil, la burocracia de la época nos había configurado en esa "extraña latitud" del ser: la muerte en vida. [...] Nuestros libros dejaron de publicarse, los publicados fueron recogidos de las librerías y subrepticiamente retirados de los estantes de las bibliotecas públicas. Las piezas teatrales que habíamos escrito desaparecieron de los escenarios. Nuestros nombres dejaron de pronunciarse en conferencias y clases universitarias, se borraron de las antologías y de las historias de la literatura cubana compuesta en esa década funesta. No sólo estábamos muertos en vida: parecíamos no haber nacido ni haber escrito nunca. Las nueva generaciones fueron educadas en el desprecio de cuanto habíamos hecho o en su ignorancia» (Arrufat, *Virgilio Piñera entre él y yo,* 158-159).

ayectoria dramática de los setenta nada mejor
os obras de Virgilio Piñera que van del arro-

pamiento a las escapatorias. En *Surrealismo y revolución,* Antonín Artaud afirma que el surrealismo era «el grito orgánico del hombre, las palabras de nuestro ser contra la coerción» (11). Este es, también, el grito de Piñera en los textos que va a producir en su última década. Tras el gesto desesperado con ropaje lúdico de su *Ejercicio de estilo,* en el que invoca a Yemayá, el dramaturgo parece encontrarse en un callejón sin salida que lo lleva a meterse en *Un arropamiento sartorial en la caverna platómica.* Aledaña a esta circunstancia está *Las escapatorias de Laura y Oscar,* que también llama *De lo sublime a lo ridículo no hay más que un paso* y que se inicia con la «¿didascalia?» que encabeza este capítulo. Sirva para completar el pórtico el texto de Arrufat, que no sólo es aplicable al sujeto y objeto inmediato del mismo, sino a los padecimientos de aquellos escritores que hemos tenido que sufrir y seguimos sufriendo el suplicio del destierro al que el castrismo decidió condenarnos de forma implacable.

Un arropamiento sartorial en la caverna platómica (1971): metafísica de la teatralidad

Mi primer contacto con *Un arropamiento sartorial...* tuvo lugar cuando «Dramaturgos», un proyecto de divulgación teatral que dirigíamos mi esposa y yo, en 1988, hizo una lectura dramática de varias escenas de esta obra en un Seminario de Teatro que se celebró en la Universidad de Miami patrocinado por esta revista, la Editorial Persona y la Casa de la Cultura Cubana. Esta fue la primera presentación pública que se hizo de la obra, tanto en Cuba como en el extranjero, cuya publicación había tenido lugar unos meses antes en la revista *Tablas,* en el número de enero-marzo de ese mismo año, antes del *boom* de la resurrección piñeriana. De ahí partió mi primer intento de desentrañamiento. Piñera, amante de las sacudidas y siempre muy teatral, empieza a hacerlo a partir de un título impactante, en un injerto verbal y tomista que en aquel momento consideré un Platón que le pide prestado a Santo Tomás, con cuevas (*La vida es sueño*) y cautivos (*El príncipe constante*) calderonianos. Otra opción distanciada fue relacionarla con el *Sartus Resartus* de Thomas Carlyle, porque las interpretaciones que se han hecho de la obra de Carlyle parecen aplicables. *Sartus Resartus* significa, sencillamente, «El Sastre Re-vestido». Es este revestimiento lo que tiene lugar precisamente en la obra de Piñera. Carlyle la subtitula «The Life and Opinions of Herr Teufelsdröckh», y concibe un profesor que interpreta el mundo a través de una filosofía de la ropa. Piñera crea a Ceremonio, especie de sastre filósofo. Del *Sartus Resartus* se ha dicho que pertenece a esa categoría de obras que para algunos lectores puede ser una perpetua delicia, mientras que para otros no pasa de una gran tontería. Rapsodia medio-mística, extrañamente compuesta con elementos procedentes de una fantasía filosófica y con una prosa poética de carácter apocalíptico, ha sido objeto de lecturas que han llevado a la indignación, la desesperación, la perplejidad, la admiración y el desencanto. Todas estas opiniones sobre la obra de Carlyle son aplicables a la de Piñera. A pesar de las diferencias de contexto, estilo y género, conceptualmente valga la comparación.

El arropamiento significa cubrir la desnudez con el ropaje, encubrir el desnudo con la ropa, ocultar el ser a favor del parecer: nada es lo que parece. El complejo proceso existencial de Virgilio Piñera va a culminar a principios de los setenta, cuando escribe aparentemente esta obra, y representa un recorrido explosivo, plató-nico y ató-mico (platómico) que viene a ser su concepción última del mundo. Excluido físicamente del movimiento dramático nacional, todavía le queda a Piñera tiempo y esfuerzo para crear una de sus obras más complejas. En su momento, no dará aparentemente la tónica del teatro de los setenta, funcionará como antítesis; pero a la larga, será una de las propuestas más perdurables. Es además, una manifestación excepcional del movimiento de resistencia estética que se desarrolló durante la década de los sesenta y que no va a quedar muerto y enterrado como muchos pensaron.

Piñera entre unos y otros

Hay en este último período de la dramaturgia de Piñera una conciencia de teatro antropológico que lleva a un mayor uso del cuerpo como procedimiento expresivo. Rosalina Perales, refiriéndose a las representaciones que se hicieron del Odin Teatre en el Encuentro de Teatro en Ayacucho en 1978, se refiere a las subsiguientes influencias «barbianas» que va a dejar este encuentro en el Perú. «Poco uso de la palabra. Cuando se hablaba, se hacía brevemente y casi siempre con entonaciones artificiales. Predominaron los sonidos: guturales, onomatopéyicos, conocidos, desconocidos» (151): asociaciones piñerianas. Me inclino a pensar que Piñera funcionó libre de toda influencia «barbiana» procedente de Ayacucho. Hay que tener en cuenta, que mientras los representantes del discurso oficial podían viajar a festivales internacionales y codearse con directores de mayor monta, Piñera estaba condenado a la insularidad. Además, inclusive un teatrista como Eugenio Barba, con buen número de seguidores dentro de la politizada izquierda latinoamericana, estaba sujeto a crítica por tratarse de un elitista con producciones difíciles de entender, un formalista que rara vez exponía un punto de vista político (Watson, «Eugenio Barba: la conexión latinoamericana», 65). Cualquiera que fuera la vía de conocimiento, incluyendo las actividades del grupo *Los doce* comentadas previamente, *El arropamiento...* coincide con prédicas que se desprenden de las informaciones teóricas de Barba y Grotowski, ya que en sus textos se detectan principios parecidos.

Claro que Piñera no era un director de escena como Grotowski, pero su dirección escénica está implícita en el texto. Con frecuencia, las didascalias son la voz del director, particularmente entre los textos que se «saben» sin escenario. Hay una gran distancia entre esta y muchas de sus otras obras, *Electra Garrigó* o *Aire frío*, por ejemplo, que no son obras «dirigidas». Para acabar de darle la puñalada trapera a su dramaturgia otros directores acabarán retomándolas para distorsionarlas y volverlas irreconocibles, haciendo lo que les da la gana y aprovechando el nombre de Piñera en lo que podría considerarse puro plagiarismo.

Un arropamiento sartorial... está dirigida por el autor, por su voz y sus acotaciones, precisamente porque sabía que no se iba a llevar a escena. Cuando Grotowski caracteriza su trabajo diciendo que los elementos que utiliza «son característicamente religiosos –transgresión, profanación, pasión, encarnación, transfiguración, expiación, confesión y ante todo, comunión–» (174), podemos aplicar el punto de vista para referirnos a *Un arropamiento sartorial...* Precisamente, estos fueron los signos que definieron a Grotowski como un cuerpo extraño en la dramaturgia cubana de los setenta. Paralelamente, obras como *Jesús* o *La boda,* aunque son anti-religiosas, son a su vez ritualistas, transgresoras, profanas, confesionales y expiatorias.

el doctor Jekyll y el señor Hyde: el caso cubano

No sabemos en qué medida Piñera participaba de estas actividades grotowskianas, pero sin dudas estaba al tanto de ellas. Además, siempre estuvo al día. Su recorrido por el existencialismo, el teatro del absurdo, el teatro de la crueldad, incluyendo incursiones brechtianas *(El filántropo),* demuestran el aserto. De ahí los «signos» grotowskianos que se perciben en *Un arropamiento...* Nos encontramos ante una obra concebida en términos teatrales, intelectuales y metafísicos, que es todo lo contrario de lo que va a pasar en el teatro cubano de los setenta. Existe la falsa noción de que una obra intelectual no es teatral y que en el teatro todo tiene que ser movimiento. La intelectualidad de una obra no tiene, necesariamente, que contradecir su teatralidad, y una obra puede tener valores intelectuales, literarios, ideológicos, políticos y sicológicos funcionalmente teatrales, como ocurre con este texto. Además, aunque compleja en muchos sentidos, el esquema último del arropamiento no es más que un enfrentamiento de opuestos firmemente trazados a modo de Dr. Jekyll y Mr Hyde: el desnudo contra el vestido, la cara contra la careta, el Bien contra el Mal. Este juego reiterativo lo va a presentar Piñera de mil formas y maneras. Eso hace que trabaje el lenguaje como careta más que como cara, en juegos que siguiendo su propia técnica llevan a la desarticulación verbal en la mejor tradición del absurdo virgiliano pero con «signos» que la enriquecen en un viaje hacia el subconsciente colectivo. De esta forma, hay que perseguir el texto, oírlo cuidadosamente, para darse cuenta que se trata de un incesante juego de conceptos y de formas, como si fuera un oleaje verbal y una marejada del intelecto. Con ese movimiento se desarrolla una acción en la cual no hay personajes vistos en su concepto tradicional, ni situaciones como tales, sino un juego alegórico entre el ser y el no ser.

En el juego de caras y caretas que es la obra, la primera careta es la platónica, convertida a primera vista en un arropamiento sartorial que preside el sastre creador, el dramaturgo. La segunda careta es la de una obra que es por excelencia un texto del enmascaramiento, de la cara y la careta: *El extraño caso del Doctor Jekyll y el señor Hyde* de Robert Louis Stevenson, que ha ejercido siempre gran fascinación entre multitud de escritores y que es uno de los textos de mayor permanencia en la literatura universal. Los «versos» que abren la obra son inquietantes: «¿No será que un alma perversa irradia/ a través del barro que la contiene, /y que transfigura ese barro al penetrarlo?» (3). El principio transformativo de Stevenson es una de las posibilidades más escalofriantes de lo que somos y lo que podemos ser, transformación que trasciende el espacio individual y el colectivo. Esto vuelve inexplicable la conducta. ¿Cómo es posible que un individuo culto y civilizado (Dr. Jekyll) pueda convertirse bajo determinadas circunstancias en una criatura bestial y sin escrúpulos (Sr. Hyde)? Hay que tener en cuenta que esta transformación, esta correlación cara-careta, lo explica *todo*. ¿Cómo es posible que un país culto, amante de la música y la belleza, con una tradición en la filosofía y las bellas artes, hubiera podido llegar a las atrocidades del nazismo? ¿Y las contradicciones de parecido carácter en la cultura oriental, o por extensión, en casi todos las culturas que bajo similares circunstancias de intolerancia y tiranía, pueden llegar a las más horrendas manifestaciones del abuso y la crueldad? ¿Cómo pueden explicarse? ¿Cómo puede concebirse que un pueblo de carácter jovial y divertido como el cubano hubiera podido llegar a las atrocidades cometidas durante el machadato, el batistato y, más colectivamente que nunca, bajo el castrismo? La pregunta de Stevenson y por extensión la que se hace Piñera, contiene la respuesta parcial del caso: un alma perversa irradia dentro del barro que la *(nos)* contiene y nos transforma cuando lo penetra y nos convierte en la aberración de nuestra conducta. El castrismo, hay que reafirmarlo una y otra vez, ha sido *(es)* una aberración histórica, que ha tenido el poder de irradiar un alma perversa a través del barro que *los* contiene. Tal parece que, bajo el poder fatídico de determinados líderes con la doble máscara del Dr. Jekyll y Mr. Hyde, los pueblos son capaces de hacer cualquier cosa.

Historia del hombre que es también historia de Cuba, o viceversa, no puedo dejar de verla a nivel local histórico, aunque dando un salto al nivel de la conducta humana en cualquier parte. Para mí Piñera ha sido siempre un escritor político y en último análisis hay un trasfondo de esta naturaleza en todas sus obras, reflejo de la realidad que le toca vivir. *Electra Garrigó, Jesús, El flaco y el gordo, Falsa alarma, El filántropo, Una caja de zapatos vacía, El No,* etcétera, están íntimamente relacionadas con la historia política de Cuba, que es su subtexto y su intertexto. En todas estas obras hay una gran alegoría de la realidad nacional. Parte de la cara y la careta cubanas para universarlas. Sígase el texto y veremos que a buen entendedor pocas palabras bastan. Piñera dijo más de lo suficiente y no me cabe la menor duda de la intencionalidad ético-histórica de la obra, que bien viene como anillo al dedo para hacer el retrato subversivo de sus contemporáneos. La historia de Cuba puede verse como un pujo constante entre la cara y la careta. Esta preocupación por Cuba es el cordón umbilical de nuestra dramaturgia, lo cual no quiere decir que no seamos universales. La historia inmediata es el punto de apoyo para dar el salto al universo.

Este «auto existencial» de Virgilio Piñera es el producto de la relación del yo-mundo, interceptada por la historia, lo que lleva a la configuración del esquema yo-[historia]-mundo; más específicamente: yo-[historia de Cuba]-mundo; más exactamente todavía: yo-[castrismo]-mundo. La experiencia personal que tiene que vivir Piñera dentro de la caverna cubana lo lleva a la concepción de esta alegoría de lo nacional. Por ese motivo, nos proponemos cerrar el análisis de la dramaturgia insular de este período con *El trac,* de igual forma que en *El teatro cubano durante la República* terminamos con *Los siervos.*

Un escritor no vive en una cápsula abstracta sino dentro de una situación histórica, por lo cual el análisis del «arropamiento» no puede hacerse en términos últimos (aunque lo último se desprenda de lo inmediato). Piñera teatraliza su circunstancia al verse marginado y al no poder levantar cabeza dentro de un contexto dominado por el castrismo. Así lo había hecho siempre y lo seguirá haciendo hasta el último minuto, creando un abismo entre su conducta y la de los otros.

persona: vida y máscara en el teatro cubano

«It is probably no mere historical accident that the word persona, in its first meaning, is mask. It is rather a recognition of the fact that everyone is always and everywhere, more or less consciously, playing a role... In a sense, and in so far as this mask represents the conception we have formed of ourselves –the role we are striving to live up to– this mask is our truer self, the self we would like to be.» (Park, citado por Erving Goffman 90).

Un arropamiento sartorial... viene a ser en la dramaturgia cubana una reafirmación del principio "vida y máscara" que es la clave interpretativa de mi primera aproximación a esta dramaturgia en el libro con el título que encabeza este epígrafe. Este concepto de "estar haciendo un papel" que es la clave de la conducta histórica y dramática nacional, muchas veces implícita, se vuelve en este caso más explícita que nunca, formando parte del proceso de caracterización de toda la obra donde el enmascaramiento y desenmascaramiento es el ritmo escénico, hasta el punto de no llegarse a saber en qué momento estamos enmascarados o no.

Hay que tener en cuenta que este es un punto de vista filosófico que responde a la realidad inmediata cubana, la del «enmascaramiento» y «desenmascaramiento», porque las mismas condiciones represivas del régimen castrista *obligan al juego*, ya que la vida y la libertad de cada individuo *están en juego*. Es por eso en última instancia que durante el castrismo no se sabe quién es quien, ni se conocen las verdaderas razones de una acción o la otra.

Cuando a niveles de la realidad histórica y teatral nacional uno se pregunta cómo es posible que alguien dijera ciertas cosas en un determinado momento, el principio del arropamiento enmascarado puede explicarnos la conducta. Tampoco sabemos en qué medida una máscara es una realidad. Todo podría llegarse a explicar en estos términos, incluyendo la de los fiscales «escénicos» de las persecuciones a los Testigos de Jehová: están enmascarándose para salir del paso. Frente a la posición de Piñera, gran parte de la dramaturgia cubana es teatro de evasión: son los otros los que viven en la torre de marfil de una utopía que los «embarcó». Marginado dentro de la dramaturgia nacional, Piñera adopta una conducta modélica, aislándose dentro de su propia máscara, mientras muchos participantes del movimiento dramático nacional se «enmascaran desenmascarándose» (a su modo): Piñera se vuelve el Ceremonio de una sociedad secreta de enmascarados subversivos. Si un escritor, por ejemplo, en un determinado momento se pone la careta de «Patria o Muerte» y después se la quita o se la quitan, marginándolo, se pone en práctica el principio piñeriano de las caras y caretas.

una condena teatral

A Rine Leal, en «El ritual de las máscaras» le cuesta trabajo «encajar esta obra en el universo de Virgilio Piñera» (39) y sin embargo poco después afirma que «trabajó como un condenado y que a pesar del silencio que le rodeaba tuvo fe en su teatro» (39), lo cual sencillamente explica, a nivel personal, la razón de ser de esta obra, que es la de un «condenado» como lo están los personajes de *Un arropamiento*... En fin, que después que el propio Leal reconoce la coherencia del dramaturgo, afirma que en su opinión hay «una zona de sorpresa que termina por desconcertar al crítico» (40). Quizás fuera que el crítico no decidiera enfrentar la realidad total de Piñera o que prefiriera no exponerla con toda claridad y verla como resultado de un proceso histórico distorsionador. Después de todo, todos sabemos que en la Cuba castrista nunca se puede decir todo lo que se tiene que decir, y la crítica tiene el mismo conflicto, así que los lectores siempre se encuentran buscando lo que no se dice.

Leal, por otra parte, establece relaciones enriquecedoras, particularmente con *Handle with care,* de la cual el crítico sólo puede «rescatar la fundamentación del autor» en la que, gracias a la cita de Leal, sabemos que Piñera quería «expresar, mediante acciones musculares, palabras que no tienen relación entre ellas, sino puramente ritual, la torpeza con que un acto puede ser ejecutado susceptible de provocar una catástrofe» (40). En realidad, estamos dentro de la coherencia dramática de Piñera, que a mi modo de ver se rompe con *Aire frío,* y lo que quizás explique los motivos por los cuales esta obra relativamente «racional» nunca haya sido mi favorita. *Aire frío* es la menos «coherente» dentro del proyecto Piñera. Porque desde el monólogo de Electra, Piñera busca esa «sílaba OM» que es el *non plus ultra* al que quiere llegar todo creador, ese sonido que ni siquiera se puede imaginar y que en estos últimos años llega a acciones musculares límites, que van a ser la manifestación de su última teatralidad inconclusa. No obstante mis discrepancias, Leal establece relaciones claves en esta última etapa hasta llegar al *Trac* con su yuxtaposición de «estados afectivos que se elaboran a partir de rompimientos o giros escénicos» (42). En realidad se trata de una progresión que culmina en estas últimas obras.

Este arropamiento responde a un universo trascendente que no es otro que la caverna del título. Dentro de ese mundo existe una ética que lleva al contrapunto entre la cara y la careta. Es muy difícil dejar de interpretar la obra fuera del espacio cubano y no ver al propio Piñera encerrado en él, a modo de Ceremonio, sin encontrar una solución o una salida, y viendo a sus contemporáneos en un proceso de fingimiento y engaño. Nos encaretamos para distorsionar nuestro ser, vender nuestra alma con el ropaje que nos ponemos, buscando un ojo, una nariz o una boca postiza que nos hace los grandes histriones de nuestro tiempo: no decir lo que somos y no ser lo que se es, que Piñera transforma en un existencialismo absurdista y paródico.

En realidad, contrario al punto de vista de Rine Leal que no reconocía a Piñera en el texto, el dramaturgo sigue utilizando el absurdismo paródico para enfrentarnos a la responsabilidad existencialista, como ha hecho en otras obras. No deja de ser paradójico, además, porque en «Piñera-Genet: la transgresión del espejo», Leal hace muy buenas observaciones aplicables a esta obra, que establecen «da relación entre el *ser* y la *apariencia*, en un desarrollo en que la realidad *es* y al mismo tiempo *parece* ser otra. De ahí que sólo a través de una ritualización del texto podemos disfrutar la realización escénica de los mismos» (42). Los personajes, más que nunca, «se ramifican, se transforman frente al espectador, dialogan entre sí, y crean un ritual acogido a las leyes del teatro. Hay exorcismos, ceremonias, repeticiones, estructuras circulares y juegos de identidades» (42). Desmembramientos. Piñera no abandona sus nexos con el teatro de la crueldad y hay en la obra además una conciencia de choque colectivo, de masas, aunque nada tiene que ver con el teatro de agitación callejera. Hay una sacudida de teatro total donde todo se superpone y se entremezcla.

Para la década del noventa, las cosas empezarán a llamarse por su nombre, aunque siempre con cautela y no del todo. «Creo que tanto Genet como Piñera fueron, a pesar de sus éxitos literarios y su aceptación cultural, dos excluidos sociales […] [La] violencia transgresora de las normas éticas y sociales es la respuesta desesperada con la que el excluido (y no me refiero sólo a la condición homosexual de ambos escritores) se defiende del miedo y la amenaza» (Leal, «Piñera-Genet...», 44). Aunque ya se puede mencionar la existencia de *Los siervos*, todavía no se le mira, completamente, cara a cara. Leal afirma que «la dialéctica del amo y el esclavo (la imagen y el espejo) que Hegel desarrolló en su acápite "señor y siervo" en *Fenomenología del espíritu*» («Piñera-Genet...» 44), probablemente sea lo más visceral de la obra de ambos dramaturgos. Lo que no se puede decir por las claras es que el planteamiento hegeliano lo hace Piñera de forma directa con referencia a la sociedad comunista.

platonismo chamánico grotowskiano

Escrita a principios de los setenta, *Un arropamiento sartorial...* nos coloca en el momento más sombrío de la vida y obra de Piñera en conjunción con uno de los más siniestros de la represión en Cuba. ¿Qué lo lleva, en la última década de su vida, a situarse en esta caverna? El humor, aunque fuera casi siempre un humor negro, va a desaparecer completamente dejándonos en medio de un espacio tenebroso. No deja de ser paradójico que se trate de una inmersión platónica, ya que Platón en definitiva establece las bases de un estado totalitario que lo controla todo, muy a modo del contexto en que se va a desarrollar la vida cubana en los setenta: dirigentes (guardianes, vigilantes entrenados por el estado que configuran una élite que todo lo ve y todo lo sabe) encargados de la vigilancia para que todo se haga de acuerdo con una república ideal, con poderes absolutos: una existencia comunal con una educación controlada por el estado y un arte regulado, con patrones definidos, «constructivos», «positivos», a beneficio del estado cuyas órdenes no se cuestionan, bajo la dirección de una voluntad de hierro, incorruptible y vigilante donde quedaría ignorada, en última instancia, la libertad individual; una existencia regulada, monástica, comunal, impersonal, sin posesiones materiales.

Sabiendo que los rituales primitivos son las formas primigenias del drama, Piñera convierte a Ceremonio en una especie de chamán que es el maestro de ceremonias del ritual que se escenifica a modo de los postulados del teatro de Grotowski. Las palabras tienen en la obra significados mágicos que sirven de estímulos síquicos y físicos para la acción colectiva, puestos de manifiesto en las escenas de conjunto que tienen una concepción danzaria. Hay en Ceremonio, al modo grotowskiano, una conciencia secular de la santidad, que lo lleva a dirigir la acción de esta «misa en escena» que es el «arropamiento».

La puesta en escena exige recorrer un camino que debe ir de Artaud a Grotowski. Se exigiría la entrega total del actor en «una técnica de "trance" y de la integración de todas las potencias psíquicas y corporales del actor, que emergen de las capas más íntimas de su ser y de su instinto, y que surgen en una especie de "transiluminación"» (Grotowski 10). Ceremonio, y en más de una ocasión el equipo de actores, se encuentra en un estado de «trance» que requiere una total entrega física y síquica para poder crear el espectáculo. Lo que tiene lugar en la obra es una confrontación apocalíptica con el mito platónico, que Piñera concibe como encuentro comunitario.

La relación grotowskiana de Piñera coincide con la de Revuelta y el Grupo Los Doce, que según Boudet, «después de revisar las experiencias teatrales del Living Theater, Seminario Landa, Open Theater, encontró en las búsquedas de Jerzy Grotowski, fundador del Teatro Laboratorio polaco, un punto de partida para las investigaciones sobre la técnica del actor y los fundamentos del teatro pobre» a fin de «rescatar una imagen integral del hombre que no se agote en el plano de lo sicológico o lo intelectual, sino que incorpore esferas tales como los mitos, los instintos y el inconsciente» (*En tercera persona*, 25). En ninguna otra obra Piñera se muestra más consciente del inconsciente y de los mitos, así como la del texto como montaje desde el cual ya trabaja con el actor. También él estaba, como Revuelta como director, en la búsqueda de un nuevo lenguaje que lo distanciara de todo lo anterior que se había hecho en Cuba. Hay que tener presente que Piñera tenía un carácter competitivo y estaba al día. *El filántropo* tiene mucho de experimento brechtiano; después de *La noche de los asesinos* viene *Dos viejos pánicos*; tras el Milanés de Estorino, Piñera se pone a trabajar con el suyo. Piñera crea su «arropamiento» en el efímero período grotowskiano de *Los Doce* y el montaje de *Peer Gynt*.

expresionismo barroco o barroco expresionista

Un arropamiento sartorial... es la obra más expresionista de Piñera, condición soslayada por la crítica cubana, que apenas supo ver esta dimensión y por lo cual se acrecienta la incomprensión, aunque desde el estreno de *Electra Garrigó*, Manolo Casal (que fue el único que lo mencionó) hizo referencia a la condición expresionista de esta obra. Piñera llega con *Un arropamiento sartorial...* a un punto clave del expresionismo, que es la fórmula dramática esencial para que los fenómenos mentales cobren cuerpo en escena, que viene a ser el lugar donde se dramatiza la conciencia individual y la colectiva. Los componentes visuales, como en el caso del expresionismo, adquieren en esta obra su máximo poder expresivo. Todos sus participantes (máscaras, vestuario, escenografía; luz, color y forma), manifiestan las profundas tensiones internas que es la metafísica de la obra en correlación con el estado mismo del autor. Paradójicamene, cuando se decía que el único expresionista del teatro cubano era yo, la deformación nacional castrista puso en primera plana el expresionismo, particularmente en la plástica (ver a Antonia Eiriz), convirtiéndonos en un país expresionista.

Como en el caso de Gordon Craig, «se descubre en la expresión de un hombre de teatro el lenguaje cercano a lo religioso, a la mística, legitimando el pensamiento de Génier, quien hablaba de la religión laica del teatro y consideraba a los poetas dramáticos sus profetas, a los actores, oficiantes, y al teatro, iglesia. En esa religión el movimiento sería algo así como el gran secreto, del cual nace, en cópula con la convención, la ilusión escénica» (Castagnino 47). Porque, efectivamente, *El arropamiento sartorial...* tiene una conciencia de movimiento que la emparenta con Craig: «El movimiento teatral es una particularización del movimiento general semejante al de la música y supone –como esta– una iniciación en sus secretos. Gordon Craig entiende todo el arte teatral como la posesión de un esoterismo al cual se llega tras noviciado más o menos largo, tras iniciación ritual, cumplida en etapas sucesivas y jerarquizantes» (Castagnino 46). Gestos, ademanes, actitudes, están graduados por Piñera al marcar el ritmo y la movilidad dentro de un conglomerado de «signos». La relación juego-movimiento, que es medular en su teatro, lleva a la presentación y representación, desde la relación bi-partita de textos como los de *Dos viejos pánicos*, a la coreografía anónimo-cambiante de *Un arropamiento sartorial*....

Es también medularmente barroca basada en el principio determinante de que sólo existe el mundo de las puras apariencias. Esta noción la caracteriza en un constante juego conceptual entre el ser y el parecer. De ahí que la presentación de la tela en el telar, con la cual se inicia, «¡Ecce tela!» (3), hace explícito desde el primer momento la cobertura de «he aquí al Hombre», donde una cosa hace la otra. Piñera no se va a separar del concepto que establece acusatoriamente el protagonista, que tiene una doble dirección: hacia sí mismo y hacia los otros:

> Ropa quisiste ponerte
> para ocultar tu desnudo
> ropas para defenderte
> de la verdad del desnudo (3),

concluyendo en un tercero singularizado: «¡Tú mismo te condenaste!» (3). El arropamiento es la apariencia de una verdad que se oculta pero que se cubre al precio de la vida.

La condición de «auto existencial», con la que define su categoría dramática, se va a desarrollar en un espacio escenográficamente irreal formado por estalactitas y estalagmitas construidas con prendas de vestir. El efecto es surrealista, muy a lo Dalí. El escenario es la boca del Infierno que se traga a los personajes. Desde que se descorre el telón, la caverna misma hace explícito el concepto de la apariencia ya que no está desnuda sino vestida de estalactitas formadas por prendas de vestir y estalagmitas formadas por zapatos en punta hacia arriba. Este vestuario recrea la caverna platónica en otros términos, en correspondencia con la naturaleza del título, muy a lo Dalí. Como ocurre con el barroco, todo está en contraposición con un motivo central, como es normativo en la mayor parte del teatro de Piñera, que parte de una idea fija alrededor de la cual todo el texto se maneja: el juicio alucinado en torno a una falsa alarma alrededor del cual todas las contraposiciones entre juicio real y juicio teatral van y vienen; el contrapunto del gordo y el flaco entre comer o no comer; la parábola del no de Jesús en contraposición con Jesús mismo; el dar y quitar del Filántropo; los dos viejos pánicos; el no en contraposición con el sí; el estudio en blanco y negro; los siervos declarados vs. los siervos encubiertos. Casi toda la obra de Piñera se concentra en un contrapunto que aquí se vuelve cubrirse y destaparse, con la consistencia de un motivo constante que no la abandona en ningún momento.

Entiéndase esto también como barroco expresionista, porque ambos movimientos están estrechamente asociados en su concepción simbólica y alegórica del mundo, en esa visión medular de la existencia que se construye a través de la distorsión de la realidad, que es a donde va a parar la estética cubana. Los personajes no existen por sí mismos sino por la función que tienen dentro de la mundología expresionista en que viven. Castro acabó siendo y haciendo expresionismo. El expresionismo va a jugar un papel más importante de lo que muchos se habían imaginado, gracias al proceso deformador del castrismo. Se va a confirmar como una de las direcciones fundamentales de las artes cubanas del siglo veinte, incluyendo la música y la plástica. Indirectamente con la arquitectura cubana, con esos palacetes habaneros sostenidos por andamios, a punto de caerse, que configuran el paisaje expresionista de una ciudad que se desmorona.

«El drama expresionista alemán respondió con un grito a la crisis de autodestrucción [nivel de desesperación al que está llegando Piñera]. Pesadillas y utopías, el determinismo de la decisión personal y las visiones del futuro del Socialismo, el conflicto entre la desatada vida de los instintos y los fosilizados restos religiosos, esta sobrecarga reventó las formas de lenguaje [como también "revienta" en esta obra]. El éxtasis, la confesión y la protesta estallaron en residuos de palabras, en enfebrecidas abreviaciones del lenguaje, en la estridente dinámica del sonido, en el grito» (Berthold, 234).

Todo lo señalado en la nota previa está presente en la obra. El dramaturgo se encuentra más desatado que nunca, tanto en su verbalización como en su gestualidad. En realidad, como si fuera la quintaesencia de una desesperación gestada por el castrismo, Piñera sólo va a encontrar en la distorsión expresionista su más auténtica expresividad. El texto pide un director como Max Reinhard o Edgard Gordon Craig, que introdujo en «sus proyectos las formas y movimientos como componentes gráficos [como exactamente hace Piñera]. Los brazos abiertos de Electra, la espalda encorvada de Lear, la ancha silueta de Hamlet, no son ningún añadido sino componentes previos de la visión escénica» de Craig, a quien «le seducía sacar a la luz y a la escena las líneas místicas y patéticas del destino» (Berthold, 230).

Los movimientos corporales con los que especifica la actividad coral de los actores y las interacciones físicas entre unos y otros, denotan un alto grado de experimentación imaginativa, la biomecánica de Meyerhold, que ningún otro dramaturgo de los setenta tuvo la imaginación de sugerir en sus textos. Uno puede visualizar a los actores en una interacción de brazos y cuerpos que respondería a las imágenes del constructivismo ruso. Los textos «coreográficos» de Piñera sugieren la labor del director: «Such a goal was set by the various systems of dance training, including Meyerhold's biomechanic [...] It involved training the physical apparatus; yet it was the kind of training that not only was supposed to strengthen and develop muscles but also was expected to enable dancers to be in charge of their bodies, to live according to a specific rhythm and tempo» (Souritz, «Constructivism and Dance», en *Russian Avant-Garde Stage Design*, 136). Como ocurrirá con *El trac*, que es un monólogo constructivista, la conciencia corporal del arte del actor se acrecientan en *El arropamiento sartorial...* gracias a acotaciones específicas.

La constancia protagónica de la tela es esencial para desarrollar el enmascaramiento de la vestidura. Ceremonio (Piñera) funcionará como director, convertido en un matador que entra en el ruedo escénico con la capa (como aparece en la primer jornada), que nos introduce en la corrida mortal que es la obra (la vida) y conducirá al desarrollo dramático. La dinámica barroca del texto bajo la batuta de Ceremonio llevará a la constante del cambio, que al modo del barroco, hace aparecer a su arbitrio a los personajes de las diferentes jornadas, que funcionan con relativa independencia. La conciencia de la tela es la conciencia del arropamiento en manos del sastre (arte sartorial de Ceremonio, maestro de ceremonias, sacerdote escénico, creador del mundo de la representación) que lleva al incesante cambio y crea la dinámica de la desesperación que caracteriza la concepción barroca de la obra.

> ¡La gasa, el cedal, el lino.
> la seda, el paño, el brocado,
> el lamé, el chiffon, el hilo,
> la pana, el corduroy, la lana...!
>
> ¡Telas son para arroparse
> en la caverna platómica
> telas son para ocultarse,
> y para desmemoriarse! (4)

Piñera gestualiza (conceptualismo metafórico escénico) el concepto: el «telar» textual (principio de hipérbole por adición nominal: gasa más cedal más lino, etc), al dramatizarlo mediante en una «corrida» con un torero (Ceremonio) que se enfrenta a una embestida de toros (los actores). El vestirse y ocultarse resultan variantes no sólo físicas sino temporales equivalentes a la memoria y el olvido. Arroparse es perder la memoria y dejar de ser, siendo además un gesto de libre elección existencialista: nos arropamos porque decidimos no estar desnudos.

Ese precio que te ponen
al momento de nacer:
entonces tú eliges ser
el vestido o el desnudo... (4)

El antecedente existencialista de Piñera (su ética de la libre elección) no puede perderse de vista: elegimos; en este caso, vestir nuestra desnudez, pero de acuerdo con ello hay que «pagar lo convenido» y «matar al vestido en el desnudo», porque «tendrá el cuerpo que pagar la tela que irá cosiendo» (3). El estilo tiene la movilidad y el retorcimiento del barroco con ideas ingeniosas y brillantes agudezas que se suceden unas tras otras de una forma compleja, si se quiere artificiosa, que requiere que el texto se siga sin perder la atención intelectiva ni un solo momento. Tomando como punto de partida un texto clásico (es decir, Platón) prescinde de todo sosiego llegando a una metaforización constante, empezando por la conversión platómica (con eme) del título, que es otra cosa dada la naturaleza explosiva que hay en él, manifestada escénicamente por truenos y explosiones.

el delirio persecutorio del lenguaje

Este arropamiento conduce a un lenguaje ritual ceremonial hueco

HOMBRE 2:	¡Su Alteza...!
MUJER 1:	¡Su Eminencia...!
MUJER 2:	¡Su Ilustrísima...!
HOMBRE 2:	¡Su Gracia...!
HOMBRE 2:	¡Su Honor...!
MUJER 1:	¡Su Santidad...!
MUJER 2:	¡Su Grandeza...! (5)

que tiene un subyacente contenido irónico y aparece acompañado de una gestualidad también irónica, hasta transformarse gradualmente en una emisión abstracta típica del lenguaje absurdista que ha estado manejando Piñera en otros textos:

HOMBRE 1:	Placa, crac, blac, drac...
HOMBRE 2:	Drac, blac, crac, plac...
MUJER 1:	Plac, crac, blac, drac…
MUJER 2:	Drac, blac, crac, plac… (5)

El lenguaje se convierte en parte funcional del «arropamiento», del enmascaramiento, acompañado de la transformación gestual que va de inclinaciones cortesanas a convulsiones que expresan un grado extremo de la gestualidad incoherente de Piñera para poner de manifiesto la irracionalidad de la conducta, que se expresa a través del principio del trabalenguas («En Constantinopla hay un constatinopolitanizador y descontantinopolitizador que los descontantinopolitanice buen descontantipolitizador será», 7), que pudiera parecer gratuito y no lo es. Porque en esta primera emisión del trabalenguas el «descontantinopolarizador» es un «descontanti*politizador*» (7): las cursivas son mías. Por tanto es un «politizador» de Constantinopla sometida a una posible «des... politización» por un «des... politizador» (7). Claro está que es un trabalenguas absurdista, pero existe la posibilidad de un significado oculto, inclusive inmediato y anticastrista.

Es un «arropamiento» verbal de un lenguaje donde todo se dice y se hace al revés, donde todo está enmascarado por la inversión del significado: quejidos y lamentaciones «que decían al revés/ lo que se habla al derecho/ lo que está dentro del pecho/ pero que sale al revés» (6). Las palabras «viran», las sílabas «tornan», las letras están «invertidas» Todo se vuelve un obsesivo juego retórico de contradicciones del lenguaje. «si yo tomo por aquí, / digo por allí tomé» (6), «bien cuando digo mal» (6), con el fin de salvarse, cubrirse, ocultarse, negarse. De esta manera el lenguaje niega y despista en un delirio persecutorio. Se hace de las palabras «una sarta de mentiras/ conque defender mi vida» (6). Pero al mismo tiempo que se salva la vida se paga con ella. Todo tiene un sentido recto y otro figurado, en sucesión que se extiende desde el principio hasta el final, menos en el intermedio platónico. Básicamente, como en la caverna platónica, todo es apariencia y nada es realidad. Esto lleva a un proceso representativo de la incoherencia y la incomunicabilidad, en el diálogo entre el ciego, el sordomudo, la epiléptica y la mendiga que conduce a la absoluta incoherencia del trabalenguas.

estrategia metafísica del trabalenguas nacional

¿Por qué? ¿Cuál es el motivo que conduce a Piñera a crear estos fantasmagóricos personajes en esta caverna donde se finge lo que no se es, se dice lo contrario de lo que se quiere decir, y se vive en un constante enmascaramiento para poder sobrevivir? Es cierto que la alegoría puede aplicarse a todo, a cualquier circunstancia; pero es cierto también que Piñera no existe en una geografía ni en un tiempo abstracto, sino en una realidad concreta, la cubana, y en un tiempo específico, el castrismo, donde todo lo que dice puede aplicarse directamente a lo que él esta viviendo. Cuando no se puede hablar por las claras se utiliza el trabalenguas para destrabar el lenguaje. Es parte además de un mensaje textual coherente que se repite en toda su dramaturgia.

Todo esto es puro barroco: lenguaje de las apariencias, espejo invertido de las cosas que es esencia de caverna platónica. El desatado dinamismo, las contorsionadas actitudes, la movilidad constante, el perpetuo cambio de las imágenes tanto léxicas como gestuales, el dislocamiento de las frases, forman parte del barroco escénico. El orden gramatical se disloca sorpresivamente adquiriendo una irracionalidad que puede parecer afectada pero que responde a la autenticidad del dislocamiento. Los personajes tienen la agitación de las criaturas calderonianas en lucha consigo mismo. Carente de mesura, la obra no tiene la noción clásica del equilibrio sino que está regida por el caos. Las contraposiciones son violentas como corresponden a un conjunto de criaturas atormentadas presas del desequilibrio sicológico del mundo que les ha tocado vivir.

el núcleo teórico

Este edificio teatral barroco de un frenético y desmesurado dinamismo, sólo en la séptima jornada llega a un laconismo teórico; lo cual también es representativo del quehacer barroco, que es el momento en que la obra quiere llegar a una construcción orgánica. Al complejo modo de Piñera, es un distanciamiento brechtiano que conduce al debate. Un debate, que al contrario de los del teatro de creación colectiva, no está del todo prefijado, aunque va encaminado platónicamente. Además, es un debate que no va a tener lugar, porque *El arropamiento sartorial...* no se llevará a escena: al teatro cubano en el momento en que se concibe no le interesa una pieza de esta naturaleza.

De las regulaciones totalitarias platónicas, abstrae un espacio, «la alegoría de la caverna», que aparece en el Libro VII de La República, según propia indicación del autor, núcleo teórico (Jornada VI), escrito en prosa, y expone su significado de una forma precisa y racional, siguiendo a Platón muy de cerca. En el espacio específico de la caverna, Piñera eliminará todos los otros elementos del pensamiento platónico que no se ajustan a su objetivo. Este centro racional aparece separando dos partes, una anterior (Jornadas I, II, III, IV y V) y otra posterior (Jornadas VII, VIII y IX) que representan los espacios alucinados y dramáticos del texto: el antes y el después de la teoría.

La secuencia central, distanciadora y teórica, es intencionalmente rígida: su interés dramático está estrictamente en lo que se dice.

> *Los actores aparecen sentados en el suelo y encadenados por las piernas y el cuello y de espaldas al espectador. Tras ellos hay una luz, y entre esta y sus cuerpos pasan figuras de hombres y de animales cuya sombra, proyectada delante de ellos contra la pared de la caverna, es lo único que ven sus ojos. En la parte posterior de la cabeza llevan una máscara que semeja la jeta de un cerdo (10).*

¿Qué lleva a Piñera a seleccionar esta escenografía como representativa de su teatro en su última etapa creadora? ¿Hasta qué niveles de su propia caverna personal e histórica ha descendido para tomar esta alegoría como escenario fundamental? Hay que considerar que el dramaturgo debió encontrarse en un estado de profunda desolación y desengaño para dar tal paso. Lejos de apoyarse en la dogmática estatal platónica, busca en los recovecos de la caverna un modo de llegar al subconsciente colectivo de la vida cubana, que es también una metafísica.

Esa masa de actores que aparecerá una y otra vez en el teatro de creación colectiva, son los actores que en la sexta jornada están *encadenados* (que es palabra clave de la didascalia) de espaldas al espectador. Esta situación es una metafísica platónica de la percepción del mundo, que imposibilita de parte de nosotros, público encadenado (público cubano encadenado) ver la realidad del encadenamiento. Tiene todo el espacio una condición onírica surrealista porque la caverna es una zambullida en el subconsciente colectivo. *Un arropamiento sartorial...* exterioriza la «realidad» platónica de nuestro subconsciente en una metafísica de la crueldad del dramaturgo que abandona los asideros concretos de un espacio determinado para cavernizarse laberínticamente. Por tratarse de una percepción metafísica del mundo no se refiere a ningún espacio específico porque se refiere a todos. Pero a la larga todo creador parte de una experiencia concreta y la de Piñera se llama Cuba.

Lo que hace Piñera es buscar en la dimensión metafísica de la realidad, la metafísica política que subyace por debajo de la forma, presentándonos el sueño colectivo de la sociedad en que vive. Transgrede una vez más la superficie de la realidad para descubrir el significado latente a través de una representación que es, al modo de Artaud, un exorcismo de los demonios sociales de su época. Exterioriza la crueldad última de la vida mediante un diálogo metafísico. La imaginación dramática le sirve de punto de sostén donde reclama los derechos de la libertad creadora.

Opone un texto racional y anti-dramático (el de la sexta jornada) a la irracionalidad del resto, con su caótica exhuberancia escénica, que conducirá al nihilismo último de la explosión «atómica». Presenta la «realidad» en los términos de una nueva claridad discursiva. En realidad, recrea con ligeros cambios el análisis de Platón. Los personajes en la caverna, que no pueden moverse, se encuentran ante una proyección cinematográfica (porque el concepto platónico también es fílmico) que reproduce imágenes que son la «realidad». Por consiguiente estamos encadenados y se nos hace ver la realidad que no es la realidad; en el caso cubano es la «realidad» política castrista. La máscara de cerdo que lleva cada uno de los actores, es en sí misma una sombra de lo que nosotros, como público, vemos: una mofa de nuestra propia identidad, que nos ha sido robada. Todo es, obviamente, ilusorio, un juego perceptual, pero dentro del mismo podemos considerar como «cierta» la percepción del encadenamiento de aquellos que perciben ese «show» (marxista en el caso cubano) que es el espectáculo que «vivimos».

Es un razonamiento de «pantalla» fílmica: una caverna platónica-platómica postmodernista, un cementerio masivo de espectadores que ven el desfile y son el desfile. La conciencia masiva del castro-marxismo es un desfile continuado en una ciudad irreal (La Habana) como si la muerte hubiera reactivado cadáveres en el espejismo sartorial que Piñera va a coserles. *Un arropamiento sartorial...* es la respuesta anticipada de Piñera a todo el teatro que se va a desarrollar en Cuba durante la década del setenta en la concepción de una República ideal marxista. A la prédica de «la construcción del socialismo», opone el deambular individualista del subconsciente de Ceremonio (la «isla» barbiana) que se mueve por la galería oculta de una caverna, un fugitivo, un escritor fuera de la ley, un marginado de la cultura imperante en su momento de vida, que por unas páginas va a vivir en el seno metafórico de su caverna que se opone a la historia oficial.

Piñera convierte el teatro en la caverna, con el público viendo a los hombres encadenados en ella, sin poderse mover, sin verse mutuamente, prisioneros frente al desfile de imágenes que dan una versión de una realidad que se les impone en pantalla. Estos hombres y mujeres han estado encadenados desde siempre y nunca han podido ver otra realidad creyendo que esa realidad es la realidad. Han estado sujetos a un engaño desde la fecha y hora de su nacimiento. Los cautivos que desfilan ante los actores son imágenes de ellos mismos que «son las sombras proyectadas por el fuego en la parte de la caverna que se da frente a ellos» (10). Dada la situación en que se encuentran no pueden ver otra cosa. Tanto lo que ven como lo que oyen son sombras de lo que son y eco de lo que dicen.

El texto escenifica una opción diferencial cuando uno de los hombres (siguiendo los pasos del discurso platónico) se desencadena, yendo hacia la entrada de la caverna y enfrentándose a la luz para ver la realidad, los objetos como son. Cegado por la luz, no puede ver.

Obligado ahora a ver los objetos bajo la luz, es posible que considere que los objetos que veía antes en la sombra eran «mucho más verdaderos que los objetos que contemplaba ahora» (10). El enfrentamiento entre el antes y el ahora crea una encrucijada perceptual: la realidad de ahora se cuestiona en la medida de la irrealidad de antes. Encadenado desde siempre, el «antes» se vuelve más verdadero que el «ahora». El encadenamiento cavernícola se ha convertido en una concepción genética que imposibilita ver la realidad. «Y si se le obligase a mirar al fuego, ¿no apartaría los ojos de él, doloridos, para volverlos sobre las sombras que sin dolor le era fácil mirar...?» (10). Este planteamiento platónico es la teoría dramática de la pieza: prisioneros acostumbrados a las sombras, que nunca han visto la luz, no pueden concebir otra realidad más que la ficción de las sombras: Cuba.

El discurso platónico (el discurso de Piñera) asume la posición del «debate», ya que se dirige a nosotros dentro de los términos de una metafísica opuesta y paralela al discurso del teatro de masas. Pero el debate está ahí dentro de los términos de una dialéctica controlada, como ocurre también en la creación colectiva:

«En cuanto a los honores y alabanzas que pudieran concederle sus antiguos compañeros de cautiverio [...], ¿crees que nuestro hombre tendría envidia de todo ello y que recelaría de aquellos de los prisioneros *que en la caverna gozasen de poder u honores?* ¿No te parece que preferiría ser cien veces mozo de carro al servicio de un labrador pobre y *soportar todos los males posibles antes que volver a sus antiguas ilusiones y a vivir como vivía?*» (11)

«Y si le fuese preciso juzgar otra vez las sombras y opinar sobre ellas con aquellos *compañeros de prisión que jamás habían dejado sus cadenas*, mientras su vista estaba aún ofuscada [...] ¿No dirían de él que por haber subido a las alturas volvía con sus ojos estropeados, que para ello no valía la pena haber subido, y si alguien tratase de liberarlos y de conducirlos arriba a su vez, *le matarían de estar en sus manos el hacerlo?*»

«Sin duda alguna que le matarían (11)» (Las cursivas son mías)

Es decir, el conocimiento de la realidad acondicionada por la luz que se opone al concepto sombras de la caverna, es el resultado de una libertad que una vez conocida hace imposible que se acepten las cadenas.

Para mí, naturalmente, *Un arropamiento sartorial...* es una alegoría más clara que el agua: Cuba como una gran prisión, donde todos los cubanos están encadenados, condenados a no ver la realidad, el brillo y la luz de otro mundo, porque metidos en la cueva sólo pueden presenciar un desfile de sombras. Mis subrayados apuntan a esta tesis. El papel que han jugado las cárceles cubanas ha sido tan notorio, que todas las prisiones anteriores se han convertido en poca cosa. A esto se unen las consecuencias de todo desviacionismo ideológico que llevaría a una reinterpretación de las sombras en la medida de otra propuesta realidad, lo cual podría tener consecuencias funestas para el que hace tal propuesta (un elitista, un equivocado) que tendría que pagar con la vida («le matarían») el error cometido. Esta era la imagen, precisamente, de lo que estaba pasando en Cuba, como había ocurrido bajo el estalinismo en la Unión Soviética.

Adoctrinados de tal modo, eran (¿son?) incapaces de concebir la existencia fuera de las sombras del totalitarismo castrista, y tan convencidos estaban (¿están?) de la realidad socialista, que no pueden concebir la existencia de ninguna otra manera, siendo capaces de matar a cualquiera que proponga lo contrario.

Naturalmente, todo texto tiene un referencial directo y otro que trasciende la inmediatez que lo crea. Teóricamente, Platón es la fuente. Pero si a Platón nos ajustáramos esto limitaría su sentido si se tratara sólo de tal cosa y si no lo pudiéramos asociar a otras «sombras» que arrojan «luz» sobre la obra. Sólo yendo a lo inmediato se puede llegar a lo que lo trasciende. Para mí es un texto político, como lo es a su vez el pre-texto de donde proviene y las circunstancias vitales del escritor cubano. La Revolución trasciende su espacio y Piñera lo convierte en un planteamiento metafísico hasta llegar a la médula de la existencia nacional.

el concepto del desengaño entre la cara y la careta

El concepto del desengaño inherente del barroco se pone de manifiesto en el contrapunto visual, más específico, el de las caras y las caretas. El tema del desengaño manifiesta la falsedad del mundo visible, que se reduce a apariencias y, como tal, entre la apariencia y la realidad estamos formados por «realidades» contradictorias que configuran lo que somos: caras y caretas. Todo está en perpetuo cambio, incluyéndonos nosotros a niveles individuales, que formamos parte de ese devenir y falsedad del mundo. Lo que fue «verdad» es «mentira» y somos las dos mentiras y las dos verdades. De ahí que el juego no acabe nunca, como dicen los personajes: «es la de nunca acabar» (8). Un principio de multiplicidad nos convierte en un contrapunto ambivalente de cara y careta («somos todos, y no es ninguna», 8); agentes en vivo de una duplicidad del barroco

Como de cerdo o de santo,
como de ángel o demonio,
como de gozo o quebranto,
o como de un San Antonio...
como de odio o de amor,
como de sol o de luna (8).

Como Baltasar, el Hombre 1 es:

Loco, cuerdo y delator,
verdugo, reo y creyente,
filántropo y vividor,
imbécil e inteligente (8).

Como Eugenia, la Mujer 1 es:

Virgen, mártir y ramera,
santa, ladrona y honrada,
millonaria y pordiosera,
réproba y sacramentada (8).

Construye la obra por un conjunto de oposiciones que preside el concepto Cara-Careta (Desnudarse-Arroparse), del que se desprenden otras nociones totalizadoras fundamentales:

Bien	Mal
Amor	Odio
Ser	No ser
Hacer	Deshacer
Verdad	Mentira

Estos conceptos conceptualizan características definitorias, que llevan a simbolismos básicos, pero que son a su vez una muestra de la apariencia barroca como cobertura del ser:

Ángel	Demonio
Mártir	Ramera
Ladrona	Honrada
Millonaria	Pordiosera
Réproba	Sacramental
Cuerdo	Loco
Reo	Verdugo
Filántropo	Vividor
Santo	Cerdo
Inteligente	Imbécil
Virtuosa	Impura
Sol	Luna

Esto se complementa con condiciones adverviales, acompañadas de oposiciones oximorónicas:

Hacia abajo	Hacia arriba
Al derecho	Al revés
Aquí	Allí
Mudo	Habla
Sordo	Oye

Ciego	Ve
Gozo	Quebranto

De esta forma Piñera construye una obra conceptista consciente de sus procedimientos oximorónicos, que desarrolla mediante polaridades que se contradicen.

histrionismo

Ceremonio es el «guardián» conductor del texto, la conciencia que lo guía, el portavoz de la verdad, la batuta que dirige el vaivén conceptual entre caras y caretas. Es también el esclavo que ha salido de la cueva, que ha visto la «realidad» del otro lado y que regresa para hacérsela ver a sus compañeros de esclavitud. Es, por extensión, Piñera. El dramaturgo llega a un problema de la conducta ética, que es eminentemente cubano y que va a ser el fundamental de la vida nacional a medida que la represión se acrecienta bajo el castrismo, anulando las posibilidades de un discurso abierto. A mi modo de ver, la obra tiene un objetivo inmediato que se acentúa a partir del momento en que «el razonamiento platónico» intercepta la acción.

Portavoz de la ética, afirma: «Ardua cuestión es perder la cara por la careta» (12). Pero a esta preocupación se oponen las circunstancias en que se encuentran los personajes: «Dura es la vida, señor, y es el caso conservarla» (12). «Más vale vivir con jeta que con cara perecer» (12). Esto lleva a la puja entre la cara y la careta, donde Ceremonio saca «a pública subasta la careta de un histrión» (12)

> HOMBRE 2: Yo, que quiero no ser yo.
> Que careta quiero ser,
> La boca doy para ser
> Algo que finja ser yo.
> Y así por el fingimiento,
> De un yo que esconde mi yo,
> Podré fingir con los dos
> Y esconder mi pensamiento (12).

MUJER 1:   Por haber la de cartón,
              La de carne te daré;
              La de carne para qué
              Si tengo la de cartón.
              Con mi nariz de ficción
              Con mi boca simulada,
              De mis dos ojos cegada
              Tendré soberbia actuación (12).

Con mano maestra, maneja la versificación con el donaire del Siglo de Oro, en un juego estilizado que es de una gran perfección lírica. Pero más que ello es el intercambio conceptual que hay en la versificación lo que le da altura dramática. Hay también un sentido irónico. Al dejar de ser lo que somos para ser careta, la técnica del fingimiento se refina y el yo puede sobrevivir detrás de la careta. La conclusión del dramaturgo no puede ser más desoladora. Y teatral, porque la máscara es la esencia del teatro. Estamos en la apoteosis del desdoblamiento: médula del quehacer escénico. Todo es careta: todo es actuación. Si nada es lo que parece en la caverna platónica, tampoco nadie es lo que aparenta ser. Todo es un engaño, pero a costa de dejar de ser lo que somos, podemos sobrevivir: podemos «resolver». Por consiguiente, la metafísica piñeriana y platónica es pan nuestro de cada día, existencia cotidiana del pueblo cubano sometido al juego de la cara y la careta. Es un proceso de absoluto desmembramiento mediante el cual lo damos todo por la subsistencia. El comentario (aplicable a plenitud a la vida cubana bajo el castrismo: sólo fingiendo sobrevivimos) tiene además un contenido irónico teatral, que también podría aludir o aplicarse a los participantes del movimiento teatral de los setenta, que se verían precisados (en el mejor de los casos) a ponerse la careta. Al venderse todas las caras, la conciencia colectiva ofrece el don de la ubicuidad («de modo que cuando estés/ aquí, también estarás allá...», 12), que quizás sea la entrega más absoluta e importante de todas. Cada línea de la obra parece tener un subtexto que invita a una multiplicidad de interpretaciones. Todos ellos se pueden explicar en términos reales. No se trata de una abstracción. La sociedad exige la entrega total de todo lo que somos para poder... ser: somos lo que no somos. Piñera ofrece una clara visión de Cuba bajo el castrismo.

un enmarañado laberinto

Pero no sólo se trata de antítesis, paradojas, contrastes, paralelismos, juegos verbales basados en semejanzas fonéticas. Esta frenética arquitectura teatral, compleja y a la vez artificiosa, se desarrolla en medio de un claroscuro de la luz y de la sombra que corresponde al conceptismo del texto. Piñera es explícito marcando los movimientos de los actores, creando efectos plásticos en cruz que van cambiando por movimientos alternos que van de un actor a otro y funcionan con concepción futurista, a veces mecánica, otras veces hieráticas, donde no falta una congelada plasticidad que interrumpe montajes alucinados. Las referencias sonoras son tan frecuentes, o más, que las luminotécnicas. Es difícil determinar el acierto de estos referentes, que tienden a la grandilocuencia (poco frecuente en la dramaturgia de Piñera) y al pandemonio de la última jornada.

El final de la obra recuerda *El escultor de su alma* de Ángel Ganivet, en cuya cueva también se desarrolla un desgarramiento del yo. Porque en definitiva, lo que presenciamos es el desgarramiento del propio Piñera, sumido en la pesadilla interna que es la obra. El juego macabro que la cierra, que es también un enfrentamiento del Bien y del Mal (una adicional vuelta a la tuerca del Dr. Jekyll y Mr. Hyde) es una ética de las caras y las caretas convertidas en la pesadilla del Ceremonio (dramaturgo). Esto lo sumerge en el incoherente caos alucinatorio último:

CEREMONIO: ¿Cómo? ¿Cómo? ¿Cómo? ¿Cómo?
¿Qué? ¿Qué? ¿Qué? ¿Qué?... ¿Qué? ¿Qué?..
¡No! ¡No! ¡No! ¡No! ¡No! ¡No! ¡No! ¡No!
¡Pues sí, asómbrese Ud.!
¿Oyeron bien mis orejas?
¿Mis ojos han visto bien?
Ahora forman dos parejas:
Una el Mal y otra el Bien (15).

Pero en última instancia es imposible distinguir la una de la otra («Si tú soy yo y yo tú», 15): una pesadilla universal de caras y caretas.

Es entonces cuando la obra deja de ser plat*ónica* para convertirse en plat*ómica* al escucharse una gran explosión que cubre de humo el escenario. El Hombre 2 y la Mujer 2, que son los que no tienen careta, salen de la «madriguera atómica» (16), mientras Ceremonio exclama, en una nota optimista final:

> Salgan de esta cueva impía
> los que no se condenaron;
> los que sus caras mostraron
> contemplen la luz del día (16).

No sabemos cuántos van a salir de la cueva platómica cubana y cuáles serán los elegidos, los receptores de la luz que saldrán de la dichosa cueva nacional donde han estado encerrados por tan largo tiempo. Entre el haz y el envés de la realidad, la luz y la sombra, no sabemos adónde hemos ido a parar. Piñera nos ha llevado de una sacudida a la otra, a través de un enmarañado laberinto lleno de dificultades analíticas.

A pesar del pesimismo extremo de la obra, llega al non plus ultra de su creación, casi como un alucinado ganivetiano, incitándonos al terror y a la compasión de una sacudida barroca. El *Deus ex machina* confirma la identidad barroca del texto al sacar de la caverna, ascendiendo, a la pareja sin caretas. Es el único «happy ending» del teatro de Piñera, pero mucho nos tememos que sea el más irónico.

literalidad y antropología

Lo que hace Piñera con *Un arropamiento sartorial...* que pocos conocían y entendían, es una convivencia con las teorías de Grotowski. Para esto no va a necesitar a nadie, ni tomar lecciones ni darse viajecitos de teatralización, ni tendrá que hacer investigaciones a modo del «teatro nuevo», porque su concepto del teatro antropológico está en su visualización escénica del actor cuyo montaje hace a partir de lo que se niega, es decir, a partir de la literalidad, que es lo que tiene que volver a la escena para convertir el cuerpo del actor en una existencia antropológica. De ahí la dramaturgia espectacular de esta obra. Piñera crea con sus personajes un teatro antropológico donde sitúa a los personajes linealmente o en cruz, con determinadas posiciones y movimientos de los brazos, las piernas, la cabeza, etc, que partiendo de la literalidad la complementa con la corporalidad, esculpiendo y entretejiendo acciones, componiéndolas y descomponiéndolas, tal y como va a proponer Eugenio Barba. Crea así una dramaturgia que es espectacular y especular, ya que la alucinación de los personajes los reproduce en un espejo de caretas.

Mientras el teatro en Cuba va a trabajar con estereotipos o con la lógica cotidiana, es decir, con lo obvio, con lo explícito, para hacerlo de fácil digestión, Piñera va a ser rechazado por su postmodernidad espectacular. No va a alinear textos, sino a desarreglarlos como un cuerpo desarticulado, distorsionado, que lucha contra su propia muscularidad y deformación, y determina un movimiento escénico diferencial, opuesto a todo lo que se estaba haciendo en la lógica marxista que construye el socialismo en la década del setenta, en la cual la imaginación es el enemigo teatral número uno. Compone y descompone el movimiento de los personajes en escena como quien responde al mecanismo interno que constituye una dinámica de la acción. Su punto de partida es el cerebro del autor y no está subordinado a las determinantes del discurso castrista que los otros «creyentes» siguen. Los personajes tienen que moverse por un sistema de contradicciones donde se desnudan y se disfrazan, produciendo un efecto de lanzamiento espontáneo no determinado anticipadamente aunque sí está anticipado en la literalidad de la obra. La literalidad es lo que impulsa a la corporalidad antropológica del actor que la interprete. La dificultad analítica que representa parte de la fragmentación conceptual que da el ir y venir del texto. Un pensamiento ordena la palabra que desarrolla el lenguaje, para invertir después el movimiento, desenfocando lo previamente enfocado. El juego que mueve a las palabras en una dirección, las relocaliza después en la dirección de donde han venido, como ocurre en el barroco. El cuerpo del actor tendrá que funcionar de forma desmembrada para ajustar su movilidad al desmembramiento textual. Toda la obra trabaja con mitificaciones, ritualizaciones, contrapunto de contrarios que se acercan y se rechazan, verbal y físicamente. La ritualidad de Artaud, de Brook, de Grotowsky, de Barba, están presentes en la composición litúrgica de *El arropamiento sartorial...*

Me indentifico con el texto porque lo asocio a mi concepción comunal de un teatro sin espacialidad que remonto a la metafísica de *Sobre las mismas rocas* (1951) y en actos de comunión «religiosa» que hay en mi dramaturgia. *Un arropamiento sartorial...* rechaza a Brecht y confirma a Artaud, porque para Piñera el teatro sólo puede llegar a la vida (como diría Innes) si se considera como «artificio deliberado» de acuerdo con el drama moderno. Contrario a Brecht, amplía «la imaginación de su público destruyendo las suposiciones convencionales y simultáneamente presentando otras visiones del mundo» mediante «distorsiones alucinantes de escala y perspectiva, y sobrecarga del cerebro con imágenes emotivas» (Innes 124). Esta obra es una tragedia onírica de consistencia mítico-ritual «donde lo que corresponde a la catarsis es la total participación de los espectadores en una acción dramática con el fin terapéutico de liberar al hombre natural – instintivo, inconsciente, cruel- de las pervertidoras represiones sociales» (Innes 124). Se lleva a efecto una ceremonia ritual que va de Ceremonio a los actores y configura «el gran teatro del mundo» que incluye al espectador. «En cierto sentido resulta lógico que todo teatro que rechaza la sociedad del siglo XX por su materialismo y racionalismo busque la otra escala de valores, la de la fe religiosa» (Innes 174). Es el no al materialismo burgués y al marxista, la conciencia grotowskiana de que el teatro sirve para «cruzar las fronteras entre el tú y el yo... Encontrar el lugar en que una comunión resulte posible» (Innes 174). *El arropamiento sartorial...* es un acto de fe teatral, como debe ser toda gran dramaturgia.

En conclusión, *El arropamiento sartorial en la caverna platómica* es el punto culminante de la dramaturgia piñeriana. Si *Electra Garrigó*, su «ópera prima», a pesar del tratamiento profiláctico de la protagonista, representó la exhuberancia sexual y sensual de la República gracias a una Clitemnestra que pasa a mejor vida, la Revolución le hace concebir la más sombría de sus piezas, convertido todo un pueblo en sombras fantasmagóricas enmascaradas y encadenadas. Es el autorretrato de su desolación, que es la cubana, en el momento de la macabra euforia represiva acuñada por Fidel Castro en la Declaración Final del Congreso de Educación y Cultura de 1971. Mientras Castro preparaba su discurso, Piñera escribía la respuesta.

Las escapatorias de Laura y Oscar (1973): estar en uno

«Las gentes, por una confabulación surgida de la fuerza de las cosas, lo "está" a uno en el mundo. Tal contingencia origina la alienación. El único modo de escapar de esta es lograr la hazaña de salvar el hiato existente entre que "lo estén a uno" y "estar uno mismo por sí mismo". Frente a la realidad creada por esa fuerza de las cosas habrá que imponer la realidad de uno mismo, de sí mismo. Puede ocurrir – de hecho ocurre sin remisión– que por alcanzar tal realidad verdadera se caiga en la locura. Este es el fundamento de mi pieza. Oscar es un alienado y está consciente de ello; pero al no poder sustituir el mundo de la alineación por el de la realidad de su ser auténtico, cae en la demencia. O no» (631).

A través de Oscar, protagonista de *Las escapatorias de Laura y Oscar,* Piñera va a plantear un problema fundamental de la conducta, una escapatoria del entorno para que no «lo estén en uno». Decir no a que se metan en uno, es el único modo de estar en uno mismo por sí mismo. Por eso opone a «la realidad creada por la fuerza de las cosas», la resistencia que uno debe ofrecer para evitar esa absorción. Esto resume muy bien la conducta del propio dramaturgo, formada por una sucesión de «escapatorias» en un viaje al Ignoto en busca de ese Edén que nunca acabó de encontrar. De ahí que, teatralmente, cruzaba puertas, aunque muchas veces no pudo traspasarlas y, como Oscar, se daba con ella en las narices. En el caso específico del texto que comentamos, se circunscribe a una sociedad específica, que es la de la burguesía, pero el mensaje está internalizado de tal modo que trasciende cualquier circunstancia. Además, como dramaturgo de los sesenta y los setenta, sus obras son una respuesta, salvo excepción, para que no «lo estén en uno», para no dejarse aprisionar por «la realidad creada por la fuerza de las cosas», lo que lo lleva a crear un teatro que nada tiene que ver con lo que estaban haciendo los demás. Es un teatro de resistencia, de oposición, de «no» que no se identifica con el «sí, sí, sí» de muchos de sus contemporáneos.

De lo ridículo a lo sublime no hay más que un paso es el título adicional de esta obra alucinante y alucinada que parece ser el producto de un alucinado. Momento de verdadera locura en su producción, es ciertamente un «drama de locos», como parece decirnos la cita de Edgar Allan Poe que lo encabeza. En apretadísima síntesis podría verse como la escapatoria de Oscar (alucinado a modo quijotesco) en compañía de Laura (más racional y sanchopancesca) en alienada escapatoria del mundo estéril de una burguesía carnavalesca, monstruosa, deformada. Dentro de este esquema que es pura locura, Piñera se mueve con total incoherencia, creando un ámbito único inclusive dentro de su teatro donde *Un arropamiento sartorial...* es una obra mucho más racional.

Aunque los personajes están referidos a un contexto específico de alineación burguesa, puro existencialismo de los cincuenta, el dramaturgo responde a una filosofía de la conducta que trasciende esos límites y se producen resonancias aplicables a la realidad histórica inmediata:

MANOLO: Acuérdate de esto: el enemigo blasfema
De Dios, y un pueblo insensato
Ultraja su nombre (648).

Reconozco, sin embargo, que aunque trate de remitir el criterio a la vida cubana bajo la Revolución, es innegable que esta obra está fuertemente vinculada a su experiencia dentro de la existencia burguesa. Si en la sociedad capitalista el materialismo hace que las cosas «estén en uno», bajo el castrismo marxista-leninista, las consignas «están en uno» determinando lo que somos. Piñera fue «una pieza de resistencia» contra esta intromisión de la sociedad de consumo y de la construcción del socialismo, sin poderse conciliar con unos y mucho menos con otros.

Al darle a su protagonista uno de sus nombres preferidos, Oscar, queda de entrada identificado con el propio autor al remitirnos al Oscar de *Aire frío*, el poeta alienado que se va a Buenos Aires en un gesto de escapatoria republicana. La importancia del texto que ahora comentamos no está en su eficacia dramática, que podría cuestionarse, sino en lo mucho que refleja la desesperación del autor y su enajenación en la escena cubana de los setenta. Al mismo tiempo es un salto atrás a su coexistencia burguesa. Tal parece que ha llegado a un punto en que el teatro como tal ha sido desplazado por la metafísica de su circunstancia que lo lleva a consideraciones más profundas. Esto se manifiesta por un lenguaje en clave en que se trasluce su conflicto.

Más existencialista y alienado que nunca, se ve en el vórtice de lo que el mundo quiso y quiere hacer de él, la fuerza de las cosas que lo obligarían a estar él en el mundo, o a seguir siendo lo que es aunque esto lo conduzca, sin remisión, a la locura. Esta última opción la deja abierta a interpretación cuando dice «o no» (ver la cita que encabeza el análisis de esta obra), lo cual no excluye la agonía de su circunstancia.

parálisis anti-teatral y claustrofóbica

Pienso además que en este punto de su trayectoria como dramaturgo, le tiene absolutamente sin cuidado hacer teatro con conciencia de la teatralidad. Posiblemente esté consciente de que no lo van a estrenar y que, por lo tanto, no hay razón para preocuparse por la teatralidad. Dramáticamente se vuelve un paralítico condenado a que sus obras no se lleven a escena. Escribe un anti-teatro que rompe con todos los principios de la puesta en escena. La dinámica de *Electra Garrigó* se ha perdido en una circunstancia histórica a la que ha dicho «no» y que lo condena al «no». No elabora un lenguaje de acuerdo con la caracterización, ni se molesta en darle a la obra la dinámica del absurdo o la crueldad, convirtiéndola en un oratorio monocorde. Tampoco se preocupa por el desarrollo de la acción, sin poner en práctica trucos escénicos.

Los juegos léxicos, tan representativos de su dinámica verbal, son omitidos; o a lo sumo aparecen más bien ocasionalmente. «En tal contingencia dar pie con bola es cosa/ tremebunda: habrá que andar con pies de plomo/ y en caso de peligro: ¿pies para qué os quiero?/ Y, pies en polvorosa, huir de las sirenas [...] pues faltarnos los pies para encontrarlas/. Y si, como en efecto, esas sirenas saben que/ en pie de guerra estamos y de qué pie cojeamos,[...]/ con un pie en el sepulcro están esos guerreros./ Y aquí va la moraleja –pedestre pero cierta-:/ Buscar tres pies al gato es trasponer la puerta» (657). Este tipo de secuencia en la que trabaja con una palabra (pie), jugando con ella, se repite con poca frecuencia, evadiendo la teatralidad. Aparentemente gratuito, quizás no lo sea y resulte posible buscarle los «tres pies al gato»: es decir, al mensaje subyacente que aconseja la prudencia.

Aunque la acción no se desarrolla en una caverna platónica o platómica, la habitación de techo bajo en que aparecen los actores cuando se descorre el telón, caracteriza la naturaleza claustrofóbica que adquieren algunos escenarios de Piñera en esta última etapa, esta-blecida ya desde *Dos viejos pánicos:*

> *«Una habitación de techo tan bajo que los actores, que están sentados, uno frente al otro, en sillas muy altas, tocan el techo con sus cabezas. Las sillas estarán colo-cadas en cada extremo de la habitación. Al comenzar la acción los actores estarán instalados en las sillas. Al principio se mantendrán inmóviles en actitud hierática; después comenzarán un ejercicio de respiración; paulatinamente se irá haciendo angustioso hasta terminar en un alarido» (632).*

Desde *El álbum,* que con su intencional rigidez anti-dramática parece un texto paleolítico, Piñera va a estar insistiendo en la paráli-sis, posiblemente como reflejo de su estado síquico y su circunstan-cia. Es un árbol petrificado en un bosque petrificado, como el caso de la mujer en la silla de ruedas que aparece en la obra mencionada, sujeta a una parálisis progresiva. En el caso que ahora comentamos, los personajes permanecen inmóviles en muchas escenas, aunque también respiran, ríen, gritan y se desesperan dentro de un ambiente claustrofóbico. Inclusive, cuando en la segunda escena nos lleva a un espacio abierto, la claustrofobia no termina a consecuencia de la atmósfera de un Edén neblinoso que lo envuelve todo. La niebla se vuelve agente dramático de la claustrofobia caracterizadora de la segunda jornada:

> *«Un anfiteatro natural coronado por peñas. Ningún vestigio de civilización. Ninguna presencia humana ni animal. El día comienza a despuntar. Al fondo del anfiteatro hay un gran boquete que semeja la entrada a una caverna. El todo es como un paisaje lunar, sin atmósfera, una densa niebla lo rodea todo»* (636).

La entrada de la caverna viene a ser una adicional referencia a este encierro, que corresponde además, intertextualmente, con la caverna de *Un arropamiento sartorial...* Los conceptos escenográficos parecen reflejar el estado anímico de Piñera en los setenta. Después, en la tercera jornada se insiste en el peso y el asedio de las cosas, que aprisionan a los personajes en una variante claustrofóbica adicional ya que baúles, maletas, maletines, sacos de viaje, mantas y abrigos cubren la casi totalidad del escenario, creando una impresión aplastante: la alineación existencialista de un contexto burgués.

La simbología de la caverna es esencial para un mejor entendimiento de la obra de Piñera. Oscar y Laura se encierran en la «cueva» del «salón de Oscar» como si fuera la celda del subconsciente, el núcleo síquico que se esconde del mundo y que sirve de lugar de reunión de los «amantes» fraternos, lugar del culto, útero de su propio infierno y centro de su universo: la vía de escape para que no lo «estén en uno», que es la clave. Es una variante onírica del mundo de Luz Marina y Oscar en *Aire frío,* la escapatoria realista viajando por el subconsciente. Después, en la segunda jornada, en el anfiteatro natural en que se encuentran, en medio de un paisaje lunar sin atmósfera, «*hay un gran boquete que asemeja la entrada de una cueva*» (636). La relación «amatoria» de la pareja es un «incesto» fraterno que va de *Electra Garrigó* a *Aire frío,* de *El No* a las presentes escapatorias, configurando una relación sexualmente ascéptica de Adán y Eva: la manzana que comparten no es la del deseo.

de una ratonera a la otra

Escrita en versos que evitan toda cadencia musical, como si Piñera estuviera en la búsqueda de T.S. Elliot, esto acrecienta el hieratismo. Como propone que Oscar y Laura estén sentados rígidamente frente a frente, hay un contrapunto dialógico más conceptual que dramático. La idea es la misma que la de los dos sillones de *El No*. Son también dos viejos pánicos congelados. La acción se ubica en un contexto alienatorio burgués, por las referencias inmediatas que se hacen, pero la mayor parte de ellas pueden leerse en términos más amplios: «no siempre uno se entiende con la gente, /y a menudo solemos no entendernos del todo/ terminamos diciendo lo opuesto de lo que pensamos» (632). La imposibilidad de la comunicación y el enmascaramiento del lenguaje constituyen motivos constantes de su dramaturgia, que persiguen a los personajes de una obra a la otra, de un contexto de alienación burguesa (ficción de la obra) a otro de alienación marxista (realidad del escritor en el momento en que la escribe).

LAURA: Con tu cara de niño grande y tus frases ambiguas
te haces el inocente, pero es sólo una máscara
que oculta tus colmillos de bestia carnicera (633)

parece ser un retrato del propio dramaturgo, de su voracidad textual, aunque básicamente esté atrapado:

LAURA: No hay salida posible; lo hemos perdido todo;
sólo nos queda el juego del gato y del ratón.

OSCAR: No me hables de ese juego, estúpido entre todos.
Cuando hacemos de gato detrás está el ratón,
y viceversa. Metidos en esa tembladera
salimos destrozados para volver a cero.
Y siempre será así: los minutos, las horas,

los días y los años transcurrirán jugando
sin logro a favor nuestro, hasta quedarnos muertos.
Y digo como tú: no hay salida posible (633).

El negativismo nihilista de Piñera no hace más que acrecentarse
en estas «escapatorias» del alienado donde todo se ha perdido y los
personajes, más despedazados que nunca, se encuentran en un juego
donde, sin salida posible, se persiguen unos a otros hasta el momento
de la muerte. Pura alineación burguesa que es también la ratonera
marxista en la que vive el autor. A mi modo de ver, Piñera reproduce
su estado anímico en el momento en que la escribe. Acorralado, re-
torna al punto de partida, ese universo del que creía había salido en
1959. Esta concepción del mundo, donde el lenguaje es una variante
del enmascaramiento, lleva a una total incomunicación en medio de
gritos donde «cada nueva palabra añade confusión» (634). «Estamos
atrapados/ en una ratonera hecha con nuestras manos» (625): nuestro
subconsciente, en el cual los males se reproducen como si engendrá-
ramos nuestra propia desgracia y como si en un eterno retorno fuera
de una ratonera a la otra. Al modo existencialista, están en un callejón
sin salida del cual no saldrán jamás.

Hoy no esperamos nada, los mitos se acabaron,
la gente sólo vive un día interminable
pensando cómo escapa de esta trampa mortal,
sin saber que están cogidos de antemano,
pero, no obstante, prosiguen en el juego,
y se mueven, se mueven, sobre su eje se mueven,
aunque vuelen en jets de uno a otro continente (640).

Por un momento parece que está haciendo referencia al contexto burgués de la década de los cincuenta, o el decadentismo europeo
que se reflejaba en la cinematografía (Fellini, Antonioni, Buñuel) de
los sesenta, de donde parece que proceden sus personajes; ese desencanto de la burguesía que es una estéril regresión en el tiempo; no
obstante ello, lo vemos en la propia ratonera de su escritura en los
setenta, y cuando se dice «los mitos se acabaron», las resonancias tras-

pasan el ámbito burgués para llegar al desencanto marxista, como si fuera un arma de doble filo.

un Rubicón que no llegará a pasarse: Adán y Eva, Don Quijote y Sancho: entre el Edén y los Molinos de Viento

La complejidad argumental pierde a Piñera y es difícil encontrar el camino racional que la explique, que quizás pueda hallarse si nos concentramos en la pareja, Oscar y Laura --el propio Piñera retomándose autobiográficamente en una variante fraterna que procede de su vida y de *Aire frío*. Desde la primera escapatoria de los protagonistas, la intención es pasar el Rubicón: un viaje en la búsqueda de ellos mismos: «pasado el Rubicón nos humanizaremos» (655). Sin embargo se anticipa la inutilidad del gesto: «el *fiat lux* se niega a hacer su aparición», «los *vine, vide, vinci* son tres pobres fantoches», «los *alea jact est* no sirven para nada» (634). Oscar y Laura se vuelven pareja edénica en el supuesto «paraíso» de la segunda jornada, cuyo grotesco ve Laura, porque «en cueros/ parecemos dos ranas salidas del estanque» (637). El desnudo es básicamente una muestra de la mísera condición humana, con la cual trabaja el autor en varias secuencias. La génesis existencialista del mundo, que es el punto de partida, se reafirma: la decisión de la nada en la nada.

Por ese motivo, Laura insiste en lo ocioso del esfuerzo: seguirán en un callejón sin salida porque «por más que hagamos, no cambiaremos nada» (637) y continuarán en el «mundo consumado de la enajenación» (638), mientras Oscar cree que recobrarán la inocencia perdida, dejando atrás toda tentación. No hay en todo esto una referencia específica, pero sí indica un estado de ánimo de parte del dramaturgo que deshace al personaje de las ataduras de la sociedad burguesa, en que no-existe, hacia una escapatoria en búsqueda de una autenticidad. Pero al mismo tiempo, el sumergirse Piñera en este nihilismo nos está diciendo que él mismo no ha encontrado lo Nuevo ni La Tierra Prometida. Zambullida en el vacío, es un discurso existencialista que escribe en el vórtice de una existencia alienada en el núcleo del socialismo.

OSCAR: En este viejo mundo —del que en breve saldremos-
nos dejamos tentar por todos sus demonios;
sociedad de consumo; los vuelos espaciales,
carisma de unos dioses sin nada que ofrecer (638).

Nos encontramos en plena carnavalización a niveles de grotesco denigrante, un viaje a un submundo patológico. Se trata de un cuadro fellinesco de la burguesía consumista, con cuyos participantes construye la escena tercera en que estas figuras contrahechas se presentan directamente con un enmascaramiento que corresponde a la descripción lírica.

Con sólo dar un paso dejaremos atrás,
la cara de lechuza de la madre de Silvia,
la nariz de Pinocho del padre de Mercedes,
la belleza insolente y voraz de Coralia,
el ano artificial del tío de tu padre,
la baba permanente del idiota de enfrente,
el mal parkinsoniano de tu primo Rodolfo,
la ablación inminente del seno de Pilar,
la epilepsia morada de su tío Manolo,
la eterna cojera de Fermín el filósofo (641-642).

De nuevo va a navegar Piñera por el concepto de la caverna platónica, en un estado de desconcierto (representado por Oscar) donde no puede identificar en qué posición se encuentra: si existe en la realidad o en la sombra, si vive en el Edén o está fuera del mismo. Piñera abandona definitivamente la materia concreta de un teatro «real» (del absurdo, de la crueldad) en un intento de apresar una metafísica. El espectáculo queda desplazado a favor de la preocupación metafísica del texto: «Convéncete, Laura, en el Edén estamos» (647), aunque no sabemos al Edén que se refiere. Es Laura la que niega y pone los pies en la tierra.

LAURA: Yo ni en la paz de los sepulcros creo (468).

LAURA: Lo único que a ciencia cierta sé
       es que parada estoy en el único
       lado donde hay vida, es decir, Oscar,
       en el de Casimiro con sus telas,
       en el de Morley con su Fragonard,
       y, mucho más que eso, en el de la cara
       de lechuza de la madre de Silvia... (647)

La pareja asexual edénica en busca del conocimiento primigenio compone también un contrapunto quijotesco, donde a Laura le corresponde la perspectiva de Sancho frente a la metafísica alucinada de Oscar, que se ve cautivo de otro Oscar y a Laura cautiva en la cárcel de Laura, reiterando el principio de la cueva de la cual no acaban de escapar.

OSCAR: Es la hora. El sol se enreda moribundo
       entre las ruinas de la Pompeya ilustre;
       hora en que borremos el mundo de un plumazo
       para adentrarnos luego en otro refulgente (656).

OSCAR: Cuando tu Rubicón hayas pasado
       y yo contigo esté del otro lado,
       esfumados, los dos uno seremos
       y la vida verdadera viviremos (657-658).

LAURA: Estoy harta de puertas, de Pompeya, de todo
       este teatro... De actriz no tengo un pelo:
       A simular un gesto prefiero el gesto real,
       y este desdoblamiento que tu locura exige
       no puedo asimilarlo. Sólo soy una Laura,
       la otra la inventas tú. Suéltame ya, hermano (657).

Mientras Oscar sueña con borrar «el mundo de un plumazo» para adentrarse «luego en otro refulgente» (656), saltar el Rubicón, atravesar paredes como Eurídice hacía, Laura está cansada de todo esto, porque «dos pies a lo sublime pueden raudos llevarnos,/ o en el mortal ridículo ciego precipitarnos» (657). Por eso Laura opone un lenguaje pedestre, hasta llegar a afirmar que «en fruncido culo de pollo mi boca quedará» (657). A pesar de todo, y a insistencia de Oscar, Laura se coloca ante la puerta de Nerón y la traspone en medio de una intensa niebla, despareciendo al final de la jornada sexta.

El toque de locura le va a dar a Oscar la grandeza dramática de los locos escénicos (que es el toque de los grandes personajes). Explica (de forma quijotesca) sus vanos intentos de desaparecer, porque a pesar de haber cruzado varias veces la Puerta de Nerón (que es la de los molinos de viento) por donde desapareció Laura, él no desaparece. Esta búsqueda de Laura se acrecienta y los límites entre ficción y realidad se quiebran. Ante la puerta en la caverna, piensa que «con sólo dar un paso/ por esa puerta angosta iré del otro lado» (659), pero no lo logra y acaba dándose de narices contra ella, sin poderla traspasar. La imagen de la «cueva», que reaparece en esta pieza, aparece asociada a la «puerta» que le da en las narices a Oscar y tras la cual se pierde Laura.

Durante toda la obra, Laura se opone a los designios de Oscar. Todo el viaje en busca de lo Ignoto le parece una alucinación, el disparate de una mente que no está en sus cabales. Representa una «conciencia de la realidad» en oposición a la «conciencia del más allá». La relación Quijote-Sancho se va intensificando, ya que Oscar se perderá en su lucha contra los molinos de vientos de lo Ignoto, sin escuchar razones.

Para complicar una acción dramática torpemente desarrollada, tocando ante la puerta y clamando por Laura, se aparece Gino, enmascarado y con revólver al cinto, que le asegura a Oscar que esa no es la puerta del lugar ignoto que busca el personaje, sino una cueva de ladrones donde está encerrada Laura a quienes ellos raptaron cuando cruzó la Puerta de Nerón en Pompeya, pidiéndole un rescate de diez millones de liras si quiere que se la devuelva viva. Oscar hace caso omiso a la evidencia, y no dará su brazo a torcer a pesar de las advertencias de Laura, que insiste en que Oscar pague el rescate para evitar que Gino la mate, acrecentándose la condición quijotesca del personaje:

OSCAR: No sólo esta caverna sino que el orbe entero
guarida es de ladrones que a porfía
un botín engañoso se reparten. Cada cual
a su manera el mundo arregla. Yo a la mía.
Esta caverna es antesala de lo Eterno;
por esa puerta baja penetraré en lo Ignoto;
tras ella aguarda Laura mi llegada (660).

LAURA: Si aún después de este fiasco colosal,
de espanto aún no curado por lo Ignoto
te obstinas en pasar del otro lado,
Yo, siempre fiel, secundaré tu juego.
mas ahora peligra nuestra vida;
si Gino nos da muerte, ¡adiós lo Ignoto! (662).

Hora es ya de salir de esta loca aventura,
a ella fuimos llevados por el maldito afán
de quebrantar las leyes del equilibrio humano.
No hay ningún otro lado, sólo el lado en que
estamos (664).

La argumentación lógica no tiene validez, porque Oscar no la reconoce y está dispuesto a terminar con «la Laura carcelera» (665), y tapándole la boca con ambas manos acaba estrangulándola.

Cuando la Laura presa en la cárcel de Laura
se escapó de su prisión carnal perecedera
de este lado de acá quedó la carcelera,
meditando sombríos proyectos de venganza (663).

La obra, que a veces tiene el corte de una ópera moderna, alcanza en este momento altura trágica, presentándonos a Oscar en el pleno de la alineación, asesinando a Laura, que es lo que más quiere, que siempre lo ha acompañado (la mismísima Luz Marina de *Aire frío*) y que cae en las garras del hermano enloquecido. Es un momento decididamente espectacular donde la pieza salta el Rubicón para llegar al gran teatro. Se confirma aquí el significado de la cita de Edgar Allan Poe ya que, realmente es un «drama de locos»

una locura colectiva

En realidad, *Las escapatorias de Laura y Oscar* es la más compleja y enrevesada de todas las obras de la dramaturgia piñeriana, y la más difícil de explicar porque es un verdadero caos, presentándonos una multitud de opciones La última jornada funciona realmente como epílogo. Oscar está en un manicomio y el escenario aparece dividido en tres áreas, aunque sin tabiques que físicamente separen un área de la otra. Todos los locos están desnudos, incluyendo Oscar, que aparece ante una puerta que funciona como espejo. El espíritu que anima al autor tiene reminiscencias de la segunda parte del *Quijote*. Oscar aparece al centro, «vestido impecablemente», diríase que en plena decadencia de la enajenación, en un estado de «demencia permanente que cordura semeja» (666). A un lado están los «locos» individualizados: la comparsa de la decadencia burguesa formada por Fermín, Coralia, Pilar, Rodolfo, Manolo, etc.; al otro, locos sin identificar que conversan, tejen, hacen collares, cantan, etcétera.

> Si ahora Cardin me viera ni un reparo pondría:
> frac cortado por Wesley, el sastre universal
> que del Sha de Persia al duque de Edimburgo
> a gente *comme il faut* sus manos divinizan
> camisa de plastrón adquirida en *chez* Robinson,
> *huit reflets* de *chez* Smith y guantes de Galup,
> zapatos de *chez* Adams y *foulard* de Mac Lean...
> Colosal. El árbitro de la elegancia soy (666).

En todo esto hay mucho de retórica *gay,* lo cual es en sí mismo un índice de subversión. El sentido del grotesco de Piñera se recrea en este desnudo que enmascara como si vistiera a Oscar Wilde. Piñera trabaja una vez más con el concepto del doble, ya que después aparecerá Laura, completamente vestida, seguida de su doble, completamente desnudo, y del doble de Oscar, vestido de la forma que Oscar lo describe cuando aparece desnudo ante el espejo.

mitología del subconsciente

Gradualmente nos damos cuenta que esta acumulación de símbolos nos va llevando por un viaje al subconsciente del propio Piñera, entre la puerta que no puede traspasar y una cueva inasequible. Es una propuesta de escapatoria y la obra funciona como tal ante el callejón sin salida en el cual el dramaturgo se encuentra. La presencia de la puerta que no abre y que hay que traspasar para dar el viaje a lo ignoto donde está la cueva, indica claramente que Oscar (Piñera) busca una salida del presente real (insatisfactorio) para trascender al espacio de lo desconocido y lo nuevo. Todos los componentes simbólicos, sin embargo, no llevan a la total comprensión. La Esfinge nos enfrenta a un acertijo que tenemos que descifrar y la «cueva» o la puerta que se debe traspasar para llegar al conocimiento, es la incógnita que nunca llegaremos a conocer. La Puerta de Nerón, que es el salto del Rubicón, es devoradora. Piñera convierte a Oscar en un héroe mítico que lucha contra infinidad de obstáculos en su viaje hacia lo ignoto; pero «como de lo ridículo a lo sublime no hay más que un paso», el propio autor lo descaracteriza burlándose de sí mismo.

El mito de Eurídice es esencial en la obra, pero Piñera acaba descaracterizándolo también. El dramaturgo se propone presentar a Orfeo sacando a Laura del mundo pedestre de las cosas, las miserias de su identidad de carne y hueso, para que traspase la puerta que separa este lado de acá, que es la sombra, y llegue al otro lado, que es la luz. Pero en esa trayectoria la pierde en la medida que ella se reafirma a sí misma como criatura de carne y hueso. Es decir, Luz Marina y Oscar viviendo una existencia onírica que transforma los elementos de la realidad más pedestre. Además, él mismo no puede traspasarla, porque no es un «superhombre», y Gino (que en la «realidad» ha raptado a Laura) lo enfrenta a su impotencia. Su lucha contra las fuerzas del mal lo pierde porque es el pecado de orgullo de su pequeñez, y es por eso que fracasa y termina volviéndose loco, que es lo que lo eleva como personaje dramático.

la sexualidad del subconsciente

También podría verse la obra como un viaje al subconsciente de la sexualidad: puerta y cueva invitan a ello. El viaje a Pompeya en la búsqueda de lo ignoto, es un viaje hacia la muerte, en un paisaje petrificado por las lavas de un volcán que estuvo en erupción, causando destrucción y muerte, y que ahora está «dormido». El volcán acaba por convertir en ceniza los cuerpos calcinados, que se liberan hacia otro espacio. Pompeya es el territorio de la petrificación y la ceniza corporal, que llega a lo ignoto, lo que explica que Piñera lo seleccionara como escenario de la pérdida de Laura. Cuando Laura traspasa la puerta entra en lo último y desconocido, pero al mismo tiempo traspasa la puerta de la sexualidad. Al hacerlo, se le escapa a Oscar, que cruza la puerta inútilmente pero se queda del lado de acá, sin llegar al otro lado donde está la mujer que ama. A ese signo de impotencia, de debilidad y frustración, se opone la imagen de Gino, el ladrón de carne y hueso que está detrás de la «puerta», el que se ha robado a Laura, y está «armado». Frente a él, Oscar es «impotente», porque no puede penetrar en la «cueva» donde está Laura. Piñera sueña a Laura soñándose frente a una puerta que no puede traspasar. Por otra parte, la Laura que está en las prisiones de Gino es una Laura de «carne y hueso», que aprisiona a la propia Laura, porque el cuerpo es una prisión material del alma, o de lo que es el otro ser que nos habita. Oscar insiste en una relación en estos términos (que en algo tiene que ver con el caso de *El No),* porque la relación física no le interesa, o no puede llegar a ella. Oscar detesta a la mujer «degenerada» que es Laura (de carne y hueso) y es por eso que la estrangula, ya que es el obstáculo para llegar a la mujer inasequible que habita en lo Ignoto, que es la poseedora de la «cueva» conflictiva del sexo opuesto.

saltando el Rubicón

Realmente difícil y por momentos muy mal conseguida, es arriesgado afirmar lo que significan estas escapatorias. Si de un lado nos remite a la estructura burguesa tan familiar al Piñera anterior a 1959, de otro lado hay numerosos textos que resultan alusivos a las experiencias del dramaturgo en los setenta. Es básicamente una obra puente entre los dos mundos que le tocó vivir, dentro de los cuales agonizó el autor (aunque en el fondo no pudo escapar de ninguno de ellos) y que lo llevó a escaparse en la búsqueda de una metafísica de la teatralidad.

Las escapatorias de Laura y Oscar, como teatro, deja mucho que desear. Es un acierto muy dudoso y tal parece que a Piñera poco le interesaba como propuesta escénica, creo que inoperante y de difícil representación. No obstante ello, es una clave importante para un mejor entendimiento del estado mental del autor y las circunstancias en que se encontraba. En ella se proyectan luces y sombras de un conflicto interno. Es una escapatoria onírica de *Aire frío,* y como en los sueños, su significado abre puertas por donde el que sueña se nos escapa. Como siempre, invita a las opciones interpretativas y está llena de infinidad de posibilidades, enriquecida por el toque de locura que se desprende de esta propuesta caótica de un hombre que estaba saltando el Rubicón.

CAPÍTULO II

JOSE TRIANA
UN DRAMATURGO ENTRE LA ESPADA Y LA PARED

El movimiento de vanguardia y resistencia estética de los sesenta llega a su punto culminante en el año 1965 cuando José Triana recibe el premio Casa de las Américas por *La noche de los asesinos*. El éxito de *La noche de los asesinos* tendrá un efecto contraproducente ya que servirá para considerar como agotado el proceso de experimentación dramática que tanto auge tuvo a partir del triunfo revolucionario. Antes de salir de Cuba, durante el proceso de represión que se recrudece a principios de los setenta, escribe *Revolico en el Campo de Marte* y *Ceremonial de guerra,* que se publicarán muchos años después. Reflejan ambos, cada uno a su manera, el estado de intranquilidad y desajuste que vive la escena cubana en ese momento, sometida a presiones insostenibles, que encaminarán a Triana hacia el exilio.

Hay que tener en cuenta las circunstancias en que se escriben. Triana había sido miembro del jurado que premia *Los siete contra Tebas* en 1968, considerándose nefasta su «actitud por defenderla contra viento y marea, y a partir de allí se acentuaron mis problemas dentro de la sociedad revolucionaria. Me atacaron personalmente por escrito en el prólogo que se publicó junto con la obra en la edición de la UNEAC, pero eso sólo fue una minucia. Después me lo hicieron manifiesto en asambleas, en la calle, en los centros de trabajo. Hubo un tiempo en que fui un apestado» (*Encuentro,* «Siempre fui...» 40). El período de escritura de *Ceremonial de guerra* va de 1968 a 1973, y la pieza trasluce un conflicto interno y un deseo de reconciliación. «El planteamiento que hago en *Ceremonial de guerra* es el error que un hombre comete con otro en nuestra guerra de independencia, la del 95. Error que para mí vuelve como una especie de fantasma en la sociedad cubana en la cual estaba viviendo en ese momento, año de 1973. Y estuve forcejeando con esta obra desde 1968 y tuvo muchas variantes» (Entrevista, *Palabras...* 6). Por su estructura la obra fluctúa entre el *Filoctetes* de Eurípides (lo que la asocia también con *Los siete contra Tebas*) y los escenarios inmediatos del teatro de «lucha contra bandidos», pero se aleja de estos «operativos ideológicos», porque los personajes existen en una medida sicológica y de lucha interna que no responden al canon en blanco y negro del discurso de la represión. «Esta obra está escrita porque yo tenía una especie de pesadilla recurrente en la que estaba en el campo y alguien me daba un machetazo, yo me veía la pierna podrida y no me podía mover. Era todo un delirio, como sucede en las pesadillas, donde los hechos y las personas se entrecruzan, se transforman y toman niveles diferentes, donde lo imaginario asume una importancia violenta» (Entrevista, *Palabras...* 7). Como la construcción del personaje no cae en el molde del estereotipo, su posición no concuerda con el radicalismo de un momento de «¡patria o muerte!» en la dramaturgia nacional.

Por su parte, *Revolico en el Campo de Marte* es una pieza más radicalmente transgresora y en franca pugna con el discurso hegemónico de los setenta. «El de *Revolico* es el período de mi peor crisis de creación y de injusticia porque fue una época en la cual todo y todos se confabulaban para negarme después de *La noche de los asesinos*. Esta etapa fue un momento de muerte cívica para mí, pues era vituperado en los periódicos, al mismo tiempo que se daban asambleas donde me acusaban de contrarrevolucionario, desviacionista ideológico y muchas cosas más» (Entrevista, *Palabras...* 8). Triana responde con una irreverencia clásica, barroca: una comedia con «deseo de vivir [...] como si fuera un juego mozartiano, como una *Flauta mágica*, pero española y cubana, como esa flauta que aparece de pronto y lo transforma todo» (Entrevista, *Palabras...* 8). Entre la espada y la pared del combate revolucionario, el dramaturgo se defiende como un espadachín, con la irreverencia barroca del catedratismo léxico y teatral.

Revolico en el Campo de Marte (1971): entre la revolución y el revolico

En este «revolico», Triana se nos presenta más agresivo y seguro de sí mismo; menos a la defensiva, más en plan de ataque, a porque sí... En un exhaustivo y excelente trabajo sobre esta obra, Priscilla Meléndez hace una distinción fundamental en el contrapunteo entre «revolico» y «revolución», como una polisemia clave mediante la cual el dramaturgo le da un contenido paródico y farsesco gracias a la contraposición entre una cosa y la otra: mientras en Cuba se hace la Revolución, con mayúscula, Triana presenta el revolico. Esta observación es básica para entender el contexto, pero al mismo tiempo discutible porque la obra está referida a fechas bien diferentes: 1900 o (obsérvese la conjunción) 1917. ¿Por qué? ¿En qué difiere una fecha de la otra? La primera nos ubica en el año en el cual Cuba se ha independizado de España pero está bajo el poder interventor de los Estados Unidos, en un momento de transición; la segunda, durante el gobierno del General Menocal cuando José Miguel Gómez organiza diferentes «revolicos» en contra del gobierno. No hay en ninguno de los casos referencias directas y los personajes están en su propio «revolico» sexual, que es lo que les interesa, y que quizás sea el «revolico» por antonomasia de lo cubano. No hay ninguna efervescencia patriótica, particularmente interesante en el primer caso, ya que acaba de terminar una guerra que lleva a la liberación de Cuba del poder español y estamos cerca del advenimiento de una República independiente. En lugar de consideraciones de más monta, los personajes se disponen a irse de juerga. La República les tiene sin cuidado, porque lo único que quieren es fornicar.

¿Qué nexos pueden establecerse entre este hecho y la Revolución de 1959? ¿En qué medida responde la obra a los dictámenes castristas que cierran el Primer Congreso de Educación y Cultura donde el arte debe ponerse al servicio del pueblo y la construcción del socialismo? ¿Revolución o revolico? Lo que se propugna ideológicamente es el ayuno y la abstinencia a favor del trabajo: o por lo menos, si hay relajo, si se quiere, será con orden porque la Revolución es lo primero. Los niveles de testosterona no pueden afectar los de producción. Triana enfoca la atención en la ley del deseo y el relajo que la acompaña, en el hedonismo nacional que ha sido como nuestra marca de fábrica, nuestro «hecho en Cuba», que viene a ser el negativo de la Revolución. Como es básicamente un relajo republicano, podría verse como una crítica a la desfachatez de toda una época de desmoralización colectiva, con todos sus lúmpenes; aunque Triana, afortunadamente, no presenta ningún atisbo de texto moralizante. Pero ahí está el detalle.

Si se ve, por otra parte, como una obra que se escribe en el período efervescente de una dramaturgia de Patria o Muerte, y el dramaturgo enfoca la atención en la desmoralización bufonesca, en este sentido (y es un sentido en el que me inclino a verlo) es de hecho una obra que no funciona dentro de los parámetros de la dramaturgia cubana de la Revolución, enfrascada en su «lucha contra bandidos», porque lo que propugna es un hacer bien diferente, aunque enmascarado cronológicamente por las fechas en que se ubica la acción.

Por extensión, el tiempo acaba por darle la razón al texto, como si Cuba hubiera vivido en medio de una decisión existencialista entre la revolución y el revolico.

un revolico entre las piernas

La dicotomía «revolución» y «revolico» ha sido muy importante en la conducta revolucionaria cubana, con sus implicaciones sexuales. El desate sexual que ha parecido ser marca de fábrica del ser nacional, que sirvió para darle sello a Cuba como París de las Américas (en su sentido prostibulario más que otra cosa) al cabo del tiempo confirma el fracaso de la construcción del socialismo, dándonos fama internacional como un prostíbulo insular que al no poderse sostener con la ayuda financiera de la Unión Soviética, se sostiene con el quehacer de entrepiernas. Este quehacer es lo que caracteriza este *Revolico en el Campo de Marte*, donde no se hace otra cosa.

En un momento en que las represiones de la sexualidad se hacen muy marcadas en las propuestas culturales, llevando a serias represiones, Triana se baja con un destape sexual, inclusive aunque los personajes estén bien vestidos. No hay, ciertamente, rasgos de homosexualidad, salvo en el cambio de ropajes de Alicia y Felo, que pueden excusarse con las comedias de enredo del Siglo de Oro o ambigüedades shakesperianas. Sin embargo, no faltan marcadas insinuaciones: Disfrazada de hombre y jugando con un bastón (con obvia intención), al ver a Magdalena, Alicia exclama en plano de hombre: «¡Qué mujer, madre del cielo!/ Con semejante hermosura/ en su mismita costura/ trina el aire, trina el suelo» (176). Son palabras mayores, especialmente en boca de una mujer y aunque se digan en verso. Básicamente es un destape heterosexual, pero destape y relajamiento al fin al cabo. Se mantienen las barreras del género, pero dentro de estos términos abunda una total desfachatez, a veces al desnudo y otras veces revestida por el lenguaje lírico.

Como ocurre con las comedias del Siglo de Oro, que el texto a su vez somete a un tratamiento paródico, el argumento sigue las peripecias eróticas de una serie de parejas, que se desparejan y emparejan en un encadenamiento que va de una pareja a otra a modo de ronda. De ahí que los personajes, como tales, no tengan particular interés porque son simples fornicadores.

> «Luis, quien esta casado con Alicia, mira con lujuria a Anita, la criada, pero termina enamorándose de Magdalena, con quien Enrique está a su vez infatuado, sin antes mirar este, con deseo, a Marieta, quien a pesar de estar casada con Enrique, se siente atraída por Renato. Benjamín, hermano de Luis, parece tener interés por Alicia, la esposa de este, pero antes de terminar en brazos de Magdalena, coquetea con Anita, la criada, de quien Felo, el criado, está locamente enamorado […] Al final de la obra, ocurre un inesperado cambio de parejas de enamorados, y los hechizos —reales o ficticios— parecen haber cobrado vida propia al seguir sus particulares rumbos y caprichos: Luis, quien deseaba a Magdalena, termina enamorándose súbitamente de Marieta; Enrique, que buscaba vengarse de su infiel esposa Marieta, se queda con Anita, la criada; y Felo, quien inicialmente iba tras Anita, termina admirando y consolando a Alicia» (Meléndez, 78-79).

La síntesis de Meléndez ayuda a seguir este enredo, que es gratuito, y que no necesita serlo de otra manera porque «la flecha de

Cupido» está autorizada a hacer lo que le da la gana en estas farsas amatorias. Es decir, hay varios trípticos eróticos cuyo revolico no es fácil de organizar.

Luis	Alicia	Benjamín
Luis	Alicia	Felo
Luis	Magdalena	Benjamín
Luis	Anita	Felo
Benjamin	Anita	Felo
Benjamín	Marieta	Enrique
Enrique	Marieta	Renato
Enrique	Anita	Felo

Rosa es un personaje adicional de carácter sincrético que va a estar formado por dos elementos fundamentales: de un lado tiene un origen en la alcahuetería tradicional hispánica; del otro en la santería afro-cubana, presente también en nuestra dramaturgia Por consiguiente, tanto dramáticamente (por su raíz escénica) como por su génesis cultural, es un producto sincrético, blanqui-negro, arquetípicamente representativo de la cultura nacional. «Sigue a punto el hechizo/ de albahaca, miel y granizo/ de las aguas de Leteo/ Fíjate que es importante/ no olvidar escoba amarga/ ni el perejil ni la adarga/ del ojo abierto y brillante» (145). La sabiduría de *El monte* de Lydia Cabrera, se expresa con el donaire de una celestina de convento. Su móvil de conducta es puro materialismo y la santería es puro escenario, máscara. Mercantiliza sus «poderes, si es que los tiene. Dramáticamente es útil, porque es posible que gracias a ella se cumplan los deseos del quehacer de entrepiernas, y sirve para desarrollar esa debacle de la sexualidad que motiva las acciones. Todos estos polvos y remedios de eros que se reparten a lo largo de la obra y por el escenario, tienen también el aire sofisticado de una ronda de Max Ophuls con un cubanísimo vestuario de época, que invitan a un montaje desenfadado, audaz, donde la chusmería se estiliza con elegancia en una especie de putería con clase.

los taparrabos del deseo

Pero el nexo más evidente es el teatro del Siglo de Oro: la comedia de capa y espada, porque nos encontramos ante una comedia de enredos con confusión de identidades. Esto a su vez nos remite a los orígenes mismos de la dramaturgia cubana, que inspirada en la del Siglo de Oro adopta forma dramática con *El príncipe jardinero y fingido Cloridano* de Santiago de Pita, que se da a conocer entre 1730 y 1733, pieza que esconde un fuerte contenido erótico detrás de un lenguaje floral. En «Prehistoria del erotismo» comento que «La atracción sexual es más fuerte que todo y las referencias a las leyes que sujetan tal impulso son mínimas. La obra apenas se molesta en hacer referencia a los elementos externos que se oponen al triunfo de Eros. En todo caso se recrea en la expresión del estado mismo» (25). Aunque sin el total descaro de la obra de Triana, los personajes de Santiago de Pita sólo piensan en lo mismo, incluyendo los femeninos que parecen estar en estado de celo, listas para «hacer un desacierto». «¿Dónde hay más honra como el gusto?» «¿Ni gusto como el deseo?» (23). Se inicia el teatro cubano con una temática sensual, en tono de grácil y hasta elegante relajación de las costumbres, que es la prehistoria escénica de nuestro erotismo y la nota caracterizadora del revolico de Triana, que por lo tanto sigue una tradición. Esto es (la gracia y la elegancia de lo «habanero» en su forma óptima) lo que se ha perdido, pero que Triana mantiene presente –la mayor parte de las veces– en su «revolico».

En mis investigaciones sobre el teatro bufo, establecí hace ya algún tiempo que

«me ha interesado en particular su sistema paródico, su conciencia de la teatralidad, y la distorsión verbal que anticipa el teatro del absurdo, características dominantes del teatro cubano del siglo XX. Fascina, principalmente, la galería léxica del bufo, que va de la transcripción del lenguaje distorsionado por la etnicidad [...] al barroco del absurdo, como en *Los negros catedráticos* de Francisco Fernández [...] Descansa sobre una serie de elementos temáticos y formales que pueden resumirse del siguiente modo. Su aproximación es estrictamente materialista, los valores espirituales son sistemáticamente eliminados y aunque, en ocasiones, nos encontramos con una actitud crítica, sería discutible afirmar que el teatro bufo tiene una conciencia cívica. El materialismo del bufo descansa sobre una constante o denominador común, el dinero, el cual sirve para satisfacer los instintos primarios del estómago y del sexo. Es un teatro que tiene hambre de cópula y de mesa: gula de la sexualidad y sexualidad del alimento. De ahí la trilogía del dinero, el pan y el sexo» (241-242).

Casi todos los aspectos señalados se cumplen en el caso de *Revolico en el Campo de Marte*, y es evidente que Triana está consciente de ello y los manejas de una forma elaborada y original. Los personajes, en primer término, tienen conciencia de la representación ya que tratándose de criaturas desfogadas representan constantemente el amor para ponerle un taparrabo al sexo, que no cubren del todo.

Para lograr sus objetivos, «representan» lo que no sienten y en las secuencias más extremas se vuelven travestis y se disfrazan de la sexualidad opuesta para conseguir sus objetivos con un total desparpajo. El travestismo juega un papel importantísimo en las culturas hispánicas (no hay más que pasarles la vista a los programas de la televisión «latina», frecuentemente del peor gusto) y llega a niveles escandalosos y obsesivos, que de tanto insistir en un sistema de «representación», acaba dando unas muestras de identidad que envían señales muy confusas. Pero en todo caso, se trata de una «representación»: un gesto teatral que de los refinamientos de la retórica lírica del Siglo de Oro y su elaborada teatralidad, pasa a las manifestaciones más burdas y chocarreras del teatro popular, descaracterizando la condición viril y el quehacer femenino. El género masculino se burla de su objetivo (el sexo opuesto) representando los papeles del objetivo para satisfacer su opuesto apetito. Las que llevan faldas se ponen pantalones para meterse en su objeto de deseo. En ambos casos, se desacraliza y hay un principio descaracterizador, paródico y paradójico en este intercambio de roles. Triana trabaja con estos elementos con destreza e indiscutible acierto.

Aunque en la pieza hay hambre de cópula, no podemos decir que lo haya de mesa, porque referencias a la comida hay pocas. De ahí que de la trilogía, dinero, pan y sexo, nos quedamos con un díptico de sexo y dinero donde un elemento es el reflejo del otro. No hay que olvidar que con mucha frecuencia suenan las bolsas de los personajes para cerrar alguna transacción amorosa. La relación sexual está acondicionada por el dinero, que es en última instancia la naturaleza prostibularia de la sexualidad. El juego lúdico del «revolico» no debe ocultarnos la sordidez intrínseca. A pesar de que la palabra «amor» está constantemente en boca de los personajes (como en los boleros) y es seguramente la que más se repite en la obra, los valores que no puedan palparse sensorialmente en la relación amatoria, están sistemáticamente eliminados en beneficio de un objetivo físico muy definido. A modo de ejemplo: Luis *«cuenta unos billetes que guarda enseguida en la billetera"* y después *"interrumpe el conteo del dinero» (141-142)* que le da a Rosa para conseguir los favores de Magdalena; en medio del deseo desaforado, de toqueteos amatorios, Renato y Marieta forcejean por la billetera mientras el primero le dice lujuriosamente (con doble sentido sexual y monetario): «¿Quién su calentura esconde/ cuando es una bestia en celo?» (161); Enrique se pregunta: «¿Es el dinero la causa/ del grotesco quita y pon/ o sirve de colofón/ o es el barniz de una pausa?» (164). «¿Es el amor o el dinero/ el que distribuye máscaras?» (166). Los personajes conviven en un constante «trastrueque de monedas», que es un agente determinante del desarrollo. La obra nos está diciendo que toda la conducta, en particular la sexual, está acondicionada por el dinero.

el sexo oral

Lejos de cualquier propuesta doctrinal, lo que se propone es el revolico de la sexualidad, una respuesta que consiste en «hacer el amor». Lo cual no deja de ser una actitud ideológica. Cuando el sexo se convierte en el motivo focal, cualquier otra intención más allá de la presentación explícita de la ley del deseo es superflua. Es difícil que un quehacer pornográfico se convierta en un alegato en contra de la pornografía ya que el espectáculo en sí mismo nos hace cómplices y reafirma lo que no puede rechazar. Sólo cuando la sexualidad se manifiesta en términos que estéticamente trascienden sus límites, el distanciamiento permite una percepción diferencial: es entonces cuando el sexo oral de la literatura, el piropo del pueblo, la sexualidad de la lengua, se convierte en texto de valor literario: «Ansias tengo de besar/ el dibujo de tu sombra» (142), «La noche amotina salmos/ de fosfórica aventura./ Siéntome potro, montura/ y trino de los ensalmos» (161). «¡Ay, que hondo alfiler de miel!» (162) expresan metafóricamente lo que otras veces se hace con menos circunloquios: viva la diferencia. En estos casos la sexualidad del texto se distancia gracias al lenguaje, que se vuelve metafórico, aunque substancialmente diga lo mismo. A esto le contrapone el dramaturgo, la chispa de lo explícito, dentro de una cubanía con resonancias clásicas:

«Quedo como tarrudo elegante» (146), «¡Qué buena estás! ¡Qué sabrosa!.../ ¡Ese cuerpo!... ¡Descarada!/ Tú y yo juntos, mi nena/ desbancaremos la casa» (146). «¿Pides leña?» (154) «¡Allá tú/ que tan fácil te enciendes!» (155). «Y luego nunca me apagas» (156). «¡Qué brujera más caliente!» (157). «¡Que constelación de tarros!» (161). «Más tarde, tarros y lanzas» (163). «A un tarro otro tarro paga» (164).

A partir del acto segundo, con la presencia de los gamberros, la ordinariez se acrecienta. Cuando Olegario pregunta dónde se sitúa, Candelario pregunta si se refiere al «pito» o a Pito; Olegario le dice: «¡Huevos, berraco!» y Candelario exclama: «¡Huevitos!» (171). «Dicen del mulo la verga...» (181). El equívoco sexual está constantemente en juego. Pero la desfachatez del lenguaje y de la acción puede ser absoluta: Benjamín y Magdalena se revuelcan y empiezan a desnudarse en el escenario, Marieta y Renato, procedentes de algún matorral, entran en escena a medio vestir. Anita, en completo estado de lujuria, refiriéndose a lo mucho que desea acostarse con Enrique, exclama:

¡Me embobece, me descoco!
¡Oh, Dios mío, qué locura,
me siento como un meteoro!
¡Ven, corramos, a lo demente
hacia el tupido matojo,
que aunque truene y llueva a cántaros
seré tuya en tu alborozo! (189)

Las relaciones pueden llegar a la mayor sordidez. Renato, después de acostarse con Marieta, a quien ha enamorado lujuriosamente, la trata a la patada. Marieta saca del pecho un rollo de billetes «chino, chinito, chinote/ fija estaré a tu barrote» (182), mientras él dice: «No sé cómo pude estar/ con semejante adoquín» (182). Los personajes son, en realidad, «algunos perros que celan/ a sus perras de otros perros» (189). Es un destape ocurrente, pero a veces muy fuerte, a pesar de la versificación: el barroco y la ordinariez viven en glorioso concubinato.

El péndulo léxico de la obra va de un extremo al otro, que Triana maneja muy bien. Abundan los cubanismos que no tienen que referirse precisamente a matices de la sexualidad: «eres tremenda cuchara» (141), «no te pongas turulata» (147), «pierde su chaveta» (148), «poca lacha» (148), «¡Qué loco cheche!» (156). «No repiques más, casquete» (157). «¿Es broma o es peloteo?» (158). «Hijito, no comas mierda...» (189). Estos elementos mueven la obra hacia el tono popular, prosaico, en contraste con la complejidad barroca y lezámica de otros, enrevesados quizás en exceso. Pero el delirio acaba por dar en el blanco.

complejidad barroca: barroco bufo

Como ya he indicado, una de las manifestaciones léxicas extremas del bufo hay que irlas a buscar en el catedratismo, género de mayor elaboración dentro del bufo, en cuyo análisis me extiendo extensamente en mi introducción a la edición crítica de *Los negros catedráticos* de Francisco Fernández. «La ambigüedad consciente y deliberada, la estructura multívoca con su multiplicidad de significados, hacen de esta obra un antecedente teatral del barroco más elitista. Su "todo-vale" es anticipo del absurdo y junto a su uso del lenguaje, se demuestra que la dirección no-realista en el teatro cubano tiene profundas raíces populares, porque tanto en lo popular como en lo culto nuestro teatro es, la mayor parte de las veces, una rebuscada aventura del intelecto» (23). Otro tanto hace Triana en su obra, escrita en verso, donde el lenguaje es utilizado como aventura lírica llevada a extremos de lo ininteligible, sacrificando si es necesario la acción dramática a favor de un quehacer poético barroco donde la propia poesía se esconde en la concha de un hermetismo que necesita de un criptólogo para descifrarse debidamente. Una obra de contexto popular y directo, caracterizada por situaciones estrictamente pedestres, adopta un ropaje hermético y lezámico que, sencillamente, no se entiende:

> Si a la sombra de un sueño me comparo
> como el ciervo define lo amarillo,
> ráfagas de cordajes y sencillos
> cascarones me gritan son bien claro.
>
> Si a la sombra del sueño me declaro
> de guarismos obstinado pececillo,
> peregrina secuela de estribillos
> plumean en mi cuerpo desamparo.
>
> La desgracia me escinde y me provoca
> y una legión de estatuas festinadas
> unce el mantel oscuro de mi suerte.
>
> De rodillas me pone, y en mi boca
> cruce ceniza sucia, espuma, nada,
> mientras arrecia el polvo de la muerte (196).

En casos como este, Triana sacrifica el teatro en beneficio de la poesía y dentro de la poesía, sacrifica el significado en beneficio de un texto que exige el análisis académico más refinado para poder entenderse. De ahí que a lo populachero de las circunstancias opone una retórica contradictoria que poco tiene que ver con los personajes, salvo en el sentido formal de una acción que se versifica. El sentido dramático puede estar (si es que hay alguno) en una descaracterización antijerárquica del género mismo, que inserto en un contexto de categoría opuesta, se convierte en una irreverencia del barroco respecto al bufo o del bufo respecto al barroco, pura carnavalización. Lo cual no quiere decir que esté mal. Cuestión de estilo. En realidad no se entiende, en ningún sentido: ni poético ni dramático, aunque la afirmación pueda parecer quehacer de la ignorancia. Sólo en la falta de sentido puede estar este sentido del quehacer de Triana, que se repite varias veces en la obra, particularmente hacia el final. Suena bien, pero al sonar tan bien sólo es sonido. Lo cual no excluye que, en un buen montaje, sea un buen sonido dramático, si se oye y ve como música, como coreografía, y no como texto. Se impone, a la larga, su lírica elegancia.

Este monologar que caracteriza algunos momentos de la obra, donde la voz se independiza del personaje y la situación, también se pone de manifiesto en circunstancias donde el significado no es fácil de seguir. Obsérvese el siguiente diálogo entre Benjamín y Luis, del cual se deduce algo de la querella entre los dos hermanos, pero que en realidad poco significa:

LUIS:	¿Me perdonas?
BENJAMÍN:	Importancia no tiene.
LUIS:	Mi impertinencia...
BENJAMÍN:	Cualquiera...
LUIS:	De todos modos...
BENJAMÍN:	A buen entendedor...
LUIS:	Piensas...
BENJAMÍN:	¡No pienso!
LUIS:	¿Molesto?
BENJAMÍN:	¡No!
LUIS:	¡Entonces...!
BENJAMÍN:	¡Déjame!
LUIS:	Nuevas posibilidades...
BENJAMIN:	Tengo que mirar...
LUIS:	¿Seguro?
BENJAMIN:	¡Vueltas y más vueltas!
LUIS:	Quiero...
BENJAMIN:	¡Ingrato, corre que verano quema! (152)

A buen entendedor poco se entiende, porque ¿cuáles son las nuevas posibilidades? ¿Qué tiene que mirar Benjamín? Sabemos (por otras situaciones) que hay una actitud recelosa entre los hermanos, ya que Alicia coquetea con Benjamín, su cuñado, y Luis lo sospecha, pero el diálogo en sí mismo es tan enrevesado como algunos de los sonetos barrocos que les sirven a los personajes para monologar entre un revolico y el otro. El posible acierto de este diálogo críptico está en su dinámica, que puede enriquecerse en el montaje, como parte del juego lúdico que caracteriza la obra.

delirio habanero

Verdadero delirio, el primer acto es el mejor de todos, con caracterizaciones bien logradas. Luis da muy bien su carácter de un tenorio habanero de principios de la República capaz de enamorarse de su sombra si esta fuera mujer. Alicia pone muy bien de manifiesto su liviandad, su coquetería, que le saca fiesta a cualquier par de pantalones. Felo y Anita, como los criados, forman parte de un entarimado donde la sexualidad termina en lucha de clases. Benjamín despunta como el más complicado de los personajes, aunque en última instancia no es más que un lujurioso que no se ha destapado todavía. El monólogo de Benjamin es el más directo y funcional de todos, viéndose condenado «al duro papel de abeja», «que no pincha en su colmena», «siempre en duda, siempre a expensas/ del benigno apuntador/ que le señale la escena» (153).

> ¿Tendré que lanzarme al río
> del clásico comemierda
> que vive de la picada
> y es un sombrío planeta?
> ¿O ser simplemente rasgo
> de caricatura obscena,
> comerciante empecinado
> de las sumas y las restas?
> Quizás ladrón, matarife,
> oficios por propia cuenta…

Algo que no soy, que aturde
mi renca naturaleza… (153)

Al contrario de otros monólogos, este es funcional, a la medida del personaje más que de la poesía.

Las dos mejores escenas de la obra cierran el primer acto, bien construidas por el dramaturgo, con mucho de absurdo. Especialmente el desafuero sexual de Benjamín que le cae atrás a Anita, manoseándola por todas partes, es francamente delirante, hasta el punto que tienen que echarle agua de una jofaina para que se le quite la calentura. Muy bueno también el de Luis, cuando entra en escena sonambulescamente y empieza a sobar, también por todas partes, a su mujer, creyéndose que es Magdalena, y desatando la sexualidad desenfrenada de ella que sueña con «el retozo/ hasta caer en el pozo/ vilipendiada y cautiva» (159), aunque es con Benjamín, y no con su marido, con quien quisiera caer, en medida parecida a este que quisiera hacerlo con Magdalena. Lo que predomina en la obra es el tratamiento irónico del amor, que Triana maneja en este momento con justa medida lírica y dramática.

ALICIA: ¿Qué es amor?

LUIS: Amor es brío
            de sinsontes empujados
            en zarrapastrosos prados
            que desfogan desvarío.

ALICIA: ¿Qué es amor?

LUIS: Amor es frío
            de bullangueros puñales
            que van dejando corales,
            bergantines del deseo,
            y trasueñas devaneos
            mientras arden matorrales (160).

Todo dicho en la justa medida entre lo popular y lo culto.

resentimientos

Lamentablemente este delirio de la sexualidad, donde la imaginación teatral es lo que predomina, no se repite a la misma altura en todo el resto de la obra. El «revolico» se acrecienta a partir de la segunda mitad del segundo acto cuando entran en acción Curro, Tabo, Candelario, Pito, Rufo y Olegario, a partir del cuadro quinto; los matarifes que Enrique alquila para que le entren a puñaladas a su mujer, Marieta, que lo engaña con Renato. Triana vuelve a llevar a escena, con otras características, a personajes del hampa que forman parte de sus preferencias dramáticas con los que trabajó en *La muerte del Ñeque*. Con estas intervenciones, unidas a otras de Rosa y Sastre, la obra pierde en gracia y unidad, y se complica de una forma anecdótica que no la favorece, en conjunción con un diálogo innecesariamente enrevesado. Estos personajes, y en particular Sastre, son más sórdidos que graciosos y son marginales al revolico sexual de las parejas. Cuando Triana abandona la comedia de enredos para irse más a la de capa y espada con un escenario abierto, el Campo de Marte, la obra se resiente. Los matones del hampa habanera se van a quedar imaginativamente cortos, aunque es indiscutible que en manos de buenos actores pueden obtenerse resultados positivos. Después de todo, no es la caracterización lo que predomina en las fuentes intertextuales de la obra, sino el enredo y la complicación más de superficie que de substancia.

La Habana Elegante

Triana logra una pieza sin duda muy diferente dentro del contexto de la dramaturgia cubana, aunque con relaciones medulares con nuestro teatro y nuestro modo de ser y expresarnos. Da un salto de *El príncipe jardinero* de Santiago de Pita, pasando por *La hija de las flores* de Gertrudis Gómez de Avellaneda, hasta llegar a la década de los setenta, que de hecho rechaza en su propuesta sexual, que acaba siendo ideológica. Dentro de los efectivos términos de una comedia de capa y espadas callejera, habanera, hay equívocos, duelos y pendencias llevadas con agilidad. Con lances, disfraces, confusiones de identidad en torno a devaneos de eros, que sitúa entre lo popular y lo culto, lo poético y lo sórdido, la ordinario y lo refinado, usando el lenguaje en función de la peripecia, con juegos de palabras, frases hechas y ocurrencias del lenguaje popular cubano, Triana cubaniza el Siglo de Oro y lo traslada a la «Perla de las Antillas». Escribe una pieza muy cubana, y como tal, chusma y elegante a la vez, desenfadada y de moral dudosa. Al tener una gran concentración de enredos en un espacio temporal reducido, produce un efecto de abigarramiento que, por otra parte, es lo que habría de esperarse, en este Campo de Marte donde tanta gente, al ritmo de la Ma Teodora, compone un cuadro de la vida callejera habanera. De la comedia de capa y espada salta al vernáculo cubano, manteniendo códigos que van contra el decoro, inclusive el decoro de la poesía. Y, naturalmente, de la Revolución. Es, en conclusión, una comedia irreverente, culta y populachera, habanera y barroca, decadente y, fundamentalmente, contrarrevolucionaria.

Ceremonial de guerra (1968/1973): atrapado en el cerco

Es posible que la historia de Cuba sea una sucesión de «bilongos» que nos hemos buscado, ante los cuales cada uno de nosotros ha tenido su responsabilidad y cuyos caminos de la opresión a la liberación no son otros que los de la sangre. Desde que la protagonista de *Electra Garrigó* propuso la limpieza de sangre, el teatro cubano no ha estado haciendo otra cosa. El cumplimiento del «código» del honor histórico ha sido un acto de libre elección, al modo existencialista sartreano, que estamos obligados a llevar a efecto a consecuencia de nuestra conciencia moral. La condición trágica de nuestra circunstancia vital radica en la obligación en que nos encontramos de tener que cumplir con una ética que nos fuerza a elegir de un modo y no del otro. Nuestra libertad de elección puede llevarnos a cumplir o no con el "código", pero en un caso como el otro tenemos que enfrentarnos a las correspondientes consecuencias.

Estas observaciones se ajustan a la mecánica de la acción en el teatro de Triana y en particular, dada su condición histórica o semihistórica, al caso de *Ceremonial de guerra*. La acción se desarrolla en Cuba durante la Guerra de Independencia, en plena manigua, con una ambientación realista de carácter muy directo, que adquiere ocasionalmente tonalidades irreales y hasta absurdistas, aunque de modo aparentemente marginal. En síntesis, un grupo de mambises se encuentra sitiado por las fuerzas españolas, siendo gravemente herido en una pierna y abandonado por sus compatriotas en plena manigua un Coronel del Ejército Libertador, Aracelio Fonseca. Al asedio externo de las fuerzas españolas del General Garrido, se opone la división interna de los mambises. El dramaturgo contrapone a una ética que tiene que cumplirse a todos los niveles, desde el plano inmediato al último, otra ética pragmática basada en el principio de que el fin justifica los medios. Si para lograr un objetivo inmediato revolucionario hay que sacrificar valores permanentes, la acción puede estar plenamente justificada a nombre de la revolución. Obviamente las connotaciones de este planteamiento trascienden un momento histórico específico, dando un salto del siglo XIX al XX. Por ello, *Ceremonial de guerra* es una obra histórica en más de un sentido.

licencias históricas

Triana la escribe entre 1968 y 1973. Este período coincide con la fundación del *Teatro Escambray*. Algunas de las obras de este colectivo y de autores representativos de ese momento plantean la «limpia del Escambray» y recogen la lucha de los alzados contra el castrismo en esta zona. Este teatro de «lucha contra bandidos», como así lo llamó el discurso oficial, configura un núcleo importante, cuando menos ideológicamente, de lo que fue el teatro cubano en los setenta. Gran parte de la acción se desarrolla en un claro del bosque, o en algún campamento militar, con referencia a acciones de este tipo entre bandos opuestos, y a la formación de un cerco destinado a destruir al enemigo.

Estos componentes establecen el nexo con el teatro que se hacía en estos momentos en Cuba, pero se distancia al desplazarse en el tiempo a 1895, aunque un acontecer refleja el otro. Hay una constante mención a estrategias de combate, al cerco en que se encuentran los personajes, como en una ratonera, y a la toma del fortín de la Candelaria: «El fortín de la Candelaria es un punto estratégico, el lugar que alimenta de armas al enemigo en toda la provincia; prácticamente, un arsenal de guerra. Tú eres el designado para tomarlo, aprovisionar a la tropa y devastarlo. Eso significa que si tú cumples el objetivo, realizarás la epopeya más grande de la Revolución» (26). Nos encontramos así una alegoría histórica que refleja las luchas independentistas y revolucionarias en la manigua cubana. La diferencia fundamental reside en que Triana enfoca la atención en opuestos puntos de vista respecto a la ética revolucionaria, no entre los campos enemigos, sino internamente, a nivel de conducta revolucionaria –y esta es una distinción fundamental que la aísla, la ubica de modo muy especial y le da más complejo significado.

El fortín de la Candelaria, según notas aclaratorias al final de la edición, conjuntamente con varios términos de carácter geográfico (Cafetal González, Ceiba Grande, Palmas Muertas, San Benito, Dos Piedras, etc), así como referencia a personajes que no entran en escena (Alberto Infante, Álvaro Quiñones) son «invenciones del autor que se mezclan con los componentes históricos y geográficos de la pieza» (63-64). Otras muchas corresponden a espacios reales (Bayamo, Socapa, Mangos de Baraguá, Manzanillo, Palmarito, Palo Seco, Recurva del Cauto), y a hechos históricos y a patriotras cubanos que participaron en nuestras gestas independentistas.

Gestada, por consiguiente, en un período de toma de conciencia, cuestionamientos históricos y decisiones políticas, trasciende el espacio de la acción de sus personajes para convivir en el espacio de los autores cubanos en el vórtice del compromiso. José A. Escarpanter ha establecido sus nexos con la tradición clásica, observando que «el asunto, que guarda semejanzas con el *Filoctetes* de Sófocles, se sitúa durante la Guerra de Independencia cubana de 1895, pero muchos de sus motivos aluden al momento político en que la pieza se compuso. Como ha ocurrido tradicionalmente en los regímenes represivos, el creador, al verse imposibilitado a hacer alusiones directas a la realidad, acude al subterfugio de tratar un tema antiguo para expresarlas, contando con la complicidad del lector/espectador. Aracelio, el Filoctetes de Triana, se debate entre los intereses personales y el interés colectivo» (63). Nótese, además, el nexo con *Los siete contra Tebas*, considerada contrarrevolucionaria y premiada por un jurado del cual el propio

Triana formó parte. La circunstancia inmediata, la posición ideológica y la utilización de componentes clásicos aplicables a la realidad nacional, son comunes a ambos textos. Ética y anti-ética se confrontan en la ficción y la realidad, obligando a una decisión entre la ética autoritaria y la humanística (que es la del protagonista), según terminología de Fromm.

unos hombres y otros

A pesar de desarrollarse durante la Guerra de Independencia, el orden opresor no está representado en escena por el colonialismo español que asedia a las fuerzas mambisas, sino por la imposición de un orden revolucionario inhumano que va más allá de todo principio ético humanístico. El conflicto es interno, entre los revolucionarios y su modo de interpretar la conducta histórica. Este punto de vista permea la obra como hace con toda la realidad cubana, y la ética histórico-martiana del protagonista, antropocéntrica, en el sentido de que el hombre, su vida y su dignidad son el centro del universo, entra en conflicto con los imperativos de ganar la guerra a toda costa. Aracelio Fonseca se encuentra paralizado moralmente, acorralado, como lo está físicamente, entre las impurezas de una nueva realidad (como diríamos parafraseando a Ramos) y los fines inexorables de un nuevo estado de cosas, con un nuevo estrato superior de dominio, que ocupa ahora el lugar de mayores generales, padres tiránicos y garroteros de mala muerte que encontramos en otras obras de Triana.

Al principio, Ángel, Leonel y Carlos, discuten la situación. Los dos primeros han abandonado a Aracelio, que ha quedado herido en un encuentro con las fuerzas españolas. La conducta de Ángel y Leonel, que en realidad lo abandonan para salvar su propio pellejo, es muy negativa. Sin embargo, Aracelio Fonseca posee un mapa que permitiría apoderarse del Fortín de la Candelaria, lo cual representaría a su vez un triunfo definitivo de los mambises. Fonseca no les entrega el mapa y se encuentra herido en otro lugar en la manigua. Ángel y Leonel convencen a Carlos de que él debe ir a encontrarse con Fonseca y quitarle, aunque sea a base del engaño, el mapa. Esto implicaría de parte de Carlos adoptar una conducta aviesa y deshonesta. Carlos tiene sus dudas, pero finalmente, un tanto contra su voluntad, decide hacerlo, presentándose de forma engañosa en el lugar donde está Fonseca, el cual no sospecha lo que han estado tramando Ángel y Leonel, a quienes Fonseca detesta por la conducta cobarde de ambos. Para Fonseca los hombres, bajo cualquier circunstancia, deben mantener su ética; mientras que para Ángel y Leonel lo que importa es la victoria, sin molestarse por los procedimientos. Carlos se encuentra en una posición intermedia entre ambos extremos. La dramaticidad interna del conflicto bélico le da una mayor dimensión, acierto indiscutible de Triana.

Estas posiciones se definen hacia el final. Aracelio reafirma su compromiso ideológico: «Nunca he tenido otra idea que no sea la idea de la Revolución. Estoy con la guerra. Estoy con la Revolución, hasta el final...» (52). «Desde los quince ando en este jueguito... Ya llevo veintisiete años de guerra sobre las costillas» (53). Pero no puede escapar ni de su edad ni de su circunstancia: «¡Ha llegado mi oportunidad...! Este viejo carcamal, este paticojo, esta nulidad... ¡los pondrá en su sitio!» (54). Sin embargo, lo cierto es que está derrotado, que es un peso muerto, una criatura inoperante, dentro de los nuevos términos de la Revolución. «Ya no sirvo. Soy un hombre liquidado. Soy una carga [...] Que la tierra me trague. Que todo se vaya a la bolina» (53). El monólogo de la escena novena, delirante, al borde de la locura, es alucinante y uno de los mejores momentos de la dramaturgia de Triana.

Este contrapunto es generacional. La ética de Aracelio Fonseca es la de un mundo que desaparece a favor de uno nuevo, y los textos de Leonel y Ángel se trasladan cronológicamente a un presente revolucionario que abandona el siglo XIX para adentrarse en el XX, sintiéndose las resonancias del discurso oficial. A pesar de su conmovedora dramaticidad a Triana se le va la mano:

«Pero multitudes de hombres, mujeres y niños, cantando, desarrapados, descalzos, algunos desnudos, hambrientos todos, en plena manigua, combaten, luchan por este país, por esta Revolución... [...] Sea como sea, hay que romper el cerco [...] y lanzarnos en busca de esa multitud de hombres, mujeres y niños, que desarrapados, frente a la metralla, continúan combatiendo, inmolándose algunos, seguros de la lucha, seguros de la victoria, caen, y de nuevo se levantan de sus tumbas y siguen en los campos del sol y de la noche, con los ojos enfebrecidos, haciendo la Revolución...» (54).

un brebaje léxico

Este conflicto se desarrolla mediante un lenguaje que a veces es directo, lleno de cubanismos. Esto explica que la edición de la obra aparezca acompañada de «un pequeño diccionario cubano de bolsillo», aunque no es imprescindible referirse al mismo. «Estemos claro, caballeros... este cerco no lo brinca un chivo» (14). La mayor complejidad surge del procedimiento léxico utilizado por Triana, un lenguaje a veces incoherente, que deja las cosas a medio decir y que con frecuencia, sencillamente, no dice gran cosa:

FELIPE:	Este jaquetón resulta...
PEDRO:	Si le das cuerda...
FELIPE:	¡Un sopapo a tiempo!
PEDRO:	¡Búscalo! ¡Provócalo!
FELIPE:	Recomiéndalo, Pedro...
JUAN:	¡Al diablo los dos! (39)

Se trata de una dinámica léxica que utiliza en otras obras, que aunque crea un suspense presenta un inconveniente: los personajes hablan pero en realidad no dicen nada. Esto no ocurre, naturalmente, a todo lo largo del texto, pero el dramaturgo lo usa con alguna frecuencia. El texto se vuelve musical, casi onomatopéyico, en conjunción con el sonido de los machetes que abre la obra, y que tiene su antecedente en *La noche de los asesinos*:

«*Se oye una gritería momentos antes de descorrerse la cortina. Las palabras apenas se perciben. Luego se van haciendo más diáfanas, alcanzando un ritmo violento: "¡Viva Cuba libre! ¡Carajo, despeja! ¡Corta sin piedad! ¡El machete!*

¡El machete! ¡Viva Cuba libre! ¡Chis chas, chis chas, chis chas!" *Estos sonidos onomatopéyicos perduran a lo largo de la escena primera. Los personajes se mueven en un cementerio de monturas, alforjas, etc» (11)*

Dentro de una lógica argumental, Triana inyecta unos elementos irracionales que rompen con el realismo tradicional del teatro bélico que se estaba haciendo en Cuba en esos momentos. Introduce una propuesta desconcertante, incongruente. Propone que se oigan canciones de la época, como «La Bayamesa», pero se apresura a sugerir la distorsión: «Estos fragmentos musicales si son bailados y cantados entre los hombres pueden darle una mayor fuerza y sentido irracional al texto» (10). Este toque de irracionalidad es lo que la distingue de las propuestas del teatro «de lucha contra bandidos». Los personajes dan vueltas por círculos imaginarios, «construyen rústicos burros, donde pondrán las monturas. Crean imágenes vigorosas» (22). Cuando agrega que describen la secreta profundidad «de los hombres de a caballo» (22), no podemos saber, sencillamente, qué es lo que quiere decir. Después, en un punto ulterior del texto, los mambises se ponen a cantarle una canción de cuna a Aracelio, que aulla a consecuencia de la herida: «Momentos después, Juan ensaya un arrullo y Pedro tararea, con cierta displicencia, la misma canción. De pronto, los tres, arbitrariamente, han iniciado un canto de modo desarticulado, sin conservar ninguna armonía externa. Es importante destacar, como contrapunto, el ruido que hacen montando y desmontando los fusiles, al mismo tiempo que los limpian» (43). Todos estos elementos caracterizan la obra de modo muy diferente a las propuestas revolucionarias del discurso oficial, creando una saludable disonancia estética.

una verdad con puntos suspensivos...

George Woodyard ha señalado que la palabra «verdad» nos da la clave de *Ceremonial de guerra*, «ya que figura más de 50 veces en el texto» («Comentario preliminar», 7). En la penúltima escena, Aracelio balbucea: «La verdad, mi verdad...» (57). Pero, ¿cuál es la verdad? ¿La de Aracelio? Carlos regresa a buscarlo y le pregunta: «Es la hora de la verdad, Aracelio. ¿Estás a favor o en contra? ¡Dímelo!» (58). Hay que reconocer que esta última pregunta da la clave de la dramaturgia cubana bajo el castrismo, que exigía de todos y cada uno de nosotros una respuesta; que seguramente es la pregunta que se hacía el propio dramaturgo cuando escribía el texto. Porque, ¿cuál es la verdad de la obra? Pero el autor es elusivo, afirma y niega. «La Revolución es lo que permanece. Yo no sabría distinguir el que vino esta mañana y el que se va... La Revolución *(Pausa)*. Algo ha pasado dentro de mí... *(Pausa)*. La Revolución... *(Pausa)*» (58). ¿Qué es lo que hay exactamente detrás de la pausa y más allá de los puntos suspensivos? Porque una definición revolucionaria no se hace con medias tintas. ¿Entonces? Aracelio afirma: «Algo ha muerto en mí» (58). Carlos señala: «Quiero que te levantes sobre tu propio cadáver» (58). Con inseguridad se disponen a salir y sin embargo... Quizás fuera el propio callejón sin salida en el cual el autor se hallaba.

Hay que reconocer que la reaparición del Vendedor Ambulante crea un efecto desconcertante. Así ha pasado en otros momentos, pero ahora regresa para llevar a efecto el desenlace. Es un elemento liberador del espacio, el tiempo y el estilo que determina, mediante un aparente desajuste, el ajuste temático y estilístico de *Ceremonial de guerra*. Casi cayéndose, Aracelio Fonseca, apoyándose en Carlos, se dispone a salir con el mapa y el machete para apoderarse del Fortín de la Candelaria. Todo se confunde entre el estamos «en pie de guerra» (60); el paródico pregón de la sociedad de consumo del subdesarrollo: «¡La guerra! Baratijas para las damas enamoradas. Pañuelos. Perfumes. Aromas de Arabia» (59), en medio del escenario de una gesta mambisa; y el persistente y onomatopéyico «¡chis chas, chis chas, chis chas!» (60), del coro, que posiblemente sea alguna orden de matar pero que también puede ser un comentario irónico.

Desde criaturas taradas y alienadas que encuentran en la propia criminalidad que las gesta la única posibilidad de liberación, haciendo una aplicación distorsionada de la ética auténtica; pasando por las justificaciones dadas a consecuencia de las injusticias sociales, políticas y éticas, llega Triana a la figura épico-patriacal de Aracelio Fonseca, atrapado entre el machete y la conciencia, que sale de escena no sabemos hacia donde, porque el exaltado «¡En pie de guerra!» (60) del

Vendedor Ambulante bien puede ser un comentario irónico ante un héroe épico a punto de caerse muerto.

Si la violencia es un elemento esencial de la conducta humana, discernir entre el bien y el mal que compone el escenario de la violencia es un problema moral que cada individuo necesita solucionar. Cuando la violencia se ejecuta en beneficio de lo sagrado, ya sea una idea política o religiosa, la misma queda conscientemente justificada por la sacralización, pero cuando esa sacralización se cuestiona y se pierde la confianza en lo sagrado (en este caso la Revolución), la crisis se desencadena y se desatan las contradicciones de la violencia.

Aracelio Fonseca es el objeto de sacrificio en *Ceremonial de guerra*. Desde el momento y hora que cuestiona los rituales de la violencia, está condenado, porque «whoever performs the sacrifice, once he begins, must continue without interruption» (Dahl, 5). Por ese motivo, Aracelio no puede escapar al ceremonial de la violencia revolucionaria y esto es factor determinante de su condición trágica: «In numerous rites the victim is driven out of the community into exile or death in an extended enactmen of the separation» (Dahl, 5). En este caso la Revolución es el agente ritual y Aracelio es la víctima que no puede escapar del cerco dentro del cual está sitiado.

José Escarpanter considera que «es la mejor obra que se ha escrito en Cuba sobre la Guerra de Independencia» («Imagen de imagen», 8). Es posible que lo sea. Es una obra importante y cae entre los contados logros de la dramaturgia de los setenta. No obstante ello, ciertamente no está a la altura de *La noche de los asesinos* y no produce el impacto de *Medea en el espejo* o *La muerte del Ñeque*. El peso de las circunstancias históricas en que se escribe parece lastrarla, como si imposibilitara el vuelo. El dramaturgo sigue «en pie de guerra»: abandonado en medio de la manigua lucha por romper el cerco.

CAPÍTULO III

EL DISCURSO HISTÓRICO-LITERARIO DE ABELARDO ESTORINO

La dolorosa historia de José Jacinto Milanés (1974)

Cuando Abelardo Estorino se da a conocer a principios del triunfo revolucionario, el teatro cubano se mueve en tres direcciones: (1) Un teatro de tipo tradicional en su estructura, con nexos existencialistas, donde el principio de la responsabilidad y la decisión resultan factores determinantes. (2) Un teatro de corte absurdista y de la crueldad, con predominio de la distorsión verbal y las técnicas del metateatro. (3) Un teatro de corte brechtiano donde los principios del distanciamiento y de la concientización resultan altamente funcionales dentro de la nueva realidad revolucionaria.

Poco dado a la experimentación y mal recibida cuando así lo hace (que es el caso de *Los mangos de Caín*), Estorino prefiere tomar el camino más seguro y menos imaginativo de la primera dirección, dentro de las normas de «la cuarta pared» que a la larga acaba asegurándole el éxito de *El robo del cochino*. No obstante ello, las corrientes absurdistas y brechtianas, van a encontrar su camino en su obra ulterior, poniéndose de manifiesto, la primera, en *Ni un sí ni un no*; la segunda, en *La dolorosa historia del amor secreto de don José Jacinto Milanés*, donde el concepto del distanciamiento lleva a un constante auto-análisis del texto.

En los setenta su producción es muy limitada (por lo menos la que se da a conocer) y parece detenerse, reduciéndose a lo que Rine Leal llama «collages o recitales»: *Tiene la palabra el camarada Máuser* (1972), *Mientras Santiago ardía* (1974) y *Más temprano que tarde* (1974), que hasta el momento en el cual redactamos este trabajo no habían sido publicadas, y la obra que ahora nos ocupa, que no se estrenará hasta más de diez años después, en 1985. En general, esta disminución de su producción teatral, corre paralela con la de los dramaturgos más importantes de la década anterior, cuya obra dramática disminuye o deja de producirse. No volverá a estrenar nada significativo hasta 1980, cuando se lleva a escena *Ni un sí ni un no* (1980), refrescante y novedosa, que va más allá de los límites cronológicos que nos hemos trazado.

Es evidente que la monumentalidad de *La dolorosa historia...* la convierte en una pieza muy difícil de llevarse a escena. Con motivo de la misma, Rine Leal comenta que «da concepción dramática de la obra marca un punto de giro en la producción de Estorino, y después de ella no podemos hablar de crisis familiares, mundo pequeñoburgués, machismo, y lucha entre lo nuevo y lo viejo, con lo cual durante mucho tiempo resolvíamos el expediente de este notable autor. [Roberto Blanco, en la dirección de la obra] tomó este material entre sus hábiles manos y ofreció una "versión" que a pesar de sus bondades escénicas no logra comunicar ni la grandeza del texto ni su significación histórica» (Leal, «1985. ¿Síntomas de una recuperación?», 57). Su importancia histórico-dramática reside en que trasciende su propio tiempo y no se encierra en el espacio histórico sino que se transfiere al presente. Esta es en realidad la vigencia de la historicidad teatral, que se limita si se circunscribe al momento histórico en el que se desarrolla la acción. La medida significativa de un drama histórico radica en esa transferencia donde la cronología no es más que el punto de partida de un salto en el tiempo que llega al presente y se abre al futuro.

«Las posibilidades de conflictividad, de problemática y de comportamientos humanos no son ilimitadas y no es de extrañar que determinadas situaciones históricas ofrezcan analogías y similitudes con situaciones posteriores de modo que puedan "utilizarse" para volver transparentes los sucesos actuales aplicando los conflictos históricos a problemas contemporáneos» (Spang 17-18) «La capacidad de supervivencia de un drama histórico es determinada por la parte de futuro que es capaz de descubrir al espectador como una especie de camino por andar» (Spang 44)

La ambigüedad de la obra empieza en el título, porque, ¿cuál es «el amor secreto» de Milanés que lo lleva a la «dolorosa historia»? A primera vista podría parecer que se trata del que siente por su prima Isa, al que se opone la familia de esta y que según sus biógrafos lo lleva a la locura. La tónica romántica que hay en la vida y obra de Milanés invita a esta afirmación. Sin embargo, este episodio tiene espacio relativamente reducido, mientras que la injusticia social y los problemas políticos ocupan niveles más importantes. Nos inclinamos a cree que «el amor secreto» de Milanés es Cuba, parte intrínseca de «da dolorosa historia» del protagonista.

Magaly Muguercia, en *Indagaciones sobre el teatro cubano,* rectifica puntos emitidos con anterioridad, ya que en un principio la encontró «tortuosa, sombría y, finalmente, caótica y deformante» (60), para verla finalmente y con más certeza, como «el inicio de una espléndida madurez como autor» (60). De todas maneras, Muguercia parte de la interpretación de la enajenación de Milanés con una pupila marxista. «Para los marxistas, esta noción [la enajenación] designa un mecanismo deshumanizado que tiene origen en la relación históricamente perturbada entre el hombre y la apropiación de los bienes materiales [...] Estorino ha hecho en esta obra una impresionante exploración en aquel mecanismo que resta contenido humano a la existencia, que hace al hombre esclavo de las cosas o de los valores cosificados, que siembra de obstáculos el camino hacia el reino de la libertad» (61). No negamos que las «cosas» sean unos obstáculos expuestos explícitamente en el texto de Estorino, particularmente dado el proceso de desplazamiento simbólico (a modo de museo de cera) que tienen los objetos en la obra. También es innegable que la lucha de clases (es decir, el tener o no tener) es parte del conflicto emocional de Milanés, que lo separa de Isa. Pero no es menos cierto que factores más complejos entran en juego. El error de Muguercia es identificarse con la hipocresía marxista (tan aferrada a las cosas hasta el punto de quitárselas al vecino) y agregar que ese reino de la libertad «existe en los sueños de una raza superior que habita este planeta: los revolucionarios» (61), afirmación que no puede substanciarse en relación con esta obra y en especial respecto a la realidad cubana. Es cierto que Milanés se enfrenta a «una realidad hostil, enajenante y enajenada» (62), pero no es menos cierto que esa enajenación no queda fija en el pasado colonial, sino que puede verse a su vez como una reflexión de una enajenación contemporánea a la escritura del texto, que puede ser el presente histórico de la obra. Porque, seamos justos y a la vez imaginativos, ¿es posible concebir la personalidad de Milanés como un revolucionario marxista? ¿No estaría tan enajenado, o más, bajo opuestas circunstancias? Si Milanés hubiera vivido en la Cuba castrista, hubiera acabado como Virgilio Piñera, en el mejor de los casos.

Dr. Jekyll y Mr Hyde

Con motivo de las dificultades que tienen que sufrir los dramaturgos respecto al montaje de sus obras, Estorino, que en más de una ocasión ha asumido la dirección de sus propios textos, hace valiosas observaciones sobre las relaciones autor-director-espectáculo en un artículo que llama «Entre el Dr. Jekyll y Mr. Hyde». «Por supuesto, el Dr. Jekyll es el dramaturgo y el director es Mr. Hyde. Decidí dirigir mis propias obras cuando descubrí que los directores respetaban (hasta donde es posible para Mr. Hyde) los textos de Chéjov, pero no se tomaban el trabajo de analizar por qué Virgilio escribía un parlamento demasiado largo para uno de sus personajes. Y, ¡zas! abajo el parlamento. Y lo mismo hacían conmigo» (37). Un reciente montaje de *Aire frío* en adaptación de Raquel Carrió, presentado en Miami, dejó corto el comentario de Estorino.

Las «humillaciones» por las que tienen que pasar los dramaturgos viendo como quitan palabras y agregan textos, no tienen paralelo, sometidos a toda clase de interpretaciones por aquellos que, en muchas ocasiones, no tienen ni una remota idea de lo que están haciendo. Poetas y novelistas no tienen que pasar por parecidas circunstancias (salvo aquellas intrínsecas de la traducción) y no se puede imaginar que en el caso de un compositor se haga cosa parecida o que a un pintor le cambien los colores de un cuadro. «Es verdad que el teatro es un arte efímero. Comprendí entonces [viendo un video de Kantor sobre *La clase muerta*] cuánto mienten los trabajos teóricos y los testimonios de los mejores fotógrafos. Y también el video. Son como las reproducciones de los grandes maestros de la pintura, [donde] nunca se aprecia la pincelada ni la vibración del color» (37). Si a las dificultades intrínsecas de la puesta en escena se unen las que la historia conlleva, particularmente entre los cubanos, nos podemos dar cuenta de la carrera de obstáculos a las que tienen que enfrentarse los dramaturgos.

progresión individual y colectiva

La dolorosa historia... es la más compleja y lograda de todas las obras del teatro histórico cubano del siglo XX, tanto en técnica como en contenido. Va más allá de lo estrictamente biográfico y la documentación histórica que la sostiene. La poesía le sirve a Estorino para experimentar con nuevas técnicas al yuxtaponer el texto poético de Milanés con su propio texto dramático. La importancia del hecho reside en que no se trata de una yuxtaposición pasiva, sino activa, donde la dramaticidad emerge no sólo de la vida y obra de Milanes, sino de la correlación establecida entre el nivel del poeta y del dramaturgo. La poesía se integra a una trilogía temporal (presente-pasado-futuro) y deja de ser una formalidad estilística determinada, al modo tradicional, correspondiente a un teatro versificado que complementa la biografía de un autor, para «actuar» dentro de la constante movilidad tiempo-espacio.

Compuesta mediante un movimiento paralelo entre la progresión colectiva y la individual, una representación gráfica nos llevaría a trazar dos horizontales que forman la panorámica total de la narrativa de la pieza y visualiza el muralismo de la misma.

A. HISTÓRICO COLECTIVO ---------------------

Liberación espacial temporal   1814-1863

B. SICOLÓGICO INDIVIDUAL------------------

111

La horizontal A representa la línea histórico-colectiva, el fondo dentro del cual se desarrolla la vida del protagonista, que con frecuencia es el primer plano dramático. La horizontal B sería la biografía específica del protagonista, que compone el retrato individual dentro del contexto histórico. Ambas horizontales se forman mediante una liberal composición de escenas que sin respetar ni tiempo ni espacio van entrando y saliendo desde diferentes puntos del escenario, edificándose a sí mismas como situaciones histórico-biográficas libres. Las dos horizontales se dirigen hacia un punto focal, el hábitat de Milanés, Cuba, en su temporalidad 1814-1863, que a la larga no es otro que el espacio total escenográfico.

historicidad y teatro

Es obvio que la obra de Estorino responde a coordenadas histórico-literarias. En cierta medida mantiene una actitud distanciada con el espectador, gracias a la presencia multidistanciadora de El Mendigo, pero no del todo, porque también tiene la condición de lo que Spang llama drama histórico ilusionista, ya que logra «ilusionar al público de tal forma [para que] se identifique con las figuras y su problemática [y] conseguir que el espectador viva el conflicto como si fuera el suyo» (Spang 30). Por un lado «crea la ilusión y veracidad de lo representado» (Spang 30), pero por el otro los recursos predominantes son anti-ilusionistas porque «a través de variados procedimientos de alineación se procura mantener despierto al espectador de forma que contemple lo representado consciente y críticamente como lo que es, juego dramático» (Spang, 30). Además de la voz de El Mendigo, la independencia parcial de los cuadros no aseguran el orden cronológico. El carácter de los mismos (unos privados, otros públicos) altera la unidad; los espacios de la acción están fragmentados y la utilería conduce a un efecto caótico. «Una de las consecuencias más llamativas de esta concepción contingente es la discontinuidad y la heterogeneidad en la estructuración de los acontecimientos; los dramas históricos se convierten en un tipo de puzzle cuyas piezas ostentan una cohesión precaria: se presentan historias en vez de historia, se renuncia a la linealidad tan característica del modo anterior» (Spang

31). Es decir, Estorino hace lo opuesto a lo que estaba haciendo Fulleda León, de resultados tan limitados.

Además, se trata de un drama histórico-literario, lo que ya de por sí le da una textura diferente, donde sin abandonar la conciencia de clase, los conflictos económicos y sociales de la época, trata de dilucidar aspectos íntimos de una figura de las letras cubanas particularmente compleja. Por consiguiente, se exige un grado de ficcionalidad que forma parte de una lógica dramática, «una aproximación psicológica acertada al personaje histórico y su mundo [que] permite interpretaciones que la historiografía no suministra, dado [...] que no tiene la libertad de especular creativamente como la tiene el dramaturgo» (Spang 37). Por ese motivo es un drama histórico que tiene un punto de vista psicológico y como tal lleva implícita una autenticidad discutible dramáticamente afortunada, enriquecida por la intertextualidad literaria de un biografiado que es poeta y dramaturgo. «La "mentira" permite también intuir paralelos entre los hechos históricos y el presente o incluso el futuro» (Spang 37), que es uno de los grandes aciertos de la obra. Evita la fijación en el tiempo, sin caer en implicaciones explícitas, valga la contradicción.

estructuración dramática

Debemos considerar en un término, diríase, primario, que la propuesta obvia es la biografía de José Jacinto Milanés (1814-1863) dentro de un gran mural de injusticia social que representa una panorámica horizontal (aunque no estrictamente cronológica) de la época en que vivió. Se trata (a) de la biografía de un poeta, (b) con referencias líricas específicas, (c) dentro de un contexto histórico. Es obvio también que la selección misma, así como los correspondientes datos (a) biográficos, (b) líricos, (c) e históricos, determinan la naturaleza de la propuesta.

Nacido en Matanzas, aunque era de padres pobres, Milanés pudo recibir una educación relativamente aceptable. Sin embargo, por esa misma condición social y económica, no llegó a realizar estudios avanzados que le permitieran una mayor respetabilidad social y mayores beneficios económicos, teniendo que conformarse con una posición

113

administrativa de alcance limitado como Secretario del Ferrocarril de Matanzas. Se da conocer con su poema «La madrugada», leído en una tertulia en 1836. De 1843 a 1848 sufrió serios disturbios mentales causados, según se ha dicho, por un amor no correspondido por su prima Isabel Ximeno. Su salud mejora entre 1848 y 1851, para volver a decaer hasta la fecha de su muerte, en su ciudad natal, en 1863. Su situación social y económica es característica de la marginación de los criollos durante el siglo pasado, así como de la importancia que va adquiriendo la burguesía culta cubana en el desarrollo del pensamiento liberal y las diferencias de clase dentro de esa misma burguesía.

El plan dramático es extremadamente ambicioso y es el primer problema que confronta el texto. Estorino no va a conformarse con presentarnos la biografía de Milanés, en particular en sus relaciones familiares y la pasión amorosa que sintió por su prima Isabel Ximeno. Esto de entrada da suficiente material. El autor divide la obra en seis secuencias con relativa independencia, adquiriendo el desarrollo un cierto carácter narrativo.

EL PRÓLOGO
sirve para darnos las medidas técnicas de enlaces temporales y espaciales a través del nexo Milanés-Mendigo.

LA FAMILIA --- EL AMOR
dan el núcleo de nexos individuales y amatorios, que en sí mismos servirían para configurar el desarrollo personal del protagonista: una dirección clave que podría ser toda la obra.

EL VIAJE y LA TERTULIA
interceptan el conflicto individual
marginando en cierta medida al protagonista para
desplazar la atención hacia el contexto histórico político de la época.

DELIRIO
clímax y conclusión
donde todo esto confluye y se entremezcla,
dándonos el estado mental del poeta
dentro de la circunstancia nacional.

Este plan está bien concebido teóricamente pero se necesita de una puesta monumental con todos los recursos de la ley, que no podría aceptar niveles de bajo presupuesto. Aunque El Viaje y La Tertulia son los componentes que dan la medida de la panorámica social, política, histórica y económica, se encuentran aquí las secuencias que más se acercan a un material desechable.

riqueza de opciones

La dinámica de las secuencias de La Familia y El Amor es excelente, con un ritmo rápido que va de un espacio al otro, de una relación en presente a otra en pasado o en futuro, sin cortapisas artificiales, y donde los personajes son naturales, humanos, teatrales (*«entran los hermanos, vestidos con sombreros estrafalarios que recuerdan yelmos, telas que caen como capas medievales, máscaras o antifaces. Cantan, hacen reverencias, juegan», 193)*, metafísico-poéticos («Podemos estar juntos mientras alguien nos recuerde juntos», 193), chejovianos («Pasará el tiempo y lo leerán y nos criticarán y no comprenderán todo el trabajo que nos costó vivir aquella época. Y después nos olvidarán», 198), líricamente amatorio (el monólogo de Milanés), hasta llegar al delirio, sin faltar las razones de peso económico que interceptan con conciencia de bolsillo el vínculo Milanés-Isa, que curiosamente apenas hace acto de presencia, pero que sirve para subrayar lo inalcanzable de un amor romántico. Todo esto, en realidad, muy logrado.

No tanto en lo que se refiere al paréntesis social, económico y político, que ya cae más bien dentro de un «discurso histórico hegemónico», donde no hay anticipaciones porque lo que se dice es lo convenido, tanto en lo político como en lo literario: Domingo del Monte, Ramón de la Palma, Cirilo Villaverde, Plácido, Manzano, están ahí como parte de una intertextualidad literaria. Pero son figuras de museo que no están trabajadas en vivo sino como esquemas que ilustran una panorámica de las fallas sociales, ideológicas y políticas de la clase criolla, muy de acuerdo con el canon del teatro histórico marxista que va evolucionando en la década de los setenta.

A esto se unen otras convenciones del teatro histórico representativas del yugo colonial y, naturalmente, del racismo y la crueldad de los esclavistas. A pesar de su talento dramático, Estorino no escapa de lo grandilocuente. No es que las injusticias fueran falsas, sino que el procedimiento dramático para expresarlo es convencional. En la secuencia final, los horrores de la Conspiración de la Escalera adquieren mayor funcionalidad y aparecen mejor integrados al estado mental del protagonista, que desciende al infierno de la esclavitud. Pero todavía resulta larga y hay mucho peso muerto. Sobran intervenciones de El Gobernador, El Español, El Sacerdote, El Fiscal, los Hacendados, Oviedo, Polonia, Pancho. Todo esto podría reducirse a algunas secuencias expresionistas de los negros esclavos víctimas de las crueldades que llevaron a las torturas de la Conspiración de la Escalera, con un impacto gráfico que hablaría por sí mismo. Hay páginas y páginas de textos que son pura chatarra histórica. El dramaturgo quiere abarcar demasiado y sólo una puesta en escena excepcional podría suplir estas flaquezas.

Si bien las referencias históricas y políticas sobre la esclavitud, con sus correspondientes truculencias racistas, dejan un saldo poco favorable, la presencia de los esclavos negros en escena y los momentos de participación colectiva, particularmente la del fiscal que interroga al esclavo, complementan muy bien la acción. Son imprescindibles, porque las injusticias de la esclavitud son parte intrínseca del delirio de Milanés, que no se limita a la pérdida amorosa de Isa. Por consiguiente, es un elemento que juega un papel decisivo en esta interpretación de carácter étnico. Aunque los personajes de la raza negra no llegan a desplazar de forma individual a los de la raza blanca, la reinterpretación histórica invierte el canon y crea otra perspectiva a niveles corales, en este caso, dramáticamente válida. Hay un espacio colectivo formado por los esclavos negros que entran y sacan de escena todos los elementos de utilería que sirven de marco para el desarrollo de la acción de la burguesía, donde ideología y etnicidad establecen ciertos cánones en la composición del texto dramático.

La ampliación del espacio escénico mediante la interpolación en el texto dramático de participantes pertenecientes a otros géneros literarios y medios de comunicación creadora, sirve para enriquecer y darle nuevas perspectivas al concepto del espacio teatral, creando mayores posibilidades perceptuales. El texto queda enriquecido con un contenido subyacente que da lugar a un discurso antagónico que va más allá del que sostienen los personajes. Se compone la obra mediante un montaje de medios opuestos, que es un modo de dialogar y desarrollar la acción, que puede tener un carácter explícito temático como característica dominante, o puede seguir un énfasis técnico que es el agente que acondiciona el estilo.

Este procedimiento acrecienta su interés cuando se integra al teatro histórico, el cual cobra significativa importancia en la dramaturgia cubana del período que nos ocupa. Laura Fernández observa que «es curioso que esto suceda en un país en el que, por idiosincrasia y condiciones sociales, el presente ocupa un primer lugar dentro de la vida del cubano. No es casual, ni se trata de una moda o fenómeno mimético; nuestros autores encuentran en el pasado la posibilidad de recurrir al presente con mayor desenfado y libertad» (138). Al contrario de lo que opina Fernández, a nosotros nos parece lógico, ya que el teatro histórico se presta de un lado al discurso subversivo y del otro al hegemónico, además de un tercer discurso ambivalente. Esto se debe también a que, de acuerdo con los postulados ideológicos dominantes en el discurso histórico cubano a partir de 1959, crecientemente coercitivo en los setenta, se ha llevado a una reinterpretación de la historia durante el período colonial opuesta a los cánones establecidos por la burguesía del siglo XIX y parte del siglo XX con anterioridad a 1959. Una actitud muy politizada, lleva a poner en tela de juicio el pasado, incluyendo el pasado histórico-literario, visto desde una nueva perspectiva que no representa, necesariamente, una verdad, aunque no digo que este sea el caso de la pieza que nos ocupa.

Otro tanto ocurre con la información biográfica, ya que el dramaturgo trabaja con un discurso anterior que ha sido fijado por una determinada clase y grupo étnico, y elabora una acción dramática que se le opone, inclusive a niveles de lucha de clases. De esta interacción emerge el nivel crítico de la obra, que no sólo incluye consideraciones temáticas sino estéticas respecto a los objetivos del lenguaje poético.

Se establece un contrapunto doctrinal entre poesía y acción dramática, que lleva a la interpretación de ambas.

la poesía como principio liberador del espacio escénico

La poesía es uno de los medios utilizados por Estorino con el propósito de alcanzar mayor liberación espacial y temporal, romper los cánones tradicionales de su propia obra y experimentar para yuxtaponer el texto poético de Milanes con su propio texto dramático. La importancia del hecho reside en que no se trata de una yuxtaposición pasiva, sino activa, donde la dramaticidad emerge no sólo de la vida y obra de Milanés, sino de la correlación que queda establecida entre el nivel del poeta y del dramaturgo. Teniendo en cuenta esto, lo primero que hace Estorino es quitarle al espacio dramático toda temporalidad, insertando una acción donde existe una movilidad entre pasado, presente y futuro. Entre los recursos claves para la liberación del espacio-tiempo, ocupa la poesía de Milanés, integrada activamente a la trilogía temporal, un papel esencial que crea secuencias de múltiples niveles. La poesía en el teatro deja de ser una formalidad estilística determinada, correspondiente a un teatro versificado o complemento de la biografía de un poeta, para «actuar» dentro de la constante movilidad tiempo-espacio.

En *La dolorosa historia...* se crea un efecto de atemporalidad y se dialoga más allá del tiempo histórico. Mis investigaciones sobre la atemporalidad de la obra coinciden con las que, más o menos para esa misma época, realizaba Muguercia en Cuba mientras yo lo hacía en el extranjero. «El tiempo está tratado en la obra como un sujeto que crea su propia esfera de acción. Resultaría así el tiempo un verdadero personaje, localizado en el nivel de los actantes, un portador profundo de la acción. Le toca a este personaje ominipresente expresar el contrapunto historia-existencia» (Muguercia, *Indagaciones...*, 63), porque «desde el pasado, el texto anuncia al futuro» (63). Hay una voz consciente y otra subconsciente, que es la que juzga y generalmente condena, colocando al poeta, a veces, en el banquillo de los acusados. El espacio subconsciente de la voz acusadora (que es, implícitamente, la perspectiva dialéctica del autor cuando se vuelve agente del discurso oficial) es personificado a través de un marginado social que se enfrenta a la conciencia artístico-intelectual: el Mendigo-Milanés en el caso de Estorino, que se convertirán después en el Carcelero-Zenea en *La verdadera culpa de Juan Clemente Zenea (1984)* de Abilio Estévez, y el Negro de la Chistera-Milanés en el caso de *Delirios y visiones de José Jacinto Milanés (1987)* de Tomás González. Este espacio crítico es la consecuencia inmediata de un enfrentamiento de textos que superan la temporalidad.

La obra concibe el espacio «como un espacio vacío que hay que llenar, como se llena un contenedor, o como un medio que hay que dominar, llenar y lograr que se exprese» (Pavis, 159). A medida que se van dejando en escena los elementos de utilería, el dramaturgo va haciendo que el espacio se exprese a través de los objetos, físicamente, con un lenguaje concreto. Nos encontramos un diálogo del espacio escénico, animado por las relaciones de lo inanimado. El espacio se vuelve una unidad corporal del tiempo de las cosas que entran en escena.

«discurso teatral hegemónico" vs. "discurso teatral subyugado»

Debe observarse que Estorino selecciona a un poeta romántico representativo de la enajenación, la locura, el distanciamiento y el exilio interior. La angustiosa vida de Milanés lo lleva al silencio y al desquiciamiento mental, volviéndolo una criatura no-participante, un marginado. En un período de formación de la conciencia cubana, aunque afectado por los acontecimientos históricos del mundo que lo rodeaba, no es un hombre de acción. Como poeta, introduce en la lírica un efecto de opacidad digno de observarse, sin juegos malabares, trucos líricos o estética sensorial (gustativa, táctil, térmica u olfativa) que va, inclusive, con el carácter de la obra dramática de Estorino. Es más bien un asceta del texto lírico, que propone una especie de palidez verbal frente a una lírica más audaz y sonora, a veces recalcitrante. A pesar del tono alienatorio, esto no excluye que escribiera también una poesía con conciencia de injusticia social.

Como dramaturgo, *El Conde Alarcos* y *Un poeta en la corte* juegan un papel importante en el análisis de la formación de la conciencia cubana. Cuando El Mendigo le menciona que con *El Conde Alarcos* triunfó en el Teatro Tacón, Milanés observa que «se fracasa siempre» (187), indicando de este modo y de otros que complementan el texto, una conciencia que funcionaba dentro de un «discurso teatral subyugado». Toda su obra es el resultado de su marginación. Esto explica la utilización en *El Conde Alarcos* de un sistema alegórico, como es frecuente en el caso de todo «discurso subyugado». Por el contrario, Estorino funciona, como dramaturgo, dentro de los términos del «discurso teatral hegemónico». Por lo menos a lo largo de su trayectoria dramática total, ya que ha sido objeto de múltiples reconocimientos oficiales, aunque no sabemos cual era su «realidad» interna, en particular, en el momento de la escritura.

Para Juan Villegas, los discursos hegemónicos tanto críticos como teatrales, corresponden «a la práctica discursiva del poder cultural dominante dentro de una formación social. El emisor se sustenta en el sistema de valores, los códigos culturales e ideológicos del grupo cultural dominante» (*Ideología y discurso crítico,* 108), que es la característica fundamental del discurso teatral cubano de los setenta. «El discurso teatral subyugado viene a ser aquel al cual el poder prohibe su existencia privada o pública. La subyugación de un discurso teatral puede ser tanto explicita como implícita» (*Ideología y discurso crítico,* 138). Salvo en el caso de *Los mangos de Caín,* que resultó una obra controversial y censurada, el resto de la obra de Estorino se desarrolla dentro de las categorías del «discurso hegemónico», aunque puedan detectarse señales de conflictos subyacentes y marginaciones parciales.

Estas contradicciones aparentes pueden a su vez dar claves importantes que nos permitan entender el mensaje subyacente en el espacio ideológico del texto, que es menos lógico que el espacio primario explícito. La sospecha se acrecienta cuando en algunos textos de la obra la relación entre el episodio vital y el texto lírico del biografiado, aparece dramáticamente conectada con el autor en interacción directa con el personaje. De esta forma el componente poeta-poesía manifiesta de un modo latente un «discurso subyuga-do» dentro del contexto dramaturgo-drama que corresponde al «discurso hegemónico». Para comprender este punto de vista, de-bemos considerar algunos de los recursos estructurales utilizados por Estorino.

dicotomía

Antes de seguir adelante, bien vale hacer algunas aclaraciones sobre el significado de esta dicotomía. Ignoro las dificultades o no que haya que tenido que sufrir el dramaturgo al desarrollar su obra dentro del espacio político cubano, pero lo cierto es que en el trans-curso de cinco décadas de marxismo en Cuba, Estorino, por la cali-dad, cantidad y continuidad de su obra dramática se convierte en el dramaturgo más importante del teatro cubano entre todos aquellos que se quedan en Cuba.

Sin embargo, no hay que desconocer el relativismo del texto teatral, cuya categoría de «discurso hegemónico» y «subyugado» puede resultar fluctuante de acuerdo con los vaivenes del autor dentro de la historia, que conlleva la relectura del texto, como ha ocurrido con José Triana, primero con las opciones que la crítica ha tenido que aceptar como posibles en la reinterpretación de *La noche de los asesinos* después de su salida de Cuba, aplicable también a una pieza aparen-temente inocua como *Revolico del Campo de Marte*. Hubo un momento en que mi posición crítica respecto al discurso subyacente de *La noche de los asesinos* no fue aceptada, hasta que finalmente acabó siendo re-conocida como posible.

La posición de Abelardo Estorino dentro del marco de la Revo-lución cubana lo coloca en una situación diferente a la de la mayor parte de los dramaturgos de la década de los sesenta. Mientras José Cid, Leopoldo Hernández, algunos otros y yo, nos vamos de Cuba en fecha temprana, Carlos Felipe languidece, Piñera va siendo gra-dualmente marginado y Arrufat sigue por largo tiempo un destino parecido. Borges, Ariza, Triana, Manet y Reguera Saumell se van del país con mayor o menor grado de discreción o de protesta. Estorino se queda hasta ir convirtiéndose gradualmente en el dramaturgo de mayor prestigio de todos los residentes en Cuba, sin caer en las altisonancias de muchos otros que lo hacen en los términos de un discurso panfletario, hasta que recibe el Premio Nacional de Literatura. José Triana lo explica y aclara muy bien las circunstancias del escritor en Cuba:

«Por eso [me sorprendo] cuando leo a Abelardo Estorino declarando que en Cuba jamás hubo persecuciones, él que pasó prácticamente diez años perseguido, lo mismo que su amigo Raúl Martínez.... Dentro de ese mundo gelatinoso de lo no dicho, ellos se pasaron diez años francamente en silencio. Luego se fueron arreglando las cosas porque Estorino es muy buena persona, dijo lo que no dijo, dijo lo que dijo pero no lo dijo [...]. Como ese galimatías funciona en Cuba, entonces Estorino, que está defendiendo su teatro y quiere terminar sus días agradablemente, es capaz de decir que él no fue perseguido, que todo eso fue una locura o invención del exilio» (Triana, «Siempre fui y seré un exiliado», 33)

Refiriéndose a una reunión de dramaturgos que tiene lugar en Cuba en 1986, Amado del Pino comenta que «Abelardo Estorino, ya reconocido como el mayor de nuestros autores vivos, rompía su habitual tendencia a las pocas palabras, su rechazo tenaz a la retórica... y confesaba su adhesión a aquella obra que desterraba el panfleto a favor de la autenticidad» (28). No deja de ser paradójico y hasta enigmático que un representante del discurso teatral hegemónico seleccione a un dramaturgo representante del discurso subyugado colonial para escribir una de sus obras más importantes.

Por otra parte, hay que tener en cuenta lo que esto representa. Aunque en Cuba quizás no haya ocurrido un explícito holocausto con cadáveres incinerados, es indiscutible que han ocurrido una infinidad de abusos, físicos y síquicos, actos de crueldad, torturas, fosas comunes y represiones de todo tipo. En el transcurso de cincuenta años el castrismo ha metido en las cárceles cubanas a demasiadas personas para que se pueda vivir de espaldas a estos hechos.

Estos planteamientos me parecen importantes para desarrollar el análisis de la responsabilidad histórico-literaria del escritor. Un caso arquetípico es el de Wilhelm Furtwangler, el famoso director de orquesta alemán cuya fe en la música como esencia del espíritu que estaba más allá del crimen, lo llevó a una convivencia éticamente cuestionable al considerar que su arte funcionaba a los niveles más ascendentes del espíritu. Y hasta es posible que tuviera razón, pero esto no excluye la importancia del planteamiento. Es indiscutible que Estorino, cuya obra dramática siempre he admirado, por el papel que ha jugado en la dramaturgia cubana y por la importancia que tiene, invite a estas reflexiones.

anti-espacialidad

Volviendo al texto, lo primero que hace el autor es eliminar la realidad concreta del escenario al vaciarlo de todo componente escenográfico y de utilería.

«Al comienzo de la obra el escenario estará completamente vacío. Los muebles y utilería serán traídos a escena siempre por negros. Una vez que se coloque algún objeto, este debe permanecer en escena el resto de la obra, de modo que el escenario se llenará de muebles, útiles de trabajo de los esclavos, objetos de adorno, y se crearán cambios, espacios donde actuar y sentarse, aunque no sean para estas funciones, y tomará el aspecto de un lugar que ha permanecido cerrado mucho tiempo, donde nadie ha entrado» (184).

De esta forma, al anular toda composición escenográfica concreta al descorrerse el telón, el público se encuentra ante un espacio escenográfico que se construye ante sus ojos. No existe una «cuarta pared» cuyo telón se levanta, sino un espacio abierto que se construye. El efecto que quiere producir el dramaturgo es el del vacío histórico, proponiendo así que la historia del protagonista, el texto lírico de la misma y la época en que tienen lugar vida y poesía, se vayan reproduciendo mediante la adición libre de episo-

123

dios que crearán su propio espacio, su propia identidad física, a medida que se desarrollen los hechos ante los ojos del espectador. Tenemos así una propuesta de gran liberalidad, que es un modo *sui generis* de ver el drama histórico, generalmente constreñido por un espacio concreto que le resta movilidad. Si bien los datos están parcialmente prefijados, la aproximación de Estorino a la «arena» dramática es de indiscutible flexibilidad técnica. La vida y obra de Milanés se va formando a los ojos de un espectador que es copartícipe del desarrollo histórico-lírico. Este concepto anti-espacial es esencial porque a partir del mismo la obra creará su propio tiempo.

Funcionalmente, no es casual que los componentes materiales de la acción sean llevados a escena por negros esclavos, convirtiéndose el hecho en una propuesta visual que es ideológica, sin ser demagógica o recalcitrante, ya que los negros eran, efectivamente, la fuerza laboral oprimida sobre la cual se edificaba la historia y los agentes de la movilidad de las cosas.

Mientras esto implica un desarrollo orgánico, la forma caótica mediante la cual se va construyendo el escenario representa una reflexión sobre el contenido histórico de la época y la inestabilidad individual del protagonista. Aunque no ocurre siempre, es un hecho afortunado que el escenario refleje la conciencia del texto, que se cumple en este caso.

«Una de las opciones que nos ofrece el diseño escénico para enriquecer la teatralización es el uso de la simetría y la asimetría. Entendemos por la primera, aquella distribución visual de los elementos escénicos donde figuras y elementos escenográficos están colocados equilibradamente, al extremo que si trazamos una línea imaginaria que divida, de modo vertical, de arriba abajo la escena, tanto de un lado como del otro estarán igualmente diseñadas sus áreas, aunque en necesaria oposición, cuyas líneas converjan en el foco central del escenario, para formar un todo que confiera armonía, racionalidad y seguridad de la imagen visual. El diseño asimétrico, es aquel que a partir de esa línea imaginaria, cada una de sus partes ofrece una perspectiva diferente, desbalanceada imagen en que el desequilibrio excita por su inestabilidad en el peligro de lo irregular e imprevisto, con la finalidad de conferir inseguridad en lo tortuoso o irracional» (Guerra, 13).

Estas interesantes observaciones pueden aplicarse a la obra como excelente modelo de un espacio asimétrico en correspondencia con la conciencia de *La dolorosa historia...* que hace juego con la inestabilidad y el desequilibrio de una situación donde predomina lo tortuoso e irracional: una inestabilidad del coloniaje y del estado mental del protagonista.

anti-temporalidad

La anti-espacialidad compagina con la anti-temporalidad, ya que la decisión de comenzar la obra en el momento de la muerte de Milanés, que como buen romántico contempla su propio funeral, es todavía de mayor importancia que la ruptura escenográfica con el espacio concreto.

> *«Desde el fondo del escenario avanza el cortejo del entierro; los personajes musitan o cantan un poema de Milanés; traen un libro con sus Obras; al llegar al frente se abren en dos filas y van hacia los lados. Al fondo quedará el ataúd, vertical. El Mendigo se acerca y lo abre; Milanés descruza las manos que tiene sobre el pecho. El Mendigo lo toma por una mano y lo hace avanzar algunos pasos» (184-185).*

La contradicción es la siguiente: todo ha ocurrido ya pero lo que ha ocurrido va a ocurrir nuevamente como si ocurriera por primera vez. A pesar de tratarse de una obra biográfico-histórica, rompe de entrada con la línea de continuidad, que es precisamente lo característico de toda biografía y toda historia donde los hechos se producen con una precisión cronológica inevitable: una cosa ocurre detrás de la otra en una sucesión precisa que va del nacimiento a la muerte. La vida (y por extensión toda biografía) representa la quintaesencia del orden temporal, pero el dramaturgo decide romper con este. A su vez, la historia es la esencia de la antidramaticidad, ya que el hecho histórico, por consumado, es esencialmente anti-dramático y anti-sorpresivo: toda historia está ya escrita y termina en la muerte. Teniendo en cuenta esa anti-dramaticidad de la historia, ya que es un tiempo ya ocurrido, Estorino se enfrenta al hecho, eliminando la importancia transitoria del tiempo y colocando al personaje más allá de él. Los personajes en un determinado plano escénico en el tiempo (futuro, por ejemplo, durante el cortejo funeral de Milanés) saltan al plano pretérito (momentos anteriores de la vida de Milanés).

Esta situación le va a permitir al dramaturgo funcionar libremente en tres tiempos de cronología escénica independiente: pasado-presente-futuro. Obsérvese, a modo de ejemplo, la expresión textual de este desajuste espacio-tiempo.

MENDIGO: ¿Te llega el olor de las flores?

MILANÉS: Azucenas.

MENDIGO: Sí, había muchas (185).

En la atemporalidad de la muerte, el pasado (había) es presente (te llega). La relación de intangibilidad temporal de la obra es la metafísica que resta importancia al plano inmediato de las relaciones de un personaje con el otro, equivalente al amor más allá del tiempo y a la poesía que se deshace de lo inmediato. Dirigiéndose a Milanés, ya muerto pero en contacto directo con ellos, Carlota y Federico le dicen:

FEDERICO: Nosotros no te olvidamos nunca.

CARLOTA: Guardamos tus papeles.

FEDERICO: Imprimimos tus poemas.

CARLOTA: Te llevamos flores al cementerio.

FEDERICO: Conservamos tu cuarto como lo tenías.

CARLOTA: Dedicamos el resto de nuestros años a tu memoria.

FEDERICO: La casa se convirtió en altar.

CARLOTA: Rechacé a los pretendientes.

FEDERICO: Tus poemas se hicieron populares.

CARLOTA: Y me vestí siempre de negro (216).

La liberación del espacio y el tiempo escénicos (cuyo primer paso en la dramaturgia cubana, dentro de características muy diferentes, habría que ir a buscar en *Sobre las mismas rocas*) sirve para construir una metafísica teatral donde la muerte rompe barreras.

poeta-poesía, drama-dramaturgo: convivencia de dos ficciones

Por la anulación del tiempo y del espacio se llega a la anulación de la acción:

MENDIGO: Desde ahora será siempre así: recordar y repetir. Nada nuevo puede suceder.

MILANÉS: Algo puede surgir inesperadamente.

MENDIGO: Nada. Recordar y repetir nada más. Los otros recuerdan las campanas, escriben sobre los sollozos, llenan páginas describiendo la agonía y el entierro. Otros leen tus poemas (187).

Al eliminar la posibilidad de lo inesperado, la obra anula el suspense en sentido tradicional, ya que, efectivamente, históricamente hablando, nada nuevo puede suceder porque ya ha sucedido todo. Esto implica la necesidad de buscar nuevos niveles de dramaticidad, que parten de relaciones intangibles de espacios que sólo pueden tocarse a niveles de «más allá». De ahí que la «obra» de Milanés viene a funcionar como cordón umbilical de una acción entre espacios contrapuestos. La existencia de la «obra» que «otros leen» es la única posibilidad de acción, que tiene lugar dentro de una ruptura de espacio y tiempo, hasta el punto que la existencia escénica del Mendigo no es sólo producto de la composición previa de Milanés (lírica), sino de la corporeización que hace Estorino (teatro). De esta forma se crea una convivencia de dos ficciones.

MILANÉS: ¿Quién eres?

MENDIGO: ¿Ya me recordaste?

MILANÉS: Siempre me dio miedo.

MENDIGO: Entonces no debías haber escrito el poema en que aparezco.

MILANÉS: Quería liberarme del espanto y ahora estás aquí.

MENDIGO: Por calles oscuras, torcidas, sin gente,
             susurró en mi oído cláusula funesta:
             se grabó en mi espejo; se sentó en mi silla
             de mi cabecera tomó posesión,
             y la mano negra de la pesadilla
             la apoyó tres veces en mi corazón.

MILANÉS: ¿Por qué estás conmigo?

MENDIGO: Alguien piensa que debo acompañarte (189).

Ese «alguien» que da lugar a la corporeización escénica del texto lírico de Milanés, haciendo «realidad» a la ficción, no es otro que el propio Estorino, que ha «pensado» el poema y lo ha integrado dramáticamente a la historia. A su vez, queda el autor integrado a la acción, componiendo lo que es para nosotros la «dramaticidad secreta» de la obra. Se trata, en síntesis, de una descomposición de espacios y de tiempo. En el tiempo presente de su muerte quedan anticipadas futuras lecturas y ediciones de la obra del propio Milanés, que, por otra parte, configura un cuerpo literario que es pasado.

MENDIGO: San Juan murmurante, que corres ligero
             llevando tus ondas en grato vaivén

haciendo en tus olas que mansas voltean
un pliegue de espumas, deshecho después

MILANÉS: ¿Fue en 1842?

MENDIGO: No sé. Estará en alguna buena antología, hecha con
            cuidado; los poemas en orden, con su fecha y un es-
            tudio preliminar.

MILANÉS: *(Entusiasmado)*. ¿Harán eso? (188)

La antología por hacer en la pregunta de Milanés ya está
hecha en la afirmación del Mendigo respecto a una creación literaria anterior al momento en que se hace la pregunta. Y, sin embargo, no hay acción propiamente dicha porque la misma, que ya ha
tenido lugar, es inalterable. En definitiva, la clave de la acción
dramática está en el acto de recreación del poeta y su poesía (pasado) por el dramaturgo (presente), que da lugar a la movilidad
escénica.

Con estas relaciones dramáticas entre espacios intangibles y
estos procedimientos de ruptura con lo tradicional, Estorino va
construyendo una nueva realidad, la de la ficción dramática en sí
misma, que es, en este caso, eminentemente lírica. Estructuralmen-
te, da un importante paso de avance en su teatro. La obra y sus
personajes existen en definitiva en la medida de su conciencia literaria. No hay que pasar por alto que el cortejo funeral llega no sólo
con el cuerpo de Milanés, sino con sus *Obras*, que funcionarán
activamente dentro de la pasividad atemporal en que aparece situada. La obra de Milanés es, en última instancia, la acción de la obra
de Estorino. Además, Milanés llega acompañado por el Mendigo,
que es un personaje creado por él mismo y corporeizado teatralmente por la memoria que de él se forma el dramaturgo. Es por
eso que en ese mundo sin espacialidad y temporalidad concretas es
donde va a desarrollarse la pasiva dramática de *La dolorosa historia...*
La acción tendrá lugar dentro de términos eminentemente textuales. La realidad concreta ha dejado de existir, y la historia, incluyendo los hombres que la hicieron, sólo existe en los términos
literarios de una ficción que se crea a sí misma, como puede obser-

varse en la siguiente secuencia donde los nexos de la espacialidad «real» quedan rotos en beneficio de una nuevo orden espacial. Milanés cree recordar en su espacio «mortal» un poema que es recordado por alguien en su espacio «vital». El poema es, por consiguiente, el nexo entre los dos espacios, y la poesía funciona como liberadora del espacio escénico. La acción, como tal, queda congelada en la muerte, y el poema enlaza dos espacios y dos tiempos.

MILANÉS: Cuando mi hermano menor
huyó tronchado en su flor
de este universo ilusorio,
le mandó mi padre ornar
de flores, y rodear
con los cirios del velorio.

MENDIGO: ¿Quién estará recordando esos versos?

MILANÉS: Yo los recuerdo.

MENDIGO: No recuerdas ni versos, ni flores, ni campanas, ni sollozos. Nada.

MILANÉS: Escucha: es la Mayor, la oigo.

MENDIGO: Sí, alguien la oye. Alguien recuerda que tú dijiste una vez que ibas por las tardes al Yumurí y desde allí los tañidos remontaban el río hasta adentrarse en el valle (186).

La consistencia del espacio y el tiempo en que están situados los personajes reside precisamente en la intangibilidad de ambos elementos, aparentemente tangibles al nivel vital del «universo ilusorio» que precisamente señala el poema. Cuando El Mendigo dice, «alguien lo recuerda ahora y lo pone en tu boca» (187), establece un nexo entre un presente vital que recuerda el pasado, y un presente de temporalidad y espacialidad intangibles que subsiste en la órbita que es el texto, convertido así en la metafísica de la vida dentro de la cual el teatro es una propuesta de efímera permanencia, un ilusorio compromiso con la muerte.

Las relaciones inmediatas y últimas de la obra se basan en los principios de anti-temporalidad y anti-espacialidad, mediante los cuales el recuerdo es el creador del espacio. Milanés como personaje existe en la medida de la interacción del recuerdo que de él tienen otros personajes, lo que a la larga se convierte en el recuerdo implícito o explícito del dramaturgo. Pero al construir su «discurso teatral hegemónico» con el «discurso subyugado» de Milanés, funciona de una manera sinuosa que acaba de parecer encubridora de un «mensaje latente» que no se atreve a resultar explícito.

la ambigüedad subversiva del texto poético

«No quiero irme. Me quedaré en esta ciudad horrible, preso entre los dos ríos. No quiero abandonar esta cárcel vigilada por San Severino y la Vigía. Me consumiré aquí, en estas calles oscuras, torcidas, sin gentes. Quiero ver siempre esta bahía asquerosa, repleta, de barcos que arrojan sus desperdicios en la playa inmunda. No quiero abandonar el valle, abismo sin fondo, y hundirme, hundirme en este hueco donde me tocó nacer» (205).

El conflicto entre partir o quedarse, como parte de un acto de responsabilidad histórica y ética, ha sido, desde el siglo diecinueve a nuestros días, uno de los problemas más intensos de la conciencia nacional. El planteamiento del problema a través del discurso histórico (en este caso específico, la voz de Milanés, que es el emisor), le permite al texto alcanzar una contemporaneidad en la que la condición subversiva del «discurso subyugado» no destruye la supervivencia del «discurso hegemónico». A nuestro modo de ver, esto es lo que está haciendo Estorino, que, como hemos visto, ha entrado dramáticamente en la obra por desplazamientos de espacios físicos y temporales que le han permitido una interacción directa autor-personaje.

El discurso histórico-teatral puede servir para reconstruir la historia de acuerdo con los parámetros del discurso político oficial, pero al mismo tiempo el discurso histórico-teatral puede reflejar una contemporaneidad subversiva, que es un recurso típico del «discurso subyugado». Es un arma de dos filos. En este caso hay evidencias de la segunda posibilidad en el propio texto poético de Milanés en *El Conde Alarcos* (incluido en *La dolorosa historia...*), que transferido al siglo XX puede tener la misma función subversiva que tuvo en el siglo XIX. La sospecha se acrecienta porque el texto nos ha dicho que Milanés existe porque es recordado por Estorino.

La secuencia de *El conde Alarcos* que selecciona Estorino, pieza que Milanés dedica a Domingo del Monte, se mueve en torno a dos planteamientos esenciales: la crueldad de la tiranía y el deseo de partir del conde, al que se opone el rey. En el texto de Milanés, el rey es francés, trasladando la acción a Francia. ¿Por qué Milanés hace tan complicado trasplante? Max Henríquez Ureña opina que hace esto por temor a la censura. Es evidente que Milanés se vio precisado a estos complicados juegos para poder darle salida «al discurso subyugado» que representa su obra. Es notorio que en Cuba el espectador está adiestrado para la lectura del discurso subyugado que hay en el texto, o en todo caso se lo inventa. El «hay que hacerlo» de Alberto Pedro en *Manteca* con referencia al asesinato del cochino, y el «si no lo hacemos pronto, terminará acabando con nosotros» (168) se ha visto como una alusión de lo que hay que hacer con Fidel Castro. Si Alberto Pedro lo dijo con esa intención no lo sabemos, pero el receptor lo oyó así. Gran parte del discurso teatral subversivo de un texto no está en el escritor, sino en el receptor del mismo ya que el texto se independiza de lo que es o aparenta ser el autor.

Es probable que Milanés se viera precisado a estos complicados juegos para poder darle salida al «discurso subyugado» que representa su obra. Estorino desenmascara el texto de Milanés al hacer que el papel del Rey lo interprete El Español, un personaje de *La dolorosa historia...*, cambiando el nivel del discurso original, que ya no tiene que ser «subyugado». Pero, ¿y el de Estorino? En última instancia esto sólo lo sabe el autor, pero el receptor puede interpretarlo a su modo y manera. Sin embargo la ambigüedad crea un conflicto: es posible que lo que se interprete sea una equivocación.

El uso de la poesía en *La dolorosa historia...* es un aporte innovador como técnica de representación, gracias a los procedimientos de anti-espacialidad y anti-temporalidad discutidos y que se manifiesta mediante una activa convivencia de dos ficciones (la dramática y la lírica) y dos creadores (Milanés y Estorino) cuyos textos se yuxtaponen. Esta yuxtaposición forma parte de un complicado juego de relaciones donde la poesía dentro de la estructura dramática funciona como «discurso teatral subyugado» dentro de un «discurso teatral hegemónico», procedimiento del discurso dramático que responde a circunstancias críticas de la dramaturgia cubana.

el discurso de las dos orillas

En la última parte de la obra tiene lugar el encuentro Milanés-Domingo del Monte, de evidente connotación contemporánea.

MILANÉS: Todos me dejaron solo. Necesitaba un amigo y tú te fuiste.

DEL MONTE: Tenía que salvar a mi familia.

MILANÉS: Y mientras tu barco se alejaba de las costas, la Isla se convertía en un cañaveral incendiado y mi ciudad en una ergástula donde los lamentos y la sangre me impedían respirar.

DEL MONTE: ¿Y qué podía hacer? Yo estaba más comprometido que tú.

MILANÉS: Estar aquí. Aterrorizado, pero estar aquí. ¡Ah, Domingo, que gran pesadilla te perdiste!

DEL MONTE: No iba a quedarme en este país que podía ser reducido a cenizas por una raza salvaje.

[...]

MILANÉS: Estoy asqueado. Es muy cómodo incitar a los de-
             más, proponerles un tema, una misión, hablar de sa-
             crificarse por una causa social y después... ¡adiós
             palmas!

Es cierto también que no todo el texto dramático funciona de
este modo, ya que las injusticias coloniales deben interpretarse como
parte del «discurso hegemónico», pero es en la duplicidad, en la posibilidad de fluctuación en tiempo y en espacio, de donde emerge una
segunda intención. Aunque del Monte está presentado como un racis-
ta, actitud que el castrismo asocia con la burguesía cubana del siglo
XIX y del XX, no podemos circunscribirnos a este único objetivo
caracterizador. Hay también una constante reiteración de la sordidez
de la vida cubana y un insistente reproche dirigido a aquellos que se
van de Cuba, dejando solo a individuos como Milanés, condenado a
la alineación y al exilio interior. Esto último naturalmente es muy
cuestionable, porque por definición un discurso interno no se exterioriza y no se define públicamente. Pero la Isla convertida «en un cañaveral incendiado», el permanecer aterrado y la pesadilla de la vida insular, tienen sospechosas implicaciones. ¿Acaso quiere decirnos
Estorino que los que nos fuimos nos perdimos la pesadilla? Lamentablemente, no nos la perdimos: hemos sido parte de ella desde un ángulo diferente.

Hay resonancias de la posición de Esteban en *La casa vieja* y esa
necesidad de limpieza, que ha sido uno de los grandes embutidos
históricos del castrismo. Estorino lo pone en la voz de la Pastora:

«Te lo dije, Pepe. Había que limpiar. Todo era inmundo y corrom-
pido y nosotros teníamos que esforzarnos por encontrar la pureza.
Yo lo sabía, y en cualquier cosa que miraba o tocaba sentía el hedor
del mundo. Quisiste participar de la vida y el mundo no era para
nosotros. Nosotros, tú y yo, no teníamos nada que hacer aquí. Ahora estás callado como yo. Ahora no puedes hacer nada más que esperar y esperar y esperar. Después el cielo se tomará su venganza y

el ciclón azotará la Isla, vendrá la gran sequía, vendrán las plagas y el ganado morirá en los campos y todo se secará y viviremos en el desierto...» (280)

Estorino reitera diez años después los golpes de pecho que, por su grandísima culpa, se daba Esteban diez años atrás. La Pastora y Milanés se ven como piezas de museo, sin vida, que forzosamente tienen que estar fuera del proceso histórico. Básicamente, esperan —como proponía Abel. El entorno era repugnante, pero no se hizo nada, igualmente que «ahora» no se hace nada tampoco. Se existe en la lúgubre oscuridad de los setenta. La interacción de espacios temporales y relaciones históricas libres vuelve imprecisa esa eterna limpieza que añoran los cubanos y que al final de tantos años de andar repitiéndose se vuelve un fabular inútil. Ciclones, sequías, plagas y desiertos componen un paisaje insular abierto a interpretaciones: un final apocalíptico. Pero, ¿a qué se está refiriendo? ¿De lo que pasó o de lo que está por venir?

A mi modo de ver, el diálogo que sostienen Milanés y Domingo del Montes es un mensaje intencional de Estorino hacia aquellos que se fueron de Cuba y que se despidieron con un «¡adiós, palmas!» sin convivir en la misma pesadilla. La tesis puede estar equivocada, pero en una sociedad tan políticamente compleja como la cubana esto y mucho más es siempre posible.

la soledad del éxodo

Todo esto lleva al desenlace, en el que vuelve a utilizar la poesía con un propósito de dimensionalidad. A modo de afirmación justificatoria, Milanés dice: «Cuando pase el tiempo comprenderán lo que sentí por Cuba. No hubiera podido vivir en ninguna otra parte» (281). Aunque también se puede decir todo lo contrario: «cuando pase el tiempo comprenderán que me fui de Cuba porque no podía hacerme cómplice del crimen.» Las correlaciones con la realidad cubana contemporánea son tan marcadas, que casi todo comentario resulta superfluo. A lo que se agrega la ampliación directa del tema, mediante el cortejo que canta:

Hijo de Cuba soy: a ella me liga
un destino potente, incontrastable:
con ella voy; forzoso es que la siga
por una senda horrible o agradable.

Con ella voy sin rémora ni traba,
ya muerda el yugo o la venganza vibre.
Con ella voy mientras la llore esclava.
Con ella iré cuando la cante libre.

Buscando el puerto en noche procelosa
puedo morir en la difícil vía:
mas siempre voy contigo... ¡Oh Cuba hermosa!
y apoyado en el timón espero el día (281).

Obsérvese que el poema de Milanés está dicho por el cortejo, que es el vocero de su lírica, con la que todos quedan identificados colectivamente. Al patriotismo del «discurso hegemónico» se unen los factores negativos, cuyo carácter luctuoso aparece acentuado en ese momento. Está el contrapunto entre la esclavitud que se tiene y la libertad que se espera en un futuro que no ha llegado todavía.

Nuevamente nos encontramos con una ambigüedad que no garantiza ni una cosa ni la otra, como si el texto caminara por la cuerda floja del compromiso, en un estira y encoge. No hay que olvidar, para acrecentar las dimensiones del caso, que el verso final de Milanés fue recreado en un poema de Leopoldo Turla, exiliado en Nueva Orleáns en el siglo XIX, que apareció publicado en *El Laúd del Desterrado*, un «clásico» del destierro decimonónico. Esto también tiene su intríngulis.

Refiriéndose a otro poeta decimonónico y tras una larga lista de los escritores que hicieron su obra fuera de Cuba durante ese siglo, Jorge Febles comenta que

«en ese problemático siglo XIX que significa la alborada de la literatura nacional, se planteó implícita o explícitamente cuanto le urge su tierra al escritor para crear y el deber que tiene de permanecer en ella, de mantenerse en ella, de acompañarla en su devenir, buscando la transformación desde adentro en caso de considerársela necesaria. En efecto, cuando alguien tan apolítico como Julián del Casal declama en sus "Nostalgias": "Mas no parto. Si partiera/ al instante yo quisiera/ regresar" se aferra a la neurastenia decadente de Huysmans y Baudelaire para expresar lo que, en su caso particular, podría entreverse como prurito antinmigratorio» («Asedios», 78).

Es por estos motivos, y por los pruritos antinmigratorios, que el enfrentamiento Milanés-Domingo del Monte y todas estas yuxtaposiciones líricas son tan importantes, dando el salto histórico para llegar a una lectura contemporánea, que es lo que Febles llama metafóricamente «un diálogo intermarino» (78). Febles afirma, ya con referencia directa a la obra de Estorino, que «fuera de Cuba, donde el teatro histórico no se ha frecuentado mucho, nadie, que yo sepa, ha yuxtapuesto al timón anclado de Milanés al valeroso velamen de Heredia, tan válido en su dinámica contradiscursiva, tan trágico en su modo de desarmarse con vertiginosa rapidez» (78). La composición lírico-histórica de un texto fechado en medio del radicalismo intransigente de los setenta, muestra una posición inquietante, aunque sea discutible frente a discursos más explícitos.

Un cuarto de siglo después de haber escrito esta obra, en Miami y en el 2001, en otro espacio y tiempo, Estorino hace declaraciones, recogidas por Wilfredo Cancio en «Teatristas cubanos comentan sobre la soledad que provoca el éxodo», publicado en *El Nuevo Herald,* afirmando que «un país que tiene una población dividida y tiene que expresarse culturalmente en dos espacios geográficos diferentes es un país que está viviendo una tragedia» (19a). Por su parte Alberto Pedro señaló que «la diáspora atraviesa toda mi literatura y es lo que realmente me ha hecho escribir» (19a), indicando Abilio Estévez que «lo primero que sentí cuando se iban los amigos fue una especie de envidia y me di cuenta de que estaba encerrado...» (19a). Estas afirmaciones son interesantes y algo hay de los reproches que Milanés le hace a Domingo del Monte, pero no se debe perder de vista en este «diálogo intermarino», como diría Febles, el precio tan alto que han tenido que pagar los «hijos de Cuba soy» que no quisieron componendas con la tiranía. Por más de cuatro décadas no se escuchó nada parecido de parte de los dramaturgos insulares, mientras que los exiliados tenían que enfrentarse a un absoluto rechazo (la soledad del éxodo), con la diferencia adicional que mientras Estorino, Pedro y Estévez eran estrenados en Miami y podían hacer declaraciones, los del exilio no pueden subir todavía a los escenarios insulares ni decir ni pío.

CAPÍTULO IV

NICOLAS DORR Y DAVID CAMPS
DOS DRAMATURGOS QUE SE CONTRADICEN

Durante la década de los sesenta aparecen en la escena cubana dos jóvenes dramaturgos que producen textos de indiscutible interés, Nicolás Dorr y David Camps. Seguirán participando en el movimiento teatral de los setenta pero van a experimentar una transición fundamental en el desarrollo de su obra que no va a resultar, por cierto, muy favorable. El más joven y el que produce una mayor sacudida en los sesenta fue Nicolás Dorr, que tuvo un rotundo éxito con *Las pericas*. De menor relieve es el caso de Camps, cuyo hermetismo contradictorio de *En la parada, llueve* la convierte en una de las piezas más enigmáticas de los sesenta. Antes de dar el salto que definirá políticamente la obra de ambos, estos dramaturgos van a producir un par de textos claves, seguidos de otros que dejan constancia de los inconvenientes que representa seguir los parámetros del discurso oficial

NICOLAS DORR

El agitado pleito entre un autor y un ángel (1972): «el caso Dorr»

Desde fecha tan distante como 1963, en una mesa redonda que se publica bajo el título de «El teatro actual», Dorr, con una perspicacia muy interesante en un joven adolescente y a pesar de los elogios de Virgilio Piñera por sus vuelos absurdistas e imaginativos en *Las pericas,* empieza a distanciarse de su propia obra. Al final de la reunión, se apresura a aclarar, como si anticipara el futuro del teatro cubano durante los setenta, que estaba decidido a «mostrar la verdad» mediante «el marxismo», considerando que era el «método» que le servía para «ver la realidad y [...] la verdad de las cosas» (107). En aquella reunión Dorr parecía ser el más marxista de todos los participantes.

En 1963 se publica el *Teatro* de Dorr, lo cual es un hecho excepcional dada la juventud del escritor. *El agitado pleito...* aparece en 1973 y refleja la trayectoria turbulenta de la dramaturgia cubana de aquellas dos décadas. Las notas al *Teatro* de Dorr de 1963 las escribe Osvaldo Dragún, y hay un marcado contraste con las de Manuel Galich al publicarse *El agitado pleito....* Dragún afirma que su teatro es «una especie de todo-vale». «Ese extraño lenguaje en clave, pleno de imágenes infantiles, aplicado a los negocios de los grandes». Agrega: «Cuando llegué a Cuba alguien me criticó una obra de Nicolás calificándola de "absurda". Pero primero fueron inventadas las cosas y después sus palabras. Primero el pan, y después "pan". Primero las viejas generaciones produjeron hechos y sociedades y mundos y familias y relaciones absurdas, y después "absurdo"» (Dragún, *Teatro,* 7). Dragún acepta el «absurdo» de Dorr dentro de una realidad socio-económica; de ese modo la justifica, soslayando una connotación negativa. *El agitado pleito...* aparece con notas de Manuel Galich bien diferentes, con reiteraciones y eco de palabras a los intelectuales que se pronunciaron en la época del estreno de *Las pericas*; epílogo escénico al caso Padilla-Arrufat todavía fresco en la memoria. Además, para esta fecha ya Fidel Castro había dictado normas más estrictas en el Congreso de Educación y Cultura, condenando el intelectualismo y el homosexualismo, las prácticas religiosas y otras «aberraciones», ya que el arte debía estar al servicio de la Revolución. Tal parece que el joven dramaturgo absurdista prestó cuidadosa atención al discurso y pasó a hacer rectificaciones. «¿Tiene el escritor, el intelectual, el creador literario o artístico un fuero que lo coloque por encima de los procesos sociales, ajeno al drama colectivo del hombre...?», se pregunta Galich en la solapa de *El agitado pleito...* La respuesta es obvia de acuerdo con la intención de la pregunta:

retórica típicamente castrista. «Hay algo inobjetable: Nicolás Dorr asume, como autor y como intelectual, una posición de coraje, firmemente revolucionaria» (Galich, solapa). Es decir: Dorr deja de hablar en «clave», se define, y de paso rechaza el lenguaje en clave de otros dramaturgos (Piñera, Arrufat, Triana, Ariza) para poner en práctica a través de su propia obra los principios básicos que deben ser determinantes de la actitud del artista dentro de la Revolución. Esta posición lo lleva a negarse a sí mismo, sometiéndose a una radical autocrítica Por lo cual, ir de *Las pericas* a *El agitado pleito* es un «proceso» fascinante.

En 1973, en una entrevista que le hace Nancy Morejón, Dorr se da golpes de pecho para que no queden dudas sobre su cambio de posición:

«La obra responde a una preocupación de hace algunos años sobre mi destino como escritor y también a la problemática de algunos escritores cubanos desgarrados entre el pasado y el presente y en búsqueda de nuevas perspectivas. Yo presento en mi obra, precisamente, a un autor en un momento en el que quiere reflejar la nueva realidad de la Revolución. El ha hecho hasta ese momento una labor de tipo destructiva; ha ridiculizado el pasado decadente y no quiere contentarse solamente con esto." Y agrega después: "Esta obra tuvo además una peculiaridad: yo empecé a escribirla días antes de incorporarme a la Zafra del 70, y me fui a esta con mis papeles y mis ideas. Yo escribía por las noches sobre la litera de mi albergue...» (19-20).

Los dramaturgos cubanos, como todo el pueblo, viven en los setenta bajo el imperativo de la identificación con el régimen, que no es solamente textual sino física, aunque los grados de dependencia difieran.

claves de construcción

Hay algunas consideraciones claves que no se pueden perder de vista:

(a) El principio unamuniano-pirandelliano de la relación crea-dor-criatura, ya que el texto se desarrolla a base de un plei-to permanente entre ambos componentes: las protestas de La Mujer del Cubito porque no la dejan hablar, la de Rosita porque no dejan entrar a Armandito en escena, la de Ti-burcia porque no quiere representar una escena que se le ha asignado. «Nosotros somos sus personajes. Y tenemos ahora vida independiente» (18). «No olvides [le dice Poli-carpo al autor] que recordamos todo lo que has suprimido» (23). «Esa escena la han inventado ustedes. El no pudo es-cribirla» (34).

(b) El análisis del proceso creador como parte intrínseca de la acción. «*El autor está sentado de espaldas al público, sobre el banco de su tarima y escribe sin descanso. Rompe algunas hojas y guarda otras» (17).* El autor critica su propio trabajo: «Es-tos personajes hablan como máquinas» (20). «Esta situa-ción es falsa» (20). «Esto huele a panfleto» (21). Sin em-bargo, como si fuera una obvia referencia a *Las pericas*, exclama: «No deben convertir lo representado en una lo-cura que nadie entienda» (37). «Dentro del desorden apa-rente debe haber un propósito coherente» (37), como efectivamente este será, en última instancia, el objetivo de *Un agitado pleito...*

(c) La concepción intertextual que Dorr maneja con respecto a su propia obra y con referencia a textos ajenos (el caso de «aquel profesor Utiello que buscaba afanosamente la Stella Aequalis, cuando los rebeldes estaban en las lomas peleando», 63, que es una alusión a una novela de Ezequiel Vieta), y en particular, de modo bastante obvio, a la estéti-ca de Virgilio Piñera.

(d) La construcción de la obra mediante la inclusión de esce-nas que él había censurado y que ahora se representan aunque las mismas fueran merecedoras de censura. El con-cepto es novedoso en lo formal y como análisis del proce-so creador, poniendo de manifiesto un juego entre la censura y la auto-censura como parte intrínseca de la vida cultural cubana bajo la Revolución.

afirmaciones, negaciones y contradicciones

La obra se construye mediante la negación del absurdo anterior aunque el dramaturgo no elimina la estructura imaginativa y barroca que le es característica. No hay duda que se trata de una pieza mejor escrita y planificada, ya que responde a un proceso lógico bien trazado; no se trata de una reacción espontánea e instintiva, lúdico-infantil, como *Las pericas*. Parte de un proceso clasificatorio rígido, brechtiano, distribuyendo el reparto en «Los personajes llamados positivos» y «Los personajes llamados negativos» –distinción en blanco y negro acorde con un sistema alegórico de carácter doctrinal, que es por extensión el del castrismo dividiendo a los cubanos en revolucionarios y contrarrevolucionarios. De hecho los enfrenta como bandos rivales, y los «malos» les ponen zancadillas a los «buenos» en la típica tradición cainística, que es la forma que tiene Dorr de ponérselas a los primeros. Es un verdadero pleito entre los dos bandos, e inclusive dentro del grupo de los «negativos»; no así el de los «positivos», los obreros, que mantienen su unidad con conciencia de clase. Llevando ahora un cuño clasificatorio impuesto por el proceso histórico, los personajes de las obras anteriores reaparecen y le sirven al autor para hacer una autocrítica ideológica de su propia obra. Es sometido a un auto-proceso mediante el uso de sus caracteres; al mismo tiempo él somete a dichos caracteres a un nuevo juicio interpretativo y hay una reinversión de valores. Su actitud lo lleva al reconocimiento oficial al recibir el Premio de Teatro José Antonio Ramos de la Unión Nacional de Escritores y Artistas Cubanos en 1972. Bien merecido, además, porque dramáticamente hablando es una pieza excelente, particularmente en el contexto de los setenta. Lo mejor que va escribir, por lo menos, en toda una década.

Hay obvias contradicciones. La primera es estructural. Si el dramaturgo está dispuesto a renegar de su pasado, lo primero que debió hacer es negar del estilo, que reafirma, con un concepto caótico de la escena, desde el momento que se abre el telón. «*Escenario desnu-*

do. Los laterales sin cortinas, descubren a tramoyistas y luminotécnicos en sus funciones [...] En el fondo del escenario, se ven muebles y utilería en general de diferentes épocas, amontonados unos sobre otros, en desorden [...] Al comenzar la acción, los personajes están situados por todos los espacios del escenario» (17). Se trata de una teoría del caos escenográfico que nada tiene que ver con la «saludable» propuesta de la construcción del socialismo. La autocrítica carga con un pecado de origen: el discurso de vanguardia de los sesenta sigue siendo el procedimiento expositivo.

unos hombres y otros

Como hemos indicado, construye la obra partiendo de una división ya clásica dentro del teatro cubano que refleja la bifurcación nacional: «Estamos divididos aquí en dos bandos» (18), y en tal sentido prosigue con la representativa división «cainística» de la dramática cubana, pero deja bien sentada la posición del artista en relación con sus propias criaturas: viene a ser la resaca de una turbulenta marejada. Es por eso que empieza con una autodefinición de los personajes. Mientras los «positivos» se presentan a sí mismos como «los humildes y generosos», «los explotados», «los perseguidos», «los valientes», «los candorosos», «los nobles y dignos» (21); los «negativos» se autodefinen a su vez como «perversos», «retorcidos», «alienados», «monstruosos», «deprimentes», «defraudantes» (21). El principio clasificatorio es tan rígido que se acerca a lo paródico (dado por los acordes de la orquesta cuando son clasificados), «puesto que cada cual responde a la clase que lo engendró» (24). Esta concepción del personaje dramático corresponde a los dictámenes del discurso oficial castrista: la alta burguesía está formada por «explotadores, corruptos y despreciativos» (24); la burguesía media es «especuladora, hipócrita y embaucadora» (25) y los pequeños burgueses son «egoístas, interesados, salvajes aves de rapiña» (25). También responde a la concepción brechtiana del sujeto-objeto: cada cual es según la clase a la que pertenece. La existencia histórica nacional lleva a esta monstruosa esquematización, que incluye también una posición escénica contra el absurdo, la crueldad, el existencialismo, el expresionismo, el surrealismo, y naturalmente, por extensión, respecto a los dramaturgos que practican procedimientos semejantes, que deben ser rechazados por no ponerse al servicio de la Revolución. En la práctica será un factor determinante de las direcciones de la dramaturgia cubana de los setenta y es por este motivo que *El agitado pleito...* es una obra clave, el negativo de un «clásico».

Paradójicamente, los personajes negativos se roban la obra, porque los positivos, encabezados por los obreros, son muy aburridos: los «más flojos e insignificantes» (21) y como dice Achela: «serán ustedes muy buenos y muy nobles, pero no tienen ninguna gracia» (21). De ahí que las mejores escenas son aquellas en que el escenario se vuelve un pandemonio «porque los hombres se enfrentan y pelean como bestias» (22). Al representarse escenas que fueron suprimidas, el caos de la crueldad se lleva la obra, a pesar del autor y confirmando pragmáticamente la teoría del Ángel, que recuerda a Hesiodo: «El caos fue el primero de los seres creados» (71). La concepción visual, masiva, con personajes que gritan, dan saltos, entran y salen con la utilería, jadean, se revuelcan por el piso, se agitan, se quedan sin aire, remedan a otros personajes, hacen pantomimas, deambulan como autómatas, representan a barrenderos, albañiles, picapiedras, carpinteros, mecánicos, prostitutas, chulos, marineros, estibadores, contrabandistas, policías, políticos, billeteros, etc, crean una panorámica urbana monumental, que gracias a la presencia adicional de una orquesta en escena, podría dar lugar a un montaje coreográfico estupendo. Incluye también «lesbianas que conversan con prostitutas o discuten con hombres». Dos o tres jovenzuelos «mueven caderas como mujeres» (50), lo cual viene a ser algo así como un eco a las propuestas de represión sexual emitidas por el propio Fidel Castro.

El principio positivo-negativo forma los polos opuestos del esquema dramático de Dorr, que en un plano superior llevará a la contraposición Autor-Ángel. El Autor (el propio Dorr) representa la supuesta honestidad del escritor que sigue los dictámenes de la causa revolucionaria, mientras que el Ángel (los dramaturgos que se apartan de ella) son los portavoces de una estética negativa. El propio Autor sale en su auto-defensa: «¿Acaso el hombre no tiene derecho a rectificar?» (61). Esto es cierto, pero también hay conversiones falsas o forzosas, y algunos se transforman simplemente para salvar la tira del pellejo.

Esto lleva a su vez a una concepción temporal donde el pasado representa la negatividad y el futuro la positividad: la obra se nos presenta como una línea divisoria tajante que corta y separa, que quiere anular toda la estética anterior, para establecer una nueva –con la paradójica característica formal de que Dorr, para hacerlo, utiliza los elementos estéticos de su pasado, de su «culpa» dramática: aquellos procedimientos aprendidos en la escuela del absurdo nacional, el teatro de la crueldad y las técnicas del metateatro.

Por encima de su posición doctrinal, «los personajes llamados negativos» imponen su violencia más de una vez sobre las «buenas» intenciones del autor. Cuando ellos afirman que están vivos, el Autor, Dorr mismo, responde a modo de justificación: «Pero yo he querido matarlos» (71). A lo que sigue otra reafirmación existencial unamuniana: «Nos has dado más vida» (71). Y tiene lugar una lucha entre dos polos opuestos de la conducta creadora. Esta pugna es el drama de la auténtica «realidad» de la obra, que reside en el conflicto del propio autor dentro de la realidad cubana, porque Dorr quiere cortar los lazos con su propio pasado y deshacerse del pesado fardo de sus personajes.

un desgarramiento entre la culpabilidad y la inocencia

Es de observar además que el juego en «blanco y negro» de la clasificación establecida por Dorr no es tan simple, ya que el término «llamados negativos» o «llamados positivos» crea una ambigüedad intencional que se presta a confusión. No es que sean positivos ni negativos, son «llamados» así. La sutileza no deja de ser interesante. Dorr, casi astutamente, deja un resquicio para la «rectificación» dentro de la «rectificación». Pero lo cierto es que «los personajes llamados negativos» corren mayores riesgos. Las dificultades surgen porque ellos, en su «vida» anterior resultaron las víctimas y ahora el creador busca la culpabilidad que hay en los mismos. Las fronteras entre la realidad y la ficción se borran porque al querer el autor darles un golpe de muerte, lo que está haciendo es un testimonio en vivo ante la sociedad que los juzga, realizando su autocrítica dentro de una nueva escala de valores establecida por la Revolución, como precisamente estaba ocurriendo en la vida real.

Lo más interesante de estos personajes es que en su afán de justificación histórica están sometidos a un «proceso judicial», constante teatral cubana post-republicana, y quieren salvarse. Recordemos para mayor precisión que un año antes Heberto Padilla, tras poco más de un mes de arresto, hace su autocrítica siguiendo el modelo soviético. Dorr hace la suya, por su cuenta y riesgo, y se la premian.

Tiburcia y Lomoeyegua. Al igual que su compañero Lomoeyegua, Tiburcia quiere sobrevivir y se defiende como gato bocarriba. Los personajes «negativos» quieren que represente su «negatividad» y el autor parece estar de acuerdo con ellos. Por eso Tiburcia se rebela: «¡Quieren demostrarte que me habías imaginado perversa!» (61). Deja de ser una víctima de sus circunstancias para formar parte de un sistema de vida injusto y por consiguiente ella misma se vuelve parte integral de la injusticia. «¡No, no quiero hacerlo! Tiburcia es buena y víctima. ¡No lo haré!» (60), dice refiriéndose a sí misma. «¡No. yo soy un personaje positivo!» (61). Pero el autor, quiere a su vez salvar su responsabilidad histórica y colocarla dentro de un nuevo contexto que terminará incriminándola, oponiéndose a sus súplicas.

Rosita y Armandito. No menos implacable es con estos personajes y un cambio de sentido tiene lugar. Víctimas en *Las pericas,* Dorr manifiesta ahora una peculiar afinidad con Panchita, Felina y Serafina, monstruosas criaturas que habían sido los verdugos de Rosita en la obra anterior. El autor parece reivindicarlas: «¡Bien, que represente Armando! Así verán todos que somos nosotras las víctimas» (77). El fenómeno no deja de ser escalofriante, especialmente como público «auto de fe» del autor, confesión del pecado, como si para salvarse de sus propias fallas no vacilara en delatar a las inocentes criaturas de su pasado: las malas compañías. Dorr, que evita borrar las fronteras entre la realidad y la fantasía, no vacila en explicar el conflicto de modo directo: «Pensaba que Armando y Rosa, como las víctimas, podrían despertar las simpatías de muchos y me dolía romper esas esperanzas. Yo hubiera preferido que Armando hubiera sido un buen hombre útil y generoso, pero él no era más que el producto de un medio corrupto». [Es decir, un «lumpen» de la burguesía] «Yo no podía arreglar las cosas a mi antojo. Pero, era aún un niño y por vergüenza decidí ocultarlo. Sólo dejé que hablara desde la calle, para que el público tuviera de él diversas versiones» (76), dándose así golpes de pecho.

Llevados nuevamente a escena, el sentimiento maternal de Rosa se vuelve una aberración gastronómica al dar una lista de la comida que le preparaba a su hijo: «Una sopa de menudos de pollo, una bandeja de arroz blanco con frijoles negros, dos "bisté" empanizados, carne asada con sus aceitunas, platanitos maduros fritos y plátanos verdes a puñetazos, papitas fritas y mariquitas, boniatos fritos y boniatos salcochados, dos huevos fritos y dos huevos duros, frituras de bacalao, frituras de seso y frituritas de calabaza, chicharroncitos de puerco y yuca con mojo, una fuente de "espaguetis" con picadillo y salsa de tomate...» (80). Este delirio de la comida (que por un momento parece un muestrario de la abundancia que había en Cuba durante la República, inclusive entre las clases sociales poco afortunadas) tiene incontables antecedentes en la escena cubana, empezando con el bufo (*Los negros catedráticos* de Fernández y Pequeño, *Manjar blanco y majarete* de José Agustín Millán) hasta las manifestaciones intelectuales del absurdo teatral: *El flaco y el gordo* de Piñera y *Medea en el espejo* de Triana. Esto nos hace pensar en un oximorón de la dieta cubana: si se pasaba hambre también se comía bien. En este caso nos encontramos con una interminable lista de platos destinados a fomentar la gula de Armandito. De este modo la maternidad de Rosa se vuelve una fuerza que degenera en destrucción y justifica las aparentes injusticias de Panchita, Felina y Serafina, a las cuales no les falta un mínimo de razón para condenar al joven. Al hacerlo, lo vuelve una especie de Lalo de *La noche de los asesinos,* y al juzgarlo, Dorr pretende alejarse de textos de esta naturaleza, de los disparates y las locuras de su pasado escénico: hacer una declaración pública de que no es absurdista, no vaya a ser que lo confundan con Piñera.

La mujer del cubito. Este personaje mudo, del cual se hace referencia en *Las pericas,* hace su primera aparición escénica en *El palacio de los cartones*. Finalmente habla en *El agitado pleito...* Por un momento parece que está a punto de correr mejor suerte. Técnicamente la idea es muy efectiva. Ella clama por representar su caso: «¡Aunque sólo sea hoy, exigimos ser reivindicados!» (56). Quiere exponer su tragedia, llevarla hasta las últimas consecuencias, desnudarse públicamente. Ella quiere imponer su versión de la realidad histórica dentro de la dramática cubana: «Hay que concluir la escena. Quiero salir desnuda y muerta» (70). A lo que responde Dorr con seriedad y circunspección: «No será en este momento» (71). La circunstancia del autor se impone sobre las circunstancias de los personajes, cuyas propuestas rechaza en busca de «su» solución. «Hay aquí demasiado olor a pasado» (71). «¿Pretenden que sólo me rodee de cadáveres?» (71). Lo aparentemente positivo y lo aparentemente negativo se unen bajo el denominador común de un rechazo autoral basado en el tiempo, el pasado, que imposibilita una auténtica reivindicación de las víctimas. Este rechazo de Dorr condena a sus viejos personajes, que resucitados unos diez años después de su nacimiento, son sometidos a un juicio sumario. En el fondo, eso fue lo que pasó en Cuba: muchos que se creyeron redimidos pasarían al banquillo de los acusados.

Es curioso y sintomático que Dorr haga algo parecido a lo que había hecho Virgilio Piñera una década antes, cuando en el prólogo a su *Teatro completo* trataba de justificar históricamente la actitud escapista y derrotista de su teatro. Parecen decir: «Somos positivos, pero no actuales» (87). Para la fecha en que Dorr escribe la obra, Piñera está, decididamente, en la lista de los "personajes llamados negativos". Y hasta el propio Dorr existe dentro de un contexto histórico dentro del cual declama, tratando de dar el salto que lo situará entre «los personajes llamados positivos». Este planteamiento es la orden del día. David Camps *En la parada, llueve* y Eugenio Hernández en *Mi socio Manolo* hacen otro tanto. «¿Acaso el hombre no tiene derecho a rectificar? [...] Escucha esto: Un hombre siempre está a tiempo de transformarse a sí mismo o de transformar a otros» (61). Esta idea es muy de construcción de socialismo y Dorr parece que quiere «resolver», salvarse y que no lo confundan. El adolescente ha asimilado la doctrina, las consignas, y se propone rectificar por su propia cuenta.

testimonios de la censura

Con esta obra hace un cierto tipo de «teatro testimonio» donde se convierte en figura protagónica. El proceso al que somete a los personajes está correlacionado con aquel al que se somete a sí mismo, acorde con el ritual inquisitorial del teatro cubano a partir del triunfo castrista, vuelto comité de vigilancia y tribunal permanente. Las variantes son múltiples pero el fondo empantanado es uno solo. Aquí tiene la novedad de tratarse, esencialmente, del «caso Dorr». Queriendo deshacerse del pasado está atrapado en el mismo tanto en su forma como en su contenido.

Las «representaciones» de la obra siguen los procedimientos del "teatro dentro del teatro". En la praxis, Dorr se auto-censura pero utiliza las técnicas de vanguardia de la década anterior. Parte de la obra se construye mediante una serie de escenas que fueron auto-censuradas por el autor (en una especie de confesión ficción-realidad): «Escena tachada, borrada y finalmente suprimida el 25 de abril de 1967» (29). Paradójicamente, mientras la auto-censura la representa. El Autor justifica su inmersión en la decadencia tratando de quitarle alcance a su propia concepción. «Y ¿por qué piensan que yo haya querido generalizar así? Aquellos eran seis individuos, no la humanidad» (34). El rechazo del Autor lo conduce a censurar un teatro que encuentra su fuerza creadora en la «verdad» de la abyección, y que lo lleva, a la eliminación de estos síntomas dentro de una nueva realidad social. Siguiendo un orden cronológico inverso, procede de modo similar con todas las "representaciones":

«Una noche de otoño en que su mente estaba dominada por no sé qué estúpidas ideas, rompió los papeles en que había escrito la situación que ahora recreamos. Corrían por aquel entonces, las últimas horas del día 30 de octubre de tres años atrás» (37). «La víspera del último día del año 1962 despareció del escritorio de nuestro autor lo que ahora verán» (46). «Nunca supimos si el manuscrito se perdió o fue destruido» (46). «Una de las últimas partes [fue] suprimida uno de esos días lentos y fríos, propicios para desgraciarle la vida a cualquiera» (57). «Ultima escena del primer cuadro eliminada el 15 de marzo de 1961» (78).

Estas supresiones aparentes o reales que el Autor convierte en adiciones de la escena y la realidad, son llevadas a escena en función del Autor tanto como de los personajes. Son un síntoma, sobre todo, de la autocrítica ideológica, que es un testimonio de la existencia misma del dramaturgo escenificado. Al presentar el caso de sus personajes, por extensión presenta el caso del Autor, y Dorr, teatralmente, se desplaza al terreno de las confesiones públicas.

Estamos en el período de las marginaciones, del «siempre tuvimos miedo» y del «cuando veas las barbas de tu vecino arder pon las tuyas en remojo»; modos de vida del escritor cubano que se van a extender por décadas. Y no sabemos cuántos arrepentimientos no salieron a la luz pública. Es un mundo kafkiano-castrista de textos engavetados o que se destruyen, publicaciones que caen en el índice, autores que desaparecen de los escenarios, manuscritos que se pierden para siempre y dejan de formar parte de la herencia cultural, obras que flotarían en un plano mental y que nunca llegaron a escribirse.

contradicciones

Para completar su esquema y dejar bien sentada su posición ideológica, interrumpe las representaciones con una serie de diálogos entre el Ángel y el Autor: la poética y el artista vs. la Revolución y el Estado. La oposición es radical, y es inevitable que construya al Ángel a base de la caricaturización de su lenguaje y de sus gestos, al mismo tiempo que crea la división «cainística» entre los escritores cubanos al clasificarlo como «una parte de los intelectuales» (29). Es posible que en su sátira, tenga en mente casos específicos de la escena cubana y las circunstancias en que sus propios creadores se encontraban en un «quinquenio» de represiones y definiciones. El Ángel está presentado como una criatura sinuosa, egoísta, cobarde, decadente, y en su conjunto, a los efectos del montaje, «amanerada» y «amariconada». Sus argumentos a favor de una escritura libre de las ataduras del sistema, son francamente contrarrevolucionarios:

> «Inclina tu oído a mis razones. Esas pretensiones trasnochadas de servir al Estado como si fueras un vulgar funcionario, no harán más que ahogar tu fantasía» (90). «Te creerán un cronista y exigirán de ti ardientes escritos para cualquier tontería pasajera, o por cosas de las que sólo debe hablar la Historia» (90). «¿Quiere usted asesinar lo espontáneo? [...] ¿Quiere usted frenar su imaginación, obligarla a encasillarse dentro de lo que considere que es positivo, dentro de lo que los otros consideren que es lo que conviene?» (65-66). «Esas pretensiones trasnochadas de servir al Estado como si fueras un vulgar funcionario, no harán más que ahogar tu fantasía» (88). «Escúchame. Estoy convencido que sólo debemos admirar este suceso apocalíptico a distancia. No pretendamos meternos en su enorme vientre, pues terminaremos triturados. ¿Acaso no es nuestra mayor virtud nuestra individualidad?» (89).

¿Está haciendo referencia a Virgilio Piñera y sus ocultos compinches? ¿Arrufat? Ante esta estética del Ángel, presenta el Autor la suya, que se basa en el compromiso directo con la Revolución. Con ello se opone Dorr a la distorsión verbal que tanto atrajo a los intelectuales en el año 61. Niega su estética adolescente y construye sus propias «palabras a los intelectuales» como una reivindicación de su pasado: se trata de una posición ortodoxa que parece exponer Dorr como norma de conducta de la dramaturgia cubana:

> «Nosotros estamos metidos en una Revolución; no creo que debemos estar soñando con fantasías, sólo hablando del pasado; buscando lo intemporal y abstracto» (63) «Yo no creo que tenga mucho valor escribir para un grupo; para dos o tres que aplaudan nuestras

ocurrencias. Precisamente ahora nuestro trabajo puede ser para muchos, ¿por qué no hablar de cosas que le interesen?» (63) «¿Y nosotros entonces? ¿Una élite fuera del mundo? ¿Es que no somos parte de la masa? (89). Usted está lleno de desconfianza y se cree sobre un pedestal inaccesible» (89). «Usted no cree en nada, ¿verdad? Para usted todo es falso y ridículo. Ya le conozco bien. Usted no se compromete ni con la Revolución ni con nadie. Para usted, mejor sería tomar el té en la mansión de alguna aristocrática mecenas, ¿no es cierto? Esa no es nuestra vida, Maestro. Ya usted va perdiendo sus discípulos» (91).

No es de extrañar que militantes tan radicales como Manuel Galich y José Brene estuvieran de plácemes con el texto, y que José Antonio Portuondo sirviera de prologuista al *Teatro* de Dorr. El joven dramaturgo se define de acuerdo con el canon. Es evidente que el Autor (obviamente Dorr) tiene sus ideas precisas y contrapone su ortodoxia revolucionaria a la de las minorías donde los términos «élite», «Maestro», «discípulos» tienen sus connotaciones. Porque ¿a quiénes se refiere? La «élite» no es otra que el grupo de intelectuales de vanguardia que aplaudió *Las pericas* en 1961. El «Maestro» arquetípico es Virgilio Piñera (con el cual parece estar hablando directamente), y sus «discípulos» son los escritores marginados que secretamente lo seguían considerando el «Maestro» de una estética generacional. Está refiriéndose a *Prometeo* y todo lo que su teatro representaba, favoreciendo la posición del teatro proselitista de creación colectiva. Reniega de sus «ocurrencias» y repudia a aquellos que le rieron la gracia. Nada de abstraccionismo: mucho realismo socialista. El contrapunto dramático de sus personajes está sustentado teóricamente por la contraposición estético-ideológica entre el Autor y el Ángel. Claro que todo esto son conjeturas a partir de la interpretación del texto.

Sin embargo, hoy en día, *El agitado pleito...* podría verse como un texto de doble filo. Los argumentos del Ángel han invertido su negativa resonancia y el tiempo ha demostrado todo lo contrario de lo que el Autor se proponía demostrar. Porque, ¿qué ha quedado de todo aquello? Para la historia del teatro, muchísimo menos de lo que se ha dicho. Con el tiempo, los personajes «llamados negativos» pueden convertirse en positivos, porque el mundo da muchas vueltas.

el «caso Dorr»

A pesar de que el Ángel es una especie de pájaro desplumado al cual le arranca las alas de raíz, no hay que confiar demasiado. En primer lugar, la clase obrera se mueve de un modo demasiado impreciso dentro de la acción dramática y no queda aclarado en ningún momento la participación del proletariado dentro del proceso histórico, cuya posición en la obra es marginal. El final es francamente ambiguo ya que el Autor abandona el escenario acompañado de unas figuras blancas y pantomímicas que no han dicho nada (y no hay nada más contrarrevolucionario que el lenguaje de los mudos) y que se suponen auténticamente positivas. Estas figuras que sacan al Autor y a Dorr de aprieto, dejan la puerta abierta a futuras rectificaciones, que posiblemente el autor ya haya hecho.

Aunque *El agitado pleito entre un autor y un ángel* puede invitar a otras interpretaciones, el interés de la misma como hecho histórico-teatral no puede desconocerse. Es una pieza polémica que tiene además momentos excelentes donde el ritual teatral es todo un acierto. A pesar de renegar de la estética de los sesenta, es una extensión de ella. Mediante la práctica intertextual, el absurdo y la metateatralidad racionaliza en contra de tales procedimientos, en cierto modo reafirmándolos. Refleja una crisis teatral y la presión ideológica a que va a estar sometido el teatro cubano como parte de una existencia bajo la mano férrea de un estado totalitario. Técnicamente se acerca más al criterio del Ángel que a las normas de un Autor que quiere entrar por el aro. Es un documento escénico del teatro cubano digno de tomarse en cuenta para llegar a una más clara visión de las complejas relaciones entre la realidad política y la estética del escritor dentro del proceso revolucionario.

En cuanto al propio Dorr como dramaturgo, desde el punto de vista práctico no pasa de ser una conversión teórica, porque lo que produce en la década de los setenta no puede ser más mediocre y hasta prestado: *La chacota* es un préstamo que le hace a su propia obra, cuya versión original es del 1962, y *Un viaje entretenido* cuenta con la colaboración de Agustín de Rojas, y si hay obras de minorías esta es una de ellas, como veremos de inmediato. Y, finalmente, dentro del mísero panorama de la dramaturgia cubana de los setenta, la pieza que ahora comentamos puede encontrase entre las mejores de esta década, porque los que siguieron los consejos del Autor no dejaron textos de mucho peso, incluyendo los del propio dramaturgo.

Un viaje entretenido (1972): por los cerros de Úbeda

El mismo año que recibe el premio José Antonio Ramos por *El agitado pleito...*, *Un viaje entretenido* obtiene una mención en el concurso Casa de las Américas de 1972. Al contrario de lo que sugiere el título, es decididamente aburrida. Obra peculiar, es difícil de ubicar en la dramaturgia cubana y dentro de su propia obra. En 1961 cuando lo entrevisté para *Lunes de Revolución* con motivo del éxito de *Las pericas,* mucho me llamó la atención que el joven adolescente declarara su preferencia por el teatro del Siglo de Oro, mencionando a Lope de Vega. Lástima que en su lugar se inspirara en *El viaje entretenido* de Agustín de Rojas. Aunque la de Dorr quizás no sea tan aburrida como la de Rojas, compite con ella.

Nacido en 1572, hay escasez de documentos sobre la vida de Rojas y aparentemente quiso dar a la posteridad una imagen engañosa de su persona. Paje, soldado y comediante, fue un escritor bastante mediocre que de aventurero en su juventud pasa a convertirse en «aburguesado y conformista, y tal vez ramplonamente *"arribista"*» (Rissot, 19). *El viaje entretenido (1603)* narra las aventuras de unos faranduleros que van de un lugar otro por España contándose historias unos a otros y haciendo toda clase de comentarios entre pedestres y seudofilosóficos, en un diálogo que hoy en día despierta poco interés. Ese dialogar farandulero está interrumpido por secuencias de diferentes géneros literarios, entre los que sobresalen las loas. Es una obra que no se puede reducir a un género en particular, aunque comúnmente ha sido clasificada como novela costumbrista.

Lo que hace Dorr es captar el estilo de la narración para desarrollar sus diálogos, creando un ambiente algo más dramático, acompañando a estos comediantes por la España del siglo XVII, con algo de una picaresca blanda de muy poca consistencia dramática. Sus comentarios aparecen interceptados por representaciones dramáticas en substitución de las loas (aunque algunas hay), que como ocurre con las de Rojas, funcionan independientemente, convirtiéndose el texto en una representación sucesiva de obritas en un acto, algunas con gracia y otras sin ella. Logra una ambientación de teatro popular, en lo que podría verse como un breve homenaje a las raíces hispánicas de nuestra dramaturgia, asociadas con representaciones en las plazas públicas en pleno contacto con el pueblo.

Un viaje entretenido tiene la intención de establecer un nexo con el teatro de masas que se hace en Cuba en los setenta, pero no pasa de lo estrictamente teórico. A pesar del anacronismo aparente, ese efecto de estar fuera de lugar dentro del panorama teatral de esta década forma parte de un proyecto de identificación con el mismo. Al ir a los orígenes del teatro español y a las raíces populares de un teatro callejero, escenificado con muy pocos recursos y mucha imaginación por un grupo de cómicos que iban de pueblo en pueblo representando sus obras por calles y plazas, se puede asociar con la planificación de algunos colectivos que funcionaban en Cuba en ese momento. Lo que pasa es que Dorr se pone a escribir un teatro «teórico», de «autores» y gabinete habanero, distanciado de la praxis colectiva.

José Antonio Portuondo se da cuenta del caso y observa que actualizando los comienzos del género dramático, Dorr «recrea las formas teatrales descritas por Rojas —loas, pasos, comedias, autos—, acentuando, por vías de su propia creación o por la adaptación, aquellos aspectos de contendido social o más afines a nuestra visión contemporánea de la realidad. Mientras en Santiago de Cuba renacía, con las "relaciones", un teatro mestizado entre la "gangarilla" castellana y el "izibongo" bantú, en La Habana, Nicolás Dorr volvía a los orígenes del teatro español, actualizando en *Un viaje entretenido,* el legado de Lope de Rueda, Gil Vicente y Agustín de Rojas, con una técnica dramatúrgica que aprovecha inteligentemente las lecciones de Bertolt Brecht» (8). En cuanto a esto último, no sé a qué se refiere, porque las interpolaciones teatrales son básicamente gratuitas y el recorrido de los faranduleros es realmente intrascendente aunque lo hagan en una carreta imitando la trashumancia de la Madre Corraje, pero no todas las carretas y carretillas tienen que ser necesariamente brechtianas. En cuanto a las fuentes, quizás el dramaturgo dependa en demasía de ellas y no aporte gran cosa. Además, «la visión contemporánea de la realidad» cubana, demasiado rígida y politizada, viene a ser lo opuesto a la espontaneidad del discurso del teatro popular en sus orígenes, particularmente en el caso de Lope de Rueda, cuya gracia ligera no hace acto de presencia por ningún lado. Es interesante observar como un dramaturgo tan dinámico como el Dorr de los sesenta puede volverse tan denso cuando adquiere pretensiones o se dogmatiza.

La obra puede subdividirse en (a) la trayectoria dramática de los faranduleros, dentro de la cual se inserta (b) el teatro dentro del teatro de las obras que estos faranduleros representan. Este plan no está mal, si hubiera un nexo entre un nivel y el otro, como ocurre con *El retablo de las maravillas* de Cervantes; pero esto sería complicar la cosa y Dorr prefiere mantener la independencia de los dos territorios.

Los faranduleros proceden de la obra de Rojas, aunque Dorr les da características propias más bien superficiales. Empezando por el autor, Agustín de Rojas, que no tiene mucho interés. Sobresale, por su nota diferencial, María, inconforme con la vida de estos artistas trashumantes y que decide alejarse de ellos, prostituyéndose. La peripecia del viaje por España de este grupo de comediantes tiene, verdaderamente, muy poca riqueza dramática.

Sería necesario definir en qué medida Dorr descansa en Rojas en la confección de los textos, que nos llevaría a cotejar uno con otro minuciosamente, ya que es una pieza intertextual. Sin embargo, el caso realmente no lo amerita, ni por Rojas, cuyo texto es voluminoso y denso, ni por Dorr, cuyos caracteres viven en su superficie. Ciertas secuencias, como es el caso de los «chistes de dientes» (francamente pesados) provienen de Rojas y Dorr más o menos los transcribe. Hay referencias a la novela sentimental de *Leonardo y Camila*, que ocupa muchas páginas en la obra de Rojas, que menciona Dorr pero que no teatraliza. No faltan breves inserciones de loas en la voz de Rojas, convertido en personaje de Dorr. Entre las representaciones dramáticas que intercala sobresale *La barca de la gloria* de Gil Vicente, que es una alegoría muy bien llevada cuyos méritos hay que acreditárselos al dramaturgo portugués y no al cubano.

Un viaje entretenido es ciertamente un producto híbrido. Da la impresión de ser una obra de un dramaturgo que no sabe qué camino tomar en medio de la crisis de conciencia (de oportunismo y de sobrevivencia también) que se desarrolla en el teatro cubano de principios de los setenta. Abunda en consideraciones sobre el quehacer teatral, y en una de esas Rojas comenta: «Quien recibe beneficios y mercedes de un gran señor, que son terribles ataduras, ya nunca más podrá vivir en libertad» (154). En esto hay una gran verdad que Portuondo prefirió pasar por alto. En cuanto a Dorr, al recibir servicios y mercedes del movimiento teatral del régimen de La Habana acaba restringiendo la espontaneidad de su dramaturgia. *Un viaje entretenido* es, decididamente, muy aburrido.

La chacota (1974): *una componenda solariega*

También lo es *La chacota,* a pesar del título. En este caso Dorr se baja con una muestra de «realismo chancletero», como si el absurdo también se fuera por los cerros de Úbeda. No deja de ser cosa de «chacota» que después de haberse dado golpes de pecho en *El agitado pleito entre un autor y un ángel,* retome *La chacota,* que recibió mención en un concurso auspiciado por el Teatro Nacional en 1962, poco después de haberse dado a conocer con el absurdismo de *Las pericas,* y la convierta en una obra solariega. La hace, justo es decir, con cierta habilidad, pero sin la frescura de sus primeras piezas, con una decidida impresión de llover sobre mojado, con la consigna ya gastada de reproducir los modos de vida de una «chusmería» solariega en la que se reflejaban todos los males «neocoloniales»: el robo, el pandillerismo, la politiquería, la prostitución, el alcoholismo, la vagancia. Nada le queda fuera del tintero y tenemos una estampa de solar, diremos que total, hasta el punto realmente de volverse repetitiva y decididamente interminable. Hay más de treinta personajes, pero de tan nutrido repertorio sólo se recuerdan unos pocos. Es, en síntesis, una estampa costumbrista que responde calculadamente a un esquema de la vida cubana de las clases marginadas y sus estereotipos.

En esta especie de componenda escénica, Dorr se pone para su número acorde con el castrismo marxista-leninista del discurso teatral. De cierre, hay cantos a Yemayá y Eleggua, con la correspondiente parranda, lo que nos remonta al Carlos Felipe de *Tambores (1943),* que treinta años atrás estuvo haciendo algo parecido. En este «melting-pot» con fondo afro-cubano, Dorr entremezcla la machanguería con la prostitución, la miseria con la explotación, en complicidad con la conducta impropia de la santería, sujeta a una crítica indirecta. En medio de este barullo, Lola, que es la Blanche Dubois del solar, baja las escaleras con algo de Vivian Leight, en una especie de supervivencia de Tennessee Williams, mientras se deja mangonear por Rodolfo, un Marlon Brando de chulerías republicanas.

Dejando a un lado todas estas consideraciones, es posible que *La chacota* funcione en escena, porque no faltan ingeniosas ocurrencias de parte de un dramaturgo que tiene un innato sentido de lo teatral, presente hasta en un texto de méritos tan discutibles como esta incursión en el realismo chancletero. Del dramaturgo espontáneo que sacudió a La Habana a principios de la Revolución queda bien poco, tratando de ajustarse a los parámetros establecidos, sin quedarle más remedio que irse por los cerros de Úbeda.

DAVID CAMPS

En el viaje sueño (1971): para que no se entienda

Esta pieza de Camps sigue la línea de *En la parada, llueve,* escrita a fines de los sesenta, cuyo hermetismo se acrecienta. La obra refleja el desconcierto de un momento en que tal parece que se está hablando por señas, como si no se quisiera o no se pudiera hablar claro. En el mejor de los casos parecía que estaba en la búsqueda de un estilo personal que concluye con esta obra, uno de los textos más herméticos del teatro cubano. El desentrañamiento de su significado es dificilísimo, cuando no imposible. Encerrados en una habitación en penumbras iluminada por una débil luz que se cuela por lo que «parece ser» (detalle significativo) una ventana, los personajes viven en un borroso claroscuro. Con vínculos de amistad y admiración por Gloria Parrado, la pieza tiene nexos con *El juicio de Aníbal,* siguiendo una línea de continuidad que en Camps tiene su sello propio. Los hay también con *La vuelta a la manzana* de Ariza.

Cuando esta obra recibe una mención en el concurso de la UNEAC, el jurado, formado por Manuel Galich, Sergio Corrieri y Dad Schfeir, indica en una nota publicada al final de la edición, que «se da por sentado pese a todos los problemas de realización, la condición de revolucionarios en los dos [personajes]» (202). Obsesivamente, la crítica insular se ve precisada a hacer las correspondientes aclaraciones frente a aquellos textos sobre los que pudiera recaer la sombra de una duda por su posición política; ciertamente este de Camps es bastante dudoso respecto a su ortodoxia revolucionaria; es decir, castrista.

anverso y reverso

Los personajes de la primera jornada son designados como «el que llega» y «el que está», denotándose así una distancia espacial entre ambos, entendiéndose además un movimiento traslaticio del primero y una circunstancia fija del segundo. Hay dos espacios que van a conjugarse a su vez con dos tiempos: los de la primera jornada, que es el después, con el de la segunda, que es el antes. Existen pues dos geografías. Una referida, que es el punto de partida del que llega; y otra en escena, que es el estar del otro personaje. Además, el hecho de que la mayor parte de la segunda jornada ocurra con anterioridad a la primera acrecienta la confusión.

La obra aparece precedida de dos citas que políticamente quieren definirla, pero que no aclaran mucho; salvo el hecho de que provienen de dos poetas revolucionarios y suicidas, que en sí mismo mucho quiere decir. Una de ellas, de Maiakovski, afirma que «no pasará en vano, para los biznietos, esta sangre derramada» (75), que es francamente desoladora teniendo en cuenta a donde ha ido a parar la sangre derramada y en donde ha quedado el sueño de los biznietos. La otra es de S. Esenin, revolucionario mesiánico, alcohólico y suicidia (que no es ningún modelo a seguir), y en el fondo aclara mucho menos: «Pero hay otros hombres. Son los que creen, los que, inciertos, al futuro miran, los que, rascándose trasero y pecho, hablan de la nueva vida» (75). Ciertamente «El que llega» no anda rascándose el trasero, porque viene de doblar el lomo en los trabajos de la producción, que asumo sea positivo; «El que está» no hace nada. Durante la segunda jornada aparecen características muy negativas respecto a «El que llega», con lo cual no sabemos de qué lado ponernos y mucho menos de qué lado se pone el dramaturgo.

De todos modos, la primera jornada es más clara que la segunda. Si *En la parada, llueve* tiene lugar el enfrentamiento violento entre dos socios; en este caso se trata del enfrentamiento entre dos hermanos, menos definido, más soterrado. Con esto sigue en pie la lucha cainística, evolucionando a lo largo de la historia de Cuba y transferida ahora al momento revolucionario. «El que llega» está agotado por el trabajo que ha venido realizando y el viaje que ha tenido que darse para encontrarse con el hermano: «Hace cuatro días que ni me baño ni me quito esta ropa. Del campo para la guagua y de la guagua aquí» (83). «Ya tenemos sembradas ochenta caballerías. Va a haber plátano de sobra. Buen plátano, el mejor. Y crece sin que le caiga la plaga. Da gusto ver aquello: la tierra se va levantando y donde nada más que había matorrales, ahora tu ves la tierra roja fresca, y la hueles y ese olor se te queda en la nariz para siempre» (85). Por su parte «El que está», parece burlarse de lo que le cuenta su hermano, que le suena a consignas partidistas: «Me suena conocido […] Me parece que ya lo leí en alguna parte... En alguna revista...» (85). Todas las intervenciones de «El que está» son breves, dichas con sorna, descaracterizadoras de la posición del otro, que aparentemente refleja el discurso oficial. El primero dice menos, pero sus textos acaban por tener un filo más agudo y penetrante.

No nos encontramos ante el esquema de «unos hombres y otros», sino de vivencias más imprecisas donde la línea entre «buenos» y «malos» no se define. El autor parece inclinarse hacia la voz de «El que está» a pesar de las supuestas virtudes de «El que llega». El primero va a descaracterizarlo constantemente, como quien le anula el esfuerzo, hasta que se desencadena la violencia física a partir de un nuevo contrapunto entre el antes y el ahora que enriquece el que hay entre el aquí de «El que está» y el allá de «El que llega». Esta retrospectiva sirve para cambiar la imagen de ambos personajes, ya que «El que está» le reprocha a su hermano no haberlo dejado participar en la lucha (asumimos que revolucionaria) condenándolo a una función pasiva y marginal que parece ser la consecuencia de su parálisis en el presente. Además, acaba por caracterizar al hermano que acaba de llegar como un borracho y lo que es peor, como un individuo egoísta y con afán de dominio, sujeto a una evolución caracterológica que nada lo favorece: «Antes no importaba que fueras por ahí y te tomaras tres rones y llegaras borracho. No importaba porque luchabas de verdad, hacías las cosas con pasión. Yo no hacía todo lo que podía, lo sé, tenía miedo... Pero yo te miraba y pensaba: Qué clase de tipo. Vale en oro lo que pesa» (101). El problema es que Camps no documenta de forma concreta las razones que llevan al cambio de un antes positivo a un ahora negativo; no hay suficientes datos que permitan un conocimiento concreto, que queda sujeto a afirmaciones subjetivas indefinidas para que podamos darnos cuenta de lo que hacía y ya no hace y de las razones por las cuales lo que hace no vale tanto como lo que hacía.

Como es de esperarse, se desata la violencia, y «El que llega» arremete contra «El que está», dando lugar a los mutuos reproches: «No hables más basura. Lo que pasa es que tú no lo hiciste, que tú no levantaste un dedo para hacer nada cuando había tanta gente muriéndose por ahí» (98) «No, yo también hice... Yo también me fastidié y bastantes veces que caí preso, y me...» (98). «Tú no. Tú no. Yo sí... yo me la jugué y en grande. Muchas veces que por poco me cortan la cabeza, muchas veces que tuve que esconderme y muchas veces que tuve que batirme a tiro limpio, ¿Lo oyes?» (98-99). «Suéltame, sapo, suéltame» (99). Esta lucha violenta refleja esa obsesión persecutoria de la vida cubana, búsqueda de la culpa, acusaciones, reproches, teatro y revolución.

La jornada primera nos enfrenta, certeramente, a esta batalla campal, con el acierto adicional del claroscuro, ya que las líneas entre el bien y el mal no se definen; lo cual, paradójicamente, podría ser el talón de Aquiles del texto (o su carta de permanencia). Valgan las contradicciones, como si también habláramos en clave.

Ciertamente, para finales de la primera jornada está bastante claro que todo no es positivo con «El que llega». Actitudes, gestos y sobre todo sonidos, hacen que pensemos tal cosa. Camps trabaja con una inquietante banda sonora donde se escuchan golpes en la puerta, gritos, órdenes, pasos, murmullos y disparos, que sólo oye «El que llega» y no sabemos de qué se trata. Algo como el «chis chas, chis chas» de los cuchillos y machetes de Triana. Esto se enriquece con efectos de luces y movimientos circulares que hace este personaje, en un afán de ubicación de esos sonidos. Todos estos detalles nos llevan hacia un desajuste mental que hará crisis desde el principio de la segunda jornada.

reverso y anverso

Las confusiones del primer acto se acrecientan en el segundo, hasta convertirse prácticamente en un texto casi ilegible. Las palabras se entienden, pero las relaciones se complican y se contradicen. Sabemos que lo que tiene lugar es una retrospectiva. Los personajes dejan de llamarse «el que llega» y «el que está» para convertirse en José y Juan respectivamente. Durante la larga secuencia que se inicia, hay un cambio de luces que la delimitan: «Las luces cambian: la escena se vuelve irreal: sombras, figuras proyectadas sobre el telón de fondo, sobre el piso, etc» (106). Nos encontramos dentro de una irrealidad expresionista y surrealista, producto posiblemente del estado mental de José y su borrachera. La presencia de Moro enrarece la situación todavía más y se vuelve evidente (¿?) que Moro está muerto: «Somos nosotros, José, la gente como tú, como Alfonsito, como Pablo, los que llegaremos hasta el final de este viaje. No por gusto me metieron un tiro en la barriga y otro en la cabeza. El viaje es largo y llegaremos con gente de verdad, con gente, José» (107). Lo que no está claro es a qué viaje se refiere. «Nosotros vamos hasta el final porque nosotros sabemos de verdad que hay que ir hasta el final» (107). «El viaje no ha terminado, no va a terminar nunca» (107). Nos sospechamos que se trate de la construcción del socialismo.

Nos lo sospechamos, pero no estamos seguros, porque lo cierto es que cualquiera que sea el viaje, se trata de un verdadero desastre, inmerso en la violencia, la desconfianza, el antagonismo, el recelo. Con ese equipaje, es evidente que no puede salir nada bueno, no importa lo que afirme Moro. Los personajes están casi siempre «desubicados», dando vueltas, caminando en círculos. Las acciones son incoherentes. Las transiciones, abruptas. No es que sean dramáticamente erróneas, porque es evidente que el dramaturgo lo hace con una intención, con el inconveniente de que están más allá de lo comprensible.

María, que aparentemente vive con José y que posiblemente sea su esposa, introduce una complicación adicional. «Mi familia se ha ido. Sólo quedo yo. Como van las cosas, no voy a poder seguir aguantando» (116). José insiste en que no se vaya: «Tú y tu condenada familia. ¿Se fueron del país?, bien, al carajo. Que les vaya bien. Nosotros estamos aquí, creemos en esto, somos parte de esto, María» (117). A lo cual María le responde: «Yo no creo, José, ya no. Todo ha cambiado» (117). María insiste en que vive en un infierno, y que lo único que van a conseguir «es que los maten, como al Moro» (121), lo cual quiere decir que en el mismo espacio onírico donde está el Moro, ella se refiere a él como si estuviera muerto. Entonces, ¿en qué sitio se encuentra? ¿Qué es lo que ha cambiado? ¿Antes o después? La alusión al viaje que hace María parece ser una referencia al exilio y bien pudiera ser un significado subyacente en el título, porque, después de todo, ella también tiene derecho al sueño. Naturalmente, quizás esto no pase de ser una hipótesis descabellada, de acuerdo con la trayectoria ideológica más explícita de la dramaturgia de Camps, pero todo es posible. Lo cierto es que las condiciones de vida de José, antes o después, son francamente infernales y si fue un revolucionario auténtico y es ahora un trabajador de vanguardia, no es modelo a seguir, porque encima de todo esto es un borracho. Esto hace que Juan, que no pudo luchar antes y que no se ha fijado metas obreras ahora, sea después de todo una muestra algo más positiva, aunque no modélica, en este largo viaje hacia la noche.

Aunque la primera jornada se llama «Siéntate y oye» y la segunda, «Ven y dime lo que pasa», indicando de parte del emisor un propósito comunicativo, lo cierto es que por mucho que el receptor quiera oír sólo oye a medias, y por mucho que se cuente sólo se sabe una fracción de lo que pasa. Es como si Camps no quisiera que lo acabaran de entender, porque el pez por la boca muere, y únicamente él podrá saber por qué lo hizo. Lo cierto es que entre Mayiakovski y Esenín como pórtico es para pegarse un tiro.

Antonia (1975): una evasión tardía

Al contrario de las ambigüedades, inquietudes y sugerencias que encontramos en *En la parada llueve* y *En el viaje sueño*, *Antonia* es una peculiar regresión en la producción dramática de Camps, con resabios lorquianos a lo *Bernarda Alba*, más cerca de *La oración* de Pichardo Moya o *La hija de Nacho* de Rolando Ferrer que de otra cosa. Viene a ser una muestra del teatro de evasión que se hizo en los cincuenta, como si se tratara de un texto que se había quedado en el aire y cuya fecha de escritura, según aparece en la edición que se publica en 1989, es de 1975, que es la misma fecha en que escribe *Un lunes sangriento,* salto mortal con el compromiso. Fue llevada a la televisión en 1983, «repuesta en pantalla» en 1984, y estrenada en el Teatro Nacional en 1986, con Verónica Lynn en el papel protagónico.

Tres mujeres jóvenes, Raquel, Asunción y Eloísa, en su correspondiente casona «neocolonial» con arecas, vitrales y mamparas, viven bajo el dominio de Antonia, una conflictiva Bernarda Alba con un bastón de mando, menos radical pero también férreo y destructivo. Completa el cuadro Remigia, la criada, que se las conoce todas y en todo se entromete, comentarista de la conducta de Antonia. La protagonista vive dentro del mundo borroso de una plataforma giratoria que la lleva de un brumoso pasado a un presente que se le va de las manos. Veinte años atrás estaría al día en la escena cubana y en buena compañía, pero en 1975 resulta anacrónica, aunque dadas las circunstancias del teatro cubano en ese momento, quizás fuera mejor así. No hay comentarios subversivos, porque aunque Rodolfo es un combatiente en lucha contra el machadato y Manuel es un mulato víctima de la discriminación racial, y el prologuista trata de sacar de donde no hay afirmando que es el «conflicto de la familia en una soberanía arrebatada, en una patria cercenada» (8-9); realmente la obra no da para tanto. Es sencillamente una obra bastante floja que aparece fuera de contexto.

Sirvan tanto Dorr como Camps como ejemplos del estancamiento escénico que tiene lugar en la dramaturgia cubana de los setenta a consecuencia de la dogmatización del discurso dramático, marcado por el sello de esterilidad que parece asfixiar a autores de indiscutible talento.

CAPÍTULO V

HECTOR QUINTERO
POPULISMO ESCÉNICO

Ya desde la década anterior, Héctor Quintero (1942) deja establecida su importancia en la dramaturgia cubana. «Quintero es un legítimo heredero de la escena vernácula y al mismo tiempo un comediógrafo de un alto sentido musical y teatral, lo suficientemente hábil para transformar en hecho escénico el detalle doméstico. Sus personajes son pequeños héroes, que luchan contra la adversidad sin perder la sonrisa, gracias a una mezcla de coraje y estoicismo» (Leal, *Breve historia*, 147). A partir del éxito de *Contigo pan y cebolla (1962),* se convierte en uno de nuestros dramaturgos más populares. Dos factores fundamentales determinan este reconocimiento. De un lado es el exponente más importante y coherente de lo populachero en la escena cubana tanto por las situaciones de sus obras como por el manejo del lenguaje. Esta condición, asociada con «lo cubano» entre comillas, da en el blanco, máxima atracción para los extranjeros, de derecha e izquierda, fascinados todos por la «chusmería» tercermundista revolucionaria. A esta carta de triunfo se une su fidelidad al discurso oficial, que le gana el aplauso en todos los frentes marxistas. Los premios le han llovido por todas partes, particularmente a partir de *El premio flaco,* que se traduce y distribuye por todo el mundo, representada y publicada en decena de países en la América Latina, haciéndose versiones para el teatro musical, como ocurrió en Teatro «Massoviet» y en la «Ópera de Plovdiv, Bulgaria». Su versión de los cuentos del *Decamerón,* para Teatro Estudio en 1969, con 300 representaciones, ha saltado, inclusive, de La Habana a Miami.

Aunque la dramaturgia de Héctor Quintero está fundamentalmente comprometida con la construcción del socialismo, resabios procedentes del melodrama burgués y un brechtianismo más o menos asimilado, lo distancian del realismo socialista en estado puro, sin contar aciertos en la dinámica escénica que hacen acto de presencia en sus mejores momentos; motivos por los cuales lo ubicamos en este tomo y no en el anterior. No obstante ello, la propuesta ideológica tiene una repercusión inmediata en el uso del lenguaje, que implica un total reajuste populista y populachero, para poder cumplir las metas del régimen, siendo Héctor Quintero, en este sentido, una de sus voces más representativas. A su favor están la imaginación que muestra en el desarrollo de muchas situaciones y un brechtianismo lúdico que no le sale mal, le da signos positivos a su dramaturgia, particularmente en los momentos más delirantes de *Si llueves te mojas como los demás*.

Mientras dramaturgos como Virgilio Piñera y José Triana van a perder el apoyo de la izquierda teatral internacional, la fidelidad de Quintero le permitirá recoger frutos nacionales e internacionales, con una producción donde no faltan aciertos, ensalzados en términos hiperbólicos por la critica politizada. Su militancia a través del texto se presenta sin contradicción, sin subterfugios. Es fiel al discurso oficial. *Mambrú se fue a la guerra* la dedica explícitamente a «A mis obreros, a mis soldados, a mis jóvenes, a todos los seres anónimos de mi país que cada día realizan pequeñas cosas gigantescas, para ustedes, esta en particular, y siempre, todas» (201). Más explícito no pudo haber sido.

En «Riesgos y dificultades de la dramaturgia cubana actual», Rosa Ileana Boudet afirma que una de las dificultades de un teatro «popular» reside en «confundir las cosas. Convertir al pueblo en objeto de la representación no basta para conferirle categoría de "popular" [...] Si es cierto que nuestro teatro ha diversificado sus temáticas y ampliado su óptica, el hecho de que tipos marginales, o estereotipos de los barrios suburbanos tiñan de "popular" el escenario nos enfrenta a otro riesgo: el populismo» (32). Se extiende además en señalar que «ha habido una desproporción en el tratamiento de personajes automarginales, delincuentes o desarraigados» con énfasis en «el mal gusto, la chabacanería y las imágenes gratuitas. Nos acecha el riesgo de ofrecer un teatro banal, engañoso y de pacotilla» (33). Es decir, Boudet va al punto de partida donde la saturación de lo que yo llamo «el realismo chancletero» nos devuelve a la búsqueda de una estética perdida por la que siempre clamó nuestra mejor crítica y nuestros mejores creadores. El «realismo chancletero» ha sido siempre uno de los grandes males de la cultura cubana: un peligro que pensaba superar el movimiento teatral de principios de los sesenta pero que llevó hacia los más oscuros abismos de la conducta colectiva, gracias a las circunstancias cubanas y las represiones marxistas.

Mambrú se fue a la guerra (1970-1975): metodología del éxito

La primera versión de *Mambrú se fue a la guerra* es de 1970, estrenada por Teatro Estudio bajo la dirección del propio Quintero. La que se publica en *Teatro* es de 1975. Quintero sigue afiliado con esta obra a la mímesis realista, pero da con ella un paso técnico que, como estructura dramática, la coloca por encima de *Contigo pan y cebolla* y *El premio flaco.* Sin embargo, el acierto de caracterización que representa Iluminada en *El premio flaco,* e inclusive Juana, no va a repetirse en esta obra, cuyos personajes son decididamente muy flojos. Lo que sí supera Quintero es el espacio cerrado del realismo burgués que todavía se deja ver en *Contigo pan y cebolla* y el solariego y sainetero de *El premio flaco.* Se diferencia básicamente por la praxis del montaje que va a caracterizar la escena cubana de los setenta.

la mecánica del montaje

Gracias a la conciencia colectiva con fines politizados de esta década, lo que parece que sobra en Cuba son actores, que suben masivamente a los escenarios creando una dinámica móvil e inventando espacios de una forma imaginativa. La mecánica del montaje colectivo del primer acto mueve la obra imaginativamente, desde la escena de la cola frente a la pizzería, que la abre, con su ambiente populachero dominado por la confusión y la discusión general. Se produce un constante efecto traslaticio y la cola cambia de lugar, pasando del exterior de la pizzería al interior de la misma. Los personajes saldrán de un espacio al otro y configurarán un nuevo escenario, por lo cual no hay nunca realmente un escenario fijo.

Al mismo tiempo que esto ocurre a nivel colectivo, se desarrollan escenas alternas a niveles individuales. Cuando Luisa y Panchito salen de la pizzería y van a tomar la guagua, se repite algo similar en la parada de la guagua y después en el interior de ella se reproduce colectivamente una escena donde los pasajeros crean la correspondiente atmósfera. Las escenas dentro del núcleo familiar no son tan dinámicas, pero los comentarios del corifeo y la participación del coro subrayan detalles con fines humorísticos. Cuando La Madre exclama: «¡Ay, qué cruz la mía! Cuando yo digo: "si alguien merece un monumento en un parque el día en que se muera, esa es Hortensia Roselló". ¡Qué manera de tragar buches de sangre, caballeros!» (225), se descompone la posición de todos los actores, Hortensia se congela, da la impresión de ser una estatua y la acción se traslada a un parque. Un chofer imaginario detiene y arranca la guagua donde suben y bajan pasajeros, mientras que por otra parte la acción puede reintegrarse al seno de la familia. Esto lo complementa Quintero con efectos sonoros que emite el equipo de actores.

En el segundo acto esta movilidad disminuye y la obra abandona un tanto los espacios abiertos y callejeros, confinándose más a lo familiar, con lo que no sale ganando. Se recupera en la escena del taxi, con el chofer, el dirigente y la señora burguesa, Luisa y Panchito. La música juega un papel más importante que en el acto anterior, pero este aporte es menos imaginativo.

hablar en cubano

Con frecuencia y particularmente en el primer acto, en las escenas de la pizzería y la guagua, y después en la escena del taxi, Héctor Quintero maneja una técnica de diálogos alternos que es muy efectiva. Sirva de ejemplo:

LUISA: ¡De buena cosa me vine a enamorar!

EL CHOFER: Ah, ustedes son novios, ¿no?

LUISA: *(Al chofer, molesta)*. Por favor, no se meta en lo que no le importa.

EL CHOFER:	¡Qué raspe!
PANCHITO:	Si tú me dejaras explicarte.
LUISA:	¿Por qué nunca me dijiste nada, Panchito? […]
PANCHITO:	Es que…, no es fácil, Luisa.
EL HOMBRE:	*(Al dirigente)*. ¿Usted «ha salido pa'fuera»?
DIRIGENTE:	¿Cómo?
EL HOMBRE:	Al extranjero, quiero decir.
DIRIGENTE:	Ah, no. Yo «he salido pa'dentro»
EL HOMBRE:	¿Cómo?
DIRIGENTE:	Viajo mucho por provincias.
EL HOMBRE:	Ah.
PANCHITO:	Me daba pena. Preferí que te dieras cuenta por ti misma. Por eso te llevé a casa.
LUISA:	¿Y qué pretendías? ¿Qué tu madre me botara, como lo hizo?
EL CHOFER:	*(A Luisa)*. ¿No me digas que la suegra te ha hecho eso?
LUISA:	*(Al chofer)*. Pero, ¿será posible? ¡Déjeme en paz, por favor! (260).

Este movimiento en zig-zag del diálogo es como una pelota que se tira entre varios jugadores. Nos mantiene en estado de alerta y reproduce además un contexto muy cubano de un grupo de personas donde todos hablan prácticamente a la vez, comunicándose con dificultad porque aunque todos hablan, nadie oye. La relación entre Luisa y Panchito está constantemente interceptada por las voces de los otros, como ocurre desde que empieza la obra. Se reproduce un delirio habanero, un quehacer callejero.

Todos estos elementos dan un saldo positivo. El problema que se suscita es que detrás de este quehacer no hay nada. En el fondo, Quintero sigue aferrado a un costumbrismo mimético tradicional con personajes huecos. Todo es muy cubano pero muy superficial, tocando de manera periférica problemas juveniles, que forman parte del objetivo de diversos textos de los setenta y los ochenta. A Quintero le gusta trabajar con personajes que representan la «norma», no la excepción, un poco a como se hacía en Hollywood. Es la historia de «the girl next door» (como se dice en inglés), que en este caso también es la del «boy next door», porque después de todo Luisa tiene los pantaloncitos revolucionarios mejor puestos que Panchito. Por extensión, la del «muchacho que se empata con la cubanita» de la construcción del socialismo cubiche.

familiaridad burguesa

Luisa y Panchito se conocen en la pizzería; ambos simpatizan con la Revolución, pero Luisa tiene un criterio más «sólido» sobre el particular. Como caracterización, Panchito es (algo) más interesante que Luisa, que está revolucionariamente «clara», lo que hace que el personaje le salga a Quintero bastante encartonado: en el fondo esta «mujercita nueva» es un poco estirada, con sus reglas del buen hacer revolucionario: le gusta el muchacho cuando lo ve, pero cuando después se entera de que es de una familia medio contrarrevolucionaria, lo rechaza con una estirada conciencia política porque se ha enamorado de uno que está políticamente confundido. Se escandaliza como una burguesita marxista. Aunque reconoce que Panchito no tiene ningún defecto físico y «físicamente, él está apto para todo» (275), ante la retórica materna, que es la de una revolucionaria improvisada («Pero, ¿cómo tú pudiste enamorarte de un "desafecto", Luisa?», 273), le replica no menos retóricamente: «El no es un "desafecto", mamá. Pero es un flojo, que para el caso es lo mismo. Por eso me alegro en el alma que le haya llegado la citación del Servicio» (273) y que Panchito se vaya «a la guerra». En La Habana de 1970 (y después) la Revolución se mete en todo.

Quintero no abandona el contexto burgués (es decir, de una burguesía de capa caída, muy venida a menos, que nunca lo fue del todo, sin «clase») porque La Madre carga consigo todos los convencionalismos de su especie. La familia de Panchito le sale bastante mal, con su contexto de grotesco que tanto le gusta, entre la tía («Quieren bañarme para verme el pipí. Pero a mi nadie me ha visto nunca el pipí», 224) y el tío que toca el violín, que como dice la tía «come con el violín, duerme con el violín, se baña con el violín. Su madre parió a un niño y a un violín. Ay, pero cuando a mí me traigan el hacha... ¡zas!, ¡zas!, ¡zas!, ¡zas! ¡Se va a acabar el violín! (222). Todo esto lo hace Quintero para que le rían la gracia, que es de brocha gorda, como bien puede verse.

Ciertamente al cubano le gusta la burla, el choteo y el relajito, ver el ridículo. Quintero maneja con destreza estos elementos y esto lo vuelve uno de los dramaturgos más populares de la escena cubana de la Revolución.

el lenguaje de las cocineras: los funerales del buen decir

Los mejores personajes de la obra son los secundarios, dada la habilidad que tiene el dramaturgo para captar lo circunstancial en lugar de lo permanente. Insiste en que la acción se desarrolla en La Habana, «exactamente en el año 1970» (205). Es, efectivamente, una obra muy habanera que nos permite ubicarnos en el espacio de la «mítica» capital cubana, con toda su escandalosa condición de una populosa metrópoli de la gritería −según se desprende del texto. Internacionalmente, a los cubanos los representan gritando, que viene a ser una especie de «musicalización» populachera.

Entre col y col, lechuga, naturalmente: la perspectiva ideológica: «Compadre, ¿tú sabes lo que le pagaban [antes] por cortar no sé cuántas arrobas [de caña]? ¡Una peseta!» (269). «Ya vendrán los tiempos en que tendremos de todo, y la gente podrá vestirse bien» (271), «Tú sabes que ella y su marido son Testigos de Jehová. Se negaron a que a la niña le hicieran una transfusión de sangre. ¡Y quedó!» (272). El Coreuta cuenta en 1970 con la desaparición de la «gusanera» contrarrevolucionaria: «ya no puede hablarse de "gusanos", pues los que quedan, en caso de que existan, son tan pocos que no cuentan» (275), aunque el discurso castrista parece haber afirmado lo contrario. Puro «parametraje» escénico.

En su conjunto, *Mambrú se fue a la guerra* sirve, efectivamente, para trasladarnos a La Habana de la década que ahora nos interesa. Pero su exactitud costumbrista la limita. Acierta en las ambientaciones colectivas y crea, por ejemplo, el estupendo personaje de la «colada». Las escenas de las colas, las guaguas, la pizzería y el coche de alquiler, con sus personajes callejeros, no tienen desperdicio. Es ahí cuando aplica su «estética», que es lo que nos va a aclarar el Coreuta desde que se descorre el telón, advirtiéndonos que los personajes van «a hablar de las pequeñas cosas, de los pequeños seres... [...] como las cocineras» (206). Yo, para ponerme a la altura de las circunstancias, traduzco esta aproximación como «realismo chancletero», corriendo el riesgo.

La voz del Coreuta es frecuentemente la del autor, que marca ideológicamente las metas de la «farsa» revolucionaria y sus objetivos léxicos. A través de ella, Quintero deja establecida su posición respecto al lenguaje, afirmando que «Cuba tiene cada día nuevos modismos, nuevas expresiones. ¿Y nadie va a recoger eso?», «¿Qué hace la literatura?», «¿Lo "exquisito" y nada más?» (209). Detrás de estas observaciones hay una afirmación muy ambiciosa del dramaturgo: convertirse en el portavoz escénico del lenguaje popular. Con ello forma parte de un proyecto más amplio: el exterminio del lenguaje burgués, que como toda esta clase social, tendrá que tomar las de Villadiego. Margina «lo exquisito» –por ejemplo, Virgilio Piñera. En otras palabras: un genocidio a través del léxico.

La evolución del lenguaje en Cuba acaba siendo un proceso léxico integral de la Revolución. Hablar correctamente está mal visto porque es un signo de la educación burguesa y se establece un vínculo entre la Revolución y el lenguaje popular o populachero, como si hablar «mal» fuera signo de buen quehacer revolucionario. Escénicamente hablando, Quintero es un dramaturgo que va a la cabeza de este punto de vista. La obra tiene conciencia de sí misma, haciendo explícitos sus objetivos a través de la propia voz del Coreuta que nos dice que recoge «sucesos, costumbres, expresiones, modismos del lenguaje, parte de la vida y los problemas de una época determinada, de un país en Revolución» (256). Sin embargo, dentro de estas premisas no hay que olvidar la retórica política del discurso. La pátina del tiempo deja sus huellas en este documento de una utopía que requirió del pueblo cubano un sinnúmero de sacrificios (colas y abstinencias) que se han prolongado por más de medio siglo, y que incluye los funerales del buen decir. Habla mal y acertarás.

En todo caso, la ambientación que dan los personajes secundarios está entre lo mejor de la obra en el contexto del vernáculo socialista. Lo que presenta es La Habana populachera que ha hecho siempre las delicias de los visitantes extranjeros, encantados de ver a los cubanos pasando hambre y necesidades pero sin perder el sentido del humor, como si esto fuera una gracia y una virtud, sudando en camiseta. Bajo idénticas circunstancias los moscovitas estuvieron por casi un siglo haciendo lo mismo, bajo la nieve y temblando de frío, y a nadie se le ocurrió pensar que hacer una cola por una libra de papas fuera divertido y pintoresco. Pero hay una diferencia, al parecer, entre hacer una cola a cien grados centígrados que una bajo cero. O eso dicen. Los que tienen capital se sienten millonarios al ver las necesidades que pasan los que no comen. Además, los cubanos siempre hemos sido simpáticos y los rusos llorones y pesados.

Si llueves te mojas como los demás (1974): una comedia de equivocaciones

Esta pieza representa un paso de mayor concientización política en la obra de Quintero, que entra ya de forma más dramáticamente directa en la «construcción del socialismo», aunque no del todo. Nuevamente va a utilizar a los actores como agentes escenográficos; más bien, como la escenografía en sí misma: «*La escenografía deberá mostrar un complicado paisaje de construcción: andamios, plataformas, escaleras, y todos aquellos elementos que contribuyan a darnos una idea general de este concepto. Con ellos irán creándose, a lo largo de toda la obra, los diversos cambios de escenario, pero siempre estos deberán mantener vigentes la idea de la construcción. Al comienzo de la acción, los obreros, todos con cascos blancos, han creado con los diferentes elementos escenográficos la imagen*

175

de un edificio de apartamentos» (302). Al trabajar con la clase obrera como creación colectiva, los agentes "positivos" de la «construcción del socialismo» van camino de la confrontación directa con aquellos que se oponen a hacer realidad la utopía, y que en la escena cubana culminará con *Andoba.* En *Si llueves te mojas como los demás* los obreros construyen mientras los agentes individuales procedentes de la sociedad burguesa se destruyen a consecuencia de rencillas personales. La obra se hace eco del imperativo revolucionario castrista: trabajar, trabajar, trabajar. Como fantoches de una propuesta internacionalista, se personifican en el texto en la medida de la consigna repetida: «Pues aquí nos ve. Trabajando mucho, hasta el cansancio, pero viendo que cada día crece más y más [el edificio que estamos construyendo]» (303). Este motivo constante reaparece obsesivamente en un proyecto de construcción socialista donde todo tiene que sacrificarse en beneficio del trabajo. Quintero es un vocero escénico del empecinado proyecto. Pero esta vez el componer y descomponer de la masa coral (formada en este caso por los obreros) no va a tener tanta dinámica como en la obra anterior.

un equívoco sin desperdicio

Sin embargo, a pesar de lo dicho, hay que reconocerlo: lo que sí va a tener una dinámica sorprendente es el primer acto de la obra, uno de los pocos textos realmente divertidos que se escriben en Cuba durante dos décadas, y que sale de los límites más estrictos del «realismo socialista», motivo por el cual le hemos dado entrada en este libro. Lo que pasa es que Quintero no se va a conformar con la gracia que despliega en el primer cuadro del primer acto, que podría funcionar de forma independiente y que no necesita, en lo más mínimo, ni el cuadro que le sigue ni los restantes actos de la obra, ya que forma una unidad independiente. Me imagino que en algún punto debió haberse hecho un trabajo de equipo, con sugerencias, presiones y propósitos políticos, que acabaron destruyendo la pieza en su totalidad. Pero el primer cuadro es excelente. Si bien la presencia de los obreros enmarcando la acción, ya es en sí misma un compromiso ideológico, de haberse quedado aquí la cosa hubiera sido suficiente: los obreros trabajando en la construcción del edificio de beneficio colectivo, contrastan con las luchas individuales que sostienen los personajes.

Construye el primer acto a base de una sucesión de equívocos muy ingeniosos. Parte de un motivo simple, un paraguas (propiedad individual) que es objeto de las más desastrosas disputas. El plan no puede ser más efectivo. La Vecina acaba de comprar un paraguas que le enseña a La Esposa, que no se cansa de repetir «¡Con la falta que me hace!» Llega El Joven, esposo de La Vecina, a quien ella le cuenta la adquisición del paraguas por La Vecina y le hace saber lo mucho que le gustaría tener uno así. El Joven recuerda que al día siguiente La Esposa cumple años y no le ha comprado ningún regalo. Sin comunicárselo, va a casa de La Vecina y le propone la compra del paraguas. La Vecina se niega. Hay una gran disputa. Llega El Vecino muy disgustado porque ha perdido su billetera. La Vecina, sin que su marido lo sepa, va a casa de El Joven, dispuesta a venderle el paraguas. En la transacción, saltando de un apartamento a otro (que es uno de los efectos cómicos de la acción) ocurren varios equívocos: El Vecino cree que El Joven va al apartamento de ellos porque quiere una lata de leche, que le lleva después a La Esposa, que no sabe de qué se trata. En todo caso, llega El Visitante que se ha encontrado la billetera de El Vecino, y La Vecina, ya que no necesita el dinero por la venta del paraguas, va al apartamento de El Joven para que le devuelva el paraguas, cosa a la que este se niega. Esto da lugar a una disputa entre ellos dos, a la que se unirán después El Vecino y La Esposa, acrecentando la comicidad de la situación y el enredo. El Joven se queda con el paraguas, bajo amenaza de denuncia que le hace La Vecina. Finalmente, El Joven le explica la situación a La Esposa y le da el paraguas como regalo de cumpleaños. Ambos tienen que salir. El Joven tiene gripe y le pide a La Esposa que le preste el paraguas y que ella use su viejo impermeable. La Esposa se niega y empieza una feroz discusión, que termina a gritos y con la separación de la pareja a consecuencia del paraguas.

Este enredo vale por sí mismo y no necesita mucho más para ser, si se quiere, un comentario sobre la sociedad de consumo. El paraguas funciona dramáticamente de una forma excepcionalmente clara y caracterizadora de todos los personajes, demostrando como la posesión de algo tan insignificante puede llevar al desastre y acabar con todo: la amistad entre los vecinos, el amor entre la pareja. La absurdidad de la situación contrasta con el trabajo de los obreros construyendo un edificio. Estrictamente realista, recuerda sin embargo *Estudio en blanco y negro* de Piñera. La acción va de un lugar para otro con agilidad, acompañada de un diálogo ocurrente y efectivísimo. La trifulca que sostienen El Anciano y La Anciana en otro apartamento, sirve de comentario irónico sobre la relación matrimonial. Este primer cuadro es una especie de obra en un acto que no tiene desperdicio.

arbitrariedades estructurales

Lamentablemente a partir de este momento Quintero lo echa todo a perder. En primer término, ignora por completo a La Esposa, que no reaparece hasta en los últimos cinco minutos de la obra, en una escena en el cementerio bajo la lluvia con los paraguas abiertos, que el autor toma de la puesta en escena de *Nuestro pueblito,* de 1960, de cuyo equipo de actuación formó parte. Cree que a un texto dramático se le puede agregar cualquier cosa, haciéndolo interminablemente largo, y como se ve a sí mismo como transcriptor único del lenguaje popular decide ponerlo en práctica en el cuadro segundo, donde el dramaturgo confiesa que *«comienza la escena donde el autor se permite hacer uso y abuso de los últimos modismos del lenguaje popular» (345).* El abuso conduce al desastre y el grotesco más rampante se impone. Al dramaturgo se le va la mano y hace un trabajo de brocha gorda, que es la característica estilística que le da el sello a su obra.

Por otra parte, lo mezcla con situaciones serias, de un sicologismo burdo: El Joven tiene una pesadilla fellinesca con tintes surrealistas donde entra como niño en un cochecito de recién nacido. Además de paraguas, hay un equilibrista, una rumbera y unos elementos absurdistas adicionales, porque ahora estamos dentro de la siquis de El Joven traumatizado por la familia, que lo abandonó y se fue para Miami. Quintero le echa mano a cualquier cosa. Todo le viene bien. Elimina e introduce personajes: el amigo telegrafista, la tía solterona que le cuenta la historia de cómo perdió su virginidad, el anciano que se muere, la embarazada que da a luz, etc. La demagogia teatral del autor no tiene sentido del límite: ni corto ni perezoso deja caer un rayo en el panteón familiar de El Joven, que hace añicos, llevando a la toma de conciencia del infeliz personaje al ritmo de una pachanga marxista, leninista, brechtiana y chabacana.

No falta su correspondiente dosis de propaganda castrista: «Oye, y cómo hemos visto cosas, "caballo". Hay que salir para verlo»: «Hospitales, escuelas, más escuelas, más hospitales, repartos obreros, caminos vecinales, terraplenes... ¡bárbaro, bárbaro!» (377). Entre una falta de sentido común mezclada con convencionalismos propagandísticos, Quintero echa a peder su propia obra, demostrando que un primer acto muy bien escrito, no tiene que llevar necesariamente a una buena obra en toda su extensión.

La crítica más ortodoxa no ha sido favorable a esta obra, aunque por razones bien diferentes a las nuestras. Mugercia dice que en ella «se expande una atmósfera de forcejeo con el pasado que no nos da la oportunidad de ver el contexto más amplio de la moral y la práctica proletaria» *(Teatro: en busca de..., 34)*. Artiles, citado por Muguercia en este libro opina que «los profundos valores positivos de la nueva sociedad socialista no se expresan plenamente, elevándose a un primer plano lo no fundamental, todo lo cual deviene un criticismo vacío de contenido que se aleja en gran medida de los objetivos de la dramaturgia socialista, los auténticos valores de la nueva realidad revolucionaria» (34). Para Nancy Morejón, que ve la obra como un *collage,* «el autor ha enriquecido su visión del mundo al abandonar un realismo naturalista (¿por qué no fotográfico?) por otras percepciones de la realidad, creadoras de lo fantasioso que, a su vez, sirven a los fines del mensaje. Las escenas de la pesadilla, la evocación del día de las madres durante la cola y la escena final del cementerio, son esclarecedoras imágenes de los móviles y mecanismos del joven a lo largo de su conducta, de su posición ante su propia familia» (21). En otras palabras: Quintero acabó por no dejar satisfecho a nadie al salirse de sus esquemas populistas, que constituyen las bases de su metodología del éxito.

una revolución léxica

En Cuba, con el castrismo, se produce una revolución léxica que da lugar a un cambio radical en cuanto a los modos de decir en oposición al de la clase media cubana, que se caracterizaba por un correcto uso de la sintaxis en la escritura y en el diálogo. La ruptura con todos los principios de la etiqueta y la educación burguesa conduce a este desquiciamiento léxico, que hace de la mala educación una virtud, de la grosería una gracia y de la gritería una norma. Estas tendencias siempre han estado presentes en la conducta cubana, pero generalmente bajo el control de las buenas formas o al margen de un comportamiento léxico de mayor corrección, donde se delimitaba lo que estaba bien o mal dicho. Al desatarse lo populachero como variante revolucionaria, tiene lugar un cambio radical en las formas de comunicación, que va a transformar la vida cubana hasta producir una imposibilidad de reconciliación léxica. Los dramaturgos realistas de la vieja guardia (Estorino, González de Cascorro, Ignacio Gutiérrez, inclusive Paco Alfonso) que arrastraban consigo los resabios de la educación burguesa, no podían ser exponentes de esta dirección, y aunque Quintero inicia su formación teatral desde los finales de la República, esta se desarrolla con la Revolución y logra una mayor identificación con estas formas expresivas. Hernández Espinosa también trabaja con estos materiales, pero el caso de Quintero es de mayor sistematización, como puede verse siguiendo la trayectoria de *Contigo pan y cebolla, El premio flaco, Mambrú se fue a la guerra* y *Si llueves te mojas como los demás.* Rosa Ileana Boudet lo explica del siguiente modo:

«[Sus obras] están escritas desde el presente y eso las sustrae de ese tono nostálgico y evocador de otras piezas que tratan más bien con la añoranza del pasado [...] En *Si llueve...* se esfuerza por introducir la Revolución, pero lo cierto es que el conflicto no es lo suficientemente fuerte. La Revolución aparece como telón de fondo. Los microbrigadistas construyen un edificio, mientras Quintero se asoma a esta conversación doméstica, en voz baja, donde coexisten los personajes de la trama y una serie de "tipos" como la muchacha banal o la modelo comercial. El resultado es que esta búsqueda de lo cubano a través de su forma más epidérmica (humor, grotesco y otros recursos del teatro vernáculo) convierten a Quintero en el dramaturgo más taquillero. Pero el gran riesgo de las obras posteriores a *El premio flaco* está precisamente en que a un teatro tan contingente, tan de los sucesos del día, le falte la perspectiva y la profundidad crítica capaces de elevarlo por encima del mero entretenimiento banal" (Boudet "Riesgos y dificultades...», 24).

Mi mayor dificultad de conciliación con el teatro de Héctor Quintero radica en que se afinca en un lenguaje populachero que forma parte del proyecto maquiavélico de crear un abismo entre todos los cubanos, incluyendo en la forma de comunicarnos. Su extensa participación en el teatro en vivo y el desempeño de cargos oficiales que le han permitido recorrer el mundo en contraste con otros dramaturgos y obras que no han tenido las mismas oportunidades de salir del país, forman parte de una metodología del éxito debidamente ajustada al engranaje del discurso político.

CAPÍTULO VI

EUGENIO HERNÁNDEZ ESPINOSA
NEORREALISMO, EXPRESIONISMO Y MARGINACIÓN

Aunque por fecha de nacimiento Eugenio Hernández Espinosa (1936) no está muy distanciado de Triana, Montes Huidobro, Matas, Arrufat, pertenecientes a una generación de dramaturgos en plena actividad en los sesenta, su dramaturgia se aleja en mayor o menor grado de los vínculos con la vaguardia que está particularmente en activo inmediatamente después del triunfo revolucionario. Pertenece a una primera generación que se entrena en un seminario organizado por el Teatro Nacional de Cuba en 1959, entre cuyos participantes se hallaban José Brene, Maité Vera, Tomás González, Jesús Gregorio, Nicolás Dorr, Gerardo Fulleda León, Reynaldo Hernández Savio, Héctor Quintero, José Milián. Aunque en 1962 un grupo de aficionados del Sindicato de Gastronomía estrena su primera obra, *El sacrificio,* su entrada oficial en la escena cubana tiene lugar con *María Antonia* en 1967. Participa activamente en el movimiento teatral cubano de la Revolución, en varias categorías, incluyendo las de tipo administrativo.

A partir de este estreno, de gran resonancia, la obra de Hernández va en ascenso, mientras que bajo la presión ideológica de los setenta declina la de muchos de los dramaturgos con más extensa producción. A principios de esta década va a escribir un texto que considero fundamental, *Mi socio Manolo,* cuyo estreno se postergará por más de quince años. Hay algo así como una pausa, y del marcado neorrealismo de esta pieza dará un salto marcadamente expresionista y muy ideológicamente comprometido cuando en 1977 escribe *La Simona,* que recibe el premio Casa de las Américas, que se publica de inmediato pero tampoco se estrena.

Mi socio Manolo (1971): quintaesencia de la marginación

marginación y lenguaje

Inés María Martiatu incluye un catálogo bastante extenso de sus piezas dramáticas, muchas de ellas inéditas y sin estrenar, en el prólogo a su *Teatro*, señalando correctamente que su obra se ubica «dentro de la vertiente más pura del arte popular cubano en su nivel más alto» (22), apresurándose a aclarar de inmediato, como de costumbre y politizando el concepto: «si tenemos en cuenta la concepción leninista de la convivencia de dos culturas (dominante y dominada), de que es el elemento popular el que da el tono a la cultura nacional y a la presencia (en plena sociedad capitalista) de gérmenes de cultura democrática y socialista, como estos creadores arriba citados [se refiere a Guillén, Carpentier, García Caturla, Amadeo Roldán y Wilfredo Lam] corroboran el cumplimiento de esta concepción en el caso de Cuba» (22-23). En este mismo prólogo, Martiatu hace un recorrido biográfico que es de interés dado el carácter de la obra de Hernández, refiriéndose a su educación en una escuela adventista (lo que no es frecuente en el contexto cubano), por una familia que quiere hacer de Hernández un «negrito diferente» (8), cosa que a la larga creará una interacción de formación «bíblica» y «protestante» sincréticamente unida a lo afro-cubano, en oposición a la correlación católico-yoruba que es más frecuente. De ahí que de Jehová y Johann Sebastián Bach, que se entremezclaban en su formación escolar, salta a lo popular del barrio de Ayesterán, la Plaza del Mercado, las giras bailables de La Polar y La Tropical, todo un ambiente de marginados en la mítica Habana de los cincuenta, que Martiatu sintetiza con el cliché de «un emporio de la mafia» (9). En todo caso, bajo el batistato, Hernández va a militar en las filas de la Juventud Socialista, como otros muchos jóvenes de la época que han formado parte de la cultura nacional y lo hicieron muy de superficie, donde no falta un nutrido grupo de los mismos que acabó en el exilio.

Martiatu, en «Notas anticipadas a *Mi socio Manolo*» insiste en los valores léxicos de la obra:

«En esta obra aparece un lenguaje que se nutre del profundo conocimiento que el autor tiene de los giros del habla popular y de
sus estructuras, las cuales reinventa logrando una verosimilitud
que se mantiene a través de la progresión dramática, ascendente
hasta llegar al inesperado final [...] El habla, como otros elementos de la cultura popular ha sufrido la misma suerte que buena
parte de sus creadores: el negro, el campesino y el pueblo explotado en general. En el teatro burgués fue utilizada para ejemplificar
formas negativas de conducta, [...] sólo en boca de delincuentes o
para la burla del bozal, del campesino o del obrero. Sin embargo,
este autor la rescata y nos la ofrece con toda su fuerza expresiva y
su vigencia» (26).

Efectivamente, el lenguaje es utilizado por Hernández Espinosa
con mano maestra, de acuerdo con el contexto de la obra, porque
estos personajes deben hablar tal como él los lleva a escena. Pero
aunque también es parcialmente cierto que era un lenguaje marginado
dentro de los cánones lingüísticos anteriores a 1959, no es menos
cierto que pretender sacarlo de su marginación puede ser un error
más grave del que se quiere subsanar. Ni el caló de los gitanos, ni el
lunfardo de los argentinos, ni la germanía de los españoles, ni el caliche de los mexicanos, representan la norma promedio del español de
las respectivas sociedades y sólo la demagogia castrista puede pretender eliminar las formas correctas del lenguaje de la burguesía a favor
de un léxico que, por pertenecer a un determinado grupo, acaba siendo tan enrevesado como el lenguaje lezámico. Cada cosa tiene su lugar. El resultado, por sus consecuencias fonéticas, de sintaxis y de
vocabulario, ha sido funesto para los cubanos que acaban hablando
de una forma que no entienden los demás, hasta el punto que muchas
películas cubanas cuando van a proyectarse en países extranjeros de
habla hispánica tienen que ser dobladas para que los que no son cubanos puedan entenderlas. El remedio acaba siendo peor que la enfermedad.

Es evidente que a pesar de las fuertes razones respecto a la vigencia del lenguaje popular, hay consideraciones de comunicación
que no se pueden soslayar, asociadas con la crisis de los marginados,

que acabará uniéndonos a todos. Se crea un problema de frontera entre marginalismo y clase obrera.

> «En esta obra se iluminan un tanto además, algunas confusiones sobre el pretendido *marginalismo* que últimamente se ha utilizado como una generalización abusiva que engloba a la clase obrera sobre todo en las ciudades. Cheo y Manolo no son marginales, son obreros. Cheo fue combatiente del Ejército Rebelde y Manolo es obrero de vanguardia. Al tildar de marginales a ciertos sectores populares por su forma de hablar, de vestirse, de beber, de manifestarse, por la pobreza de sus viviendas (herencia de la superexplotación imperialista) se les niega su condición de trabajadores productores de riqueza, se les escatima su contribución económica, se desconoce una historia y una moral de lucha de clases y sobre todo se les ataca en sus expresiones culturales que pasan a ser ilegítimas» (Martiatu, 27-28).

Estos conflictos no son nuevos, como pretende hacer ver el discurso político cubano. Los movimientos literarios dentro de las culturas marginales y locales han tratado en un momento u otro de imponer su lenguaje, cuyo resultado ha sido acrecentar su marginación. A fines del siglo XIX, José María de Pereda, fiel a su contexto, trató de incorporar el léxico de los pescadores santenderinos a la novela española, produciendo a la larga una narrativa de corto alcance, muy perecedera y local, que además no podían leer ni siquiera los pescadores santanderinos, mayormente analfabetos. El texto acaba auto-marginándose dentro del marco global de la cultura. No obstante ello, y aunque reconociéndolo indirectamente, el propio Hernández Espinosa declara:

> «Se habla de un lenguaje culto, pero eso me parece bastante ridículo. Con *Patakín*, se abrió para mí toda una campaña alrededor del lenguaje, por emplear la palabra *asere,* que era una palabra utilizada por los delincuentes, así que había que atacarla. Fue una reacción realmente ridícula, pero reveladora de cierta mentalidad. Eso me recuerda la actitud de un profesor argentino del Seminario de Dramaturgia, Samuel Feldman: él corrigió algunos vocablos de mi obra *El sacrificio*, considerando que no

eran cultos. Por eso fui introduciendo muy paulatinamente ese habla popular en mi teatro, con mucho temor a no ser aceptado» (48).

La funcionalidad escénica del lenguaje popular tiene que mantenerse, pero no hay que trabajar con ella a niveles artificiales, que es la distancia que separa la autenticidad de *Mi socio Manolo* del populismo facilista de Héctor Quintero, las propuestas artificiales de algunas escenas de *Andoba* y el brutal naturalismo del *Teatro la Yaya*. El sentido común, además, debe servirnos para algo.

un estreno tardío

Mi socio Manolo no es, decididamente, una obra «al servicio del pueblo» a pesar de la raigambre popular de los personajes. Aunque Martiatu sostenga sus criterios en Lenin, estos marginados teatrales de Hernández, obreros o no, estaban destinados a irse por el Mariel una década después porque su conducta no era ciertamente modélica. Por algo sería que no se estrena hasta 1988, primero en Venezuela y después en Cuba en el Festival de Teatro de Camagüey en una puesta al parecer muy lograda bajo la dirección de Silvano Suárez e interpretada por dos actores de mucho prestigio que no eran de la raza negra, Pedro Rentería y Mario Balmaseda, lo cual no deja de ser interesante dada la implícita conciencia étnica del texto. Se escribe en 1971, el mismo año en que Padilla es encarcelado y puesto en libertad posteriormente tras un juicio en que se arrepiente de sus faltas, y Castro, después de diez años de creciente represión intelectual, retoma sus «palabras a los intelectuales», arremete contra el intelectualismo y sus representantes, contra los homosexuales y otras «aberraciones» de la sexualidad y la conducta social. Estos antecedentes son importantes para una mejor comprensión de *Mi socio Manolo*.

Cuando se estrena finalmente, han pasado diecisiete años, a pesar de ser una obra sin complicaciones escénicas que se limita a dos personajes, donde el léxico y la música le dan un carácter popular para un público que fácilmente se podría reconocer en sus personajes, sus conflictos y, principalmente, su lenguaje. Pero ciertamente no es una obra que pueda ejemplificar la conducta revolucionaria, ya que ni

Manolo ni Cheo pueden presentarse como modelos a seguir; al contrario, podrían verse como «aberraciones de la conducta social», variaciones de la «conducta impropia». Sigue una línea que se remonta a la *Juana Revolico* de Flora Díaz Parrado y me recuerda el documental *P.M.*, que vino a ser el dispositivo cultural que llevó a «las palabras a los intelectuales».

Armando Correa comenta, con motivo de su estreno, que «aparece ante el público con la distancia impuesta y, si bien no resulta envejecida, ha perdido la efectividad y audacia que pudo haber tenido sobre la escena en la época en que fue escrita. No obstante, sigue siendo un texto clave dentro de la obra de Hernández Espinosa, caracterizada por un estudio de lo popular, un teatro de indagación humana, de seres que superviven en un medio lastrado por actitudes negativas» (41). El tiempo pasa, pero el latiguillo ideológico se cuela por todas partes.

En realidad, el concepto de las dos culturas, la dominante y la dominada, se pone de manifiesto a su modo. Los patrones modélicos de la cultura dominante (es decir, la del partido comunista) determinan el conflicto de los personajes. Los personajes de esta dramaturgia existen en dependencia del patrón político, y sus problemas fundamentales, sus logros y sus fracasos están en relación directa con el alejamiento o el acercamiento a estas metas.

Proyecto de Ley contra la Vagancia

Del marginalismo se va a estar hablando en Cuba por toda la década del setenta, partiendo de las medidas represivas que se inician al principio de la misma y que se desatan con el Mariel. El tema seguirá en vivo durante los ochenta y no lo detendrá ni el siglo XXI. Es, posiblemente, uno de los dolores de cabeza más grandes de la Revolución, que no pudo quitarle ni «el hombre nuevo», otro de sus frustrados inventos. Teatralmente hablando, los setenta van de *Mi socio Manolo* a *Andoba*.

El once de enero de 1971 se publica en la Gaceta Oficial de la República, el Proyecto de Ley Contra la Vagancia, iniciándose con su publicación la discusión del mismo en los centros de trabajo, al que hicimos referencia en el tomo anterior, pero que tiene mucha vigencia en relación con la obra que comentamos. En dicha ley se establece que «en la nueva sociedad, el trabajo constituye un deber social de ineludible cumplimiento de todo hombre y mujer que se encuentre en aptitud para ello.» Se reconoce que frente a la inmensa mayoría de los trabajadores, persiste una capa que pretende vivir parasitariamente, sin trabajar, que «representa una conducta antisocial» que se puede manifestar de diferentes maneras, desde «la holgazanería y la delincuencia hasta aquellos que pretenden encubrir sus vidas parasitarias con un vínculo laboral esporádico, desertando repetidas veces de uno y otro centro de trabajo; o los que, manteniendo un nexo formal con un centro de trabajo determinado, son ausentistas incorregibles que burlan reiteradamente las medidas disciplinarias que les aplican los consejos del trabajo»; lo que lleva a su vez a un natural estado de vigilancia por organismos creados al efecto, para «denunciar y combatir tales manifestaciones viciosas heredadas de la vieja sociedad, y en consecuencia disponer las medidas conducentes a la erradicación de la vagancia y el parasitismo». El contrapunto dialógico que tiene lugar entre los protagonistas de esta obra, está medularmente relacionado con los estipendios señalados en esta ley.

No es casual que Eugenio Hernández Espinosa la escriba en el mismo período en que estos problemas «ideológicos» y «legales» se plantean, los cuales van a reflejarse en el texto, sin que esto quiera decir que *Mi socio Manolo* adopte una actitud dogmática dentro del contexto que viven sus personajes. Quizás todo esto tuviera que ver con su estreno tardío.

marginalismo y escena nacional

En «Marginalismo y escena nacional», Rine Leal observa que «No creo sorprender a nadie si afirmo que buena parte de nuestra escena nacional está marcada por la presencia marginal» (13). Leal parte históricamente del período colonial, remontándose a los bufos de 1868, como un resultado del coloniaje hasta llegar a la República: «Como la república burguesa no es sino una prolongación de la colonia, los esquemas prefijados del teatro popular se mantuvieron, aunque modificados en la superficie para adecuarlos a nuevas condiciones», llevando a un teatro vernáculo que representaba «un mecanismo de comunicación basado en la frustración y desesperación de un pueblo, y en la exposición de esquemas congelados de la sensiblería y el choteo como medios evasivos» (14). Aunque no faltan buenas razones en la argumentación de Leal, su posición representa la norma, achacándoles al capitalismo y a la burguesía, más de dos décadas después, las fallas que el castrismo no había logrado resolver, y agrega:

> «La cultura de la supervivencia se convierte ahora en un factor disociador, en una anticultura, porque su esencia es asocial y atípica. Si la burguesía veía en estos caracteres el retrato del pueblo precisamente para rebajarlo, la Revolución los contemplará como grupos en plena evolución, en un proceso dialéctico que tiende precisamente a hacerlos desparecer para convertirlos en su contrario, es decir, en pueblo [...] El marginado será pobre, explotado, víctima inocente de injusticias sociales, consecuencia del pasado capitalista, herencia de la vieja sociedad, pero al mismo tiempo será un personaje nacional y popular sólo en la medida en que luche contra su propio marginalismo, en que abandone su automarginalidad a través de las vías que le ofrece la Revolución» (Leal, «Marginalismo...», 20).

La acusación se vuelve justificación: se acusa a la víctima, haciéndola responsable, en última instancia, de su destino, que también, después de todo, pudiera ser un modo de justificar todas las injusticias republicanas. El punto de vista se hace eco de la dialéctica del discurso de poder: la culpa no es del marxismo; la culpa es del capitalismo y del que no entra por el aro. Por consiguiente, los marginados en la escena cubana están condenados de antemano y la única solución es hacerse comunistas, como intentan hacerlo Cheo en *Mi socio Manolo* y Oscar en *Andoba,* aunque ninguno lo logra. Escénicamente, se les quiere escatimar dramatismo, dejando vivo a los marginados (como hace Albio Paz, más militante, en *Autolimitación),* pero quitándoles altura trágica a favor de la propuesta marxista. Con mayor fidelidad a las circunstancias que viven sus personajes, aunque pueda esconderse una acusación, Hernández Espinosa hace que Cheo le entierre el puñal a Manolo. Manolo en definitiva es el marginado que se resigna a hacer su papel, mejor adoctrinado, el personaje «nacional y popular» que, consciente de sus supuestas limitaciones, acepta el rol secundario en que ha sido colocado por el proceso revolucionario. Muere apuñaleado por el que más se distancia de las propuestas castristas, a pesar de sus esfuerzos por hacer todo lo contrario.

en el vórtice del alcoholismo

La acción se desarrolla en un cuarto dividido en dos plantas por una barbacoa, que denota unas muy precarias condiciones de vida, y un tipo de vivienda que instaura la Revolución, siguiendo parámetros soviéticos, porque antes no existía «arquitectura» semejante, a pesar de la tan pregonada miseria habanera de los cuarenta y cincuenta, con solares y casas de vecindad. En esta vivienda miserable ya se han alojado Manolo y su mujer, con sus cinco hijos. En lo alto de la barbacoa puede verse la cama matrimonial, separando las literas donde dormían cuatro de los cinco hijos de Manolo, mientras el quinto lo hacía en el sofá-cama de la «sala». A pesar de la constante referencia a las condiciones de vida anteriores al castrismo, es obvio que diez años después de instaurado el régimen la situación ha ido de mal en peor, lo cual es un comentario implícito. Si Manolo vive de ese modo y Martiatu insiste en afirmar que no es un marginado, ya nos podemos imaginar como vivirían aquellos que efectivamente lo eran.

Perdido el contacto por muchos años, Cheo viene a ver a Manolo, su «socio»; es decir, su amigo «de verdad». Forman unidad: «Quiero que usted sepa, que usted es más que amigo, más que socio. Usted es mi otro ojo, mi otro brazo, mi otra oreja, mi otra nalga...» (313). A lo largo de esta larguísima secuencia que se desarrolla sin interrupción en un acto único que ha de tener unas dos horas si se lleva a escena en toda su integridad, Cheo y Manolo se emborrachan y evocan episodios de su vida antes y después del triunfo revolucionario, en una relación de amor y odio, de frustraciones y violencia, que tiene momentos de gran comicidad y de profundo desgarramiento. De ahí que no exista un «argumento» propiamente dicho sino una sucesión de enfrentamientos, muchos de ellos brutales, como si fueran dos atormentados en el vórtice del alcoholismo. Esta embriaguez está acompañada de un constante sentido del humor, donde una ocurrencia sigue a la otra, pero realmente sin avanzar, sin un desarrollo hacia un punto específico. Esta composición reiterativa, a pesar de su medular realismo, tiene nexos con el absurdo. Como en la mayor parte de las borracheras, se dicen cosas que encierran grandes verdades que se vuelven intolerables. Las evocaciones van y vienen sin orden ni concierto, impregnadas de alcohol. El pasado reaparece con sus frustraciones, maltratos y logros, poniéndose de relieve aquí y allá las injusticias pre-castristas, algunas válidas y otras politizadas, demagógicas. En particular, evocan sus juergas: «¡Tremendos tipos éramos!» (303) «Nadie gozó más que nosotros» (303). La confrontación (en la mejor tradición del cainismo cubano) desata una ola de violencia que no termina hasta que Cheo le entierra un cuchillo a Manolo y lo mata.

No quiere esto decir que *Mi socio Manolo* no contenga postulados ideológicos de acuerdo con los patrones castristas, aunque algunas afirmaciones son algo sospechosas. «La Revolución está sobre todas las cosas: arriba, abajo; por los cuatro costaos» (315). «No importa, Bertica, no importa. No importa que la gente y el mundo nos condene si el tribunal de nuestra conciencia nos absolverá» (299), que parece ser una parodización de un texto castrista. Pero también se dice: «Y esto no es ningún teque ni na, pero la Revolución es mi sangre» (328). En particular, se plantea el significado último de la construcción del socialismo: «Yo no sirvo, tú no sirves, tu mujer no sirve, pero tus chamas sí. Sí sirven. Sirven bien. Hoy tus chamas no tienen que pedir limosna ni mañana tendrán que vender mariguana, ni estarán así como nosotros descargándose de mierda. Porque estarán más limpios que todos nosotros. El futuro es de ellos» (352). Situada la acción en 1971 y vistas las condiciones cubanas de pingueros y jineteras, con toda la secuela de turismo sexual fin de siglo, esta afirmación de una utopía de lo que no fue no deja de ser desgarradora.

un delirio del lenguaje

Principalmente en cuanto al léxico, que es el fuerte del dramaturgo, la obra es de una riqueza inagotable, particularmente en lo referente al argot popular. Las expresiones populares se desbordan de un parlamento al otro, destacándose un imaginario del pueblo que ya de por sí es la dinámica del texto. Sobresale el refranero: «El ciempiés va despacio confiado en sus pies, pero yo tengo dos pies y no puedo confiar mucho» (303). «Al tigre muerto todos le mientan la madre...» (203). «No porque brinque la rana es maromera» (305), «La venganza trabaja sin hacer ruido» (312). «Lo que está en el corazón del ñame el cuchillo sólo lo sabe» (318). «Por un garbanzo no se deja de cocinar la olla» (322). «La hormiga cuando quiere volar cría alas» (323). «Lo mismo se pudre el obispo que el sacristán» (331). «La vida es un kilo, asere, y el kilo no tiene vuelto» (336). Todo esto asociado a la caracterización de los personajes y a la situación en que se encuentran. Tiene un trasfondo agónico del que carecen las obras de otros cultivadores del lenguaje popular. Cuando Manolo afirma: «Maromera la hormiga y siempre cruza la cuerda floja» (331), Cheo, que tiene ambiciones de ser alguien, dice: «Pero nadie la ve» (331), a lo que contesta Manolo, «Pero no se cae» (332). Cheo Malanga se ve a sí mismo como «albañil sin cuchara ni flota; soldado sin guerra ni fusil; marinero sin barco ni mar; boxeador sin guante ni ring» (332). Esta riqueza léxica convierte la obra en un «tour de force» del lenguaje popular, quizás dramáticamente en exceso, pero al mismo tiempo funcional, atormentado a veces y atormentante otras. No obstante los logros, algunos parlamentos son demasiado largos y un corte en cualquier puesta en escena parece inevitable.

A esto se unen la ordinariez y las malas palabras, que se ajustan perfectamente a la realidad cubana, como un imperativo revolucionario donde decir «coños» y «carajos» es tabla de medida de una conducta revolucionaria frente al bien decir de la burguesía; clara indicación del grado de deformación que lleva el castrismo al pueblo cubano. Sin embargo, en la obra no es un mal decir gratuito: de acuerdo con la situación y los caracteres, las malas palabras que se dicen son funcionales y necesarias.

absurdismo realista

Manolo es carpintero y aunque no luchó directamente en contra del batistato, sufrió las marginaciones económicas, sociales y étnicas del período republicano. A pesar de no ser un militante comunista se ha mostrado siempre decididamente a favor de la Revolución. Se jacta de sus credenciales, aunque posiblemente exagere: «cederista, miliciano, obrero de avanzada, un tongal de horas voluntarias» (289). Cheo, sin embargo, aunque combatió en el Escambray, no entra en la lucha revolucionaria hasta el último momento. No obstante ello, lo cierto es que como lo hizo tarde apenas tuvo tiempo para que le creciera la barba: «El tiempo fue tan corto que apenas pude coger un fusil» y no tiró «ni una bolita de fango» (291). En todo caso, no pasó de cocinero.

A través de los motes que acompañan a ambos personajes, de «pichita» que le daban a Manolo y de «malanguita» a Cheo, el texto enfoca la atención en el conflicto de ambos. A un primer nivel, el problema al que se tiene que enfrentar Manolo es de índole personal, refiriéndose básicamente a un conflicto con su mujer, que lo engañó y lo abandonó. El mote que se le da a Cheo tiende a descaracterizar la totalidad de su persona, acentuando su insignificancia como hombre. El de Cheo tiene implicaciones colectivas: se siente un fracasado y un marginado dentro del proceso revolucionario. Este contrapunto conducirá al clímax que lleva al desenlace.

No faltan reconstrucciones del juego de la quimbumbia y propuestas directas de juego, casi a niveles de absurdo:

CHEO: ¿Jugamos?

MANOLO: ¿A qué?

CHEO: Dominó.

MANOLO: No tengo.

CHEO: ¿A las damas?

MANOLO: No tengo.

CHEO: ¿Al ajedrez?

MANOLO: No tengo.

CHEO: ¿A comer mierda?

MANOLO: La estamos jugando hace rato (351).

El lenguaje tiene a veces una circularidad que no va a ninguna parte porque se encierra en sí mismo:

MANOLO: Bueno, ¿y qué?

CHEO: Aquí.

MANOLO: ¿Sin problemas?

CHEO: Sin problemas (288).

Como Manolo y Cheo se emborrachan a lo largo de la obra, esto acaba por justificar toda clase de disparates. Además de bailar, hay variantes de teatro dentro del teatro, que dan excelentes oportunidades interpretativas, como cuando Manolo entrena a Cheo a «cómo tumbar a una jeba» (301), y cuando le cuenta lo que le ha pasado con su mujer. Esto configura un desfile de personajes pintorescos, distorsionados a través del léxico: Lola la Sin Hueso, Pancho el Baboso, Juanita la Tuerta, Taquita Pan de Gloria, el negro Trucutú, Kalito Kilowat, Anita la Huerfanita, Cuquita Trompoloco, hasta llegar a las mariconerías de María Antonieta Pons y los nombres de los propios hijos de Manolo, Pedro, Pablo, Chucho, Jacinto y José, que proceden de una conocida guaracha. Se llega a un panorama irreal de un realismo fantástico. Hay un desate realista del absurdo, en la mejor tradición de nuestra dramaturgia.

un problema de carne y hueso

La diferencia fundamental es que Manolo acepta su condición de inferioridad y sus circunstancias. «Palacio es médico, yo soy carpintero y tú eres mecánico. Él te cura un riñón, yo le hago un juego de cuarto, y tú le arreglas la máquina. La cosa es así» (330). Se trata básicamente de un determinismo marxista que coloca cada cosa en su lugar para obligarnos a aceptar como buenas las peores calamidades, en una tradición que también es eclesiástica. Por eso Manolo acepta sus limitaciones: «El camino de la aguja tiene que seguirlo el hilo. Yo soy cordel y del malo» (316). «Para ser del Partido hay que ser come candela y yo no sirvo» (317). «La hoja clínica que arrastro, asere, es del carajo» (317). «El pasado está ahí sobre todas las cosas; castigándote sin piedra ni palo; metiéndose con tol mundo y no hay quien se lo lleve preso» (317). «Yo me tiré toda la basura podrida del mundo porque creí, vaya, que con ella podía andar sin problemas toda la vida: mariguanero, jíbaro, ladrón, chulito de café con leche...» (317). «Los hombres como yo tienen cáncer. Y el cáncer no se cura» (318). A pesar de todo esto se identifica como un revolucionario auténtico: «¡Yo soy revolucionario porque soy revolucionario porque tengo que ser revolucionario! No es borrachera ni na, asere. ¡Con los yanquis, asere, no hay arreglo!» (318). Su conciencia de verse a sí mismo como escoria hace que se coloque, por su cuenta, «en su lugar», que es lo que no hace Cheo, que considera que todo buen revolucionario tiene que hacer todo lo posible por pertenecer al Partido y que él tiene derecho a formar parte de él. Sin embargo también está atormentado por sus propias limitaciones y por haberse decidido tardíamente a entrar en la lucha. En realidad, hay que distanciarse un poco y darse cuenta de la patética situación de ambos, asediados por un pasado «culpable» que obstaculiza el presente.

Manolo trata de consolar a Cheo: «Todo el que subió no subió desde el principio, mano» (292), «Cuando una bomba cae, lo mismo cae en la cocina que en el excusao. Lo importante es que estuviste allí hasta que sonó el último tiro» (292). «Eres combatiente» (292). A lo que responde Cheo: «Combatiente sin combate» (292). Pero como Manolo está en peores circunstancias, agrega: «¿Y yo? Ni combatiente ni un carajo» (292), recordando por su parte su limitada contribución a la lucha de clases en algunas huelgas. Por la vida de vagancia y juergas de ambos «socios» en los años cincuenta, ni Cheo ni Manolo son auténticos revolucionarios y mucho menos buenos comunistas. Son un par de criaturas desgraciadas que a pesar de sus intentos de identificación con el proceso revolucionario están marginadas después de 1959 tanto o más que antes; peor todavía, porque están marginadas dentro de un mundo que apoyan aunque no sepan hacerlo de forma debida, al que nunca podrán pertenecer y dentro del cual siguen viviendo una existencia malograda, sin sentido. Al contrario de otras obras que ignoran el proceso sicológico que conduce a la crisis interna dentro del contexto ideológico, Hernández Espinosa parte de seres de carne y hueso para colocarnos en el vórtice del quehacer revolucionario. Y esto es lo que la distingue.

dialéctica de la Revolución

En realidad no hay que darle muchas vueltas a la obra para darnos cuenta del desolador planteamiento de Hernández. Leída hoy en día se acentúa la conciencia del fracaso histórico. El simple hecho de imaginarnos el número de «socios» que han debido pasar por situación semejante, el fundamental error histórico de estas vidas, es francamente desolador. Es un callejón sin salida. Esto puede explicar también el carácter de «círculo vicioso», que es la estructura «absurdista» de la obra. Dentro del más despiadado realismo naturalista y determinista no hay principio ni fin en el desarrollo de la acción: el determinismo «revolucionario» encierra a estos personajes en un callejón sin salida pese a afirmaciones en contrario. Por ese motivo, la borrachera le sirve al autor para volver una y otra vez sobre lo mismo:

CHEO: Ahora es muy fácil hacer Revolución.

MANOLO: No, no es fácil.

CHEO: Ahora es muy fácil ser comunista.

MANOLO: Cuando yo fui al Escambray muchos se quedaron en sus casitas o aguajeando en las esquinas (368).

Según Cheo, su entrada en el Partido está poniéndose en tela de juicio con motivo de un casquito (que así llamaban a los soldados del batistato) que también quiere hacerlo.

MANOLO: Pero, sitúate, a lo mejor tienes una serie de defectos y no entras en el Partido.

CHEO: Yo no tengo defectos.

MANOLO: Todo el mundo cree que no tiene defectos.

CHEO:	*(Desesperado)*. ¡Coño, cómo van a analizar a ese cas-quito de mierda por encima de mí!
MANOLO:	*(Enfrentándolo)*. No es casquito.
CHEO:	¿Qué es entonces?
MANOLO:	¡Compañero!
CHEO:	¡Mierda!
MANOLO:	Sí, compañero. ¡Compañero! Ayer fue casquito, pero hoy no lo es. ¿Hasta dónde lo vas a llevar? Es com-pañero y tienes que respetarlo.
CHEO:	*(Gritando en una crisis de demencia)*. «¡Ñinga, ñinga, ñin-ga!» (368).

Lo que en el fondo está haciendo Hernández es desarrollar uno de esos enfrentamientos ideológicos que se inician en el teatro cubano con José Antonio Ramos y que culminan en *La recurva*. No sabemos si el autor quiere destacar la falla de Cheo como revolucionario, pero no hay lugar a dudas que su situación lo lleva a un desgarramiento pro-fundo ante una dialéctica de la Revolución que no puede entender.

MANOLO:	A lo mejor era casquito y no era casquito.
CHEO:	¡Era casquito!
MANOLO:	A lo mejor estaba guillándose de casquito.
CHEO:	Era casquito.
MANOLO:	Bueno, a lo mejor llegó a la Sierra siendo casquito y bajó siendo rebelde.
CHEO:	Ese no.
MANOLO:	Muchos se pasaron pal Ejército Rebelde, ¿no?
CHEO:	Ese no.
MANOLO:	¿Por qué ese no?
CHEO:	Porque ese no.
MANOLO:	¿Por qué?
CHEO:	Porque no.

MANOLO: ¿Por qué porque no?

CHEO: *(Obstinado).* ¡Porque no, porque no! (367).

Este sistema circular de preguntas y respuesta donde no hay solución posible, es una angustia de la realidad sólo comparable con la angustia de un texto de Piñera. Si Hernández está haciendo un planteamiento realista de lo que es la vida cubana bajo el marxismo, el cuadro es espantoso. No en balde Cheo tiene que llegar a los límites de la locura para apuñalear a Manolo, que lo enfrenta a su situación dentro del proceso revolucionario: un desplazamiento brutal. Además, ese desdoblamiento permanente en que una persona, como el camaleón, es y deja de ser para asegurarse la sobrevivida, nos enfrenta con una dialéctica de la ética revolucionaria muy difícil de aceptar. Por eso el propio socio Manolo se proclama: «Delincuente malo, ayer, pero revolucionario que le ronca ¡Yo revolucionario!» (371). De ahí que Cheo acabe dándole donde más le duele: «¿Mirando por un hueco y dejando que tu mujer te pegue los tarros?» (372). La trifulca final es brutal, despiadada, como si fuera teatro de la crueldad. Mientras Manolo le grita a Cheo lo que nunca le había gritado antes, «¡Cheo Malanguita!» (371), en el que se sintetiza el fracaso total de una vida, Cheo arremete llamándolo «¡Pichita! ¡Pichita! ¡Pichita! ¡Pichita!» (372). Es inevitable que uno de los dos se apodere del cuchillo y se lo entierre al otro, sellando dos vida en el callejón sin salida de la Cuba revolucionaria. Lo que quiso decir Hernández no tiene que ser exactamente eso, pero gústele o no lo dijo, no sé si a pesar de sí mismo. Por eso, Manolo, a punto de morir, le dice: «Esta noche, asere, ¿sabes?, la grúa viene por mí, mañana vendrá por ti» (372). El final de ambos personajes indica que la propuesta de dejar de ser mierda no se cumple, que para la Revolución, a la larga, un mierda es un mierda, y en mierda tiene que acabar, no importa lo que el «socio Manolo» esté proponiendo.

No dejará de ser cierto lo que cuenta Manolo de las humillaciones y maltratos que tuvo que sufrir durante la «neocolonia», incluyendo las que le hicieron los turistas americanos (que no podían faltar para dejar sentado el punto de vista antiimperialista), pero la situación en que va a encontrarse con la Revolución, según muestra el texto, no es más favorable. En realidad, es patética, incluyendo el sueño de construcción del socialismo para que los hijos, Pedro, Pablo, Chucho, Jacinto y José (comentario irónico del autor) no tengan que pasar en el futuro lo que ellos pasaron en la Cuba de ayer. Porque si la acción se desarrolla en la fecha en que se escribió, 1971, ya sabemos lo que el futuro le tenía deparado a una nueva generación que sueña con balsas para huir de Cuba, víctimas de las reiteradas trampas que tiende el castrismo.

Los personajes están atrapados en la «dialéctica de las cosas» (290), que es una jerigonza, un «entender a tiempo el proceso, ¿tú me comprendes?» (290), un «lo que fue ayer hoy no es» y «lo que es hoy mañana no es» (290), que puede llevar a toda clase de descalabros donde todo es posible. Naturalmente, no puede haber sosiego en esta trayectoria irregular, sesgada. «¿Y si empezamos de nuevo y te dijera que lo primero fue mentira y lo segundo verdad? ¿O que las dos cosas, lo primero y lo segundo son mentiras? ¿O que las dos cosas lo primero y lo segundo son verdad?» (301). «¡No me importa, no me importa! No me importa si lo primero es mentira y lo segundo es verdad, ni si lo primero es verdad y lo segundo es mentira, o si las dos cosas, lo primero y lo segundo, son mentiras, o si las dos cosas, lo primero y lo segundo, son verdad» (301). Lo más penoso del caso es que los cubanos (incluyendo toda la élite cultural y artística) han tenido que vivir dentro de este trabalenguas de la verdad y la mentira. Como es natural, así no se puede entender nadie, no se puede entender nada y no se puede vivir. Pero lo cierto es que Hernández Espinosa ha ido al meollo de la existencia cubana bajo Fidel Castro, prisionera en un laberinto de sospechas y contradicciones.

mil veces la palabra coño: continuidad de la violencia

Pieza eminentemente realista, Hernández Espinosa no se puede andar con pelos en la lengua para reproducir la violencia verbal que se desprende de las situaciones. Aunque no faltan ensañamientos en el teatro de los sesenta, podría decirse que el mismo se expresaba dentro de ciertos límites. Cuando en 1961 escribo *La sal de los muertos,* la palabra «coño» tiene un papel protagónico en el primer parlamento de

Lobito: «¡Sí, coño, tengo catorce años! Y un centenar de malas palabras. ¿Por qué no? ¡El abuelo las dice! ¡Mi padre las dice! ¡Y hasta mi madre las dice si le pisan un callo! [...] ¡Sí, coño, mil veces la palabra coño!» (128); al antologarse en España en 1971, tuve que invertir las sílabas y escribir «ñoco», con motivo de códigos de censura, lo cual era francamente ridículo.

En el teatro del absurdo no falta la violencia verbal, pero tiene un carácter irracional (como los insultos de las hermanas en *Las pericas*) que elimina el impacto directo: algo así como si nos insultaran en un idioma que no entendemos. Como la violencia del absurdo se expresa dentro de los niveles que corresponden a esa dramaturgia, el carácter metafórico e intelectual aminora la paliza. Sin embargo, las consecuencias pueden ser igualmente terribles, porque, como bien dice Albuquerque, los personajes del absurdo se ven envueltos en un constante y repetitivo duelo de palabras, aparentemente inocuo pero que, implacable e inmisericorde «leads to the destruction of the individuality» (52). Las palabras adquieren un nuevo valor como proyectil huracanado de una violencia que no estaba prevista, como ocurre de forma directa en la pieza de Hernández

La violencia verbal y física es frecuente en Piñera y tiene un punto culminante en *Dos viejo pánicos*. Refiriéndose a esta obra, Alburquerque la define como «distortive» (distorcionadora) (63), hasta el punto de alterar a Tota, que le dice a Tabo: «las palabras tendrán el sentido que deben tener. Sí, cabrón, el que deben tener y no el que tú quieres darles» (58). Alburquerque considera que los personajes usan provocaciones (38), para «engage the other member of the pair in the violent verbal games» (38). En el caso de la obra de Piñera, la violencia verbal se vuelve físico-metafórica a través del foco de luz, o de forma teatralmente elaborada a través del espejo, que es utilizado como proyectil de la luz.

Inclusive en una de las obras más violentas del teatro cubano, *La noche de los asesinos,* al trabajarse la misma a niveles ritualistas, lúdicos y representacionales, la violencia se materializa por medio de una conceptualización estética. Los contenidos simbólico-teatrales de la misma en *La sal de los muertos* y *La Madre y la Guillotina,* teatralizan la violencia como ritualización de una realidad que no llega a escena en su desnudez realista. Pero *Mi socio Manolo* lo hace en otros términos.

Un antecedente más cercano sería *En la parada llueve* de Camps, que también responde a la condición marginal de los personajes. La fidelidad realista elimina la posibilidad de una conciencia intelectual explícita del contrapunto entre el Yo y el Otro, pero la condición complementaria de los personajes está igualmente presente. Es decir, hay que tener en cuenta que la naturaleza proletaria y marginal de los caracteres y las situaciones no funcionan con total independencia del entrenamiento de la violencia en la década anterior, reubicándola físicamente, más en concordancia con el conflicto de la realidad cubana revolucionaria de principios de los setenta.

Si uno hace un recorrido por la estética de la violencia verbal y física de los sesenta, nos encontramos que el teatro cubano corre a la par de esa violencia de los escenarios latinoamericanos, representada por la dramaturgia de Pavlovski, Gambaro, Wolf, Díaz, etc., que corresponde a una estética que tiene su origen, a la larga, en el discurso intelectual de la burguesía. Sin embargo, la violencia de la dramaturgia de los setenta es de «verdad» aunque no esté bien teatralizada. Tiene una intensidad que no llega a manifestarse en las muestras del «realismo socialista» de la dramaturgia cubana, a menos que se entre en la esfera de los «marginados», lo cual realmente es un «aparte», como ocurre en *Andoba*. Los «coños» del «realismo socialista» son «coños» constructivos, o «coños» que no quieren decir nada. Aunque no faltan «malas palabras» en el realismo socialista, se usan con un sentido de la medida. La palabra «coño» se va a utilizar con mayor frecuencia, a veces con carácter «decorativo», como parte del lenguaje representativo de una «clase» en oposición al uso de esta palabra en el contexto burgués, que era de uso restringido. La conciencia de clase ajusta el lenguaje, y un «coño» aquí y otro allá matiza la condición proletaria o campesina del texto. Pero en *Mi socio Manolo* la violencia es otra cosa, sin metafísica lúdica o didáctica marxista. Es una violencia física como un golpe que se recibe en la quijada.

Hernández Espinosa construye la obra partiendo de una estructura bipartita que es particularmente efectiva para desarrollar este contrapunto de la violencia. Albuquerque ha señalado que muchos textos de la dramaturgia contemporánea latinoamericana describen la intensa y brutal relación de dos individuos que, a pesar de las aparentes diferencias se complementan el uno al otro y, por consiguiente no pueden existir por separado: «these plays address the inseparability of Self and Other within a context that is [...] undoubtedly contemporary –and consistently violent» (229). Pienso en *Los siameses,* de Griselda Gámbaro, por ejemplo. Ciertamente, Hernández Espinosa establece así una línea de continuidad con el contrapunto de la violencia entre dos de la década previa, ajustada ahora a otros términos. Porque en *Mi socio Manolo* los golpes parecen dados por un par de boxeadores.

La Simona (1977): Apocalipsis ahora

El expresionismo ha jugado en la dramaturgia cubana un papel más importante del que se le ha concedido y con *La Simona* hace acto de presencia en la escena cubana de los setenta con un impulso renovador. Según Boudet, *La Simona* es un «acabado de grandes proporciones, majestuoso y trágico» («Riesgos y dificultades...», 27) Mario Balmaseda opina que «los personajes bien estructurados, cada uno desarrollado consecuentemente, de acuerdo a sus ideas e intereses, se mueven (palabra y gesto complementándose), dejando un recuerdo quizás del mejor Valle-Inclán [...] Utiliza un lenguaje totalmente nacional (chileno), local (región específica), clasista (campesinado).» (111). Para Orlando Taquechel esta obra es un «teatro épico que busca y logra ante todo conjugar la eficacia política con la eficacia dramática [que] constituye como texto literario una lectura magnética [...]» (115). Aunque es innegable la carga política de la obra, la complejidad verbal del texto la distingue y la eleva. La crítica politizada cubana, que tiende a reducirlo todo a su función dentro del gran proyecto internacionalista de subversión del orden en Latinoamérica, la ve como un trabajo «profundamente creador, imprescindiblemente revolucionario» (Taquechel, 115), lo cual es cierto, aunque la obra, inclusive cumpliendo esas premisas con parlamentos que en definitiva son demagógicos, logra elevarse más allá de las mismas. Desde el momento de su escritura fue considerado como tal, cuando el jurado Casa de las Américas que le otorgó el premio indicó que «se trata de un texto mayor del teatro latinoamericano, tanto por el rotundo impacto de su mensaje como por la suma de sus excelencias formales: el alto aliento sostenido de su ambiente poético, el impresionante esfuerzo de reinvención del idioma –apoyado en un manejo inteligente de la información y la investigación-, la feroz humanidad de su vasta galería de personajes y la generosa textura de su material escénico. *La Simona* es una obra épico-política de una extraordinaria vigencia, teatro de luchas campesinas recreadas a gran distancia, con encomiable sentido internacionalista, teatro de lucha de clases desgarrado y esperanzado a la vez, de un nivel literario poco común y de una categoría internacional indudable» (Taquechel, 117).

En el exilio, *Ojos para no ver,* de mi autoría, escrita por las mismas fechas y publicada en 1979, con opuesta conciencia ideológica, seguida una década después con *Las paraguayas,* confirman la vigencia del expresionismo en nuestra dramaturgia de las dos orillas.

Hernández Espinosa considera que los mismos elementos presentes en *María Antonia* reaparecen en *La Simona.* «La Machuca no es más que la Cumachela; la Simona es María Antonia; Larguita es Julián. Algunos elementos son muy comunes, como la violencia, la agresividad de la Simona, que sólo son comparables con la agresividad y la violencia de una cubana que pertenece al mundo popular. Estoy seguro de que en Chile ese tipo de mujer no te la encuentras» (Entrevista, 47). Me temo (afortunadamente para el autor) que esté equivocado. Es muy dudoso que ese tipo de mujer, en similares condiciones, no se encuentre en Chile, y no resulta afortunado que el autor le quite raigambre chilena al personaje. Recuérdese que los indios tainos eran unos infelices que se dejaron exterminar y que los araucanos ofrecieron una resistencia violenta al invasor extranjero (cosa que nosotros, por cierto, nunca hemos hecho, por muy bravías que sean nuestras mulatas solariegas). Las apariencias, realmente, engañan, y lamentablemente Hernández Espinosa simplifica algo mucho más complejo.

Hay que tener en cuenta que en la descubanización chilenista entra en juego la voz de Violeta Parra, indicando Hernández que «con textos de Violeta Parra te cuento este cuento», sin especificaciones más precisas, lo que obligaría a cotejar textos y llevar a efecto búsquedas en una extensísima discografía, que no hemos emprendido, para llegar a una valoración más exacta.

diálogo de la opresión, respuesta del oprimido

Ciertamente *La Simona* es un discurso dramático de las relaciones opresor-oprimido, que se podría interpretar a niveles de las teorías de la opresión. Desarrolla estas relaciones con un afán de concientización, ejemplificando niveles o fases de la opresión.

«En la etapa mágica, el oprimido se siente impotente ante las fuerzas abrumadoras que no puede controlar. No hace nada para resolver los problemas; se resigna a su suerte o espera que esta cambie. En la fase ingenua, el oprimido fácilmente define los problemas pero sólo en términos individuales. Cuando reflexiona, consigue sólo comprender a medias las causas. No logra entender las acciones del opresor y la totalidad del sistema opresivo. Cuando pasa a la acción, trata de comportarse como el opresor. Dirige su agresión hacia sus iguales (agresión horizontal) o su familia y a veces hacia sí mismo (intrapunición). En la etapa crítica de la concientización, el oprimido alcanza un entendimiento más completo de toda la estructura opresiva. Al considerar los obstáculos en su afirmación e integridad personal, llega a ver los problemas en términos de toda la comunidad [...] Reconoce su propia debilidad, pero en lugar de compadecerse, la reflexión lo lleva a tener más estima y confianza en sí mismo y sus iguales y a rechazar la ideología del opresor» (Paulo Freire, citado por Neglia, 150-151)

El primer nivel del discurso del oprimido viene a estar representado por algunos participantes de la masa coral, particularmente Las Tres Viejas Calavéricas y Las Monjas del Cristo Pobre, que podrían representar el estrato más bajo de conciencia fatalista. Pero ya dentro del segundo nivel, Larguita va a ser un caso representativo del oprimido que define el problema de la opresión en la medida de sus circunstancias personales y, en lugar de resistir y rebelarse, lo hace subordinándose a los intereses del opresor como único medio de escapar de su condición. Sabe que don Diego de Almagro es «dios taita soberano, nos chupa hasta los huesos con la ley que nos tiene mudos» (12), pero en lugar de resistir y combatirlo, dirige su agresión contra los de su propia clase e inclusive su familia, proponiéndole a La Simona, a la cual maltrata, que tire a su propio hijo en un zanjón. Ejemplo de agresión horizontal, se satisface en la opresión de los demás, convirtiéndose él mismo en agente de la misma. El oprimido, en lugar de luchar contra el opresor, acaba comportándose como él: «En un dos por tres me bañaré de plata y seré sin tardanza más poderoso que don Diego Almagro» (13) porque «hay que vivir con los ojos despiertos» (14). Será Taita el que funcionará a niveles de «la etapa crítica de la concientización» porque entiende la mecánica de la opresión, la interrelación que establecen los opresores, y comprende que la única forma de resguardar su integridad personal es mediante la acción colectiva de la comunidad, que sería el agente de la liberación. Por eso concientiza el discurso de los oprimidos conduciéndolos a una trashumancia hasta llegar a un punto de resistencia contra la agresión de Diego Almagro. Tobías explica con precisión el proceso, considerando que el hambre, la miseria y el desalojo son peligros a los que se exponen, pero como los oprimidos no tienen ningún predominio político, es necesario que se organicen y recurran a la fuerza para lograr la liberación.

una misa de resucitados

Para expresar dramáticamente estas variantes de la condición humana bajo tan abyectas circunstancias, Hernández Espinosa usa a veces un discurso poético y rebuscado, con mucho de Valle Inclán: «Somos mezquinos obedientes de los don Diegos Almagro y sus huestes. Seríamos inexcusables si no adoptáramos medidas contra ellos [...] Hay que dejar de ser obedientes y desatar con gusto y con conciencia la fuerza que la naturaleza nos dio [...] Por inmensos despeñaderos hemos atravesado nubes. Delante de nuestra vista la opulenta muerte acechándonos siempre. Y siempre alguien cae al caudaloso río» (36) La metaforización oscurece a veces el discurso, pero al mismo tiempo lo enriquece, dándole un carácter arcaico;

aunque no faltan momentos de discurso demagógico explícito, a modo de arenga, en la voz de Taita. En realidad, el desarrollo de la obra está asociado con la concientización colectiva que propone este personaje.

Con textos líricos de Violeta Parra, complejos y de tónica popular, su autor la define como «misa de resucitados para voces y orquesta», como si fuera un gran recitativo coral y litúrgico, donde La Simona es una figura más dentro de un cuadro fantasmagórico, muy valleinclanesco. Sale del espacio cubano para ubicarnos en territorio chileno y en especial dentro de una naturaleza monumental. Los espacios abiertos en que se desarrolla la acción producen de entrada un efecto de desubicación geográfica, que le dan grandeza y un sentido de monumentalidad.

Dividida en «ordenanzas», la primera tiene lugar de noche: *«a lo lejos petardos, gritos y luminarias. La Cruz de Mayo: festín de luz y plata» (11)*. La segunda se desarrolla en un espacio de carácter diurno: *«La Caravana sigue su desfile ordinario: monte arriba y monte abajo» (31)*, creándose un efecto de trashumancia, mientras que en la tercera se vuelve al espacio nocturno de una noche estrellada: *«La luna, colgada desde su mundo lejano, da luz a la oscuridad» (49)*. La cuarta nos coloca en un amanecer: *«Nace el sol. En la lejanía se aclara la oscuridad» (55)*, para reintegrarse al espacio nocturno, con una fogata, al terminar la obra. Esta monumentalidad de espacio latinoamericano, andina, le da grandeza por su concepto apocalíptico, religioso, donde el único marco posible es la naturaleza en toda su monumentalidad en medio de la cual se espera, de un momento a otro, un cataclismo, una avalancha. Toda esta concepción la convierte en una de las pocas obras de la década del setenta que tiene un carácter que se eleva dentro del Apocalipsis de la miseria y las injusticias humanas, convirtiéndose en un gran mural goyesco, con presencias valleinclanescas que se ponen de relieve, muy marcadamente, a partir de las didascalias.

expresionismo autóctono

La búsqueda de la identidad nacional, y por extensión la manifestación de la identidad literaria continental, ha sido uno de los caballos de batalla de la cultura latinoamericana por más de dos siglos, que Santiago García expone de este modo:

«En el caso de nuestro arte latinoamericano la búsqueda por *esa imagen* en la que se pueda *reconocer* el hombre americano ha sido la tarea central de nuestros más descollados artistas. Pero este *reconocimiento* de *imagen* e individuo que determinaría o iría determinado –por lo menos desde el punto de vista del arte-, la *identidad nacional,* no es ajena a todo [este] proceso de aculturación [...], ya que por un lado tendría que destacar todos los otros elementos negativos de los que podríamos llamar inculturación, que deforman o impiden el desarrollo del individuo como "plenitud" social. Piénsese en todos los elementos de distorsión que puede ofrecer el bombardeo de la falsa información al que está sometido el individuo de los países dependientes del imperialismo en el Tercer Mundo por los medios masivos de información. Pero al mismo tiempo estos medios proporcionan las bases técnicas de un gigantesco y vertiginoso desarrollo de una cultura universal» (85).

No obstante ello, el problema sigue sin resolverse, para caer, más de una vez, en Valle Inclán. Por algo será. Hasta escribiendo en quechua podemos ser expresionistas, como hizo Mel Gibson en *Apocalipto:* nadie más expresionista que los mayas o los aztecas. Las máscaras afrocubanas se apuntan otro tanto. Con Cuba castrista al frente del batallón marxista, en busca de raíces autóctonas que configuren nuestra identidad, se ha arremetido por todos los flancos a la tradición europeizante de la cultura latinoamericana. El problema parece ser insoluble, porque en dos siglos no se ha resuelto y seguimos siendo tan europeos como antes, y no conformes con la influencia foránea que ya teníamos, importamos a Marx y a Lenin. En el teatro siguió pasando lo mismo, porque si bien Artaud, Genet, Ionesco y Becket eran modelos europeos, Valle Inclán, Brecht y Piscator no nacieron en Bolivia.

Es indiscutible que Hernández Espinosa en *La Simona* anda en busca de esa imagen autóctona, como hizo con *María Antonia* en lo nacional, donde llegó a niveles profundos de autenticidad aunque no pudo escapar a la norma europeizante de la *Carmen* de Bizet. La razón es bien simple: gústenos o no, no somos ni negros ni blancos puros y la cultura europea es muy difícil que nos la saquemos de los genes. Esto explica el fracaso de todos los proyectos de la búsqueda de una identidad que elimine una presencia que también es la mayor parte de lo que somos: la «inculturación» nos «acultura» y la propuesta es una extirpación genética que no puede funcionar. Además, a «todos los elementos de distorsión» y «bombardeo» del «imperialismo», se opone el «bombardeo» marxista, que no es menos distorsionador. Se trata de una batalla laica de un orden por el otro, francamente desastrosa, como confirma la experiencia cubana, incluyendo la teatral en sus peores aristas. *La Simona,* a pesar de ser muy latinoamericana, no escapa al espectro del expresionismo europeo y el esperpentismo valleinclanesco, que por lo demás no es en ningún sentido objetable, y como ya he apuntado, también es nuestro. Es lo que podríamos llamar un expresionismo autóctono.

En este caso vamos a enfrentarnos a dos discursos retóricos. De un lado el de Diego Almagro, que es el personaje ausente de un dominio colonialista que entra en escena a través del resultado de su obra, el dolor y la miseria del oprimido; del otro, la retórica de Taita. Pero lo cierto es que tanto la imagen del opresor como la del oprimido se complementan como consecuencia de la identidad cultural que construye la historia. Andamos con la imagen colonial a cuestas y llevamos en las venas la ponzoña de Almagro que acabará transparentándose en el odio envenenado del oprimido. En el fondo, lo que propone Santiago García es la substitución de una cosa por la otra, lo que equivale a quedarnos en lo mismo. Toda esta retórica teatral se reduce a una cuestión estrictamente política, que es el factor determinante del éxito o el fracaso de estos proyectos, de su transitoriedad o su permanencia.

En modo alguno le negamos autenticidad a *La Simona,* que es una de las obras más logradas del teatro cubano de los setenta. Pero hay que reconocer que en su raigambre latinoamericana hay mucha raigambre europea, en el sentido que se pueden rastrear claramente los elementos expresionistas, esperpénticos y brechtianos. El propio dramaturgo utiliza estrategias que eran las mismas de Valle Inclán: «Cuando no hallo la palabra exacta, la invento. Por ejemplo, en *La Simona,* hay palabras que no vas a encontrar en ningún diccionario, en ningún lugar. Las invento porque no encontré otras que pudieran trasmitir un estado anímico o una proyección como lo que quería expresar en ese momento» (Entrevista, 47). Valle Inclán hacía exactamente lo mismo. El trauma anti-europeizante tiende a lastrar la valoración de un buen número de textos cuya genética es a la larga secundaria. Lo que importa es que sea un buen texto. Por el contrario, de otros más «originales» no queda absolutamente nada.

un devenir cósmico: liturgia y léxico

Ubicada en Chile con la figura del conquistador español Diego de Almagro (1475-1538) como arquetipo, con todas las implicaciones de la crueldad y las injusticias que acompañan todas las conquistas, *La Simona* no es un texto histórico en sentido específico, sino uno que busca las esencias de la historicidad y las simplifica en su crueldad y su injusticia como hecho permanente. Quizás el Diego Almagro de la obra no corresponda exactamente a su contrapartida histórica. Se trata más bien de una historicidad atemporal. El dramaturgo concibe el desarrollo dramático como una trashumancia, una «caravana» de la injusticia que se refleja en la trashumancia colectiva de los personajes en busca de un lugar donde relocalizar su miseria y crear un nuevo mundo: «Trabajaremos todos [...] Lucharemos contra la naturaleza. Nos convertiremos en arquitectos capaces de levantar nuestras propias casas y como tales, cultivaremos los más variados cultivos» (64). La naturaleza en su totalidad, las noches y los días en su devenir cósmico, representan el escenario muralista, andino, de estos personajes que no tienen un tiempo y un espacio limitado.

Es un reflejo de la utopía cubana que acabó por convertirse en gran proyecto americano de lo que no ha sido y que es ahora un sueño boliviano, bolivariano y chavista, y una pieza definitivamente comprometida con tales idearios. «¡Dios nos coja confesados!», como diría

Valle Inclán. Lo cual no quiere decir que no esté dramáticamente lograda. La historia personal de La Simona viene a ser secundaria y quizás sea el punto más flojo de Hernández Espinosa. Víctima del abuso masculino, tiene un hijo de Larguita, un sinvergüenza que traiciona a los de su clase y se pone al servicio de Almagro: segunda fase de la relación opresor-oprimido. También de él. Muy a lo María Antonia, La Simona recibe una cuchillada en pleno rostro. Como personaje no es más que un esquema del abuso, la miseria y las injusticias, que culmina al final con la muerte del niño. A pesar de los desplantes, hay un ritualismo léxico en lo que dice, en concordancia con el resto de los personajes: «Donde llueve y no gotea se van pasando los años, pero donde llueve y gotea se anda con gran apuro» (23). El tono es el de una lírica arcaica. «¿Qué ostenta la perra vida con estos pobres vivientes?» (23). «La noche tiene julepe y La Simona no puede seguir tras su cortejo fingiendo que lleva penas. Penas llevo. Muy bien ocultas. ¡Penas de cien dolientes!» (24). Esta versificación en prosa, con su ritmo, su consonancia, su entonación, marca las pautas sonoras del lenguaje en la obra, y tiene indiscutible belleza: posiblemente entran en juego una conjunción del folklore chileno, la transcripción lírica de Violeta Parra y la propia voz de Hernández, en medida que dejo en mano de otros investigadores. Es por eso que la secuencia del eco, en su dialogo con Taita, se vuelve diálogo monumental con la naturaleza andina:

LA SIMONA:	¿Tú? ¿Quién eres tú?
EL ECO:	¿Tú? ¿Quién eres tú?
TAITA:	¿Yo? ¿Quién soy yo?
EL ECO:	¿Yo? ¿Quién soy yo?
TAITA:	En estas tierras resuena mi nombre.
EL ECO:	En estas tierras resuena mi nombre.
LA SIMONA:	¿Espíritu gentil?
EL ECO:	¿Espíritu gentil?
LA SIMONA:	¿La dulzura de un verso?
EL ECO:	¿La dulzura de un verso?

LA SIMONA: ¿Tú? ¿Quién eres tú?

EL ECO: ¿Tú? ¿Quién eres tú? (26-27)

Esa búsqueda de la identidad es la búsqueda de una identidad de cordillera, total, majestuosa. Hay en el diálogo una conjunción con la naturaleza, que se amplía en la caracterización de Taita, dentro de una concepción lírica del lenguaje:

«No encontrarás mi nombre incrustado en piedras preciosas ni en mármoles y alabastros, ni en finos y lucientes adjetivos predilectos. Mas no sería imposible encontrarle en este olmo que crece ni en este roble que muere, ni en esta encina de púrpura teñido [...] Ah, mira el viento escondido en las montañas y verás mi nombre envuelto con acierto. Preciso y seguro. Filo agudo, sin lascivo aliento» (27)

En medio del vergonzoso espacio léxico de la dramaturgia de los setenta, *La Simona* reluce. No busca transcribir un lenguaje realista, sino que prefiere un tono más elaborado y poético, con giros arcaicos que dan de inmediato la impresión de que la gente habla así dentro de una concepción lírico-dramática acorde con una orquestación litúrgica dentro de la mundovidencia de la obra. En este sentido también resulta «refrescante» gracias a su arquitectura léxica dentro de la dramaturgia desesperantemente pedestre de los setenta. Aunque las situaciones pueden serlo, el contexto ritual y el lenguaje elevan el espacio dramático.

un arquetipo de la lucha de clases: panamericanismo del odio

Hay que reconocer, sin embargo, que el texto de Taita es el de un arquetipo de una rebeldía sin un desarrollo de carne y hueso: un arquetipo de la lucha de clases. Hernández Espinosa elimina su espacio inmediato para convertirlo en personaje total, no sólo en la monumentalidad andina, sino en la historicidad total de la lucha obrera: «En 1903 fui aplastado sangrientamente en la huelga de los portuarios en Valparaíso; en 1905 en la sangrienta huelga de la carne en Santiago; en

1906 en la de salitreras y ferroviarios de Antofogasta; en 1907 en Iquique; en 1912 en Puerto Arenas; en 1920 en San Gregorio» (30). No es un personaje que se reduce al espacio inmediato, sino que se amplía en la continuidad de su significado histórico. Pero es innegable que dice mucho como rebeldía y como fracaso. Porque, después de todo, ¿cuál es la propuesta de Taita para acabar con don Diego de Almagro y sus secuaces? ¿Con qué armas cuenta? «¿Palos y piedras?» (52). Pero, especialmente, con odio.

> «¡Con odio! ¡Con odio! Las armas vendrán después. Las lágrimas que me lloran no me llorarán de sinsabores, me llorarán de odio. ¡Odio! Odio contra los opresores. ¡Hay que sembrar el odio en lo más alto de nuestras vidas: ¡el odio contra el rico, el odio contra los arquitectos que nos echan de nuestras tierras, el odio contra los documentos y legajos, el odio contra los gringos que nos roban nuestras riquezas, el odio contra los que nos oprimen en cocteles y pluma fina, con su gabardina y teléfono por el día y por la noche de frac, ¡el odio contra la institucionalidad!» (52).

Lo que hace Taita, con indiscutible grandeza dramática de parte del dramaturgo a pesar de su hiperbólica retórica política, es proponer un derrocamiento por el odio, en una lucha a muerte con el enemigo. No hay más que «escucharlo» en escena. Pero eso puede explicar que sea un odio recíproco, porque el odio con el odio se paga y el odio engendra el odio: el Apocalipsis del siglo XXI. Lo que se escucha en la voz de Taita es un panamericanismo del odio como vehículo para acabar con todo y como supuesta solución, que es también la voz del totalitarismo. Lo cual quiere decir que la cosecha del odio no ha sido suficiente y nos ha gestado por más de dos siglos, desde las gestas independentistas latinoamericanas hasta la actualidad, el «bienestar» de un continente. ¡Todo sea por las señas de identidad! Lo que propone Taita es un Apocalipsis andino engendrado en el «sueño» castrista, que otros «muralistas» consideran inconcluso: el que no llegó a terminar Bolívar, ahora en manos de la brocha gorda de Hugo Chávez. Si los resultados se miden en la medida del «bienestar» del pueblo cubano, arreglados estamos. En todo caso, sin ignorar nuestra discrepancia política, Hernández Espinosa crea una figura hierática pero monumental, un sacerdote apocalíptico.

apoteosis expresionista

El personaje de La Simona se completa con la aparición de La Machuca al final, que no es más que la propia protagonista en un estado ulterior de su existencia como mujer condenada al abuso y a la miseria. Entre La Simona y La Machuca hay muy buenos momentos, y está última tiene excelentes textos: «Soy tu víspera, Simona. Tu víspera más adentro y tu víspera más cercana. Mujeres como tú y yo terminan en el zanjón haciendo décimas y pichi con cualquier anochecido. Así que no te den los aires por corretearme en tus dimes y diretes que la Machuca es un campanal de amores y vino tinto» (73). El contrapunto que tienen las dos mujeres en «da cuarta ordenanza» es uno de los mejores momentos de la obra, más en el plano de relaciones personales, aunque el lenguaje sigue siendo forzosamente artificial por arcaico y ritualista, a pesar de la ordinariez. «Si me echas un poco más de meao te lo digo. Anda por tierras de don Diego Almagro. Anda como diablo: prendiendo a los aires y a los pobres pájaros sueltos que andan por los conventillos» (77). El ritualismo lírico, metafórico y esperpéntico del lenguaje aleja la obra del realismo, creando su propio espacio.

Hernández Espinosa crea, en fin, toda una galería de personajes fantasmagóricos de naturaleza esperpéntico-expresionista para componer con ellos su goyesca misa de resucitados. Las Monjas del Cristo Pobre, Los Tres Viejos Calavéricos y Las Tres Viejas Calavéricas sobresalen en un mundo espectral que constituye además un espectáculo plástico. Los Hombres Bromistas, Los Hombres Aburridos, El Hombre Prudente, El Colega Ilustrado, El Coro de Mendigos, representan otras categorías del mundo que crea Hernández Espinosa como parte de una siniestra realidad de la miseria latinoamericana. Están además aquellos que quedan agrupados como Normales y Contrahechos, Pacíficos y Hablantines, Cobardes y Paladines, Delincuentes y Maleantes, con los que crea el autor un espacio alucinado donde ellos son, en sí mismos, la escenografía.

el sueño americano: Apocalipsis ahora

La muerte del niño de La Simona al final de la obra, le sirve al autor, a través de Taita, para hacer más explícita todavía la perorata revolucionaria. Es retórica, discursiva, pero justo es decir que puede conmover y hasta hacer que se nos salten las lágrimas. Todo dependerá de nuestro propio grado de escepticismo ante otro discurso de las utopías. Reconocemos, sin embargo, que estos excesos (ideológicos, verbales, valleinclanescos) pueden ser el talón de Aquiles de *La Simona*.

> «Con lágrimas en la cara no se resuelven nuestros problemas, ni con elevar los gritos al cielo, ni vivir en agonía como moribundo. ¡Despéjense los sentidos! Algún día arreglaremos las diferencias con don Diego Almagro y sus huestes: algún día romperemos las cadenas del cautiverio en todos sus tramos. Y la paz perdurará, ¡justa! ¡Desvalijemos la mañana!» (92).

Esperemos que el sueño del siglo XX tenga mejor suerte en el XXI. Personalmente nos tememos una mayor pesadilla. Si el comunismo en el siglo XX no logró sus objetivos, el siglo XXI se inicia con el terrorismo islámico, que quizás haga realidad el Apocalipsis soñado por el castrismo. Si la cosa es así, hay que reconocer que el expresionismo épico-revolucionario de *La Simona* pone también su granito de arena. Por todas estas razones es una obra importante, pero ojalá que estemos equivocados.

La Simona debe colocarse en el contexto político en el cual se produce, los años setenta, como parte de una violenta sacudida politizada que sufre el teatro, que es nacionalista e internacionalista, lo que también explica su cubano-chilenismo. Difiere fundamentalmente de *María Antonia,* incluyendo su etnicidad, que se transforma en indigenismo americano. La revolución cubana tiene mucho que ver con todo esto, porque es el gran resorte latinoamericano que se desata en los sesenta. Es una sacudida que recorre el continente americano y que tiene a Fidel Castro como figura estelar con subsecuentes discípulos. Propone un discurso global con un destinatario que traspasa fronteras para con ello cumplir metas más amplias. Forma parte de «un proyecto americano signado por la revolución cubana» (Geriola, 18), como muy vívidamente explica la actriz argentina Leonor Manso al referirse a las expectativas de los años sesenta y setenta, donde los escritores y artistas se sentían protagonistas de una realidad histórica política, social y cultural que en el fondo estaba sencillamente organizada por el marxismo-leninismo, detrás del cual se encontraba la mano diestra del castrismo. Responde a las euforias nacionalistas que a su vez forman parte de una mecánica internacionalista que da al escritor y al artista un espejismo de la libertad de acción para sumergirse en las formas de un nuevo fascismo cultural. Un plan siniestro del cual esta obra forma parte del reparto.

Es por ello que aunque *La Simona* rompe con el esquema más directo y simplista de *Teatro Escambray*, intencionalmente o no, forma parte de una propuesta caracterizadora del marxismo cubano en los años setenta y de otras sucursales del odio que se gestan hoy en día. Quieras o no, Cuba está detrás del telón, entre bambalinas. Se abandona el páramo creador del realismo socialista y la creación colectiva, y *La Simona* se vuelve el vocero más fuerte del odio pertinaz del castrismo, en esa búsqueda de la identidad latinoamericana bajo el lema de Apocalipsis ahora.

CAPÍTULO VII

ANACRONISMOS ESCÉNICOS

JOSE MILIÁN

La toma de La Habana por los ingleses (1970): un
choteo patético

Es difícil imaginar que una obra tan inocua como *La toma de La
Habana por los ingleses* confrontara «dificultades por sus alusiones críticas» (Espinosa Domínguez, *Teatro Cubano Contemporáneo,* 103) y finalmente fuera retirada de cartel en la fecha de su estreno en 1970. Visto
el caso en la distancia y basándonos simplemente en su lectura, es
francamente incomprensible y da la medida del alcance de la represión en Cuba. No es de extrañar, sin embargo, por su cercanía cronológica con los episodios de Padilla y Arrufat. Por esas fechas, Guillermo Cabrera Infante hace declaraciones contra Cuba en el
extranjero, muchos escritores han sido detenidos y la UMAP está en
su apogeo, sin contar que hay desembarcos anticastristas e incursiones de Alfa 66.

Me imagino que no sería edificante que un jovencito matancero de veinticuatro años se bajara con irreverencias, aunque no se
tratara de *Los siete contra Tebas.* Hay que reconocer que esta prohibición le da a la obra un relieve que ni remotamente tiene, muy por
debajo de la restante producción de Milián hasta esa fecha. La primera impresión es la de una pieza muy mal concebida que acierta, si
es que acierta, gracias al disparate. La primera escena entre el gobernador Juan de Prado y Cucufate es interminable, sin ninguna
movilidad. La actitud antijerárquica, de humor gratuito y no siempre
inteligentemente concebido, le da sin embargo un carácter divertido

216

que pudiera sorprender en una buena puesta en escena, y la asocia con el bufo, para el cual no había nada sagrado. No se ajusta al patrón de un arte para la construcción del socialismo y estoy seguro que si Castro la hubiera visto maldita hubiera sido la gracia que le hubiera encontrado (aunque nosotros, confesamos, no se la encontramos tampoco).

Quizás dentro de este contexto se pueda explicar que tomar en «tono de relajo» la historia de la defensa de La Habana por los criollos, que formó parte de un proceso de toma de conciencia nacional, oponiéndose heroicamente a la agresión de una potencia extranjera de habla inglesa, con posibles connotaciones nacionales contemporáneas, no pudiera ser vista con buenos ojos. Ignacio Gutiérrez en *La casa del marinero* se aventuró también por ese camino, pero sin hacerse el gracioso. Ciertamente la pieza de Milián ridiculiza la seriedad histórica de una incipiente trayectoria historicista en el teatro nacional, reconstrucciones dogmáticas al servicio de la ideología revolucionaria, que para esa fecha ya algunos dramaturgos estaban tomando muy en serio.

Mediante salidas disparatadas la obra se burla de la guerra. «¿Podría clasificar esta guerra como Teatro de la Crueldad?» (150). «Si esto se llama Teatro de la Crueldad, el nombre no se lo puse yo. ¡Si lo último fueran los Misterios Medievales, entonces sería la Guerra de los Misterios Medievales!» (150). Mientras Cucufate propone la capitulación, que es «la dulce palabra» (152), el gobernador ordena en tono de farsa: «¡Usted no tiene que decir nada! Váyase con ellos y que se sigan matando. Que se desangren hasta el último momento, si no, nos quedamos sin Historia. Dígales que los vamos a catalogar como héroes y que no se ocupen de los demás. Toquen las campanas a rebato y que le den vivas al Rey de España» (152). «¡Largo, largo... a pelear, a pelear!» (152). Es posible que en esto se vieran alusiones anticastristas y antibélicas en un momento en que, de acuerdo con el discurso oficial, Cuba estaba esperando a los invasores de un momento a otro. No era cosa de mandar a pelear en broma, porque según Castro las agresiones iban en serio. Pero quizás fuera, simplemente, que molestara el relajito; lo que demuestra que en la escena cubana los juegos lúdicos habían terminado. En última instancia, el significado inmediato de un texto depende de su circunstancia; el significado permanente es otra cosa.

Una lectura cuidadosa puede llevar a la búsqueda de resquicios subversivos que se detectan dentro de la farsa histórica. El hecho de que una serie de cuartetas aparecieran en los urinarios de la ciudad, que el gobernador considere que se trata de una basura que escriben los cubanos, y que deberían «componerles cuartetas a las palmas reales, a los barcos españoles, a los reyes españoles, a los gobernantes españoles, a la moral española, a la civilización española, en fin... a la belleza española de esta tierra cubana» (115), bien pudiera ser una alusión al dictamen castrista de que la función del escritor en la sociedad cubana debería circunscribirse a la construcción del socialismo, lo que explica el tono de farsa del discurso «histórico» de Milián. De ahí que el gobernador considere que tiene que hacer algunas leyes que restrinjan la libertad creadora, refugiada anónimamente en los textos de los urinarios. «Tengo que tomar precauciones. Prohibiré que se escriba en las paredes de los urinarios, y si se muere el folklore, no importa. Salvaré mi prestigio para el futuro» (117). Lo mismo puede decirse de un «no fornicar» (109), que configuran los diez mandamientos de la iglesia católica, pero que puede extenderse al ayuno y la abstinencia de un período caracterizado por la persecución a los homosexuales. En última instancia, para un lector distanciado, es difícil determinar lo que hay detrás de lo que más bien parece una sucesión de disparates que no van a ninguna parte, aunque esto puede ser, precisamente, lo que aclare el significado último de esta toma de La Habana de José Milián.

JOSÉ BRENE

El corsario y la abadesa (1973): un caso excepcional

Aunque José Brene es uno de los dramaturgos cubanos más militantes, justo es decir que *El corsario y la abadesa,* que ha tenido muy poca resonancia, nos parece una pieza mejor pensada y de concepción menos politizada y demagógica. Brene nos sitúa en La Habana en 1666 en «La casa del Marinero», que estaba dentro del Monasterio de Santa Clara de Asís, lo cual de entrada es una ubicación sorprendente. Para cualquier conocedor de la obra de Brene, que se haya tenido que enfrentar a muchos de sus textos grandilocuentes y desafortunados, *El corsario y la abadesa* podría anticipar lo peor, porque del título se desprende un contrapunto entre lo profano y lo sagrado que podría llevar, casi cayéndose de su peso, a las mayores demagogias basadas en estereotipos que tanto lo caracterizan. Sin embargo, no ocurre así. «*El corsario y la abadesa* más que un texto, es un pretexto para la desmitificación de estereotipos: el fiero pirata y la beata monja se transforman en personajes antihéroes, aplastados por los imperativos sociales y políticos injustos; pero no vencidos, porque conservan, a pesar de todo, su capacidad de amar y luchar...» (Vázquez, 26)

Antes de descorrerse el telón aparecen una Arpista, vestida de ángel, y un Clavicordista, vestido de diablo, que tocarán sucesivamente una pieza en el arpa y otra en el clavicordio; al empezar el segundo acto ocurrirá algo parecido, invirtiéndose ahora el juego porque la Arpista vestirá de diablo y el Clavicordista de ángel. Esta contraposición entre lo sagrado y lo profano, lo divino y lo diabólico, sugiere otro de sus textos en blanco y negro, que tanto le gustaban; pero no va a ocurrir completamente así porque, por esta vez va a existir una cierta ambigüedad, un juego lúdico refrescante, que es una característica poco o nada frecuente en su dramaturgia.

Brene va a acertar al combinar escénicamente el grotesco esperpéntico con una argumentación dramática de un orden histórico-realista, y no le sale mal. El protagonista es un corsario con todas las de la ley, que actúa como tal: Gancho de Fierro, que entra en escena con un farol, «*es cojo, lleva un negro parche sobre un ojo y un gancho de hierro por mano izquierda*» *(284)*. Para colmos, completa el estereotipo con el loro que lo acompaña, diciendo toda clase de insultos y palabrotas. Este principio tiene un gran impacto visual. El loro, por otra parte, no es un loro «real», sino un actor disfrazado de loro, lo que acrecienta el efecto irreal, la gracia esperpéntico-expresionista de Loro que va a prolongarse a todo lo largo de la pieza, con intervenciones de gran comicidad, y con el colorido propio de los loros. No es difícil imaginar la efectividad de lo inusitado y de lo que no se explica en un texto que sigue una determinada lógica realista. Las ocurrencias de Loro se hacen eco de lo que dice Corsario, dándole una animación verbal a la acción: «¡Fuego, artilleros de la gran turca!»(294). «¡Abrid las escotillas de proa, perros sarnosos!» (288). «¡Preñad a todas las sirenas de los mares antillanos!» (314). Estas distorsiones expresionistas crean una unidad rítmica y visual que unifica la irrealidad de la obra, que por lo demás no tiene que explicarse y que no es ideológicamente recalcitrante.

Es indiscutiblemente una obra profana, porque Brene no es un dramaturgo que respete el orden eclesiástico. Así que las blasfemias y ordinarieces de Corsario llueven, y sin embargo no están cargadas de ese odio de clase que es la nota fundamental de Brene. Aunque los personajes siguen siendo representantes de un determinado poder civil, eclesiástico y militar, y como tales funcionan, hay que reconocerles mayor gracia que en otras propuestas. Las escenas retrospectivas en que Brene nos saca de los niveles de irrealidad presentes en el Corsario y sus piratas, tienen un desarrollo que si bien no es complejo resulta convincente. El presente de lo que son el Corsario y la Abadesa se explica por escenas cortas correctamente resueltas que presentan lo que fueron. Es por eso que la caracterización de la Abadesa es apropiada, no está sujeta a escarnio por su clase social, y presenta matices dentro de su afán de poder. Por tal motivo también entendemos el conflicto humano del Corsario. Obligada ella a profesar de acuerdo con los objetivos del clan masculino al que tiene que subordinar sus deseos matrimoniales, la Abadesa se endurece en el proceso y se vuelve una efectiva antagonista del Corsario, que también ha sido víctima de determinadas circunstancias. La pantomima conjuga adecuadamente con la lógica realista del otro lado de la medalla, representado particularmente por la Abadesa, mientras que el Corsario personifica una realidad distorsionada, casi surrealista, gracias al loro emplumado que lo acompaña.

Finalmente, lo que nos hacía anticipar lo peor (monjas profanadas que se entregan a licenciosas orgías colectivas con los piratas) se resuelve discretamente gracias a unas matas de coca que ofrecen, además de soluciones medicinales, estados de euforia que llevan a actitudes liberales de parte de las monjas, que no llegan a lo sórdido. Hay en fin, relaciones humanas, que ya es mucho decir al hablar del teatro de Brene.

Quizás esta inesperada sorpresa nos lleve a acrecentar las virtudes de *El corsario y la abadesa*, pero lo cierto es que un escenario lleno de monjas y piratas representa de entrada una buena propuesta visual, principalmente cuando está presidida por una lucha por el poder entre un corsario y una abadesa, con un loro que funciona como comentario irónico de las circunstancias.

Obra menor, pero más agraciada y menos recalcitrante, nos permite finalmente decir algo positivo sobre la dramaturgia de Brene.

RAÚL GONZÁLEZ DE CASCORRO

Vamos a hablar de El Mayor (1974): patriotismo camagüeyano

Esta pieza es un texto patriótico dedicado a reconstruir la vida del prócer camagüeyano Ignacio Agramonte, una de las figuras más importantes del movimiento independentista cubano, que dio su vida por Cuba durante la Guerra de los Diez Años. Desarrollada de forma simple y didáctica, sigue un orden cronológico que nos ofrece una visión tradicional pero justa de Agramonte y la lucha sostenida de 1868 a 1878, donde participaron y murieron muchos patriotas. Afortunadamente, la aristocracia criolla no es sometida a los ultrajes acostumbrados y no se le niega su patriotismo. Quizás esto se debiera, cuando menos en parte, porque el autor es camagüeyano y quiso salvar a sus coterráneos de las terribles injurias marxistas. Todos los personajes, incluyendo un capitán español que tiene un enfrentamiento con Agramonte, son tratados apropiadamente e inclusive

Napoleón Arango, de dudosa conducta, no es presentado como un estereotipo. La voz narrativa distanciadora la articula un ex-esclavo, correctamente caracterizado. Las mujeres de la alta burguesía criolla no son sometidas a escarnio como en otras ocasiones. No son caracterizaciones complejas ni de mayor calado psicológico, pero se traslucen conflictos y se plantean problemas humanos dentro de un orden verídico.

Lo más interesante hay que irlo a buscar en las didascalias relativas a la puesta en escena, donde recomienda un simple uso de una cámara negra con plataformas *«enlazadas todas por una rampa que va desde proscenio a foro. Las luces tendrán importancia primordial para lograr los efectos señalados, formar cortinas y aislar espacios» (7)*. Como no se requieren muchos elementos escenográficos adicionales, los múltiples ambientes pueden identificarse con unos pocos muebles. Esto facilita la traslación de un escenario a otro, aprovechando las diferentes plataformas. En realidad son estas las que determinan la dinámica de la acción, ya que la misma salta de un campamento mambí al salón de bailes de La Filarmónica y de esta a la quinta de Simoni, componiendo un total de nueve espacios escénicos fácilmente manipulables de acuerdo con las indicaciones de montaje.

Es cierto que *Vamos a hablar de El Mayor* no presenta ninguna novedad, ni en sus transiciones y ni en sus apartes distanciadores, pero el discurso histórico en este caso no está acondicionado por las normas de un discurso oficial politizado. No es un discurso que se tenga que leer como moraleja con objetivos de adoctrinamiento ni tampoco para buscar entre líneas referencias subversivas o proféticas. Tampoco produce el efecto de distorsión histórica o exceso de idealización, aunque se pone de manifiesto el amor a Cuba y la lucha por la libertad. Todo esto es mucho decir para una obra de carácter histórico escrita en Cuba durante la década de los setenta. El dramaturgo camagüeyano, en una obra menor, logra mayor altura. Aunque se recomienda el uso de películas para ilustrar ciertos momentos, la recomendación puede pasarse por alto. Pensada como para ponerse en cualquier parte con bajo presupuesto, por esta vez no tira la casa por la ventana y, más razonable que otras veces, acaba haciendo mejor teatro.

RAÚL OLIVA

Un pelo en plena juventud (1978): un absurdo que entra por el aro

Por su fecha de nacimiento, es posible que Raúl Oliva (1941) tuviera algún grado de familiaridad con el teatro de vanguardia de la primera mitad de los sesenta, porque algo de esto se refleja en una pieza que es uno de los mayores anacronismos del movimiento teatral de los setenta. A partir de un título de pésimo gusto, con connotaciones de lo vulgar y lo pedestre, el enfrentamiento contrapuntístico entre Nicanor y Sofía en una sala de una ciudad provinciana cubana ambientada al modo de principios de siglo XX, produce un efecto que se puede asociar fácilmente con ambientaciones tradicionales de la dramaturgia republicana primero y con los contrapuntos de violencia que después caracterizarán muchos escenarios familiares del teatro del absurdo y la crueldad. La presencia de dos cuadros en la pared lateral derecha, uno de los cuales *«representa a un señor, muy serio él, vestido con el antiguo traje de conductor de tren, y con un gran parecido a Nicanor Villa, el conductor de tren dueño de esta casa; el otro, más pequeño y menos antiguo, muestra a otro señor parecido a Villa y de igual actitud marcial»* (13) produce un efecto anacrónico, mucho más cuando la obra, cuya acción aparece situada en 1974, nos recuerda a dramaturgos tan disímiles como René Buch, Abelardo Estorino o Antón Arrufat. El efecto de extrañeza se acrecienta con la presencia de tan solo dos personajes en medio de una dramaturgia campesina y obrera, de creación colectiva, cuya lista de personajes generalmente es de varias docenas. Este desconcierto no disminuye cuando el antagonismo matrimonial (que parece devolver el conflicto al núcleo familiar en oposición al centro de trabajo, la casa de vecindad o la manigua cubana) se expresa de forma gramaticalmente correcta. *«Mientras esto sucede y aún antes de comenzar la obra, se oirá el ruido de un tren que arriba. Al ruido del tren se suma el campanear de una iglesia»* (14). Como el ruido del tren se va a repetir y se hará referencia en más de una ocasión al desajuste que esta cercanía ferroviaria (reminiscencia de algún texto de

Arrufat) produce en los personajes, las sospechas respecto a la absurdidad de la situación se acentúan: Sofía quisiera vivir «en un lugar por donde no pasaran trenes, un lugar del cual supiera que no me iba a ir nunca, un lugar en el que acabara de convertirme en una mata» (17). Además, Nicanor, que entra tropezando con los muebles, y Sofía, que lo hace plumero en mano, producen un efecto grotesco, típico de una pareja «absurdista» como *El No* de Piñera. Mucho más cuando nos enteramos que en 1974, a Villa le gusta leer un periódico de 1969, porque sólo lee periódicos atrasados y prefiere no estar al día en lo que lee. Los reproches entre marido y mujer van y vienen, sin ir realmente a ninguna parte: Cuando él le dice «Pareces una mongólica. Primero dices una cosa, después otra», ella responde: «Si fuera una mongólica quizás entonces sería feliz» (36). A lo que él agrega poco después: «Y si yo fuera un mongólico, un verdadero mongólico, ¿te haría feliz?» (37). Sirva este dialogo de ejemplo de la irracionalidad del lenguaje. Por momentos tenemos la impresión de que se trata de una nostalgia del absurdo, y que quizás Oliva nos va a trasladar puertas adentro en un espacio cubano que debió existir, escondido, rezagado, viviendo en una intimidad desconocida para la conciencia colectiva donde todo es público. Pero no ocurre así y el desacuerdo entre marido y mujer no llega a la disparatada conciencia de un legítimo absurdo, de la que va a quedar, tan sólo, una vaga memoria y una remota nostalgia.

Al contrario, dos cosas nos devuelven a la realidad por caminos opuestos. Una de ellas es una argumentación «lógica» que se va desarrollando a medidas que transcurre la acción. En uno de sus viajes a La Habana, como conductor de trenes, Nicanor tuvo una aventura con una mujer casada, de la cual esta salió en estado y él hizo que se hiciera un aborto. Hay confesiones, lágrimas y arrepentimientos. El otro camino que nos devuelve a la realidad es el Comité de Defensa de la Revolución de la barriada que ha convocado a una reunión, que no podía faltar. Nicanor es miliciano y de avanzada, cederista, y trabajador voluntario. Como en el fondo es un machista como cualquier hijo de vecino, quiere que su mujer se limite a ser ama de casa, pero ella quiere participar activamente en la construcción del socialismo. Finalmente, después de limar asperezas conyugales y confirmar su cariño, se ponen de acuerdo para ir esa noche a la reunión del Comité de Defensa de la Revolución donde se discutirá el Código de Familia, poniéndole Oliva, al texto, la tapa al pomo con un absurdo que entra por el aro.

El texto de Oliva es curioso y hasta sintomático del desajuste que latía en la dramaturgia cubana de los setenta, dejando señales de una «Cuba detrás del telón» que se desmembraba.

CARLOS JESÚS GARCÍA

Toto de los espíritus (1977): duendes de la imaginación

En 1977 *Toto de los espíritus* de Carlos de Jesús García, recibió el Premio David concedido por un jurado formado por Rosa Ileana Boudet, Ignacio Gutiérrez y Manuel Octavio Gómez. Aunque Carlos Espinosa Domínguez la ubica dentro de la tradición realista de *Tembladera* y *Cañaveral,* observa que se distingue del tratamiento de esta temática rural por «la incorporación de elementos poéticos e imaginativos» (135), por el carácter del protagonista, «personaje fantasioso y alucinado" que "sale de noche a caminar por los campos, pues según él su casa ha sido invadida por los jigües» (135), criaturas pequeñísimas que salen de las aguas, ríos y lagunas. Este elemento fantástico se une a otras referencias similares, y Espinosa Domínguez llamará «esperpéntica comitiva» a los representantes del gobierno que entran después en escena

Al referirse a *Toto de los espíritus,* Rosa Ileana Boudet, comenta que autores más jóvenes «enfrentan la temática del pasado, esta vez con un matiz diferenciador en el tono de la pieza. Toto, tabaquero en un pueblo de provincias en la década del 50, ve las cosas que sueña en una admirable explosión de magia escénica: la corrupción administrativa está tratada esperpénticamente y el mundo de Toto entronca en una corriente del actual teatro latinoamericano en una especie de búsqueda de lo real maravilloso aún embrionaria que podría ofrecer más sólidos resultados» (Boudet, «Riesgos y dificultades...», 29). La correlación esperpentismo-realismo mágico en esta obra, la emparenta también en algo con el expresionismo, que es un componente distorsionador que aparece, desaparece y reaparece en la estética cubana.

Bajo la influencia de *Don Quijote de la Mancha*, el contrapunto entre don Quijote y Sancho se establece entre Toto y Jesús, representando el primero las fuerzas de la fantasía en oposición a la voz de la razón representada por el segundo. Esto denota un intento de cubanizar el enfrentamiento quijotesco con los molinos de viento; lo cual quiere decir, dentro de los términos teatrales de la dramaturgia de los setenta, un deseo de querer apresar la realidad desde otra perspectiva, con aires renovadores. Posiblemente por ello la obra ha contado con una recepción crítica favorable de parte de Espinosa Domínguez y Boudet, pero ciertamente es muy floja, quizás por la inexperiencia del dramaturgo.

Es refrescante en la medida que no cae en las reiteraciones politizadas del discurso teatral de los setenta. No hay mayor profundidad en los caracteres, particularmente en el caso de Jesús, porque en el de Toto, con su actitud alucinada, la caracterización es más interesante. De otra dimensión es Muerto, que es la aparición que enriquece la obra a modo de fábula tradicional. Por otra parte, el diálogo entre el anciano y su nieto es repetitivo, se estanca, particularmente con respecto al jovencito que no hace otra cosa que desesperarse y hacerle las mismas advertencias desde que se descorre el telón.

Las chocheces de Toto, que anda en busca de un tesoro, tienen una graciosa ingenuidad. Esto se entremezcla con componentes mágicos y apariciones fantasmagóricas, bastante pueriles, como ocurre con la llegada de Timba, Presidente de la República; Palero, un general; Santánica, un banquero; Sinsonte del Oro, el alcalde, Yiya, la Primera Dama de la República; Blanquita, la alcaldesa, Pascualito, el cura, y algunos personajes más, incluyendo cuatro ángeles. Hay su sátira blanda y su gracia relativa. *Toto de los espíritus* nos reubica, de modo tardío, unos quince años atrás, recordándonos lo que estuvo haciendo Nicolás Dorr en 1961, pero sin su dinámica. Con estos componentes logra Carlos de Jesús García una obrita (y el diminutivo es intencional y nos parece correcto) que da cierta ligereza a un panorama teatral de un dogmatismo asfixiante, detrás del cual hay un oculto anhelo de que emerja una dramaturgia con resonancias diferentes.

SEGUNDA PARTE

EXILIO

INTRODUCCIÓN

EL NACIMIENTO DE UNA
NUEVA DRAMATURGIA

Mientras tanto, en el exilio, sin teatros y sin apoyo, va a seguir desarrollándose bajo las mayores dificultades una dramaturgia que, en algunos casos, llena el vacío del discurso oficial y la complementa con el discurso de lo que en Cuba no se puede decir. El otro lado de la represión va a encontrar voceros procedentes de las cárceles cubanas, Ariza, Hernández Travieso y Valls, que dejan textos que presentan otro ángulo de la realidad nacional. Estos dramaturgos sufren en carne propia los dictámenes del régimen. El discurso de la sexualidad, específicamente de la homosexualidad, va a conducir a un destape de los órganos en el cual José Corrales y Manuel Pereiras van a jugar papeles importantes a partir de *Las hetairas habaneras.* Leopoldo Hernández va a continuarla con el discurso de los marginados y Matas reinicia su producción con *Juego de damas.* Iván Acosta se abre camino con un excelente exponente del realismo cubano-newyorkino en *El Súper,* que evoluciona hacia un costumbrismo cubano que se escribe en inglés. En lo que a mí respecta propongo la política del desacato en *Ojos para no ver,* ofreciendo una imagen del esperpentismo castrista, que complementa y antagoniza las fuerzas del discurso hegemónico y represivo de la otra orilla.

definiciones

Una de las mejores definiciones de lo que es y debe ser la dramaturgia cubana del exilio la podemos elaborar a partir de las investigaciones que se realizan en Cuba en el Primer Encuentro de Teatristas Latinoamericanos y del Caribe celebrado en La Habana del 19 al 23 de Junio de 1981. En esta reunión, presidida por Manuel Galich, participaron entre otros figuras tan conocidas como Enrique Buenaventura, Oscar Ciccone, Atahualpa del Cioppo, Sergio Corrieri, Graciela Pogolotti, Miriam Colón, Ignacio Gutiérrez, Herminia Sánchez, Mario Balmaseda, Francisco Garzón, Juan Larco, Helmo Hernández, Raquel Revuelta, María Teresa Castillo, etc. Aunque los participantes no incluyen la dramaturgia cubana del exilio, las conclusiones del cuarto documento, dedicado al teatro en el exilio no pueden ser más ilustrativas de las circunstancias de estos escritores, lo cual es una sorprendente paradoja:

«En esta última década ha aparecido un teatro que podríamos denominar "del exilio", en que numerosos teatristas del continente, individualmente o por grupo, han tenido que abandonar sus Patrias, víctimas de la persecución [...] La cultura y el arte del exilio deben desarrollarse cada vez en mejor forma, como vehículo cohesionador de grupos socio-culturales que viven fuera de sus países. Por otra parte, el arte y la cultura del exilio deben ser una instancia convocadora, en la cual se conserve la conciencia del derecho y del deber de estos sectores sociales a reintegrarse a la lucha de sus pueblos. En el curso de este proceso, la cultura y el arte del exilio deben cumplir una función de denuncia y de integración cultural con todos aquellos elementos sociales democráticos y revolucionarios. De acuerdo a lo dicho, consideramos que cuando hablamos de un teatro del exilio, nos referimos al que conserva y desarrolla su vinculación temática con la lucha social de su país de origen. Para nosotros, no es teatro del exilio aquel que simplemente se hace en el extranjero, sino el que conserva su vínculo con la razón de su exilio [...] El teatro del exilio está más comprometido que otras manifestaciones teatrales a corroborar que el arte es capaz de expresar lo particular que lo origina de tal forma que lo haga universal [...] Queremos decir entonces que el teatro del exilio no es un teatro nostálgico, plañidero, melancólico, sino un teatro combatiente aunque contenga matices de evocación y de nostalgia» (18).

De acuerdo. El «encuentro» define así, sin proponérselo, la realidad de la dramaturgia cubana del exilio con gran precisión, y con unos simples cambios de léxico y de intención podemos situarnos en la experiencia exílica de los cubanos, que tiene el privilegio de ser la más representativa. Además, puntualiza nuestro cordón umbilical, que no se corta, y nuestra responsabilidad histórica con nuestro país de procedencia, que es una característica determinante. Claro que, por tratarse de un frente anticastrista, los que participaron en el encuentro jamás llegarán a reconocernos.

Al estar dominado el discurso teatral por la izquierda internacional, el teatro cubano del exilio se ha visto dentro de circunstancias de marginación inusitadas, víctima de una conjura que tenía (¿tiene?) su sede en La Habana. Por eso, su ausencia ha sido notoria en los festivales internacionales de teatro, en particular en aquellos dedicados al exilio. Es por ese motivo que esta dramaturgia se desarrolla dentro del mayor asedio y las mayores limitaciones.

Dentro de las propias fronteras del exilio, los dramaturgos cubanos no han contado con instituciones que les ofrezcan acogida, y en la mayor parte de los casos los montajes de alguna espectacularidad ha habido que dejárselos al teatro lírico. Cuando uno lee, por ejemplo, el contexto en que se realizan (¿realizaban?) las puestas escénicas en Cuba y las compara con las *nuestras*, nos damos cuenta de lo mucho que nos costó la decisión de partir. Las injusticias cometidas contra esta dramaturgia han sido muy grandes, incluyendo las de una crítica a veces muy mal intencionada. Si bien en la década de los sesenta y los setenta se pudiera argüir la falta de fondos y el no residir en territorio nacional, lo cierto es que a partir de los ochenta la comunidad de Miami es la más rica entre las de habla hispana en los Estados Unidos y esa ausencia de apoyo no es por falta de dinero sino por falta de interés en el destino de esta producción dramática. Listos siempre para arremeter contra las monstruosidades del castrismo, el exilio no siempre ha tenido el suficiente coraje de enfrentarse a las suyas propias, cuando menos en el terreno de la cultura y en particular del teatro, como si la alta cultura viviera en un limbo y el teatro más serio sobreviviera al margen de la farándula más ordinaria. No sólo en Cuba se cuecen habas. Dejando a un lado paranoias y «consperacy theories» es posible que en esta política de marginación forme parte de un proyecto más siniestro que tiene su razón de ser en el régimen de La Habana. Hay circunstancias que sobrepasan los límites de las meras coincidencias y no faltan correlaciones obvias, que dejo a la «imaginación» del que leyere. La «parametrización» tiene variantes y matices.

Todavía en fecha tan reciente como 1998, Vivian Martínez Tabares en «El reencuentro: un tema polémico», afirma que «a raíz del triunfo de la Revolución» muchos cubanos abandonan el país «fundamentalmente hacia los Estados Unidos» por «motivaciones en lo esencial económicas» (32). No fueron estas motivaciones, ciertamente, las de las primeras generaciones, especialmente entre los intelectuales. Martínez Tabares no tiene el valor de reconocer que su origen está en la búsqueda de la libertad de expresión y el derecho a discernir ideológicamente. Pero el latiguillo se seguirá repitiendo hasta el infinito.

no hay peor cuña que la del mismo palo

Por consiguiente, cuando se habla de dramaturgia del exilio, la mayor parte de la crítica latinoamericana excluye sistemáticamente a la cubana, que es, entre todas, la más representativa, porque en toda la historia de Latinoamérica no ha habido un éxodo que haya durado tanto. Marina Pianca, con tono melodramático marxista, habla de «calabozos donde sólo debía de reinar la muerte y la locura» (8), refiriéndose a represiones sufridas por los participantes de otros movimientos teatrales latinoamericanos, pero ignora nuestros sufrimientos y los resultados de la dramaturgia de Arenas, Ariza, Valls y Fernández Travieso que sufrieron esas torturas en calabozos cubanos. Mucho menos reconocen las consecuencias sufridas por los dramaturgos que tuvieron que irse por negarse a colaborar con el proyecto castrista.

El artículo de Vivian Martínez Tabares es una muestra de la desinformación que ha habido respecto a la dramaturgia del exilio y el reconocimiento de su existencia en Cuba, lo cual no es sorprendente porque en el exilio no ha habido mayor entendimiento, inclusive a partir de las propuestas tardías de Rine Leal en las cuales, finalmente, se decide a reconocer un hecho que por años había ignorado, y se propone «asumir la totalidad del teatro cubano como un presupuesto de afirmación cultural» («Ausencia...», 33). Aunque más vale tarde que nunca, este reconocimiento resultó conflictivo para el propio Rine Leal en 1992.

Sin embargo, en el exilio siempre ha habido una aceptación de la dramaturgia insular a pesar de la situación de desventaja y de omisión en la cual se han encontrado sus dramaturgos, que apenas son mencionados en el país donde nacieron y que no tienen acceso a sus escenarios. A modo de ejemplo, en 1993, cuando tiene lugar el estreno mundial de mi obra *Ojos para no ver* en el VIII Festival Internacional de Teatro Hispano celebrado en Miami, que es la tercera que estreno en esta ciudad después de treinta años de exilio, tiene lugar también el estreno mundial de *Tres tazas de trigo* de Salvador Lemis, joven dramaturgo cubano que residía en Cuba, que abrió el Festival y Avanti llevó a escena en fecha tan temprana, mientras que una infinidad de dramaturgos del exilio no han logrado tal cosa, no sólo en Cuba sino en Miami. Nadie, por cierto, hizo la menor objeción a la puesta en escena de la obra de Lemis, lo cual me parece correcto, y las circunstancias histórico-geográficas pasaron completamente inadvertidas. Adaptaciones de Ferrer y Piñera realizadas por teatrólogos insulares suben a escena en el Festival de Teatro de Miami, y las piezas de Abilio Estévez, Alberto Pedro, Héctor Quintero, Tomás González y muchos más se representan en la «capital» del exilio, sin que nadie se inmute (en contraste con el alboroto que se arma con el grupo musical Van Van), mientras que en Cuba las obras de dramaturgos exiliados, incluyendo las mías, no se llevan a escena. Sirva esto de ejemplo de la situación que han tenido que sufrir unos autores que van a escribir su obra sin escenarios, sin público y sin críticos que asuman su responsabilidad histórica.

En un trabajo publicado en *De la colonia a la postmodernidad* en 1992, Alberto Kurapel afirma que «da situación socio-política del mundo ha cambiado fundamentalmente en estos últimos años y como consecuencia la de América Latina y sus creadores. Desde hace muy poco tiempo ya no somos exiliados. La prohibición de vivir en nuestros países, ha desaparecido legalmente» (339). La identificación de la izquierda exiliada latinoamericana con el castrismo, les ha llevado a negar la condición exílica al exilio de mayor duración en toda la historia latinoamericana. Si para 1992, según Kurapel, los otros exiliados podían volver a sus respectivos países, eso no ha podido llevarse a efecto entre los cubanos donde la tiranía ha durado más de medio siglo y sigue en pie, con la total indiferencia de los otros exiliados latinoamericanos, como si la condición de exilio fuera privativa de ellos solamente. En congresos celebrados (inclusive en Washington por agrupaciones teatrales latinoamericanas que funcionan parcialmente con fondos otorgados por instituciones de los Estados Unidos) los dramaturgos exiliados cubanos han sido sistemáticamente excluidos. El auge internacional de la izquierda latinoamericana no augura ningún cambio positivo en el siglo XXI, inclusive en el caso de una mejor voluntad y un cambio de actitud en las nuevas generaciones de intelectuales cubanos. Esto puede dar la medida de las circunstancias de este teatro. Además, plantea el problema del destinatario, pero, en última instancia, el verdadero artista trasciende estas limitaciones. ¿Qué hubiera pintado Van Gogh si se hubiera guiado por los destinatarios que no exhibían ni compraban sus cuadros? Con escenarios o sin ellos, la disyuntiva del dramaturgo es la misma: seguir escribiendo.

Como bien dice Kurapel, atribuyéndose la exclusividad de la premisa de un exiliado en territorio canadiense, «una de las primeras fronteras que se alzan en la mayoría de los casos es la de la lengua. Hay que crear en un país cuyo idioma es completamente distinto al nuestro [...] Un *teatro de exilio* lo concebimos como aquél en que su estética y su teatralidad conservaran un vínculo referencial con las causas que lo generaban y con las consecuencias de éstas» (340), lo cual es absolutamente cierto en la mayor parte de la producción cubana fuera de Cuba, incluyendo en particular el vernáculo cubano-miamense. El exilio como un tiempo y espacio de ruptura, pasará a ser parte intrínseca de este quehacer teatral, cuando menos en sus obras de mayor raigambre exílica.

No es hasta fecha muy reciente que en Cuba se reconoce su existencia, hasta el punto que la revista *Tablas* publica un número muy incompleto y pobremente documentado sobre la misma, donde se excluyen nombres que caen todavía en una lista negra. También se han publicado algunos textos, con marcadas exclusiones. Algo es algo e indica quizás un cambio de dirección tomado por nuevas generaciones que ni siquiera habían nacido cuando se inició la diáspora.

En cuanto a la cuestión terminológica (diáspora, exilio, destierro, emigración, etc) que ha sido motivo de más de una discordia, antes de entrar en este territorio, paso a citar una larga cita publicada por Jorge Febles en «Asedios a una tradición: aspectos del motivo exílico en el teatro cubano postrevolucionario»:

> «De acuerdo con Edward Said, se puede distinguir entre exiliados, refugiados, expatriados y emigrados. Explica de esta suerte las diferencias: "Exile originated in the age-old practice of banishment. Once banished, the exile lives an anomalous and miserable life, with the stigma of being an outsider... Refugees... are a creation of the twentieth-century state. The word 'refugee' has become a political one, suggesting large herds of innocent and bewildered people requiring urgent international assistance... Expatriates voluntarily live in an alien country, usually for personal or social reasons... Emigrés enjoy an ambiguos status. Technically an emigré is anyone who emigrates to a new country [...]" Hoy, Israel, Kaplan y otros prefieren el término "diáspora" para referirse a los grandes grupos de inmigrantes o desterrados que caracterizan el siglo XX» (77-78).

Aunque no descarto las otras (particularmente diáspora), prefiero decididamente exilio porque tiene más peso histórico, tanto a niveles locales del éxodo cubano (que es otro término que me gusta por sus connotaciones bíblicas, aunque los puristas ridículos lo rechazan para dejárselo a los hebreos) como universales, pero en particular por su teatralidad, su dramatismo, sus implicaciones, que no hay en las otras y me suenan de poca monta.

Como si esto fuera poco, las divisiones y rencillas características de las comunidades de exiliados, implica una sorda lucha interna donde los movimientos culturales que se desarrollan fuera de Cuba tienden a ignorarse y hasta rechazarse unos a otros, víctimas del desconocimiento y las sospechas. Esto crea un estado de fragmentación cultural francamente penoso, al que se ha opuesto la coherencia forzosa e ideológica del teatro insular, aunque reconozco positivas señales de cambio, como parece indicar la publicación del tercer volumen de la *Historia de la literatura cubana* en el año 2008.

Este teatro, salvo en el vernáculo, (que sería algo así como «la dramaturgia de la calle ocho» en Miami), no se caracteriza por el bolero de la nostalgia que encarna otras manifestaciones de la cultura. Por lo menos, ni Matas, ni Ariza, ni Hernández, ni Corrales, ni Abreu, ni Monge, ni yo, damos muestras de ello. Lo que predomina, en todo caso, es la percepción crítica. Hay algo de nostalgia en la Cuba de Raúl de Cárdenas, que no excluye la presentación de las fallas de la existencia republicana. Las obras de esta dramaturgia no están destinadas a la reconstrucción mitificada de la Cuba anterior a 1959. Todo lo contrario: hay una agresividad comprometida y dejan constancia de un presente arraigado en la problemática inmediata que va de la realidad política del exilio a los problemas individuales y colectivos de la sexualidad.

un desarreglo cronológico

El desajuste que representa el exilio produce un desarreglo cronológico que va a marcar a sus dramaturgos. Abandonar el territorio insular interrumpe una trayectoria que va de lo económico a lo lingüístico, y en particular implica una ruptura con los vínculos escénicos. Se deja el territorio insular con obras y proyectos que quedan pendientes y engavetados, perdiendo su precisión cronológica. José Cid lo hace con textos incompletos y cronológicamente desarticulados. Eduardo Manet verifica una transición gradual y en 1969, al borde de los setenta, estrena en París, en francés, *Las Nones,* que en 1970 se publica en inglés. No será hasta 1995 que *Las monjas* identificará su cubanía a través del idioma, haciendo difícil su reubicación cronológica exacta en el teatro cubano. Manuel Reguera Saumell sale precisamente en 1970 y se establece en España, por ejemplo, con obras inéditas y sin estrenar: *La coyunda* y *Otra historia de las revoluciones celestes, según Copérnico.*

En cuanto al núcleo original de la dramaturgia cubana del exilio, además del caso de Cid que reduce su nueva producción al mínimo, durante las dos primeras décadas, los que podríamos considerar sus fundadores, van a encontrarse en circunstancias muy difíciles. Matas sólo escribe *Juego de damas* y Raúl de Cárdenas interrumpe por completo su producción. Yo mismo, después de mi intensa actividad escénica entre 1959 y 1961, escribo *Funeral en Teruel* en una fecha imprecisa hacia fines de los setenta, permaneciendo inédita hasta 1991, y hago una larga pausa hasta que publico *Ojos para no ver* a fines de los setenta. Pero quizás sea Leopoldo Hernández, que logra llevar a escena varias obras, el dramaturgo cubano que sufre con mayor intensidad las consecuencias de este desarreglo cronológico, el que primero entra en acción en lo que parecía un callejón sin salida y rompe el cerco de esta lucha contra bandidos escénicos.

CAPÍTULO VIII

LEOPOLDO HERNÁNDEZ
MÁS ALLÁ DEL INFIERNO Y DE LA DUDA

En un artículo publicado en el *Diario las Américas* con motivo de la muerte de Leopoldo Hernández (1921) en 1994, comenté la indiferencia e irresponsabilidad de los grupos teatrales de Miami respecto a su obra dramática, particularmente en contraste con el reconocimiento que recibían en Cuba sus homólogos subordinados al discurso oficial y con una obra, en muchos casos, muy inferior a la de Hernández. Sobresale todo esto frente a una serie de textos comprometidos como *Infierno y duda* y *No negocie, señor Presidente*. Se desprendía, por su peso ideológico, que se ignoraran en Cuba; pero no en el exilio. Hernández había producido excelentes piezas de gran concisión donde presentaba contrapuntos de conciencia e ideología, desarrollando los mismos internamente y mediante la interacción de puntos de vista de personajes en crisis que luchan, se contradicen y se desgarran. Aunque algunos de sus monólogos *(Cheo, En el parque, Los pobres ricos)* no tienen esas virtudes, gran parte de su teatro tiene méritos considerables. Son, en síntesis, piezas de una extraordinaria intensidad que debieron formar parte del repertorio de los grupos teatrales de Miami en las tres últimas décadas del siglo XX, pero que se mostraron indiferentes al quehacer de Hernández, salvo alguna honrosa excepción. Sé que soy reiterativo, pero las circunstancias obligan.

No deja de irritar esta marginación, particularmente porque muchos de los contrapuntos a los que se ha enfrentado el exilio tienen planteamientos substanciales en estas obras. El conflicto fundamental de la historia de Cuba en los últimos cuarenta años del siglo pasado, que se caracteriza por una pugna entre el antes y el después, el irse y el quedarse, queda apresado por Hernández con una profundidad y un desgarramiento poco frecuentes, y con un sentido claustrofóbico-existencialista que impacta por su intensidad, sin vulgaridades que lo desvíen. Produce una obra sólida y persistente, sin introducir nunca los golpes de efecto de la grosería como procedimiento para caracterizar personajes y situaciones, aunque utiliza, cuando es necesario, las «malas» palabras. La vulgaridad (la «chusmería», en otras palabras: «el teatro chancletero» que como una plaga ha infestado la escena cubana dentro y fuera del territorio insular) se impone, y un teatro de concientización no puede estar a la moda en un mercado orientado por la «estética» de la ordinariez.

En los años setenta va a escribir teatro con más fervor que nunca, contra viento y marea, y logrará algunas puestas en escena, continuando la trayectoria que venía realizando desde la década previa: *Hollywood 70 (1970)*, *Ana (1970)*, *Galería # 7 (1971)*, *Los rojos también creen (1972)*, *El músico (1971)*, *Hollywood 73 (1972)*, *4 de julio (1973)*, *El suceso (1975)*, *Tres azules para Michael (1975)*, *Ireme o las débiles potencias (1976)*, *El homenaje (1976)*, *Ultima fiesta (1976)*, *Recital (1977)*, *Ovni (1978)*, *Jacinto (1978)*, *Bórralas de tu vida (1979)*. Todas ellas permanecen inéditas, dificultando su consulta, salvo *No negocie, Sr. Presidente (1976)*. A esto hay que agregar una serie de monólogos: *Nadie (1973)*, *Tipit (1973)*, *Retorno (1978)*, *Martínez (1974)*, *Cheo (1975)*, *Los pobres ricos (1979)*. Sólo los tres últimos han sido publicados. Su actividad dramática se extenderá a la década del ochenta con *Siempre tuvimos miedo (1981)*, que es su obra más importante. Hay que tener en cuenta que el legado de esta dramaturgia, a menos que se publiquen sus textos, se perderá para siempre. Aunque todas sus obras no son excepcionales, cuenta con una media docena de títulos de primera categoría.

Martínez (1974): un problema léxico

Las consecuencias históricas del proceso político cubano van a dar lugar a la aparición de una nueva vertiente de la literatura cubana de la cual *Martínez* es un caso representativo y posiblemente el primer ejemplo de una dramaturgia cubana escrita en inglés, de ser esta afirmación posible. La incluimos en este libro por tratarse de un primer ejemplo de una fenomenología muy especial basada en un choque cultural a partir del lenguaje escrita por un dramaturgo medularmente cubano. En dos actos, la obra por su extensión es más bien una pieza en un acto que se puede representar de forma continuada con un cambio de luces que separe una secuencia de la otra.

idioma y libertad

Rodolfo J. Cortina la incluye en *Cuban American Theater (1991)*, quedando definida subsecuentemente como teatro «cubano-americano», en una edición donde se incluyen obras escritas en inglés y otras traducidas del original en español. A pesar del sello cubano-americano, la identidad cubana de Hernández no hay quien se la quite de encima: por su nacimiento, su participación personal en el proceso histórico, su personalidad, la cubanía de sus personajes, los planteamientos temáticos de sus textos y hasta por la influencia del existencialismo europeo en su obra, típica en los escritores de su generación. En el caso de *Martínez*, además, el inglés responde al contexto dramático en que se encuentra el personaje. Escritor bilingüe (en el sentido que podía escribir perfectamente en ambos idiomas), su teatro está fundamentalmente escrito en español; en los pocos casos en que escribe en inglés, él mismo re-escribe sus textos en su lengua materna, lo que confirma la identidad del mismo a través del idioma, que es a mi modo de ver factor determinante. En música y en las artes plásticas, o en cualquier manifestación artística más allá del lenguaje, el idioma no juega el papel identificador de la nacionalidad como es el caso de la literatura. El estilo de un escritor se desprende del idioma y una traducción deja de ser el original para volverse una reproducción del mismo. Por otra parte, las circunstancias obligan, y el dramaturgo en el exilio, se encuentra a veces en una circunstancia bilingüe que lo fuerza a una opción distanciadora para lograr el montaje de su obra. Esto explica que *Martínez* haya sido la pieza de Hernández que se haya llevado a escena con mayor éxito, aunque no sea la más importante. Orientada hacia un público que domine ambas lenguas, está concebida básicamente en inglés, porque los juegos léxicos parten de dicho idioma y no del español, aunque el protagonista del texto sea un «datino», posiblemente un cubano o un mexicano radicado en una ciudad de los Estados Unidos. En este caso el montaje tuvo un destinatario definido: la comunidad bilingüe de Los Angeles.

Otro aspecto significativo de *Martínez* es el choque cultural que significa la experiencia exílica en un país de otro idioma, que le da una proyección única. El mismo lleva a una actitud a veces demoledora respecto al país que se convierte en el «santuario» de un escape histórico. Adopta una posición crítica respecto a su entorno, que puede ser mordaz, poniendo en evidencia las injusticias del capital. Hace, precisamente, lo que no pueden hacer sus homólogos en Cuba, que por represiones totalitarias se ven imposibilitados de adoptar una posición crítica substancial. Esto establece de inmediato un contrapunto obvio respecto a la libertad del escritor en un lugar donde se respeta la libre expresión (los Estados Unidos) frente a otro donde esta restringida por las normas del discurso oficial (Cuba). Paradójicamente, esta libertad de la escritura puede ser utilizada, por la demagogia de izquierda, como muestra adicional de las iniquidades de la sociedad capitalista.

paradojas de la identidad

Todas estas razones explican la importancia de *Martínez,* y la excepción que hacemos incluyendo su análisis. Dividida en dos actos, el primero está formado por un monólogo en contrapunto léxico, con breves escenas asociadas todas ellas a un mismo conflicto: las peripecias de Martínez, un marginado de habla hispana que busca un lugar donde residir y se encuentra discriminado como consecuencia de su acento cuando habla en inglés, hasta el punto que, de un enredo al otro se lo llevan preso. Se trata en realidad de una serie de ocurrencias verbales («punch lines») que desarrollan la acción, pero que al convertirse en un chiste que se traduce (en este caso sería al español) perderían el efecto y habría que rehacerlo de nuevo. Muchos de ellos parten del contrapunto fónico de las palabras en ambos idiomas, lo cual requiere un conocimiento de los dos. De un episodio al otro el léxico casi llega a lo abstracto, al disparate absurdista que se deriva de una situación real, hasta el punto que puede asociarse con el absurdismo de Piñera, ahora en inglés. Esto produce un desconcierto *avant-garde* para el espectador y la crítica frente a una obra que se niega a ser costumbrista porque también bordea el expresionismo. Sin embargo, el abstraccionismo textual de algunos momentos de *Martínez* le da solidez y la saca de la inmediatez pedestre.

SERGEANT:	Your name?
MARTINEZ:	Martínez.
SERGEANT:	Martínez.
MARTINEZ:	No, I said Martínez.
SERGEANT:	So I said.
MARTINEZ:	You said Martínez.
SERGEANT:	So what?
MARTINEZ:	A cat.
SERGEANT:	A what.
MARTINEZ:	Like that.
SERGEANT:	It makes no sense.
MARTINEZ:	The tense.
SERGEANT:	The what?
MARTINEZ:	The present tense.
SERGEANT:	Are you some kind of nut?
MARTINEZ:	No, but… (33-34).

A esta comicidad de reacción en cadena del primer acto, le sigue un cambio onírico en el segundo, donde el personaje «sueña» su circunstancia, que es alienatoria dentro del medio en que vive, en particular con motivo del idioma, del «acento». Con ello construye el dramaturgo la alineación existencialista de Martínez, que abandona decididamente el humor a favor de un monólogo lírico-existencialista. En una secuencia donde alternan el español y el inglés, con predominio de este último, el problema léxico se acrecienta, reflejando la crisis de identidad que es en parte la crisis de la escritura.

And I am not
español ya
nor American
but casi
español casi
American
that is to say un poco
of each
representando la miseria
of each
la pequeñez
of each
the solitude
del medio hombre
half a soul
that I am
wrapped in a flag
sin colores
stains of grease
quizás
of waste
the flag
of the anti-hero
very pale
my heroes
triste
neither future
nor history
poor hero
that I am
mierda in my language
in your language
shit
because of la visa (39-41).

De esta forma, a través del bilingualismo lírico, la obra va a parar en un problema genuinamente cubano a consecuencia de la situación política que lleva a la soledad y al desplazamiento en el exilio, resultado del castrismo. Y sin embargo, por otra parte, el ser cubano del texto se americaniza al tratarse también de un problema migratorio. Hay en todo esto un tratamiento irónico de las circunstancias, que se refleja no sólo en la obra sino en un quehacer de la identidad del propio autor como cubano que acepta y rechaza una ciudadanía a la cual lo obliga la historia. La «americanización» de Martínez (que es uno de los planteamientos del texto) es agri-dulce, convertido en un «americano» dispuesto a enfrentarse al arrendatario, ya sin temor a ser deportado, rechazando el apartamento que quería alquilar porque es sucio, bueno para extranjeros, y no para un americano como él: «I am beginning to sound like a son of a bitch myself. I guess I am already a full fledge American» (52). Las diferencias entre lo que puede decir públicamente un emigrante en los Estados Unidos (incluyendo un dramaturgo) en oposición a lo que no puede decir un cubano anti-castrista en Cuba (incluyendo a los dramaturgos), es monumental y bien vale la pena la inclusión de *Martínez* en el análisis del proceso teatral cubano. Este final apunta a una de las múltiples contradicciones del exilio que se reduce a una verdad que también los extranjeros asumen por «granted»: el tratamiento irónico de una libertad a la que no tenemos derecho en el país donde nacimos. Pero al mismo tiempo asumimos una actitud crítica que ha sido siempre la mejor tradición de nuestros escritores y que nos lleva a sacrificarlo todo por la libertad de expresión como derecho inalienable del individuo.

Todos estos factores llevaron al éxito de la obra cuando *The Bilingual Foundation for the Arts* la estrenó en Los Angeles en 1981, interpretada por Luis Avalos, cuyo trabajo fue muy elogiado por la crítica, y dirigida por Margarita Galbán, dos de las personalidades de mayor prestigio en los medios de teatro hispano en California. Leopoldo Hernández fue un autor no sólo apresado por la historia (batistato, castrismo y exilio); en este caso, también lo estaba por esa relación de atracción y rechazo por la sociedad americana, el choque cultural expresado a través del personaje, que es paradójico. Además, en *Martínez,* Hernández estaba atrapado por el lenguaje.

Cheo (1975) y *Los pobres ricos (1979):* festival del monólogo

Cheo y *Los pobres ricos* aparecieron publicados en *Piezas cortas* en 1990, casi un cuarto de siglo después de su escritura. Aunque concebidas como monólogos, tienen un carácter narrativo ya que los personajes «cuentan» su historia. Les falta a ambos monólogos un contenido dramático dado a través de las vivencias de los personajes, contrario a lo que ocurre en *Mañana, el sol,* otra de sus piezas cortas, donde la narrativa es incidental dentro de la vivencia dramática. José Escapanter, en el prólogo a esta edición, ha hecho interesantes observaciones sobre *Cheo.*

«El texto, como nos lo entrega el autor puede considerarse, por una parte, como un exponente de la irrupción de la oralidad en la narrativa, fenómeno muy habitual en las letras hispanoamericanas a partir de *Tres tristes tigres* de Guillermo Cabrera Infante y algunas novelas de Manuel Puig, y, por otra parte, como una manifestación de experimentación en el terreno teatral, pues el protagonista en un escenario desnudo va hilvanando su conversación con el camarero y el cliente vecino sin que escuchemos las réplicas de estos dos personajes, a los que siempre responde Cheo» (8)

No obstante estas virtudes, tanto *Cheo* como *Los pobres ricos* son piezas demasiado largas y dramáticamente pasivas para poderse sostener exitosamente en escena. A la primera la clasifica Hernández como «monólogo sin acotaciones», porque no las hay, y aunque en la segunda hay algunas, en realidad no es un texto más móvil que el primero: la anciana que cruza el escenario con un «carrito de mercado» no deja constancia de una auténtica dinámica escénica, aunque hay cierta acción mientras ella recoge objetos de los basureros y los desecha. Entre los dos, Cheo está mejor concebido: a partir de la relación del protagonista con el cantinero, el dramaturgo nos conduce a la que sostiene con Angustias, la monja que lo crió en la Casa de Beneficencia (que es el plano más interesante); y con un hombre en la barra que es el punto de partida para recrear la imagen del padre/sargento. Ambas piezas tienen validez por su contenido humano, pero poca efectividad desde el punto de vista dramático. En todo caso, todas las limitaciones de las mismas podrían verse a niveles de Beckett. Lionel Abel ha dicho que todas las obras de Beckett son epílogos. En realidad el drama o la tragedia de estos personajes ha ocurrido ya, y lo que se escenifica es el resultado, el remanente de estas vidas que deambulan por el parque o que monologan en el bar. Tanto la anciana que busca entre los tarros de basura como Cheo emborrachándose en el bar, son dramáticos «not so much by what they do as by what has already happened to them» (83). Reconozco, sin embargo, que esta es una justificación crítica muy discutible. Estos caracteres tienen el interés adicional de seguir una línea de continuidad con los marginados de Carlos Felipe y convertirse en una contrapartida en el exilio de la galería de marginados del teatro insular, aunque Hernández los libera de la condición de vagos, inútiles y antisociales, con los cuales los caracteriza el teatro de la Revolución.

No negocie, Sr. Presidente (1977): un suspense de la conducta

La formación de un repertorio de teatro políticamente comprometido contra el régimen castrista nunca llega a consolidarse en el exilio por falta de escenarios y apoyo comunitario. En fecha tan tardía como 1977, Leopoldo Hernández hace esta propuesta con una pieza concisa y aceptable, aunque con caracterizaciones decididamente esquemáticas. Un grupo de revolucionarios o terroristas (como quiera llamárseles) en una capital latinoamericana secuestra a un importante funcionario del gobierno para lograr la liberación de treinta y cinco prisioneros a cambio de no meterle un tiro en la sien. La situación se diferencia de otras muchas porque el rehén, anticipando la posibilidad de un secuestro, les había dicho al presidente y a su propia esposa, que no negociaran en caso de secuestro. La víctima, ya muerta, cuenta el episodio, así que desde que se descorre el telón ya conocemos el desenlace.

Hernández aprovecha la circunstancia para darnos a conocer, a través del mismo, su teoría dramática: «Bien, probablemente ustedes desean preguntarme por qué empiezo esta historia informándoles de mi muerte y privándolos así de sorpresas que son comunes en otras obras teatrales. Eso lo contesto recordándoles que la muerte no es sorpresa jamás, en tanto que la vida es siempre una sorpresa» (74). Es decir: al dramaturgo no le interesa el *suspense* en sentido tradicional, porque concibe el teatro como «*suspense* de la conducta». Estamos de acuerdo con el punto de vista, aunque en este caso lo hace de forma menos lograda que en *Infierno y duda,* que es un mejor ejemplo. Breve, interesante, fácil de representar y, además, de acuerdo con los cánones ideológicos del exilio, bien hubiera podido, cuando menos, llevarse a escena en Miami. Pero el exilio, siguiendo una tradición de la política teatral de la Cuba republicana, no le hizo el más mínimo caso. Ni siquiera las agrupaciones más recalcitrantemente anti-castristas (estas, en realidad mucho menos), han considerado que la cultura tiene una función política que cumplir. Aunque se critica la política cultural del régimen, en cuanto al teatro, en Miami a pocos les ha interesado hacer algo por él. Otro destino hubiera sido el de la obra, si desde una perspectiva opuesta, se hubiera escrito en Cuba. Paradójicamente, *The Bilingual Foundation for the Arts,* en California, fue quien la estrenó en 1983, con considerable éxito.

Siempre tuvimos miedo (1981): una licencia cronológica

La carrera de Hernández como dramaturgo va a cerrarse prácticamente con *Siempre tuvimos miedo,* terminada en California en 1981. Por ser la culminación de su trayectoria dramática y su pieza más importante, que gesta realmente durante el período que corresponde a este libro, hemos decidido incluirla tomándonos con ello una licencia cronológica.

Siempre tuvimos miedo es una obra sin concesiones, ni formales ni ideológicas, y su valor reside, entre otros, en la ausencia de toda clase de efectismo o cualquier gesto edulcorante que diluya el conflicto. Aunque es un documento que ilustra las circunstancias específicas de la vida cubana en los setenta, el costumbrismo no suaviza el dato con salidas ocurrentes. Es pura lucha interior, teatro puro difícil de aceptar por aquellos que entienden el teatro como acción de superficie. Dos hermanos, El y Ella, vuelven a reunirse en La Habana después de veinte años de separación. Internamente, se trata del recorrido del propio dramaturgo desde el momento que llega al exilio y la fecha en que escribe la obra. El se fue para los Estados Unidos después del triunfo castrista y considerando que la revolución por la que había luchado, había sido traicionada por sus dirigentes. Ella se ha quedado en Cuba aceptando las circunstancias, justificando a los que se han quedado y aceptado las directrices del régimen. Para empeorar sus condiciones, ambos están enfermos de parkinson. Esta conciencia naturalista de Hernández es una realidad físiológica que viene a ser como un error último de Dios que aprieta el cerco a que se ven confinados los personajes y que incrementa el sufrimiento por encima de aquellos errores cometidos por los hombres. La pendiente de la libre elección, planteada en todas sus piezas dramáticas, de carácter existencialista, aparece enmarcada por el mal que no ha sido elegido, acrecentándose así el asedio de los protagonistas, víctimas de temblores neurológicos que son a su vez un reflejo del temor psicológico. Es por eso que Hernández persigue obsesivamente los datos fisiológicos, mencionados una y otra vez, como un motivo constante que le da una dimensión orgánica al estado mental. Reproches, recriminaciones, búsqueda de la culpa, van y vienen sin ir a ninguna parte, como si fuera un temblor psíquico. La obra se construye a través de secuencias fragmentadas que quedan interrumpidas por un «hablemos de otra cosa» que siempre termina en lo mismo, con ligeras variantes. Hernández va graduando la acción por un sistema dramático antiprogresivo que la detiene en el punto de partida, desconociendo una retórica teatral que recomendaría otra cosa; en consonancia, por cierto, con otros casos dentro de nuestra dramaturgia.

Atrapados en la pendiente de la historia, sin que ello excluya la responsabilidad asumida ante sus propias decisiones, no conforme con estas circunstancias, los personajes se martirizan mutuamente. Lejos de consolarse el uno al otro, el encuentro acrecienta el sufrimiento. Eso es todo y es más que suficiente. El autor elimina el humor e ignora el suspense. Sencillamente, no le interesa ni lo uno ni lo otro. Implacable, no quiere entretener a nadie o desviar el texto hacia una acción exterior que no haría otra cosa que tocar las superficies del movimiento dramático, opacando el enfrentamiento puro ante dos posiciones antagónicas. La inminente llegada de los familiares que nunca entran en escena para saludar al hermano, o la incierta llamada del amigo, que más o menos aceptando las realidades del régimen político no quiere comunicarse con el visitante, no llegan en realidad a crear ningún suspense. Son más bien puntos de referencia dentro de la trayectoria circular del diálogo. Con los elementos de una realidad punzante, crea una obra árida, áspera, que desconoce la piedad. Aquí no hay folklorismo de ninguna especie, comidas dominicales y paréntesis humorísticos con cubanos típicos que vengan a romper la tensión con salidas ocurrentes. Implacable también como el parkinsonismo, la acción avanza como un temblor recurrente, sacudida inevitable, incurable, sin esperanzas de mejoría, que sólo pueden aminorarse por un instante con ocasionales palabras de afecto, pastillas sedantes de efecto transitorio y efímero. Esta es, en esencia, la concepción estructural de la obra y el foco de donde emerge su pétrea dureza dramática.

Hernández es implacable con la caracterización de sus personajes. Si el hermano es con frecuencia brutal con la hermana, esto es reflejo de la actitud que sostiene contra sí mismo, que es analítica y crítica; actitud que a la larga, sospechamos, puede ser un reflejo del propio autor sometiendo su realidad a un proceso dramático de autoenfrentamiento y tortura. En manos de otro dramaturgo, el personaje hubiera sido tratado de otro modo, como si tuviera la razón. Pero lo cierto es que la poca simpatía que despierta, por ser un juez inapelable de las circunstancias de los otros, hace que sus acusaciones funcionen como un bumerán que lleva a poner en tela de juicio su propia conducta, en especial respecto a la actitud que asume frente a las razones de su hermana. Amargado, destrozado por la historia y el destierro, no acepta el sistema que dejó y no puede transigir con sus lacras, pero rechaza al mismo tiempo modos de vida de la patria de adopción, con la que no acaba de identificarse. De esta manera lo vemos ante el callejón sin salida de una pendiente en que lo colocó la historia, pero sin eludir la responsabilidad ante sus decisiones. Este desgarramiento produce la excelente caracterización del hermano. Pero si este tiembla de ira, la hermana tiembla de miedo, aunque la obra insiste al final en el miedo de todos, de antes y de ahora, como señala la pluralidad y temporalidad del título.

La hermana, transigiendo, trata de justificarse. Justificando las claudicaciones y cobardías de los demás, vive dentro de una especie de silenciosa «consagración del miedo» (título de otra de las obras de Hernández), de la que deja constancia la constante de su temblor. Se atreve a emitir juicios críticos sobre las actitudes del hermano, que no dejan de ser válidos, mostrando así una agresividad soterrada, asfixiada por la realidad. Porque en ella hay mucho de rebeldía cercada por el pánico, y este es uno de los aciertos de caracterización del personaje. Del contrapunto se va proyectando la tristeza de una vida marcada por la historia, donde la libertad de elección es relativa. Es por eso que el encuentro adquiere su magnitud más desoladora cuando los personajes se descubren como sombras, que en el teatro de Hernández es un claroscuro del miedo: «Lo que hemos visto cada uno es el fantasma del otro. Los verdaderos tú y yo no existen» (54). Por eso no hay humor y tampoco nostalgia. Si los personajes recuerdan no lo hacen con esa nostalgia que es un bálsamo que suaviza la herida, sino para ahondar en ella, diferenciando el texto de otras propuestas. Aquí no hay ninguna cosita que alivie el sufrir y mucho menos componendas ideológicas.

Trabajando con el principio del miedo como agente de la conducta, que determina rebeldía o aceptación, el miedo aquí no responde a componendas eclesiásticas, sino a la dura realidad de la historia de Cuba. Ni con unos ni con otros, pone sobre sí todo el peso de la verdad de sus personajes, y los caracteriza desde el punto de vista de cada uno de ellos. Es de las obras que inician «el discurso de las dos orillas», que se repetirá una y otra vez, y una de las que mejor lo desarrolla. Su «consagración del miedo», que inicia en 1957, culmina con una obra de otro corte muchos años después en la cual parece confirmar que «siempre tuvimos miedo». Es como si el tiempo y el miedo siguieran en pie soñados por una misma tiranía atemporal que se ha encadenado de generación en generación, que nos ha hecho temblar (y nos hace temblar) de padres a hijos. Utilizando nuevamente el microcosmos familiar llega a la conciencia colectiva, sin ofrecer, por cierto, una posición partidista.

Si por un momento nos detuviéramos a pensar el papel que el miedo ha jugado en la historia de Cuba y en las múltiples circunstancias en que el título de la obra es aplicable, nos damos cuenta del modo tan preciso en que Leopoldo Hernández da en el blanco. Por extensión, el concepto se proyecta más allá de un tiempo determinado y de circunstancias insulares y se vuelve transferible, porque, ¿acaso no es cierto que hoy en día el mundo tiene miedo de exponer el miedo que tenemos, como si todos formáramos parte de una cobardía colectiva?

CAPÍTULO IX

JULIO MATAS, MATÍAS MONTES HUIDOBRO Y RENÉ ARIZA

CARRERA DE OBSTÁCULOS

El proceso de reajuste que significa el exilio va a dar lugar a que la trayectoria de los escritores de la vanguardia y resistencia estética que se forman en Cuba en los sesenta y que se ven precisados a tomar el camino del exilio, se reintegren con extraordinario esfuerzo a la dramaturgia cubana. Julio Matas y yo lo hacemos por caminos profesionales parecidos, a partir de la enseñanza universitaria, en la Universidad de Pittsburgh y en la Universidad de Hawaii respectivamente, como primer paso, a través de investigaciones teóricas y la práctica académica, para volver al teatro. René Ariza, que llegará al exilio mucho después, lo hará por otros caminos y bajo circunstancias todavía más difíciles.

JULIO MATAS: EL EXILIO DEL ABSURDO

Julio Matas se reintegra a la dramaturgia cubana en 1973 después de casi una década de silencio. Finalmente, tras la publicación de *La crónica y el suceso* en 1964, da a conocer, en inglés, *Juego de damas*, que no será publicada en español hasta 1992, muestra adicional de las dificultades que han tenido que afrontar los dramaturgos de su generación. Con este texto, retoma el camino que había quedado interrumpido casi diez años atrás y reafirma, desde la extraterritorialidad, la continuidad de la resistencia estética.

Con una larga experiencia como director de escena, que incluye en particular los trabajos de dirección de *La lección* y *La soprano calva* de Ionesco, y el espectacular montaje de *Nuestro pueblito* de Thorton Wilder en el Teatro Nacional a principios de la Revolución, Matas se ve precisado a realizar un reajuste en su trayectoria. Profesor de literaturas hispánicas en la Universidad de Pittsburgh, sus tareas universitarias lo llevarán hacia el ensayo, publicando *Contra el honor* (1974) y *La cuestión del género literario* (1974). Su obra narrativa, iniciada en Cuba con *Catálogo de imprevistos* (1963), se ampliará en los setenta con *Erinia* (1973). No será hasta este momento que vuelve al teatro, que posteriormente se enriquecerá copiosamente con textos dramáticos que reúne en *Teatro* (1990), *Juegos y rejuegos* (1992) y *El rapto de La Habana* (2002).

Juego de damas (1973): un grotesco absurdista

Esta publicación tiene una importancia histórico-teatral, ya que confirma la continuidad del absurdo dentro de las nuevas fronteras del exilio. En la nota que precede al texto, los editores señalan que «*Ladies at Play (Juego de damas)* treats one of the major concerns of Matas's art —the maddening effect that frustrations in realizing long-cherished dreams can have on human life. A macabre sort of humor allows for a break in tension in the play. The author sees this work as a catharsis for him as well as for the reader or spectator» (164). Para Raquel Aguilú de Murphy, en esta obra «el tiempo es visto como un elemento destructor que corroe a las hermanas [...] La destrucción causada por el tiempo es demoledora. El tiempo se presenta de forma circular y los actos presentes o pasados se repiten como un medio para destruir el perpetuo sufrimiento al que han sido sometidas» (267). En «Manuscritos del tiempo», José Triana opina que «es una pieza de humor negro que se emparenta con *Falsa alarma* de Virgilio Piñera, *Las pericas* de Nicolás Dorr y *Todos los domingos* de Antón Arrufat. Como ellas, su tesitura gráfica se concreta en una austeridad atensada e inexorable que desemboca en la carcajada atribulada y el extravío. Difiere de ellas en la energía corrosiva y brusquedad que aguijonea cada parlamento y en lo trágico subterráneo, conjeturándose al azar el vuelo de un cuchillo en el aire y que se corporeiza hacia el final» (XXXI).

Juego de damas, una de sus piezas que se ha llevado a escena con mayor frecuencia, es una muy breve pero está muy bien concebida. En la misma, el autor utiliza el grotesco a niveles de teatro de la crueldad, volviendo a esa relación frecuente en la dramaturgia cubana de hermanas bastante mal llevadas que encontramos en otras muestras de la crueldad y el absurdo: *El caso se investiga* de Arrufat, *La visita* de Rossardi, *Las Pericas* de Dorr, *El Mayor General hablará de teogonía* de Triana, *La Madre y la Guillotina* de Montes Huidobro, sin contar otras muchas de la dramaturgia realista.

En todo caso, Celeste y Ernestina no se llevan mal del todo, porque se van a poner temporalmente de acuerdo para hacerle la vida imposible a Florángel, la amiga que viene a visitarlas en el destartalado apartamento en que viven, ubicado en cualquier ciudad que bien pudiera ser La Habana, Nueva York o Buenos Aires, siempre y cuando exista un contexto urbano con edificios de varios pisos y con ascensor. La obra tiene, precisamente, un concepto vertical que va de arriba a abajo representado por el ascensor que la abre y la cierra. El rítmico movimiento del ascensor caracteriza verticalmente el texto, reflejando ascenso y descenso de los personajes. Cuando Ernestina, al descorrerse el telón, mira hacia abajo, observa a vista de pájaro, desde arriba, la llegada de Florángel que subirá al nivel de las hermanas para después, en sentido inverso, precipitarse en la caída.

Esta relación vertical responde también a un quehacer económico. La propia sala en que se encuentran las hermanas refleja un movimiento de tener o no tener, que es esencial. Se tenía antes y no se tiene ahora. Al tratarse de *«una sala modestísima, en un edificio de apartamentos, que fue "decente" cuarenta años atrás» (53),* el autor destaca un cambio económico en los personajes que hace explícito el descenso de un «bienestar» a un «malestar» de esta índole, en que las hermanas han perdido mucho de lo que habían tenido. Para ellas, la caída final de Florángel forma parte de la caída que ya ellas dos han vivido.

El concepto caída, descenso, se va a poner de relieve en varios momentos. Cuando Ernestina avanza amenazadora hacia Florángel, esta *«da un paso atrás y tropieza cayendo en el sofá de manera poco digna» (58).*

Después, Florángel *«una vez más, cae en la trampa» (59)* que le tienden las dos hermanas. Existe la referencia a la caída de Amelia Sork, la vedette del Teatro Alhambra, a la cual el chulo con el que vivía la tiro por el elevador, que es una especie de reminiscencia de *La crónica y el suceso*. Matas trabaja con estas connotaciones del «caer» que conducirán al desenlace, cuando Florángel cae por el hueco del ascensor.

Este *suspense* se desarrolla con una permanente conciencia del grotesco, que debe darse visualmente por el deterioro de los muebles y la presencia de bibelots, jarrones y frasquitos, que crean una atmósfera opresiva y caduca. Pero en particular, por la presencia misma de Ernestina y Celeste, *«vestidas con sus mejores galas, muy pintadas y adornadas, dando la impresión de una mamarrachada carnavalesca» (53)*. Este efecto se acrecienta gestualmente: la actitud mayestática de ambas; la burla mutua; muecas, señas y guiños que se hacen entre sí y a espaldas de Florángel; el sombrero de Florángel que Ernestina le tira a su hermana, etc. La trayectoria de Florángel, que cuando llega a escena ofrece un franco contraste, por su normalidad y su elegancia, con las dos hermanas, está marcada por un recorrido grotesco en que Celeste y Ernestina la convierten en otro mamarracho como ellas, conduciéndola patéticamente a su final. *«Entonces comienza la "toilette". Celeste le bate el pelo con el peine; Ernestina le pinta la cara de modo grotesco: labios sangrientos, mejillas clownescass, un fardo de sombra en los ojos» (60)*. Hay en todo esto reminiscencias de Bette Davis en *Whatever Happened to Baby Jane?*, pero no olvidemos que el grotesco es una obsesión de la «estética» popular cubana de raigambre carnavalesca que se pone de manifiesto en los medios de comunicación como la radio y la televisión. Como ocurre generalmente con el grotesco, más que en el texto, se trata de un desarrollo gestual que conduce a la desarticulación síquica del personaje. Estamos en plena carnavalización de la conducta, que casi es un sello de teatral cubanía: no en balde Cuba ha sido famosa por sus carnavales, que es otra muestra de nuestra innata teatralidad. Esto se enriquece con la «actuación» del «juego de damas»: el juego de la verdad donde se teatraliza el pasado mediante una interacción con el teatro dentro del teatro. Celeste y Ernestina «actúan» el recuerdo y lo proyectan sobre Florángel apoderándose gradualmente de ella mediante la escenificación de lo que pasó, que se revive en un presente cuya presión va acorralando a la recién llegada. De esta forma la debilitan y se apoderan de ella.

Las relaciones de fuerza experimentan un cambio. Si por razones económicas y sicológicas Florángel entra en escena segura de sí misma, consciente entre otras cosas de su posición económica, que está por encima de las hermanas, este hecho va ejerciendo presión y el dominio queda transferido. Celeste y Ernestina sostienen una lucha de clases entre las cuatro paredes de la sala de estar: Florángel lo tiene todo porque en el pasado ella se lo quitó a las hermanas; ahora las hermanas le pasan la cuenta. Se recrea el incidente ocurrido años atrás: Celeste estaba comprometida con un americano: «Entonces sonó el timbre. Eran Flor y Lucita. Flor estaba deslumbrante, con el bandó de piedrecitas incrustadas a lo Teda Bara que le había prestado Amelia Sork, la artista aquella del teatro "Alhambra" que vivía aquí, ¿se acuerdan?» (56). Amor a primera vista, el americano deja a Celeste para casarse con Florángel. Durante este intercambio de papeles Florángel lleva el bandó de la Sork y haciendo en cierto modo el papel de la vedette, que parece haber estado disfrazada de Teda Bara, seduce al americano y le quita el novio a Celeste. Este «juego de damas» es una carnavalización donde un disfraz encubre al otro. Finalmente, las cosas van a volver a su lugar y el destino de Florángel va a ser el mismo que el de Amelia Sork cayendo por el hueco del ascensor: la crueldad con crueldad se paga.

MATÍAS MONTES HUIDOBRO: UNA REINSERCIÓN NECESARIA

A fines de los setenta escribo *Funeral en Teruel*, posiblemente inmediatamente después de *Ojos para no ver*. La fecha exacta no la tengo, pero lo cierto es que en el Simposio de Teatro Latinoamericano que se celebra en la Universidad Internacional de la Florida en abril de 1979, la profesora Francesca Colecchia presenta una ponencia (que se publicará al año siguiente en *Latin American Theatre Review*) donde hace algunas observaciones críticas sobre la obra y de la cual hará una traducción parcial al inglés que aparecerá en *Verbena*. *Bilingual Review of the Arts* en el verano de 1982. Es, por consiguiente, una obra que escribo hacia fines de los setenta. En español no se publicará hasta 1991.

Funeral en Teruel (197?): el montaje de las didascalias

Quizás esta sea la más espectacular de todas mis obras, porque la concibo con conciencia del espectáculo, y aunque siempre he abrigado la remota esperanza de que se lleve a escena, quizás la escribí con plena conciencia de que no iba a ser posible porque lo cierto es que lo hago sin tener en la cabeza limitaciones de presupuesto, ni restricciones con respecto al número de personajes, ya que la veo como un teatro total, con música y todo tipo de extravagancias, no muy frecuentes en mi teatro, más inclinado al trazado de caracteres y situaciones claustrofóbicas. No obstante ello, hay un cierto número de concesiones con vistas a un hipotético montaje y el extenso número de didascalias indican que la estaba llevando a escena a medida que la escribía.

Francesca Colecchia, en el análisis de la obra, sigue la línea interpretativa sobre mi tratamiento del tiempo que inició en su análisis de *Sobre las mismas rocas,* afirmando que para mí «el tiempo es infinito. El pasado no desaparece en la nada sino que persiste en otra dimensión que ocurre, aunque puede ser que no la percibamos, simultáneamente con la que llamamos presente» («Niveles temporales en *Funeral en Teruel*» 9). Dentro de esta distorsión temporal retomo la historia de los amantes de Teruel, cuyas versiones más conocidas son las de Juan Eugenio Hartzenbusch, que es la que más directamente me inspira y cuya obra estuve enseñando por varios años en la Universidad de Hawai, y la de Tirso de Molina, aunque como apunta Luis F. González-Cruz en la documentada reseña que le hace, hay versiones adicionales de Jerónimo Huerta, Francisco Rey de Artieda, Bartolomé de Villalba y Juan Yagüe de Salas. Y agrega:

«En *Funeral en Teruel* el dramaturgo cubano se ha propuesto mezclar épocas y estilos de tal modo, que hace fracasar cualquier intento de categorización genérica [...] Romanticismo, teatro del absurdo, espectáculo *á la Artaud,* teatro bufo, y mucho más, todo se reúne en algo así como un gran festejo escénico (ambientado por colores específicos y vestuarios significativos que indica el autor y, en el segundo acto en particular, por bailes y algarabías de extraños seres caricaturescos) que se contrapone a lo serio, a la gran tragedia de Isabel, quien habrá de casarse con el Conde de Luna, por decisión de su padre [...] A esto se suma lo que se podría definir como una señalada intención *desacralizadora* por parte del autor. Todo juicio moral, toda convicción filosófica acuñada, toda actitud severa o *pundorosa* a la española, se viene abajo, y cunde el cubanísimo *choteo,* el "relajo" que *relaja* hasta el último vestigio de seriedad» (292).

Este choteo es el vehículo que utilizo para la cubanización paródica del romanticismo, siguiendo una tradición del vernáculo que se pone de manifiesto en los montajes irreverentes que se hacían en Cuba del *Don Juan Tenorio* de Zorrilla. En este caso actualizo las circunstancias colocando a Marsilla, el protagonista, en Cuba, de donde no puede salir, ya que como dice don Pedro, «a lo mejor se metió a contrarrevolucionario y Fidel Castro lo mandó al paredón» (38). Esta dirección paródica contrasta con el carácter intertextual de muchas secuencias, con referencias a textos de Angel Ganivet, Enrique Gil y Carrasco, García Gutiérrez, el Duque de Rivas, etc, creando una interacción entre lo popular y lo culto. Como observa Francisco R. Bello en *Repertorio Latinoamericano:*

«El recurso del anacronismo que ingeniosamente introdujo Montes Huidobro en *Funeral en Teruel,* otorga una vivencia distinta a la tragedia que se va desarrollando ante nuestros ojos, porque evita deliberadamente que el lector o el espectador la asuma en su profundidad emocional, con su consabido riesgo de sentimentalismo...» (16).

José A. Escarpanter, en *"Funeral en Teruel* y el concepto de la hispanidad", deja constancia de los dos referentes fundamentales de la obra, "el teatro romántico español y el género bufo cubano", que "resulta en uno de los frutos más expresivos que puede encontrarse del tantas veces mencionado concepto cultural de la hispanidad" (11).

«El continuo contrapunto entre la elevación espiritual de doña Isabel y las referencias a la realidad prosaica y las expresiones populares en boca de algunos personajes constituyen una fuente de comicidad tan rica en la obra como sucedía en las piezas del antiguo teatro vernáculo cubano. Refuerza la deuda de este texto con esa tradición, los criados añadidos a la acción, quienes en el segundo acto entonan sabrosamente una guaracha llena de picardías, y algunas situaciones y réplicas que se muestran afines con las formas del teatro absurdista, del cual, como han apuntado varios críticos, el teatro bufo es un curioso antecedente» (12).

Al tratarse de un proyecto quijotesco que escribo desde Hawai en los setenta, la imposibilidad casi obvia de poderla llevar a escena me conduce a minuciosas acotaciones, más que en ninguna de mis obras, llevando a efecto, teóricamente, el montaje, que veo como un gran espectáculo de teatro total. Se vuelve evidente la contradicción entre la concepción escénica y las circunstancias históricas que la limitan. A pesar de todo, fue concebida para que se llevara a escena en el momento que su escritura, viéndola en términos de un musical rock, casi de un «happening» en que todo es posible. Paradójicamente, es una de mis piezas con mayor conciencia teatral y de la que se han hecho numerosos comentarios críticos positivos —a los que los responsables del movimiento teatral en Miami no les han prestado la menor atención.

Estamos en pleno destape irreverente internacional. Particularmente en el caso de Eva hago una propuesta de desnudo, cuando entra en escena en el primer acto vistiendo «*todo lo indecente que permita la moral escénica del momento. Todo su cuerpo se trasluce bajo cualquier diseño*» *(25)*. En el segundo acto, soy más explícito:

«*En lo alto de la plataforma aparecerá Juanito Cosanueva seguido de los yeyés y los gogós. Ellos son cuatro peludos con guitarra y ellas son cuatro chicas de pelos largos. Vestirán como los grupos rocks. Si se quiere, llevarán mallas de diferentes colores y los hombres usarán "El bikini de Adán" y las muchachas "El bikini de Eva". Estos bikinis en forma de hoja de parra serán fluorescentes, por lo cual el escenario debe oscurecerse rápidamente para las apariciones escénicas, que deben hacerse sin interrupción [...] Esta parte permitirá simplemente integrar un componente musical de moda que sirva de incentivo musical en la puesta en escena y que atraiga al público. Ellos van a cantar el número del distanciamiento (brechtiano, por supuesto) titulado "¡Yo soy el destino de Teruel!"» (70).*

Estas «concesiones», sin embargo, de nada me valdrán, ni en el contexto de los consorcios teatrales de Miami o de Nueva York, proponiéndole un montaje de forma directa a René Buch, de *Repertorio Español,* que no mostró el menor interés, más inclinado a divulgar el teatro cubano insular que el del exilio. En otras palabras, no hubo modo que pudiera romper esta carrera de obstáculos y tuve que restringirme a la publicación de un texto que bajo otras circunstancias hubiera tenido mayor suerte. Jorge Rodríguez-Florido, en una reseña que le hace destaca estas posibilidades:

«Montes Huidobro incluye a otros personajes, como Calígula, doña Fefa, Eva (la hermana de Isabel), Martina (criada), Paco (mayordomo), Juanito Cosanueva (amigo de Eva) y coros, como los gogós, los yeyés, sangradores y caprichos. Estos personajes añadidos [a la historia de los amantes de Teruel] otorgan modernidad y proveen un elemento de farsa (¿iconoclasta?) a la obra: unen la cultura española con la cubana, muestran dicotomías y antinomias de la sociedad española contemporánea y revelan el abismo entre las generaciones. Las acotaciones convierten lo que pudo ser una más simple producción dramática en un caos incontenible: el lenguaje es subversivo, las acciones son inesperadas y las yuxtaposiciones temporales estructuran el acontecimiento» (176-177).

A pesar de este desparpajo gestual, coreográfico y léxico, particularmente en el coro de los «Caprichos» («¿Quién lo dice?», «¡Todo el mundo!», «¡Las muchachas!», «¡Y las putas!», «¡Maricones!», «¡Y cabrones!», «¡No hay cojones!», «¡Castraremos! ¡Castraremos! ¡Castraremos!»), *Funeral en Teruel* «confirma la preocupación ética que se perfila en todo el teatro de Matías Montes Huidobro» (Cook, 274), ya que detrás de la irreverente parodización romántica, el principio de «la muerte por amor» se confirma a través del destino trágico de Isabel y Marsilla, que es el otro lado de la moneda, entre la lujuria y la abstinencia. El doble filo del discurso contrapone polos opuestos, y la obra va de los sangradores hispánicos de Ganivet ilustrados con *Caprichos* de Goya que ya había utilizado en mi novela *Desterrados al fuego,* a la lujuria romántica del *Drácula* de Frank Langella en Broadway, cuyo *Playbill* conservo todavía.

    ¿De qué forma «juega» *Funeral en Teruel* dentro del contexto de la dramaturgia cubana? Tendría que remontarme al lenguaje del erotismo que se inicia con *El príncipe jardinero* de Santiago de Pita y el discurso irreverente del teatro bufo, que constituyen las fuentes de gran parte de nuestra dramaturgia. En el ámbito del teatro moderno en la República, caemos inevitablemente en *Electra Garrigó*, con todo su significado de reconstrucción paródica de un discurso trágico, que es otro punto de convergencia. Ya entre mis contemporáneos, en su irreverencia erótica, aunque en menor grado, y en su nexo con fuentes hispánicas, converge con *Revolico en el Campo de Marte* de Triana, en un salto de la comedia de capa y espada al romanticismo decimonónico reinterpretados a niveles de choteo, y en su búsqueda de orígenes pero no en su intención, con las púdicas propuestas de Dorr en *Un viaje entretenido.* Por todas estas irreverencias se llega también a *Las hetairas habaneras* de Corrales y Pereiras y a manifestaciones del destape, que en *Funeral en Teruel* son, básicamente, del ropaje de Eva. Textos que se desconocían en el momento de la escritura, separados por la geografía, la insularidad y el exilio, quedan unificados por el telón de fondo de una época llena de circunstancias adversas.

RENE ARIZA: MINIDRAMAS

    Bajo el término de «minidramas» hemos decidido reunir estos textos de René Ariza que, aunque son piezas breves escritas en toda su integridad, son una especie de «teatro inconcluso» que anticipa el último capítulo dedicado a Virgilio Piñera. Estos dos autores representan el destino trágico de la dramaturgia de los sesenta que apenas puede sostenerse en pie en los setenta gracias a las medidas represivas del castrismo. Sin embargo, es un teatro que queda como documento de nuestro tiempo y como muestra del teatro como santuario del proceso creador. La producción minimalista de Ariza (y también la de Piñera) contrasta con el aparatoso proyecto de *Andoba* y *Huelga*, dándonos una imagen subversiva del otro quehacer de la realidad escénica. Ya que la obra de Ariza permanece dispersa e inédita, nos referimos en este capítulo solamente a textos publicados, algunos de ellos en inglés, aunque toda su producción fue escrita originalmente en castellano.

En 1974, a los treinta y tres años, René Ariza es condenado a ocho años de cárcel, según el acta que se levanta en su contra, porque «desde hace algún tiempo viene dedicándose a escribir cuentos, ensayos y relatos cuyo contenido y enfoque se basan en el más amplio diversionismo ideológico y propaganda contrarrevolucionaria escrita. Que todo este material literario carente de valor artístico escrito en contra de los intereses de nuestro pueblo, de nuestro 1er. Ministro Comandante Fidel Castro Ruz, Mártires de nuestra Patria y demás dirigentes nuestros, fue tratado de enviarse al exterior de nuestro país para mediante su divulgación incitar contra el orden socialista y la solidaridad internacional» (Almendros, Jiménez Leal, 188). Todos sus escritos fueron confiscados. No obstante ello, Ariza sigue escribiendo en prisión. Como resultado de esfuerzos internacionales y una amnistía internacional en que se les da la libertad a algunos presos políticos, Ariza es liberado en 1979, residiendo en Miami y San Francisco, donde ofrece numerosos recitales, hasta la fecha de su muerte en 1994. Ariza es uno de los ejemplos más sobresalientes de la persecución a que fueron sometidos los intelectuales cubanos por razones de su ideología y conducta personal.

reduccionismo claustrofóbico

Aunque no todos los textos que pasamos a reseñar fueron escritos por Ariza en el período en que sufrió prisión en Cuba, en realidad anticipan su circunstancia y en última instancia representan un insilio dentro del cual el dramaturgo ya estaba prisionero. Para una mejor comprensión de su dramaturgia dentro del exilio (porque al exilio pertenece), hay que ubicarlo en Cuba en el contexto total de los setenta, siguiendo cronológicamente las medidas represivas tomadas por el castrismo, año tras año, con saña sistemática. Es necesario contrastar también su obra con la reapertura en 1979 del Teatro Nacional con el didactismo recalcitrante de *Andoba*, una de las obras que tuvo mayor éxito en los setenta. Claro contraste del precio tan alto que había que pagar en Cuba por no seguir las normas establecidas por la dictadura. Mientras que *Andoba* es una obra monumental, no por su calidad sino por su magnitud cuantitativa (personajes, situaciones, externalización de la realidad colectiva, ortodoxia), Ariza sufrirá prisión y escribirá un mini-teatro heterodoxo, minimalista según mi clasificación, hasta que finalmente el autor podrá salir de Cuba en el mismo año del éxito de *Andoba*. Gran parte del valor de estos textos radica en el minimalismo ético-estético que refleja la opresión misma que lo origina. El cinematografista Néstor Almendros recoge la imagen alucinada de Ariza en la película *Conducta impropia,* que es un documento en vivo de cómo un régimen político puede aniquilar a un individuo. Al sufrir en carne propia la experiencia de la tortura y la crueldad, Ariza escribirá un «mini-teatro» que viene a ser un retorno y una síntesis de la dramaturgia de la crueldad y el absurdo que, durante los sesenta, colocó a nuestra dramaturgia a la vanguardia del teatro moderno.

teatro de resistencia en los campos de concentración de la UMAP

Para un mejor entendimiento de las persecuciones sufridas por los dramaturgos y teatristas homosexuales en Cuba, y por extensión las que han sufrido los homosexuales cubanos, escritores o no, como parte de la violación general de derechos individuales bajo el castrismo, «Teatro de resistencia en los campos de concentración de la UMAP en Cuba», de Héctor Santiago, publicado electrónicamente en *El Ateje,* debe ser lectura obligada para darnos cuenta de la persecución homofóbica a través del teatro. Si bien Santiago no deja constancia de una producción textual, aunque hay referencia a formas teatrales diversas que parten aunque sea parcialmente de una fuente textual, sus investigaciones y su experiencia personal dejan constancia de un hábitat teatral que es un documento de «Cuba detrás del telón», como constante que refleja el de otras latitudes, que incluyen actividades teatrales que tienen lugar en las comunidades homosexuales en prisión, llevadas a efecto en cárceles chilenas bajo Pinochet, chinas bajo Mao, alemanas bajo Hitler, cubanas bajo Castro, etc. «En estos lugares y en otros el poder casi ritual del teatro emergía como un elemento de resistencia, esperanza, sanidad, sobrevivencia, y por supuesto que a esto no escapaban los homosexuales cubanos». Esto llevó a la subsecuente pérdida de textos, incautados por agentes de la Seguridad del Estado o desaparecidos por los propios autores bajo el temor de mayores consecuencias. Santiago explica las actividades teatrales desarrolladas por los presos, que incorporan rituales afrocubanos que no están incluidos entre los aciertos del Cabildo Teatral Santiago. Esto llevó, a pesar de las persecuciones, a la creación de un entorno teatral que conducía a los montajes, en un espacio que Santiago describe con connotaciones surrealistas: «Los materiales se encontraron en mosquiteros, sábanas, toallas, gasas de las vendas médicas, sacos blancos de harina, sacos de yute de azúcar, y los de metileno, bijol, borras de café, óxido de hierros, zumos vegetales, deshilados con la técnica del macramé, a los que se cocían, pegaban con cola o almidón pedazos de espejos o botellas de colores trituradas sustituyendo lentejuales...» Es decir, todo un movimiento teatral ignorado en los informes politizados de los teóricos y oportunistas de izquierda.

El que faltaba (197?): una pantomima macabra

En 1983, en la revista *Mariel,* se publican tres textos de Ariza. Uno de ellos, *El que faltaba,* aparece sin fecha. En este caso Ariza elimina el texto escrito y nos ofrece un monólogo gestual, caracterizado por el humor negro, que no puede ser más expresivo de la circunstancia cubana, sin ninguna referencia directa, y transferible a cualquier circunstancia similar donde las órdenes de fusilamiento sean comunes.

Sin abrirse el telón se escuchan voces ininteligibles. Podrían representar la violación de un código de conducta, aunque no hay ninguna señal específica. Tras un silencio siguen órdenes de fusilamiento que se repiten indefinidamente. Se descorre el telón. En el escenario aparece una hilera de muertos. Después, entra un individuo que cuenta los muertos y a quien no le sale bien la cuenta. Ariza impone una tarea gestual en el actor, una mímica libre, que puede ser de cualquier tipo, pero reiterada y con variantes. Hay referencias textuales a que «revisa entre cajas» (6), así que asumimos que sean cajas de muerto, vacías, donde deben ir los cadáveres, aunque esto no está claramente indicado. Una y otra vez el personaje cuenta, pero nunca le sale bien la cuenta, lo que nos hace pensar que el número de muertos no coincide con el número de cajas. Esto produce un efecto de comicidad macabra. El personaje, además, nos hace gestos de entendimiento, lo que nos vuelve cómplices de lo que está ocurriendo. Esto se repite varias veces y de hecho podría acortarse o alargarse de acuerdo con la efectividad dramática de la situación y del mimo que lo interprete en la tradición pantomímica europea, a lo Marcel Marceau. Al final, en vista de que no le sale la cuenta, pero consciente de su deber (que podría ser un comentario irónico sobre el «deber» del ser y quehacer revolucionario): «*Saca un revólver. Lo prepara. Se lo pone en la sien. Dispara. Cae muerto en el lugar que faltaba*» *(6)*. Ariza demuestra que con un mínimo de elementos se puede hacer un teatro rico en significado. La concepción es macabra, irónica, crítica, enfocando la atención en la absurdidad de la conducta, que lleva a un sacrificio inútil y alucinado en el cumplimiento de un deber, de una ordenanza, donde la vida y la muerte se reducen a una especie de ecuación matemática.

La reunión (1971): técnicas del lenguaje

La reunión (1971) viene a ser un ejemplo de teatro verbalmente inarticulado que retrata en su propia brevedad y desequilibrio verbal el peligro de toda comunicación disidente. La versión que consultamos es la correspondiente a la traducción al inglés publicada en *Cuban Theater in the United States: a Critical Anthology.* Es otra muestra del teatro de cámara a la que se ve precisado a recurrir la dramaturgia disidente dentro de un contexto dramático de persecución y vigilancia que contradice la propuesta de construcción socialista del discurso oficial. Básicamente es un teatro de insilio, ya que cuando la escribe Ariza no está bajo prisión todavía. Si *El que faltaba* es un teatro físicamente gestual en el cual no se dice nada verbalmente, aquí nos encontramos con una dramaturgia verbal en la que tampoco se dice nada, pero que en el decir desarticulado de lo que no se dice yace un diálogo secreto, un lenguaje que se encierra en la garganta por temor a la palabra.

Sigue el sistema de paranoia sicológica que corresponde a la existencia histórica, que empieza a desarrollarse en la escena cubana desde los sesenta. Ariza construye la obra con un contrapunto inarticulado entre el Hombre 1, que entra en escena, va al pódium y empieza a dar un discurso, y el Hombre 2, que aparentemente está entre el público (o en la posición de «público» ante el conferencista), levanta la mano y apenas logra interrumpir el discurso con un «yo sólo quería decir» que apenas llega a decirse. «Ladies... and gentlemen... Ahem... Well... I mean, comrades... It's... Well... What I mean to say is...» (62). El significado del texto está en su incongruencia, en lo que no se dice en las pausas, en los puntos suspensivos, sin llegar a ningún planteamiento, predominando una incoherencia significativa y algunas contradicciones. Forma parte del discurso de la incoherencia y la incomunicación que procede de Piñera, puesto en práctica por la dramaturgia de la resistencia estética. Esto produce la angustia del absurdo y la crueldad, el «siempre tuvimos miedo» del que nos hablara Leopoldo Hernández, al no llegarse a decir lo que se quiere decir por temor al castigo y la intolerancia ideológica. La absurdidad del texto responde a la obsesión de crítica y autocrítica represivas que se desarrolla en la realidad, donde el régimen político establece un sistema de confesión del «delito» frecuentemente mental, de auto-análisis, de auto-represión, de búsqueda y castigo del culpable. Lo que está haciendo el autor es traducir al lenguaje escénico un existir cotidiano bajo Castro. Ariza no hace la menor referencia específica, salvo quizás el cambio de «señoras y señores» a «camaradas». Sin embargo, la sugerencia explícita, que debe estar suministrada por el gesto con referencia a lo que no está expuesto verbalmente, es una muestra de la intensidad dramática de la situación.

Las interrupciones del otro personaje, que estará sentado entre el público, no son más explícitas, limitándose a un «yo sólo quisiera decir...» que no llega a decir nada, y que tras las incongruencias de lo que nada se ha dicho, cierra con una afirmación radical que está en franca contradicción con el «discurso» del orador, afirmando el receptor (que no ha oído nada en realidad porque nada se dijo) que estaba en total acuerdo con todo lo que había dicho. Este es el texto de un «discurso» que no puede decir nada por razones que no se explican, pero que están ahí en la muestra documentada de la incomunicabilidad. La intervención final del Hombre 2 cierra la obra circularmente, volviendo al primer gesto del personaje, que tampoco va a decir nada a pesar de terminar con una oración coherente mostrando que está de acuerdo con el conferenciante («I am in total agreement with everything you've said», 63). En complicidad con el contexto y formando parte del mismo, los receptores (supuestamente el público) se desconciertan primero, hacen silencio y finalmente expresan su «entendimiento» de la situación con un aplauso cerrado. Este aplauso forma parte del diálogo ininteligible y subyacente de la obra, abierto al análisis. El público aplaudiendo lo que no ha sido dicho, adopta la posición del segundo hombre precisado a fingir completo acuerdo con el emisor del discurso, o puede que aplauda lo que ha dicho el orador de forma incongruente. En cualquiera de los casos muestra una sumisión a un discurso en el cual no se ha dicho nada. O que si se ha dicho, no lo podemos entender. En menos de cinco minutos de un texto ilegible, Ariza ha conseguido decirlo todo. Paradójicamente lo entendemos y estamos en completo acuerdo con él, aunque hasta lo que estamos diciendo parezca una jerigonza.

Inclusive puede verse como un tratamiento paródico de los debates del teatro de creación colectiva donde no se dice nada que no haya sido dicho por el discurso de poder y donde se aplaude lo que se dice gracias a unos recursos de control dialéctico donde el emisor no tiene derecho a decir nada.

No es de extrañar que con este «discurso» dramático, que refleja medularmente la realidad cubana, Ariza fuera llevado a la cárcel, escribiendo sin duda una pequeña obra maestra y una de las denuncias más radicales de nuestro tiempo. El dramaturgo no ha tenido que decir mucho para decirlo todo.

Juego con muñecas (1971): marianismo de la esquizofrenia

Juego con muñecas (1971) es realmente otra pequeña obra maestra y una de las mejores muestras del teatro en un acto, cuya puesta en escena apenas pasará de diez minutos. En ese espacio tan compacto, que es casi la metáfora de una celda, como si el autor escribiera sus textos con una conciencia claustrofóbica, reduccionista, Ariza logra la creación de un tríptico alucinante donde Hija-Madre-Muñeca establecen una interacción que configura la unidad de un marianismo de la esquizofrenia. Con elementos básicos en interacción dramática compone sus textos. En *El que faltaba* trabajaba con la trilogía Hombre-Muertos-Cajas; en *El asunto* lo hará con Hombre que fuma-Hombre que come-Jóvenes que ríen. Se trata de pequeñas ecuaciones casi matemáticas que establecen una interacción escénica de tiempo rápido que adquieren una dinámica interactiva entre los personajes y lleva al desenlace.

En el caso de *Juego con muñecas* entra La Niña en escena con una muñeca, haciéndole una amenaza macabra, variante de las «cajas» fúnebres de la pieza anterior: «¿Sabes lo que voy a hacerte si no te tomas tu sopa? ¡Te voy a meter en tu caja, te pondré la cinta, y que te pudras ahí hasta que yo sea grande!» (7). La Niña le habla a la muñeca como si fuera su madre. Después entra La Madre. El texto de La Niña con respecto a la muñeca corre en línea paralela con el de La Madre con respecto a La Niña, por lo cual esta última «interpreta» el papel materno en sus relaciones con la muñeca, repitiendo lo que su madre le ha dicho un centenar de veces y lo que ahora le vuelve a decir en escena. La Niña, al desdoblarse en la madre, hace caso omiso de la presencia materna:

LA MADRE: Cuando venga tu padre, borracho como siempre, ya verás. Tú sabes bien que siempre la coge contigo.

LA NIÑA: Lo mismo le digo yo *(A la muñeca)*. Cuando venga tu
            padre, borracho como siempre... (7)

Gradualmente (dentro de un tiempo dramático brevísimo) tiene lugar una transición cuando La Niña, en absoluta complicidad con La Madre, refiriéndose al «padre» (el de la muñeca y por extensión el suyo) dice: «Yo sé que él tiene otras. Con Marianita, esa de la esquina, tiene una Lilí y con Conchita otra de trapo» (7). Hay por consiguiente un dramático intercambio de roles. La Niña está ocupando el papel de La Madre en sus relaciones con su padre, que ahora ella recrea como madre en sus relaciones con la muñeca. Ese «juego» teatral determina la confusión de la Madre, en una rápida trayectoria de la agresividad a la pasividad. Si al principio es «la más fuerte», acabará siendo «la más débil». El acto de dominio termina en sumisión, con un desarrollo impecable. Esto explica la seguridad interpretativa de La Niña, que desde el primer momento hace caso omiso a lo que La Madre le ordena. Es un contrapunto compacto, a la medida, donde no sobra ni falta nada. Por consiguiente La Madre acaba siendo la hija, convertida en muñeca en un proceso donde se invierten las relaciones gracias a la estrategia de esta última, que acaba siendo «la más fuerte». Rígida, impasible, La Niña se dirige a La Madre como si fuera una muñeca, dando ella ahora las órdenes que antes recibía de La Madre: «Y ve a acostarte ya. Cuando llegue tu padre, borracho como siempre, te va a entrar a cintazos» (7). El ciclo se cierra con una conciencia lúdica macabra cuando La Niña vuelve con una caja de cartón y mete en ella a La Madre, cumpliéndose el vaticinio inicial: «Te quedarás ahí hasta que yo sea grande» (7), y sale de escena con la muñeca, y ahora pasa a ser La Madre.

Esta variante del matricidio en la escena cubana, es otra manifestación de nuestro ludismo macabro, del cual *Juego con muñecas* es uno de los mejores ejemplos. Ariza hace una síntesis de procedimientos que se repiten obsesivamente en la escena cubana, como quien juega con acontecimientos que trituran a los personajes y los hace añicos. Es implacable en su estrangulamiento escénico de la misma forma que la vida parece haberlo sido con él. Teatro y experiencia vital, vida y máscara, se conjugan de modo escalofriante.

El asunto (1975): irracionalidades en contrapunto

En 1975 escribe *El asunto,* ya en la prisión de Melena 2, que se estrenará en el Festival Internacional de Teatro Hispano de Miami en 1987. De este grupo viene a ser la única obra que el autor escribe en la cárcel y es, quizás por ello, la más inofensiva de todas. Desarrolla una dicotomía absurdista (en la tradición de *El flaco y el gordo* de Piñera) entre un hombre que come y un hombre que fuma, llamados de este modo. Hay una cierta agresividad entre ambos, basada en el contrapunto entre comer y fumar, desarrollándose a veces argumentos que contradicen la palabra y la acción: en algunas ocasiones «el hombre que fuma» se refiere a las negativas consecuencias de la nicotina, pero sigue fumando, mientras que «el hombre que come» se vuelve copartícipe de comentarios negativos respecto a la gula, pero sigue comiendo. Hay agresividad en las argumentaciones pero no hay coherencia con las acciones. No se sabe, por otra parte, las razones por las cuales «el hombre que fuma» ha venido a ver a «el hombre que come», ya que no recuerda exactamente el motivo de la visita, que nunca llegará a saberse. El diálogo se desarrolla mientras los personajes asumen actitudes grotescas, colocándose ambos «en cuatro patas»: «el hombre que fuma» busca colillas de cigarro por el piso, mientras que «el hombre que come» busca sobras de comida. De pronto se oyen risas fuera de escena. Ambos van a la ventana, se asoman y se escandalizan por lo que ven, siguiendo su anómala y enviciada actitud, comiendo y fumando, hasta que se disponen a salir de escena, aunque sin saberse el motivo de la visita. Después que ambos personajes salen, el viento abre la ventana y se escucha la risa de los jóvenes y la música.

El texto es breve y está bien concebido. Las dos acciones son contrastantes, pero comunes en su absurdidad, en su grotesco, en su carácter insalubre y en su anomalía. Sin embargo, se escandalizan frente a lo que pasa fuera de escena como si se encontraran ante una «conducta impropia»: ven la paja en el ojo ajeno y no la viga en el propio. Dos irracionalidades en contrapunto se muestran incapaces de reconocer la inconsistencia de sus acciones. El resultado es un logro en la arquitectura dramática del texto y en el comentario irónico sobre la conducta humana, plagada de prejuicios, que, llevada a extremos políticos, puede conducir a actos represivos que son el producto de la intolerancia, resultado de la arrogancia que traslucen los personajes.

El principio de la bipolaridad se pone nuevamente de manifiesto. Hay que tener presente que por estos años Piñera anda trabajando en su propio minimalismo, realizando juegos parecidos de imágenes que se reflejan y contradicen, pero que particularmente se agreden verbal o físicamente, como si esta fuera la norma autodestructiva de la conducta personal y nacional. A la persecución masiva de la realidad y de la ficción del teatro de creación colectiva, oponen la dualidad de un combate síquico y cuerpo a cuerpo.

Declaración de principios (1979): imágenes invertidas

Declaration of Principles y *A Flower Vendor for These Times*, solamente han aparecido en traducción al inglés en *Cuban Theater in the United States: A critical Anthology.* En la primera de las dos, un hombre abre una ventana y se pone a mirar algo que ocurre fuera de la vista del público, a quien él le habla. Varios espejos reflejan la imagen del hombre desde diferentes ángulos. Ariza va a trabajar con la distorsión perceptual que lleva a una distorsión mental al interpretar la conducta de los otros. La percepción de los hechos es fluctuante, como la de los espejos que reflejan una misma imagen desde diferentes ángulos. Por consiguiente toda percepción es relativa, como ocurre con toda «conducta impropia» (como ya vimos en el caso de *El asunto* ante las risas de los jóvenes). La posición adoptada por El Hombre es la de un *vouyerista* que observa la conducta ajena. La comunicación que se establece con nosotros, el público, nos coloca a su vez en la posición del personaje. Por consiguiente somos los receptores de un hecho que vemos a través de la percepción dislocada de un individuo cuya imagen aparece a su vez deformada en los espejos. Es como si todos estos personajes existieran dentro del espacio expresionista de un laberinto de espejos.

En *Declaración de principios*, El Hombre, se escandaliza ante dos hombres que se abrazan y se besan: «Two men hugging and kissing!

That's filthy, indicent!» (67). Pero poco después descubre que no se trata de dos hombres besándose, sino dos mujeres: «This is getting better. TWO WOMEN! Great!» (68). Esta perspectiva cambiante es la de los espejos, que a su vez es compartida con nosotros, a quien él se dirige en el monólogo. Participa en una especie de *vouyerismo* activo de lo que ve, como si presenciara una pelea de boxeo y animara a los boxeadores, siempre manteniendo una relación con el espectador, a quien se dirige con frecuencia: «There, grab her! Get on her! *(More aggressively.)* Your turn, now. Go ahead. Let her have it! *(More aggressively.)*» *(69)*. El personaje se vuelve el intermediario entre el acto sexual que él ve y nosotros: hombre-sexo-nosotros. Al mismo tiempo ve su imagen multiplicada en el espejo, estableciendo una relación alterna con ella donde se ve a sí mismo en proceso de cambio, envejeciendo. La distorsión se acrecienta con el juego de luces que acaba por cambiar la imagen de la pareja fuera de escena: dos hombres, primero; dos mujeres, después; un hombre y una mujer finalmente. El recorrido por la sexualidad es convertido en un espejismo de imágenes cambiantes, cuya interpretación es a su vez fluctuante: «They're just a man and a woman. Big deal! What a joke! And I thought all along… But the fact is, I don't really understand *those* women... Two guys I can understand… if you're really horny, or you're in jail, or in the army, or there's no other way… But two… two women… Theirs is nothing they can do with one another [...] As you can see, I made another mistake. Lights can fool you» (70). Este juego perceptual en el cual una imagen se proyecta en la otra hasta que llega al espectador, concluye en un tratamiento irónico de la sexualidad cuando el personaje, tras una pantomima sado-masoquista, llega a la conclusión de que no vale la pena ni ver lo que está mirando, ya que ni siquiera han colocado un espejo (como el que tiene frente a sí mismo) para verse ellos mismos «en acción»: «How strange, how very strange. They aren't sniffing anything either. All they do is embrace each other. How silly… What a waste of time… I want *no part* of that nonsense…» (71), y de un tirón cierra la ventana y sale de escena. El texto da una vuelta en redondo y termina en el punto de partida, pero a la inversa, lo cual es una «declaración de principios».

Una vendedora de flores de nuestro tiempo (1980):
una filosofía de la vida

A Flower Vendor for These Times (1980) tiene otro carácter, quizás más humano, más internamente adolorido, como si el cinismo ante la conducta hubiera sufrido un proceso de decantación hacia una tristeza más honda, que se parece a la de los monólogos de Leopoldo Hernández, pero que dramáticamente está mejor lograda en este texto de Ariza. Quizás el monólogo pierda en imaginación dramática, pero se enriquece con una tristeza profunda, de esas que hace correr las lágrimas. Una vendedora, en lugar de vender flores frescas, vende flores marchitas, mustias, secas y muertas, en un acto alucinado que es toda una filosofía de la vida. Al hacerlo, va contándonos diferentes episodios que son «minidramas» dentro del «minidrama» total que es el monólogo: la relación con el vendedor de frutas, a quien no le puede comprar una fruta fresca porque no tiene dinero suficiente y se ve precisada a esperar para comprar la fruta cuando ya está podrida: «The time finally came when it could be bought for practically nothing. The man kept looking at his fruit in despair. The fruit was rotting, but no one was buying it. Then he finally gave it to me... in a manner of speaking, because he actually took in payment the sticky quarter I have been turning in my hand all time while I waited» (73); la relación con la señora que tiene dinero, que le regala los vestidos viejos que ella no puede adquirir cuando son nuevos, o un refrigerador inservible que le da a un matrimonio: «It was no good when she gave it to them... but by the time they got it home, it was totally ruined» (73); la relación con el hombre del cual estaba enamorada, que nunca la miró cuando él era joven y bien parecido y que sólo se fija en ella años después, cuando está viejo, convertido en un guiñapo, hasta que finalmente se casa con ella: «True, he looks terrible today, but isn't he the same man I dreamed about? It's all in your mind. Who won in the end? Didn't I get him after all?» (75). El anecdotario es simple, pero desolador. De ahí la moraleja de las flores marchitas: «You may not buy them today, but one day you will» (76). Más pronto de lo que uno espera.

entre el epílogo y el epitafio

La imagen impactante de René Ariza al final de *Conducta impropia,* el filme de Néstor Almendros y Orlando Jiménez-Leal sintetiza mejor que ningún otro cometario su trayectoria trágica, que es la de muchos cubanos

Ariza sentado en un banco de un parque en Miami, el mar al fondo.

«Sí, hay poca información, es verdad, pero lo más enjundioso de la cosa no está, exactamente, en lo que sucede sino por qué sucede. Ser distinto, ser extraño, tener una conducta impropia, es algo no solamente prohibido, sino que además puede costar prisión. Eso yo creo que está dentro del carácter del cubano desde hace mucho tiempo, que no es privativo de Castro y que hay muchos Castros que cada uno tiene dentro. Es una actitud que arrastramos. Arrastramos una serie de diseños, de moldes desde hace mucho tiempo y estamos muy acondicionados por todo. Es un círculo vicioso y se ha caído completamente en una paranoia, una paranoia que la sustentan todos, la sustentan tanto los que persiguen como los perseguidos, puesto que los perseguidos a veces parecen ser los que persiguen, todo el mundo sospecha de todos. Esa paranoia nos conduce a...

Ariza se queda en silencio, la mirada perdida. La pantalla funde en negro y suben los títulos finales» (105-106).

CAPÍTULO X

TEATRO ENTRE REJAS

Para la mayor parte de los integrantes del movimiento teatral latinoamericano, el sufrimiento de los cubanos anti-castristas y las innumerables injusticias y persecuciones que hemos tenido que sufrir a consecuencia de nuestra entereza ideológica en contra del castrismo, no cuentan para nada. Marina Pianca afirma en *Testimonios del teatro latinoamericano*: que los que ella recoge en su libro dejan «constancia de una actividad teatral latinoamericana llevada a cabo en circunstancias límites: en la cárcel, el exilio, el neoexilio, la guerra. Son las voces de los sobrevivientes en documentos llenos de amor y de esperanza que narran momentos en la realidad de Nuestra América y su teatro» (7). Una y otra vez mencionan los crímenes «de los Pinochet, de los Videla, de los Bordaberry y de los Somoza, de sus cómplices nacionales e internacionales» (7) y excluye sistemáticamente toda referencia al caso cubano, no importan las evidencias que se presenten. Sacados del canon de sufrimientos humanos y de la cultura, no hay modo de que se reconozcan en lo más mínimo los sufrimientos y las miserias causadas por el castrismo, respondiendo a ambiciones, muchas de ellas personales, haciéndose defensores de las injusticias de las clases pobres latinoamericanas con plena conciencia de las miserias físicas y morales de los regímenes totalitarios de izquierda.

Queden como muestra del otro lado de la moneda, los textos que siguen de Fernández-Travieso y Jorge Valls.

274

José Fernández Travieso: *Prometeo (1976):* la autenticidad de las cadenas

Fenández-Travieso participó activamente en el Directorio Revolucionario Estudiantil cuando era estudiante de bachillerato en el Colegio de La Salle. El 27 de marzo de 1961 cae preso por posesión de armas. A los dieciocho años lo condenan a treinta años de prisión. Virgilio Campanería y Alberto Tapia Ruano, también acusados, de veintiún años, fueron fusilados el 17 de abril de 1961. Fernández-Travieso estuvo en las cárceles de La Cabaña, Isla de Pinos, Guanajay y en el Combinado del Este. Cumplió diecinueve años de su condena. En septiembre de 1969, un año después de salir de Isla de Pinos y de sufrir trabajos forzados, escribe en la prisión de Guanajay su obra *Prometeo*. La sacan clandestinamente de Cuba y se estrena en marzo de 1976 en Miami. Por este motivo, se le abre una nueva causa y lo condenan a cinco años adicionales de cárcel por diversionismo ideológico. En noviembre de 1979, a raíz de un programa de indultos y por gestión del gobierno venezolano, durante la presidencia de Luis Herrera Camping, logra salir de Cuba vía Venezuela, pasando después a residir en Miami.

Prometeo es en realidad un largo recitativo que, pese a sus limitaciones podría producir su impacto en manos de un director competente que redujera la obra a la mitad y le sacara el mayor partido a su contenido trágico. Como en los momentos más pobres de *Los siete contra Tebas*, la pieza se vuelve un largo lamento ante el muro de la desolación, en un gesto desesperado que es tan bíblico como helénico, y por supuesto, a estas alturas, muy cubano. No en balde el choteo trágico que comenzó con *Electra Garrigó* tomó cauces más serios y sangrientos: el contexto lúdico trascendió el choteo y llegó a la crueldad.

Fernández Travieso desintegra a Prometeo, un poco puerilmente, en tres variantes de su propia identidad nominal, Prometeo, Meto y Teo; pero más que el contrapunto entre sí, la pugna que sostienen con la Arpía (que ya se puede imaginar el lector de quien se trata) que se nutre de sus víctimas, gesta los mejores momentos.

CORO: Hoy, mañana y eternamente.
                 Conocerás a la Arpía.

Verás su rostro.
Sentirás sus garras.
Hoy, mañana y eternamente (32).

ARPIA: ¡Basta!
             Tengo hambre, tengo hambre de ustedes.
             De corazones de titanes.
             De corazones henchidos de orgullo y soberbia,
             por lo que han sido no siendo.
             Quiero sentirlos palpitando en mi garganta (37).

Obra, en fin, de valor más sintomático que dramático, tiene el privilegio de lo que a muchas les falta: la autenticidad de las cadenas. La misma radica en la gestación de un texto que toma de entrada casi una década: marzo 1961, cuando encarcelan a su autor, a septiembre 1969 en que termina la pieza. Pero son diez años de entrenamiento en el teatro de la crueldad, en vivo, que nada tiene que ver con la formación a partir de Genet de los dramaturgos de la crueldad de los cincuenta y los sesenta. No se forma el autor en ningún seminario de artes dramáticas de esos que empiezan a funcionar en Cuba a partir de 1959, ni tampoco en *Teatro Estudio*. El «método» internalizado surge de la cámara negra de las cárceles cubanas, y su teatro político no es el colectivo del *Teatro Escambray* ni el de Bertold Brecht. Su técnica de desdoblamientos surge de la alienación carcelaria donde el yo se forma de componentes alternos que lo salvan de la locura.

Jorge Valls. *Los perros jíbaros (197?)*: un bestiario histórico

Los perros jíbaros es una importante contribución a la dramaturgia cubana. Más conocido como poeta, Valls sufre prisión en Cuba en las cárceles de Boniato, consideradas como un campo de concentración castrista. Escrita en prisión, trasciende los límites de una experiencia carcelaria estrictamente cubana para adquirir un significado más amplio dentro de cualquier contexto similar en cualquier parte del mundo. Sin embargo, queda permanentemente asociada a la experiencia de su autor, como documento de una vivencia muy diferente a la que se desprende del discurso dramático oficial. No obstante ello, en *Los perros jíbaros* no hay una referencia directa al caso cubano. Mejor todavía: es una inmersión en la realidad nacional que le da al texto una trascendencia metafórica que lo separa radicalmente del panfleto.

Esta obra se publica en la revista *Tribu* en 1983, acompañada de unas fotografías de su estreno en 1982. Para esa fecha, Valls todavía sufría prisión en Cuba, lo cual parece indicar que la obra es cuando menos de la década previa. En la nota que precede a la publicación se indica que en dichas cárceles han transcurrido «los últimos 18 años de este místico y gandhiano poeta. Entre bayonetazos y palizas. En claustros subterráneos y antiguos aljibes de castillos y fortalezas de tiempos de la colonia española. Sin luz, sin sol casi siempre» (3). Perteneciendo al grupo de presos conocidos como «plantados» por su inclaudicable posición contra el régimen, logra que su obra salga de las prisiones castristas.

La acción se desarrolla realmente en una cámara negra (como si correspondiera a su experiencia vital en mazmorras sin luz), ya que las referencias escenográficas son básicamente superfluas: *«un lugar alto desde donde se divisa la playa y atrás el monte» (9)*, *«interior de una casa» (10)*. Quizás estas especificaciones se deban a la inexperiencia de Valls como dramaturgo, que lo hizo partir de una concepción realista escenográfica en una obra básicamente metafórica y expresionista. Pero toda concepción realista va a ser rápidamente abandonada bajo el carácter mismo de la situación. También parte de una nomenclatura errónea al dividirla en «actos», hasta el número de nueve: Valls está trabajando con cuadros o escenas que en su totalidad forman una obra en un acto que debe representarse con la mayor continuidad posible para no perder su impacto. Se trata de un texto expresionista concebido como una alegoría de la represión política. El expresionismo como distorsión última de la realidad y quintaesencia de la misma, le sirve nuevamente al escritor como el mejor recurso para llegar a lo medular de una circunstancia que es el resultado de una aberración ideológica. De ahí que el concepto escenográfico del tercer cuadro es el que da la tónica dramática: *«un lugar donde nada protege de nada, algo así como en medio del caos» (12)*, que se repite en el que sigue y se reitera en el tercer cuadro: *«un lugar con una luz irreal que no es de día ni de noche y que no viene de ninguna parte. No debe haber ni esquinas siquiera. Acaso un ciclorama de color neutro» (18).* Básicamente este es el concepto visual del texto de acuerdo con la idea de persecución total, continuada, implacable, que es el hilo que conduce la acción. Bien puede ser un espacio cerrado o uno abierto, porque viene a representar lo mismo; ambos respiran la atmósfera claustrofóbica de una prisión sin posible escapatoria, que es lo que debió inspirar a Valls de acuerdo con lo que estaba viviendo.

Espacio cerrado	Espacio abierto
Negro: cárcel	Negro: cárcel
Experiencia individual	Experiencia colectiva
Núcleo	Todo

La experiencia individual conduce a una metaforización colectiva. No importa que la acción se desarrolle en un espacio abierto por donde los personajes huyen, ya que el espacio cerrado es lo mismo y uno refleja el otro. En última instancia todo es una cárcel, encerrados los personajes (todo un pueblo) bajo la amenaza feroz de los perros jíbaros. Si Valls escribe la obra en prisión, se desprende claramente que la experiencia crea el texto.

Pero, ¿qué/quiénes son «los perros jíbaros»? «Los perros jíbaros crecen en los despojos del hombre y un día son como una plaga. Entonces arrasan la tierra y destrozan a los hombres a dentelladas» (10). «A cualquier hora bajan las sombras. Y entonces no hay más que el brillo de los ojos de los perros buscando sus presas para devorarlas» (11). Obviamente se trata de una alegoría, de una metáfora, a la que el autor circunscribe la idea total: la aberración de la conducta llevada a términos bestiales. Entre todas las metáforas, Valls selecciona la de estos perros feroces que impactan visualmente, como bestias de Picasso, o del mexicano Tamayo. Toma su imagen visual y sonora para sintetizar todo un sistema de represión política, de perversión y de odio. Son monstruos atemporales: «¿Hace mucho tiempo?» «¿Un siglo? ¿Ayer?» (12). El concepto de «personaje ausente» puede aplicarse a la idea de los perros jíbaros, porque todo existe en la medida de su relación con ellos. De ahí que el fondo auditivo sea el de sus aullidos y ladridos. A través del sonido, su persistencia se extiende de principio a fin y se «ven» auditivamente. A su vez, naturalmente, trascienden los límites caninos. Se reproduce mentalmente un cliché asociado con la ferocidad de la jauría en los regímenes totalitarios que no respetan los derechos humanos.

La obra se abre con la omnipresencia del título, que indica una nueva época presidida por un líder canino: «El Rey de los perros jíbaros está azuzando a la jauría». «Ha empezado el tiempo de las persecuciones». «Huid. Todo esfuerzo es inútil». «Los perros jíbaros ya bajan del monte» (9). Al mismo tiempo hay un concepto atemporal, porque los canes han estado allí desde tiempo inmemorial. El lector puede transferirlo a cualquier sistema represivo. ¿Cuál es el tiempo? ¿De dónde se huye? En realidad, de un todo no identificado que reconoce internamente el receptor, pero que se reduce a un esquema único, igualitario.

Las viejas del «primer acto», que dan el toque de tragedia griega, no se definen dentro de ningún contexto específico. Representan una masa coral, un todo cósmico: «Ya no hay luz en estas tierras. Hay miles de áspides negros que están devorando estrellas» (9). «En los huecos de la sombra y del silencio, en los claustros de la muerte, lloraremos nosotras, que para eso estamos» (9). Es un texto ritualista, hierático a veces, de una huida móvil que es estática a la vez porque el movimiento no tiene salida.

Siendo un texto dramático escrito por un poeta, la voz lírica se impone, en muchos momentos, sobre la dramática, lo cual no es teatralmente recomendable. Particularmente el segundo acto tiene resonancias lorquianas (acentuada por el nombre del protagonista) con sus correspondientes virtudes y defectos: «Mi mujer es un gajo de flores de mango» (10) «Mira, madre, su vientre es un racimo de mangos que crecen. Mi hijo invisible crece entero en su cofre de nácar» (10). Este lorquianismo dialógico les resta teatralidad a unas relaciones familiares que se deshumanizan a favor de una metaforización lorquiana que intenta una cubanización con mangos.

Lo más importante está en el acoso y la fuga, componentes externos e internos del desarrollo. El acoso de los perros determina la huida de los hombres hacia un punto indefinido, hacia una meta que se va alejando a medida que los perros se acercan:

Meta humana: huir de los perros

acoso-huida

Meta canina: matar a los hombres

Los perros existen como generadores del acoso que conduce
al movimiento.

De un lado: «Los perros jíbaros han bajado al llano» (11). «Entran por las ventanas por las grietas de los muros» (11). «Saltan las tapias» (11). «Destrozan los campos, destruyen los jardines» (11). «Es inútil, roerán las paredes y entrarán por el piso» (11). «Dentro de pocos minutos ya no habrá ni casa ni lechos» (11).

Propuesta individual de Víctor: «Mataré a los perros con mis puños» (11). «No quiero que mi hijo viva entre los perros jíbaros. No quiero que me lo muerda un perro y le crezcan los colmillos rabiosos» (11).

Del otro: «Es inútil» [luchar contra ellos] (11). «Son muchos, no se acaban nunca» (11).

Interpretación dentro del contexto inmediato de Valls escribiendo este texto en la cárcel:

De un lado: Las fuerzas represivas castristas acabando con todo.

Propuesta: Lucha contrarrevolucionaria; temor al adoctrinamiento.

Del otro: Aumento de la represión en manos de un mayor número de fuerzas castristas

La única solución al acoso es la huida (el exilio)

Esta fuga sin principio ni fin y sin espacio, reafirma la atemporalidad del texto a medida que se desarrolla el contrapunto de los personajes mientras huyen en una constante trashumancia. Esto también es una reflexión sobre la inestabilidad permanente del destierro y la pérdida del espacio territorial que ello significa, que es el de uno y se debe tener para vivir nuestro propio tiempo, ahora transferido a los perros jíbaros. En este contexto no se sabe de donde ha salido nadie ni hacia adonde va porque se viene y se va de todas partes y de ninguna, que es el escenario absoluto de la obra. Al mismo tiempo que «cada quien tiene que cuidarse de cada quien», cada quien tiene que «apoyarse en el que tiene al lado para seguir andando» (12). Es un desarreglo de las relaciones personales en un contexto de intangibilidad, como si en ello residiera al mismo tiempo la muerte y la sobrevivencia. De ahí la agonía de un desconocimiento permanente dentro de una huida que es una tortura dentro de la tortura. Es un territorio de trampas donde no hay camino porque todos los caminos son posibles en medio del oscuro total del ciclorama escénico. Todo lleva a una desintegración en la huida misma: «Ya nadie estorba a nadie» (12). «¿Será que todos estamos de más?» (12). Al no definirse nada en concreto, Valls llega a uno de esos textos (los menos) que son la médula de la historia de Cuba.

Víctor define las circunstancias dentro de la propia incomprensión de las mismas: «Pero, no sé, no lo comprendo. Sólo que no hay casa ni paredes, ni huertas, ni madres, ni mujeres, ni hijos en los vientres. Sólo perros jíbaros, ladrando, mordiendo, aullando, destrozando. Y trampas, trampas, por todas partes» (14) El Hombre 1 afirma: «Hay que vivir entre los perros. Ladrar cuando ladran, correr cuando corren y esconderse cuando están furiosos. Así también se come de lo que ellos dejan» (14). Porque siempre existe la opción de volverse un perro jíbaro: «Aquí no se distingue quién es perro jíbaro y quién no. Todos nos estamos convirtiendo poco a poco en algo que no quisiéramos ser» (18). A esta teoría de la sobrevivencia («Es la época de los perros jíbaros. Hay que aceptarlo. Es la evolución del mundo», 14), se opone la teoría del movimiento («Moverse, moverse mucho con brío para que no se asiente el recuerdo», 12), de la lucha («Pelear hasta quedarse tieso», 14) o de la huida («No quiero acabar siendo un perro jíbaro. Huir», 14). No obstante ello, vigilados por los perros, no hay escapatoria posible. No hay hacia atrás ni hacia adelante. Sólo hay trampas. Víctor se convence de que no va «hacia ninguna parte» (16), modo de ir a todas dada la anti-espacialidad y anti-temporalidad de su circunstancia, que incluye la desaparición nominal: «Es tu nombre lo único que tienes», pero «casi no lo sabe nadie más que tú» (16). Es por eso, que cuando en el quinto acto se oye un cerrojo que parece ser el de una cárcel, el hecho es superfluo porque todo lo es dentro de un proceso histórico que no acaba nunca.

Valls crea un mundo en sí mismo que no necesita restringirse a fronteras geográficas y evade toda posible especificación. Pero es evidente que todo proceso creador emerge de un espacio concreto cuyas paredes inmediatas se omiten para que el texto adquiera un significado totalizador transferible. Es obvio que, escrita en las cárceles cubanas, la alegoría histórico política se traduce de inmediato con facilidad. En un país que ha estado dominado por la represión y los actos de repudio, los perros jíbaros quedan vinculados a todas las manifestaciones de la vigilancia, desde el comité de barrio a las unidades de respuesta rápida para acallar cualquier movimiento subversivo. La vigilancia mutua es un quehacer cotidiano que lleva a que todos recelen de todos porque en medio del acoso no se sabe quién es un perro jíbaro y quién no lo es. La situación recuerda la de *Los siervos* de Piñera. La inseguridad crea un mundo de trampas. Podemos caer en una de ellas en cualquier momento, por un comentario indebido que lleve al chivatazo. Se trata de un nuevo modo de vida establecido por el proceso revolucionario. A esto se une la escasez de alimentos, que ha implicado que el cubano haya tenido que «resolver» día a día sus necesidades más perentorias, lo cual explica la gradual conversión en «perros jíbaros». Las concentraciones masivas donde se gritan consignas equivalen a los ladridos de la jauría de perros jíbaros, haciendo que cada participante ladre más fuerte para asegurar de este modo su posición como «perro jíbaro», inclusive cuando lo sea por fuerza. Este es el miedo a la asimilación que siente Víctor, pero que refleja a su vez (y explica lo inexplicable) el control castrista sobre las masas. *Los perros jíbaros* llega a la médula de la represión y lo hace con una eficiencia dramática que invita a un trabajo gestual acorde con el texto. De hecho, tiene lugar un proceso total de animalización que lleva a que los personajes, en la huida, sean ellos mismos «los perros jíbaros». Llega un punto en que correr es lo único que tiene sentido, y lo hacen como «perros jíbaros».

Se trata de una metaforización del acoso cubano y todas las referencias pueden convertirse en alusiones específicas: «mucha gente pudo irse» y «otros tuvieron que quedarse y adaptarse» (22). Apunta hacia esa división de las dos orillas que crea el exilio. El «ya debe faltar poco» y «¿tienes esperanzas?» (22), equivale a esa espera, más de medio siglo, añoranza inútil de la desaparición física del propio Fidel Castro, que frecuentemente se cierra con un tono fatalista: No, no tengo esperanzas, «pero todo pasa. Sobre todo nosotros» (22). Los textos repercuten en la conciencia cubana como a golpes de martillo: el siempre tuvimos miedo: «Todo el mundo tiene miedo» (22). En particular, la sospecha de una delación: «Nada más peligroso que la proximidad de un ser humano» (22). Como creo que ocurre en *Ojos para no ver,* todo esto le da a la obra una dimensión desoladora para los cubanos, transferible a otros contextos.

Tras el ladrido ensordecedor de los perros, la liberación de Víctor sólo puede llevarse a efecto de forma ritual, por los caminos de la muerte: «Quiero librarme de este huir sin tregua y sin destino» (23). El dramaturgo se apoya en una concepción plástica luminotécnica acompañada de «*un ruido como estática muy fuerte» (24).* Hay una conciencia metafísica que lleva a un martirologio final donde Víctor, visto desde lo alto por las viejas que vemos al principio de la obra, aparece tendido sobre el escenario después que ha sido despedazado por los perros jíbaros. Dramáticamente hablando, el encierro de Valls no fue teatralmente en vano.

.José Sánchez-Boudy. *La soledad de la Playa Larga (1975): Girón desde la otra orilla*

Un hecho peculiar del proceso histórico cubano tiene lugar cuando en el exilio aparece una serie de escritores que, de haberse quedado en Cuba bajo otras circunstancias, no se hubieran interesado jamás en la creación literaria. El distanciamiento del territorio nacional lleva a una reafirmación de la identidad a través de la escritura, lo que da lugar a una producción copiosa que el castrismo nunca se pudo imaginar. Esto es particularmente cierto en el caso de la poesía, seguida del cuento y la novela. Los resultados con frecuencia son de dudoso mérito, pero en muchos casos han sido positivos. En el teatro ha sido más difícil y los ejemplos son pocos, ya que la dramaturgia requiere una aproximación que trasciende la escritura y conlleva una conciencia del diálogo teatral, el desarrollo dramático, la gestualidad y el movimiento, que no requieren otros géneros literarios. Sus procedimientos no residen únicamente en la relación verbal, de ahí que sean pocos lo que asumen el riesgo.

José Sánchez-Boudy (1929), pasa por alto estos obstáculos y en l971 publica *Homo sapiens* que contiene textos teatralmente poco afortunados: *El negro con olor a azufre, El hombre de ayer y de hoy, ¡Los asesinos! ¡Los asesinos!, La ciudad de humanitas.* Quizás de mayor validez sea *La soledad de la Playa Larga (1975),* por tratarse de una contrapartida del exilio al teatro de «¡Patria o Muerte!» castrista, pero lamentablemente el teatro tampoco sale ganando con este descalabro histórico. No es una pieza escrita entre rejas, como las que acabamos de discutir, pero por su temática y por tratarse de un caso único muy difícil de ubicar, la incluimos en este capítulo. En todo caso, Sánchez-Boudy acomete la peripecia histórica desde la orilla de acá, pero no lo hace con mayor acierto. El acto primero se inicia con combatientes hechos prisioneros y metidos en una «caja de tigre»: *«una de las prisiones más horribles que existen. Los hombres, debido a la dimensión de la caja, tienen que mantenerse siempre acostados» (11).* Aunque la imagen es convincente como documento, el inconveniente es estrictamente dramático porque los personajes quedan paralizados dentro de ellas, incapaces de toda posible comunicación escénica. No siempre decir la verdad y exponerla es conducente a un resultado escénicamente positivo.

CAPÍTULO XI

JOSE CORRALES Y MANUEL PEREIRAS

CONTINUIDAD Y RUPTURA

José Corrales (1937) inicia su obra dramática en Cuba cuando estrena una de sus piezas en el Festival de Teatro Obrero y Campesino de 1961. Estudió actuación en la Academia de Arte Dramático de La Habana, donde también formó parte del Departamento de Teatro Infantil del Consejo Nacional de Cultura. Trabajó con dos de los directores más importantes de la escena cubana del siglo XX: con Francisco Morín en el grupo *Prometo*, y con Dumé, como actor y asesor literario del *Dume's Spanish Theater,* primero en Nueva York y posteriormente en Miami. También fue asesor literario del *Latin American Theatre Ensemble,* del *INTAR,* del *Mercy College Spanish Theater Group* y uno de los fundadores del *Stonewall Repertory Company.* Su producción dramática incluye unos veinte títulos, tres de ellos escritos en colaboración, entre los cuales debe destacarse *Las hetairas habaneras* (de la que fue co-autor con otro dramaturgo cubano residente en el área de Nueva York, Manuel Pereiras), publicada por Editorial Persona en 1988. En 1977 es co-autor, también con Pereiras, de *The Butterfly Cazador,* con música de Evan Senreich. En la década del setenta escribe *Faramalla* (en colaboración con Dumé), *Spics, Spices, Gringos and Gracejo* (1976), básicamente en inglés con textos también en español, y que va a anticipar lo que después hará Dolores Prida con *Coser y cantar.* En español escribe *El espíritu de Navidad (1975), Juana Machete, la muerte en bicicleta (1977),* todas ellas estrenadas, y *Bulto postal (1976),* sin estrenar. En las décadas del ochenta y el noventa va a seguir trabajando intensivamente hasta la fecha de su muerte en el año 2000.

Por su lugar de nacimiento, el carácter de sus textos, la filiación a través del idioma, e inclusive el tratamiento a veces obsesivo de la sexualidad, Corrales es uno de los más sólidos dramaturgos cubanos contemporáneos aunque haya tenido que escribir la mayor parte de su obra en el exilio. Sus nexos con múltiples vertientes del teatro cubano son diversos. El vernáculo y el absurdo confluyen en una dramaturgia que también va a caracterizarse por el exilio nacionalizado de la tragedia clásica en la tradición de *Electra Garrigó,* como hace en colaboración con Manuel Pereiras cuando escribe *Las hetairas habaneras.*

Poco después de morir, la revista *Caribe* le rinde un bien merecido homenaje y uno de sus editores, Jorge Febles, con motivo de la anterior publicación de algunos de sus poemas, indica que su correspondencia electrónica con Corrales le había confirmado «lo que ya había intuido: me encontraba ante un escritor excelente, aunque infravalorado» (170). Por ese motivo, cuando uno se aproxima a su obra, se sorprende de lo mucho que hay en ella. «Acercarme a su teatro y a su poesía no es sólo transitar por los enmarañados laberitos que el ser humano ofrece, sino proyectar sobre él y sobre los seres que viven y conviven en el ámbito de sus piezas una mirada interior que en ocasiones resulta estremecedora» (Yara González Montes, 218). Para una mejor valoración del escritor, debe consultarse este número de *Caribe* y, por extensión, toda su obra, incluyendo su lírica, que no se queda atrás respecto a los valores que tiene como dramaturgo.

Bulto postal (1976): el teatro como «coitus interruptus»

Entre las obras que configuran lo que podría llamarse período de formación, merece que nos detengamos aunque sea muy brevemente en *Bulto postal (1976),* que aunque no resiste en conjunto un exhaustivo análisis crítico, da pautas para un mejor entendimiento de su producción y el desarrollo de la dramaturgia del exilio. Incluye esta observación el uso del inglés (brevemente, en este caso) dentro de una pieza concebida en español, pero que se escribe en el espacio sajón y del cual se desprende el uso funcional de este idioma dentro de una obra eminentemente cubana. Porque hay en *Bulto postal* manifestaciones de nuestro vernáculo, tanto en el uso del lenguaje, directo y hasta grosero, como en las situaciones, a veces sexualmente explícitas. Al mismo tiempo se ponen de manifiesto las características del teatro del absurdo que se hacía en Cuba desde fines de los cincuenta: el tono lúdico, gratuito y repetitivo de un texto que no sigue una particular dirección y que lo mismo puede acortarse que extenderse sin que se gane o se pierda. No hay argumento. Ella, Catalina, Lucía y Teresa esperan la llegada del cartero, pero no hay el menor significado subyacente en este motivo que se repite. En realidad, no esperan nada. Los diálogos que sostienen recuerdan *La boda* de Piñera, aunque los de Corrales son más explícitos: «Sí, sí. Tienes muchísimas ganas, unas ganas enormes y desenfrenadas de que te pongan sobre tus tetas un montón de cosas» (9). También las situaciones: «*Entra el Cartero completamente desnudo pero la bolsa le cubre los genitales [...] Se inclina de modo que le muestra el trasero al público*» *(31)*. Dramáticamente esta desnudez no tiene mayor validez, porque enseñar el trasero o los genitales no es en sí mismo premisa válida. La tiene por contraste dentro de la dramaturgia cubana, ya que Corrales (aunque no llega a estrenar la obra) es uno de los primeros autores cubanos que propone el desnudo en escena, y tiene que hacerlo fuera de Cuba porque en territorio insular en los setenta no se permitía ninguna «conducta impropia». Irreverente, el diálogo no tiene pelos en la lengua:

TERESA: No, señor. No. Ahora sí me van a oír. Hace tiempo que tengo ganas de decirles cuatro cosas.

ELLA: Dilas. ¡Atrévete!

TERESA: Cojones, verga, puñeta, pinga.

JUAN: Ahí la tienen. Ya está. Cuatro cosas y ya está. Vámonos, Teresa (18)

Decir por decir es un insulto sin objetivo. Todo, en general, gratuito, con relativa gracia, más en la línea del absurdo que no se explica y que no genera angustia, aunque sin el carácter delirante de *Las pericas*. Sólo para sacudir, chocar.

Con *Bulto postal,* Corrales empieza a poner en práctica su metodología teatral de lo que no llega a hacerse o a decirse: «Una cena sin postres, un tren que no llega a su destino, una obra de teatro sin final, coitus interruptus...» (37). «Caricias que se quedan en el aire, asesinatos sin resolver, ladrones que nunca han sido apresados, alumnos sin graduación...» (38). Hoy en día los hermanos Cohen hacen por el estilo y les dan un Oscar. Su práctica escénica en el uso del lenguaje, con sus contradicciones, sus elipsis y sus malentendidos, y la incongruencia de las situaciones y la conducta humana, comienzan a ponerse de manifiesto en esta obra.

TERESA.	El, el pobre, sabe tan poco de nuestras cosas.
LUCIA.	¿Qué cosas?
TERESA.	Las cosas nuestras, tú sabes.
LUCIA.	Sí, yo sé, pero dime qué cosas, ponme un ejemplo.
TERESA.	Las cosas que hacíamos.
LUCIA.	Si, por favor. Se específica. No dejes las cosas así en el aire. Dinos qué cosas.
ELLA.	Sí, por favor, Teresa. Siempre creas el misterio. Dinos qué cosas. Construyes las frases de una manera. Y tus oraciones. Ni sabes como hablas.
LUCIA.	Siempre es lo mismo. No sé qué te pasa.
ELLA.	Sí, ¿qué te pasa?
TERESA.	Sí. Dime. ¿qué me pasa?
LUCIA.	Pero, ¿qué le pasa? Dime, ¿qué te pasa? (13-14)

Aunque esta forma de dialogar responde a los principios del absurdo, la propuesta, dada a conocer por uno de los personajes cuando cuestiona el modo de construir las frases y las oraciones, responde a un objetivo concreto del dramaturgo, a una búsqueda a través del lenguaje que acabará dándoles a sus personajes un modo único de expresarse. Esta será la nota caracterizadora de su obra posterior y un punto focal de sus planteamientos: la dificultad de la comunicación humana, que comienza en obstáculos puestos por el lenguaje. Entonces, en definitiva, el sin sentido de la conducta acaba convirtiéndose en el sin sentido de la vida misma. Pero no será hasta 1985, con *Un vals de Chopin*, que el dramaturgo encontrará la voz auténtica con la que se van a expresar sus personajes.

Estos personajes, que no saben si están en México, en Perú, en Nueva Orleáns o en cualquier otra parte, quizás respondan también a esta falta de territorio propio en que el exilio colocó a los cubanos que se negaban a aceptar las normas coercitivas del castrismo. Esto establece también un contraste entre los personajes del discurso oficial del teatro cubano, sometidos a un régimen de trabajo exhaustivo, donde hay que darlo todo y más a los efectos de la construcción del socialismo, y estos que prácticamente no hacen nada y no van a ninguna parte. El comentario tiene su sesgo negativo, pero lo cierto es que *Bulto postal* representa el extremo opuesto de la propuesta marxista. Y en este sentido la obra tiene mucho sentido, inclusive político, porque es un texto irreverente, que es algo que en Cuba no podía hacerse en el discurso teatral de los setenta, y el que se atreviera a decir en un escenario «cojones, verga, puñeta, pinga» acababa en la UMAP sembrando boniatos. Es en este sentido que el sin sentido cobra sentido.

Juana Machete, la muerte en bicicleta (1977):
un vernáculo gay

Juana Machete, la muerte en bicicleta, no está más lograda. *Dumé Spanish Theatre* la estrena en Nueva York en 1978. Su humor y su lenguaje están asociados con nuestro vernáculo solariego, sin faltarle toques de absurdo. Justificándose en que es una pieza del vernáculo cubano, se permite toda clase de descuidos de construcción. A la larga, no resiste un análisis crítico minucioso. Afortunadamente Corrales va a abandonar esta línea, tomará de ella ciertos elementos con los que trabajará, más elaboradamente, en otros textos.

En un comentario crítico sobre *La puta del millón*, José Escarpanter señala que la pieza de Rolando Ferrada «corresponde a la corriente del teatro compuesta por algunos dramaturgos radicados en Nueva York que prefieren temas, situaciones, personajes y diálogos al margen de las normas tanto del teatro convencional burgués como del de contenido político que predominó en las recientes décadas. La pieza, en su ejecución y propósito, es un desafío a ambos teatros y al público que los sostiene» (227). Este comentario podría aplicarse a *Juana Machete...* que es posiblemente la que abre esta dirección de la «dramaturgia cubana en Nueva York».

El desarrollo de esta vertiente es el resultado de una trayectoria político-histórica muy compleja. A medida que el castrismo va apretando el torniquete de la libertad de expresión, se produce un éxodo masivo con múltiples variantes. El primer proyecto castrista va dirigido contra la burguesía en sus términos más tradicionales, acompañado de un plan maquiavélico que no es sólo económico, sino que conlleva la destrucción de la familia burguesa tradicional. Este plan tiene que llevar, forzosamente, al aniquilamiento del núcleo familiar, con su escala de valores, incluyendo el poder coercitivo de la conducta sexual con énfasis en la relación heterosexual dentro del núcleo familiar, que era la norma. Esta norma, naturalmente, se violaba, mateniéndose las apariencias y dentro de un sistema de restricciones relativas.

La represión ideológica va acompañada con el castrismo, en los años sesenta y en particular en los setenta, de normas sexualmente restrictivas, en concordancia con la construcción del socialismo. De ahí que la conducta sexual forme parte de la vigilancia colectiva, desaparecidos ya los elementos coercitivos de la familia burguesa. La represión en realidad se hace más fuerte, acompañada de la supresión de todo concepto hedonista de la vida (característico del quehacer republicano) a favor del trabajo y la responsabilidad histórico-política como actitud revolucionaria idónea. De ahí la persecución de toda «conducta impropia». Lo peculiar del castrismo, en este sentido, es que perdió la batalla y que la represión a los homosexuales acabó por llevar al más absoluto destape.

Todo esto se refleja en el teatro cubano de las décadas del sesenta y del setenta. Mientras en el teatro insular *Andoba* y *Huelga* van a ser dos obras arquetípicas, por la conducta revolucionaria de sus personajes, incluyendo a niveles de la sexualidad (estrictamente heterosexual), y por sus objetivos donde el trabajo es lo primero y también lo último; del lado opuesto, en el exilio, se va a desarrollar un teatro «revolucionario» donde se propone la satisfacción de las leyes del deseo dentro de un todo vale en el cual *to make love* (en los términos más directos de la cópula sin restricciones y de acuerdo con las propuestas de la revolución sexual que tiene lugar en los Estados Unidos) se convierte en un desenfreno sexo-político. Además, hay que tener en cuenta que el sostén de la familia tradicional burguesa está en plena crisis, no sólo en Cuba de forma radical, sino en proceso de gradual desintegración en los Estados Unidos. Es como si el mundo se sostuviera exclusivamente en los genitales, dentro del léxico más descarnado utilizado por la «chusmería» nacional con la que muchos se identifican y nos identifican. Es dentro de estos términos que funciona *Juana Machete*...

Por otra parte, clasificada por el autor como «una obra del teatro vernáculo cubano», apunta hacia una tradición popular asociada con nuestro «chancleterismo». Pero dentro de ello hay reglas de conducta sexual que se «respetaban». Cuando el «vernáculo» se exilia en Miami mantiene por lo general el código tradicional de la conducta masculina (es decir: los hombres no son maricones), ya que de lo contrario iría contra la norma burguesa, que es la clase que lo nutrirá en el exilio. Los hombres mantendrán su condición de tales, aunque esto no excluye alusiones a la «mariconería» siempre y cuando predomine el discurso masculino «normal». Con respecto al sexo opuesto había un todo vale, pero no se podía confundir una cosa con la otra. Con el paso del tiempo la «norma» variará. La «epidemia» trasvesti vendrá después, hasta volverse repetitiva. *Juana Machete* anticipará todo esto. Además, en la mejor tradición del vernáculo, hay un discurso político anticastrista donde todo también es aceptado dentro de tales términos. Esto explica que en los años setenta el vernáculo cubano de Miami no podía ser la sede de un vernáculo *gay*, como propone Corrales en *Juana Machete...*, que es lo que va a distinguirlo. Obsérvese que la «chusmería» y el «chancleterismo» del discurso oficial cubano mantienen sus reglas de medida. Para simplificar: los personajes del realismo socialista y el teatro de creación colectiva pueden decir ordinarieces, pero nunca son maricones.

Si los personajes del discurso oficial cubano están sujetos a la responsabilidad histórica, los que van a seguir estos extremos del discurso del deseo no están sujetos a ninguna coerción. Es casi una consigna política. Las relaciones sexuales son explícitas y la característica fundamental es la bi-sexualidad de los hombres, porque en el caso de las mujeres no se definen tan explícitamente como lesbianas. Las mujeres, hay que reconocerlo, por una razón y por la otra, van a perder protagonismo escénico, en las dos orillas.

En *Juana Machete...* todo el mundo se acuesta con todo el mundo, salvo Cheito, que (a menos que se me haya escapado alguna alusión de las muchas que hay en el texto) se acuesta sólo con hombres. A pesar de que Corrales asegura al dar los datos sobre los personajes, que Cheito es muy masculino, el texto lo descubre como el más afeminado del grupo, acercándose más bien a la «loca» popular cubana. El hecho de que sea «ex estudiante de baile» lo coloca dentro de esta categoría, como estereotipo. Todos los hombres, en una típica caracterización de la «cultura *gay*» y del dramaturgo, son muy «hermosos».

La búsqueda en el vernáculo de las raíces de lo que somos ha caracterizado a nuestra dramaturgia más «seria» desde José Antonio Ramos a Carlos Felipe, Fermín Borges, Rolando Ferrer, José Triana, Nicolás Dorr, etc, pero sin llegar a términos tan explícitos. Escrita en Nueva York a fines de los setenta, el contexto le permite a Corrales decir lo que la dramaturgia anterior tamizaba dentro de contextos metafóricos más elaborados. Sin embargo, la obra permanece asociada a lo cubano republicano, porque la acción se desarrolla en La Habana en los años cuarenta, dando una perspectiva iconoclasta de los valores atribuidos a la burguesía cubana, que apabullada por todas partes, apenas tiene donde sostenerse.

Tratándose del vernáculo (o justificándose en ello) la pieza de Corrales no tiene un desarrollo coherente. La supuesta muerte de Juana Machete causa alarma entre los vecinos, particularmente entre Migdalia, Ana María y Cheíto. El Sargento llega a hacer investigaciones y sin más preámbulos entra en el cuarto y se acuesta con Migdalia. Cuando Ana María y Cheíto regresan, el Sargento, en calzoncillos, se esconde en la cocina. Hay situaciones burdas, de relativa comicidad. En una de estas, aparentemente matan a Ana María y aparece Juana Machete, que no estaba realmente muerta. Todo gratuitamente. Para el segundo acto Cheíto, vuelto ya el protagonista, hace de detective, un poco a lo Peter Sellers, acrecentándose el enredo, los disparates sin sentido y los chistes de doble sentido, la mayor parte de ellos, alusiones homosexuales, particularmente con la llegada del Plomero, que acaba acostándose con todos los hombres del reparto. Porque la propuesta descaracteriza la masculinidad nacional (o la masculinidad en general). Corrales acaba diciéndonos a través de la acción dramática (y lo vamos a decir vernacularmente) que si bien todas las mujeres parecen ser putas, todos los hombres son maricones, que es la más subversiva y radical propuesta *gay*.

JOSE CORRALES Y MANUEL PEREIRAS

Las hetairas habaneras (1977): la castración como conducta histórica

A la obsesión ética característica de la cultura nacional, se opone una obsesión hedonista, de fuerte contenido sexual, que no deja de tener sus implicaciones dentro de la conducta histórica cubana. Tal es el caso de *Las hetairas habaneras,* de José Corrales y Manuel Pereiras. Pereiras (1950) llega a los Estados Unidos en 1968, cuando tiene dieciocho años. En colaboración con Corrales escribe, primero, la obra que ahora nos interesa, y al año siguiente una comedia musical, *The Butterfly Cazador.* En 1976 escribe *América* y en 1978 *El mar de cada día,* que, según González-Cruz, son compilaciones de poemas de autores de habla hispana para el teatro, y por consiguiente fuera de los objetivos de este libro. Su obra *Holy Night* no se presentará en el *Stonewall Repertory Theater* hasta 1980, acrecentando su producción durante esta década y la siguiente.

En el prólogo a la edición de *Las hetairas habaneras*, José Escarpanter sintetiza admirablemente las múltiples dimensiones de esta obra:

> «Estamos frente a un ejemplo máximo del género paródico en el teatro cubano. *Las hetairas habaneras* comienza siendo una travesura literaria al estilo de los vanguardistas, se transforma más tarde en una feroz diatriba contra el régimen que detenta el poder en Cuba y concluye como una verdadera tragedia, sin que estos elementos tan

dispares lastren su condición de espléndida pieza, afincada, por una parte, en la ilustre tradición de la tragedia y de la comedia agresiva y libérrima de Aristófanes, y por otra parte, en los cauces del teatro cubano, y a la vez consecuente con las formas más notables de la escena actual por su ejemplar construcción técnica y su enorme riqueza expresiva» (8-9)

Agrega Escarpanter: «Hay que esperar que tras su publicación, algún director teatral se lance a la atrevida empresa de corporeizarla sobre la escena» (9). Más de un cuarto de siglo después de su escritura y unos veinte desde su publicación, no ha pasado tal cosa, dando una muestra adicional de las dificultades de la dramaturgia cubana del exilio.

Para Jorge Febles se trata, cuando menos en parte, de «una revisión paródica de *Las troyanas* de Eurípides […] que tiene tanto de farsa grotesca como de melodrama radionovelesco» que «refleja una compleja armazón intertextual no exenta de raíces cubanas», con un «lirismo ambivalente» y que representa un «*tour de force* del teatro del exilio» caracterizado por su «complejidad composicional» (*De la desazón* 84-85).

El nexo de esta obra con *Electra Garrigó* la vincula al conjunto trágico-paródico que representa la dramaturgia de Piñera y a textos ulteriores, como *Medea en el espejo* de Triana, escrita en Cuba. La metáfora clásico-ideológica, con funcionamiento alegórico como respuesta a la inmediata realidad histórica, responde a una tradición décimonónica que reaparece en *Los siete contra Tebas*. Por otra parte, la concepción fálico-mítica de lo afrocubano, dentro de una vivencia prostibularia republicana, vincula el texto a *Réquiem por Yarini* de Carlos Felipe y, por extensión y contraste, con *Santa Camila de La Habana Vieja* y *El gallo de San Isidro* de José Brene. A este conjunto habría que agregar *María Antonia,* de Eugenio Hernández, sin excluir mi obra *La navaja de Olofé,* por la correlación fálico-uteral y afroclásica que las unen.

Con este sistema de relaciones queremos establecer la convivencia de una serie de obras que forman todo un capítulo y una constante en el teatro cubano. No quiere esto decir que una obra esté determinada por la otra, salvo el hecho de que todas ellas parten de la erótica bisoña de *El príncipe jardinero,* y que *Electra Garrigó* y *Réquiem por Yarini* son un par de clásicos contemporáneos cubanos que pertenecen a la misma familia. Se trata de una especie de hermandad dentro de la dramaturgia nacional que responde a concepciones míticas y modos de vernos, que hacen de este conjunto una entidad eminentemente cubana. Es en este sentido que *Las hetairas habaneras* queda intrínsecamente incorporada a la tradición dramática nacional. Todo esto representa también una evolución de la temática histórica que confirma mi afirmación de que *Electra Garrigó* fue, desde el momento de su estreno, una obra profética, una metáfora del porvenir. De ahí que la intertextualidad de *Las hetairas habaneras* con *Electra Garrigó* responda a un fenómeno de progresión histórica donde Menelao, parodia del caciquismo tiránico-patriarcal republicano, evolucionando de acuerdo con los hechos históricos, se vuelve, como también observa Escarpanter, parodia de Fidel Castro.

Corrales y Pereiras utilizan el principio descaracterizador del bufo cubano, cuyo objetivo no es otro que eliminar el mito histórico. Gracias a la parodia, la imposibilidad histórica de derrocar al enemigo que nos acosa es agente del estilo que se vuelve contra el adversario, descaracterizándolo paródicamente. Esto lo hacen los autores al modo clásico y al modo popular, creando una desproporción entre la tragedia y el grotesco, cuya mayor muestra hay que irla a buscar en el propio Fidel Castro. De ahí que «el secreto de Menelao», el más poderoso, el más fuerte, el más tiránico y el dueño del destino de Cuba, se resuelva por oposición de términos en el contexto de su vida privada, que es el «secreto» de su conducta pública; es decir, su impotencia sexual, expresada en términos populares mucho menos académicos. Esta percepción cae dentro de los cánones tradicionales, a la larga freudianos, en que el pueblo cubano había contemplado la historia nacional hasta que el marxismo impuso una concepción muy diferente de la realidad histórica. Claro está que es una licencia poético-dramática no confirmada por la historia y genéticamente negada, pero si el personaje histórico se empeñó en la castración de un pueblo, los dramaturgos asumen el riesgo de hacerlo escénicamente impotente.

una metáfora de la tiranía

La conciencia colectiva de la obra se forma dentro de los límites de un prostíbulo habanero, en la tradición de *Réquiem por Yarini*. El teatro cubano ha insistido más de una vez en hacer del prostíbulo el ámbito representativo de la realidad nacional. Los cubanos han vivido siempre en el péndulo de dos concepciones idílicas, cada una de ellas tan falsa como la otra: de un lado, la familia, y del otro, el prostíbulo, tratando de conciliar dos contradicciones femeninas, la santa y la ramera. Todavía a fines del siglo XX se concibe el prostíbulo como santuario, como si se estuviera rezando en una iglesia. A pesar del destape, en *Las hetairas habaneras* hay mucho de esto. Si «hijo de puta» era el más ofensivo de los insultos, se le escribían boleros («Longina») a las más notorias prostitutas.

La mítica prostibularia (a la que responde el término «hetairas») se ha reiterado una y otra vez en relación con la vida cubana, y en particular con La Habana, lo que explicaría ese carácter protagónico en nuestra literatura. Nos vanagloriamos de nuestras putas y jineteras, y casi hacemos otro tanto de los pingueros, supervalorando la potencia de los genitales. Las mujeres «decentes» casi nunca tienen un papel protagónico. Aunque es posible que esto pase en todas partes. «En 1910 existían sólo en la capital del país cerca de tres mil prostíbulos con más de diez prostitutas cada uno, lo que arroja una cifra de más de treinta mil mujeres dedicadas a ese oficio, situación que creció de modo alarmante hacia finales de la década de los treinta cuando, según cálculo de los propios gobiernos de turno, se llegó en Cuba a la cifra de unas 80 mil prostitutas a lo largo y ancho de la isla, en una población que no sobrepasaba los seis millones de habitantes» (Valle 151). En el fondo hay un contenido falocéntrico, ya que a mayor número de prostitutas se demuestra la potencia del consumidor, lo cual acaba siendo «nuestro orgullo». Es probable que un análisis estadístico comparativo les restara valor a estas premisas prostibularias, y que en otras capitales del mundo (en Londres de fines del siglo XIX, por ejemplo, como se menciona en *The French Liutenant's Woman* vía Harold Pinter) hubiera tan alto porcentaje de prostitutas como en La Habana, y que los ingleses frecuentaran los prostíbulos con tanta frecuencia como los cubanos, pero por aquello de las apariencias engañan y cría fama, Londres (ni las inglesas) tienen el prestigio prostibulario de París o La Habana.

A primera vista esto puede utilizarse para confirmar el concepto generalizado de una Cuba pre-castrista dominada por una corrupción prostibularia estrechamente vinculada con las altas esferas de gobierno. El nexo queda confirmado en escena, pero el propósito último es crear una mítica donde la libertad sexual se impone. La prostitución pierde sus nexos con la sordidez y se llega a una interpretación idílico-ideológica de la misma. Se enfoca la atención en una clase social marginada, objeto de persecución dentro de la ética del puritanismo marxista. La chocante libertad verbal y de puntos de vista expresados en este ambiente es un arma de doble filo que hiere, de un lado, la sensibilidad burguesa; del otro, la hipócrita actitud del puritanismo coercitivo marxista. Con esta conciencia ético-ideológica se forma toda una poética estético-dramática que lleva a una concepción idílica de la prostitución, muy distante del concepto de lacra social con el que entra en la ficción por vías del naturalismo décimonónico. A fines del siglo veinte se convertirá en modo de vida. La represión de la sexualidad (y en particular la represión de la homosexualidad) acaba por llevar a una desorbitación de la sexualidad misma que es todo lo contrario de la propuesta coercitiva, hasta incrementarse la prostitución masculina en cifras nunca vistas, en franca competencia con la prostitución femenina como si este fuera el resultado de «el hombre nuevo».

El principio vitalista, ritual de Eros, es el punto de partida de la tragedia al evolucionar, al final de la obra, hacia su contrario, ritual de la Muerte, en un movimiento similar pero de significado opuesto. En medio del ritual funeral de las mujeres, Alejo, el esbirro de Menelao, vuelve a escena con el niño en los brazos. Para las hetairas el niño es «el futuro, el sol en la distancia» (55): objeto permanente de adoración. De nuevo las mujeres forman un círculo alrededor de Nicomedes. Cuando se retira la sábana que lo cubre, se confirma la castración que ha tenido lugar: «Como le arrancaron al hijo de Yayo su palmera. Ahí lo tienen. Ahí lo llevan. Al fin Menelao lo logró: ahí lo llevan, al hombre nuevo» (57). De esta forma la obra reitera la importancia de la castración como metáfora de la tiranía. La sexualidad es utilizada para «castrar» la propuesta castrista de un hombre nuevo revolucionario. Si como afirma Jorge Camacho, «el anuncio de "un niño-futuro" que está por llegar se ajusta a la utopía revolucionaria de los setenta que concibe el mundo como preñado de futuro» (57), esta obra dice todo lo contrario.

Corrales y Pereiras le dan al falocentrismo ideológico castrista una bofetada en pleno rostro.

la adoración fálica: un texto que se las trae

Por consiguiente, no hay que desconocer la concepción fálico-uteral que ha permeado nuestra narrativa, desde *Francisco* de Suárez Romero y *Cecilia Valdés* de Villaverde, pasando por otras muchas novelas, las de José Antonio Ramos y Luis Felipe Rodríguez, entre ellas, hasta Guillermo Cabrera Infante, para darnos cuenta que *Las hetairas habaneras* responde a una interpretación sexo-histórica de nuestra literatura, representativa además de puntos de vistas de nuestro pueblo. A esto intenta ponerle su punto final la ascética profiláctica de la Revolución, que propone una higiene de Eros a favor de la ideología (cuando menos en los períodos de mayor fervor). El principio es, sin embargo, castrativo, y la Revolución acaba haciendo de la castración un gran tema histórico literario.

La castración funciona en la literatura latinoamericana como la expresión más descarnada de la tiranía. Sexo y política convergen orgánicamente en el centro de la tortura, que tiene su más intensa expresión en la violación de los derechos de los órganos. La castración del hombre y la violación de la mujer son la antesala del Infierno, vía tiránica sólo superada por la muerte. Todas las tiranías latinoamericanas convergen en la castración, el gran tema sexo-histórico que es un sello funesto, seña de identidad.

El desplome trágico de la obra tiene lugar alrededor de Nicomedes y está marcado por un movimiento coral hacia él, cuyo vórtice sexual es la idolatría de las mujeres: el sexo masculino es el centro del mundo, confirmado por el nacimiento del niño. Es también el momento de afirmación vitalista de las hetairas, que celebran un ritual pagano donde el sexo equivale a la creación. «El nuevo macho. El macho de la alegría y de la salsa. Que me enseñen el nuevo macho, el nuevo macho de la casa» (16). Este falocentrismo idólatra equivale a la de «un hombre nuevo» que no es precisamente el que propone el quehacer revolucionario. El Coro forma un círculo alrededor de la abuela, Diosdada, mientras Coralia le pide que le quite la sábana al niño, para ver «lo que nos tiene guardado» (16) y afirma, después de verlo, que el «niño tiene su futuro asegurado» (16). Pero es precisamente la negación de ese futuro vitalista lo que determina la naturaleza trágica de la obra, porque en definitiva se trata de un vitalismo contrarrevolucionario.

La propuesta de *Las hetairas habaneras* llega a niveles muy complejos. El destino trágico de Nicomedes que parte de la gestación del nombre, apuntando a los genitales, no deja de ser descabellado. Cuando Yayo, el padre de Nicomedes, le proponía a la que iba a ser su madre, Carlota, que se acostara con él, ella reiteraba una negativa, repitiéndole «No, yo, ni cojones»: «Tantos ni cojones le dijo Carlota al pobre Yayo, que el día que al fin cedió su brazo, ese mismo día quedó preñada» (18), motivo por el cual Yayo quiere ponerle «Nicojones», que va a convertirse en Nicomedes a sugerencia de Diosdada. No deja de ser esto un planteamiento anómalo y descabellado, que tiene cierto valor como anticipación del destino trágico de Nicomedes, que será castrado por Menealo, lo que confirma proféticamente el significado de «nicojones». Las hetairas, desatadas en la adoración fálica no sólo del recién nacido, sino de Yayo y Juan Alberto («Dos hombres como esos y no hace falta nada», 24), son castigadas a la pérdida fálica. Es un texto que, decididamente, se las trae, porque sin falos y sin testículos, simplemente, no hay hijos ni hay hombre nuevo.

La idea es, decididamente, retorcida, ya que siendo el falo de Nicomedes objeto de adoración ritualista donde el niño es «hostia y custodia» cristiano-santera, engendrado por el falo chulesco de Yayo, la castración apunta a una anulación de los genitales, que elimina la procreación de la especie. El planteamiento llega al punto de lo escalofriante, ya que Nicomedes está destinado a ser el «nuevo macho» (16). Esta ubicación en el callejón sin salida de la castración le da al texto una dimensión verdaderamente compleja, respuesta tajante a la homofobia castrista, pero que trae como consecuencia la hecatombe genética, de acuerdo con el texto, de un pueblo metafóricamente desprovisto de testículos.

de la idílica prostibularia hasta la expulsión del paraíso

Ubicadas en el momento histórico, estas «putas habaneras» que los autores convierten en refinadas «hetairas», cuando estaban camino de su desaparición mediante rituales de conversión marxista, no anticipaban que iban a resurgir de las cenizas convertidas en diestras «jineteras».

En la tradición glorificadora del ser y quehacer prostibulario, el primer acto es rico en posibilidades escénicas y en significados. Rico, principalmente en cuanto al lenguaje, donde una palabra puede desatar un encadenamiento léxico:

CORALIA:	Es que todo es un misterio.
DIOSDADA:	Nada de misterio, todo es más claro que el agua.
CORO:	Más claro que el agua del Almendares y el Cuyaguajete. Más claro que el agua de la fuente de la India y de los manantiales de Guanabacoa. Más claro que el agua de lluvia almacenada. Más claro que el rocío allá en Ceiba del Agua. Más claro que la claridad del sol a las diez de la mañana
DIOSDADA:	Arranca pa'llá. La claridad ha entrado en esta casa (14).

Pero el movimiento no se queda atrás, particularmente en el caso del coro que baila, lleva guirnaldas, decora el salón, forma círculos. Los personajes se desdoblan, tiran las cartas, caen en trace, se cubren con velos y, en general, el texto sugiere multitud de posibilidades que invitan a una brillante puesta en escena con opciones coreográficas. A ello se une el ritmo verbal, con su propia musicalidad.

La prosa tiene un ritmo poético monocorde de artificiosidad muy marcada, creando una conciencia anti-realista que establece un distanciamiento con lo mimético. Los niveles verbales enriquecen el texto y lo cubanizan de múltiples formas. Hay resonancias del *Ismaelillo* martiano cuando Coralia nos dice: «Mi muchachuelo, / mi muchachillo,/ cuanta alegría/ porque has nacido». Como en un «verso sencillo», «El nieto de Diosdada/ será en la Gloria/ como príncipe único y custodia» (18). Culto pagano y culto cristiano se entremezclan sincréticamente con lo afro en un proceso de adoración que excluye al marxismo, que es el enemigo común. La raigambre «clásica», sensorial y gustativa, que entra en la lírica cubana con *El espejo de paciencia*, en 1608, con Silvestre de Balboa, atractiva a la vista y al paladar, culta y con ropajes mitológicos, engalana el lenguaje de las hetairas: «Plátanos, tamarindos, / melocotones, naranjas y papayas/ frescos anones». «Que del plátano tenga/ el tacto grato/ y de los tamarindos/ las libaciones» (20). Cuerno de la abundancia, tiene una plasticidad europea y americana, que era de raigambre cubana hasta que llegó el racionamiento castrista. De juegos retóricos procedentes de la tradición clásica y neoclásica («¿Qué palabra pinta a Estrella? / Bella. / ¿A su deliciosa risa?/ Brisa...», 27), se salta a la décima popular y desenfadada: «Y sólo que tus dos tetas/ halan más que una carreta...» (28). Experimentación verbal que utilizan Corrales y Pereiras como ropaje de una pieza única, *Las hetairas habaneras,* parábola de la castración histórica cubana.

trastienda afrocubana

El segundo acto funciona como puente, con acentuación de lo afro-cubano. Aunque carece de la dinámica del primero, empieza con particular espectacularidad con la entrada de los personajes femeninos vestidos de militares, que puede darle a la obra un nivel coreográfico-musical que no tiene que limitarse a los toques de tambores. *Las hetairas habaneras* es un texto de espectacularidad total donde lo visual y lo sonoro se complementan el uno al otro.

El tradicional sincretismo de la cultura cubana se pone de manifiesto en la relación que establecen Yemayá y San Roque, que al mismo tiempo explica la razón de ser de la caída, la falla de las hetairas que las lleva al castigo. Por extensión, es un castigo nacional: «En esta ciudad nadie se ocupó de la religión, de la verdadera, y ahora pagarán con ganas» (31), un tanto en línea de continuidad con la limpieza de sangre que propone Electra Garrigó en la obra de Piñera. Los ambientes prostibularios, que implican una conjunción étnica donde la mulatez sincretiza la fe católica y la yoruba, son el escenario de una sexualidad étnico-metafísica. De esta manera, en una relación sincrética entre San Roque y Yemayá, va a tener lugar la expiación de la culpa que lleva al sacrificio castrativo del cordero: Nicomedes.

Este acto, a pesar de sus limitaciones, es una síntesis que anticipa la tragedia. La reacción de Yemayá, que rechaza la conversión de las hetairas en milicianas, representa de parte de estas, el abandono de las creencias religiosas afrocubanas a favor de la militancia política, factor determinante en el desarrollo de la acción. La oricha es implacable, y al «no, no quiero, no» (32) de San Roque, que ofrece resistencia al castigo, se opone persistentemente el «sí, si quieres» (32) de Yemayá. En este caso se trata de Yemayá-Olokún, que «proyecta la imagen de una divinidad colérica, temida y destructora» (González-Pérez, 115). Implacable, determina que «el niño será la víctima» (34). Esto explica que ya desde fines del segundo acto, regresan las hetairas a escena vestidas en harapos e implorantes se desploman ante el trono vacío cubierto con los velos de Yemayá, que ha salido de escena.

La referencia castrista implícita en la caracterización de Menelao se pone de manifiesto a todo lo largo de la obra, particularmente en el tercer acto, que se inicia por el lamento de Diosdada ante la pérdida de su casa y de sus joyas, así como de las condiciones de vida, que han cambiado, estableciendo un contraste entre la prosperidad del primer acto («Que corran la cerveza y el guarapo, el melao de caña y el aguardiente» (13) y la escasez del tercero («¿Por qué tanta alaraca? ¿No tienes ya bastante con la falta de pan y de frijoles?», 36). El nexo intertextual con el Agamenón Garrigó de Piñera, que uno asocia con el Menelao Garrigó de esta obra, se distancia en el tercer acto cuando el mismo se vuelve explícito: «Ustedes se pusieron a aplaudir al macho cuando bajó de la montaña y el macho feliz por el canto y las ofrendas» 38). Aunque la acción del tercer acto no está tan bien lograda como en el caso del primero, el lenguaje y la concepción paródica lo salvan en algunos momentos:

ILUMINADA:	¿Voy bien, mi amiga?
CORO:	Vas bien, muy bien.
ILUMINADA:	¿Hasta la victoria siempre?
CORO:	Hasta la victoria, siempre y aún más.
ILUMINADA:	Esto y aquello, ¿para qué?
CORO:	Sí, para qué esto, aquello y lo demás.
	[...]
CORO:	Dentro de la cosa todo.
CORALIA:	Fuera de la cosa nada.
ILUMINADA:	Nada de nada y luego nada.
CORO:	Nada, nada, nada.
ILUMINADA:	Nada, ¿para qué?
CORO:	Para qué nada (39).

La filiación piñeriana es evidente y también la referencia al discurso castrista y a la «nada», que tiene varios niveles de significado. El pacto entre Menéalo y las hetairas, que reniegan de sus santos y sus dioses con el própósito de salvar a Nicomedes; que firman «la declaración de La Habana» en un acto de absoluta sumisión, tiene reminiscencia de los arrepentimientos y confesiones públicas, las claudicaciones en general, a que se han visto sometidos los escritores cubanos, explícitas o implícitas. En general el tercer acto se les cae a Corrales y a Pereiras, en parte por la caracterización de Alejo (obvia asociación con Alejo Carpentier) que no les sale bien, con un desarrollo confuso y endeble.

éxtasis de la violencia

Irremisiblemente condenadas dentro del contexto social en que viven, porque el proceso de exclusión facilita su eliminación, las hetairas, al final de la obra, tienen que abandonar la ciudad y hacer trabajos agrícolas que servirán para rehabilitarlas, forma de genocidio. Nicomedes, castrado, no puede conmover la conciencia del criminal y de sus cómplices, porque su realidad genética lo ha alienado para siempre. «Las agresiones contra un individuo brotan con mayor facilidad cuando dicho individuo es excluido de la totalidad del grupo», nos dice Raymond Battegay, y agrega: «Cuando miembros de los ejércitos de todas las épocas han disparado contra otros seres humanos, sin que les remordiese por ello la conciencia, ello ha resultado posible por el hecho de que los pertenecientes a los otros ejércitos no eran considerados como personas idénticas. Estaban excluidos del conjunto constituido por el propio pueblo y no eran evidentemente considerados como personas» (13). Esto explica la mecánica de los actos de repudio organizados por el castrismo: no se repudia a un semejante, se repudia a un diferente. En primer término, porque «sin agresión no se llegaría a una cohesión de grupo» (13). Además, un castrado es, en última instancia, un diferente que, por carecer de un elemento identificable de signo positivo, no puede ser objeto de idolatría. La castración del enemigo elimina el culto fálico que pueda ser signo de poder. Esta noción es pura tragedia mediterránea: la castración confirma la tragedia que pone al castrador a la defensiva, para que no lo castren; no nos castran si somos los castradores.

Obviamente el machismo establece un nexo que unifica y justifica la agresión dirigida hacia aquellos que no son «machos», ya sean castrados u homosexuales, que a los efectos de la agresión representan lo mismo.

A la constructividad de una vía, la destructividad de la otra; al orgasmo de la creación, el orgasmo de la castración, médula de la tiranía. Según Eric Fromm sólo hay una forma verdaderamente malévola de éxtasis: el éxtasis del odio, y la persona que se entrega al odio, la destrucción y la venganza, está absolutamente integrada al éxtasis, que es su orgasmo. Este principio explica la naturaleza de Menelao Garrigó y el carácter contaminador de su odio, ya que como indica Battegay, estos caudillos poderosos «saben hablar a sus subordinados de tal modo que despiertan de su lactancia los propios sentimientos de estos últimos...» Esta «lactancia» explica la complejidad de la situación y como la «lactancia» engendra un hábito que puede prolongarse más allá de la separación del «lactante» —una de las consecuencias más funestas del castrismo—, «los secuaces de estos, por ampliación de su narcisismo al caudillo mismo, ganan en cuanto a sus sentimientos de poder», que puede convertirse en un sello de fábrica. Alejo, el esbirro de Menelao, que trae en sus brazos a Nicomedes, ya castrado, representa la ampliación del círculo de violencia que es el producto de todo caudillismo.

Al éxtasis de Eros que inicia la obra se opone el éxtasis de la Muerte que la cierra.

CAPÍTULO XII

IVÁN ACOSTA

COSTUMBRISMO LÚDICO Y CUBANIDAD NEWYORKINA

El Súper (1977)

El Super, que se estrena en 1977, es posiblemente la obra más significativa de Iván Acosta y la más conocida. Esto se debe en parte porque de inmediato fue llevada al cine, con bastante éxito, y tuvo una buena recepción crítica, que la consideró «a funny, eventempered, unsentimental drama about people in particular transit. Roberto thinks of his life as being a sort of long, boring, nonstop flight from Cuba that will eventually circle back [...] *El Super* is much less about politics than it is about the disorientation of exiles who become living metaphors for the human condition» (Canby 40). Estos factores la convierten en una de las obras más conocidas de la dramaturgia del exilio, aunque hay otras razones para que pueda considerarse un «clásico» de este teatro.

Aunque Acosta la divide en dos actos, esta división es arbitraria. En realidad está formada de una serie de cuadros con cierta independencia, pero que sumándose unos tras otros van dando una efectiva imagen de una familia cubana exiliada que reside en Nueva York. El clímax tiene lugar a finales del cuadro séptimo en el primer acto. El segundo acto, mucho más breve, cuenta de cuatro cuadros, ninguno de los cuales supera los del primero y uno de ellos, que es una pesadilla del protagonista, por su carácter onírico rompe con el estilo de la obra, eminentemente realista, y bien pudiera eliminarse.

la fijación de la memoria

Desde fecha relativamente temprana dentro del exilio, Acosta deja sentadas las bases de una preferencia realista similar a la de otros dramaturgos decididos a reconstruir una realidad escénica que reproduzca en sus más mínimos detalles la experiencia inmediata, usándola como trampolín para un salto al pasado. De ahí que la memoria (y en parte el olvido) juegue un papel importantísimo en el desarrollo de la acción y es factor determinante de los objetivos y el destino de los personajes. Este afán de afincarse en el realismo parece una obsesión para fijar el objeto de deseo, Cuba, que se ha perdido y no se quiere olvidar, y en algunos casos, que apenas se ha conocido. Los escritores cubano-americanos formados por generaciones más jóvenes que llegan a los Estados Unidos en la niñez, o que inclusive nacen en este país de padres cubanos, proponen reconstrucciones realistas de lo que no conocieron en un intento de reafirmar su identidad genética.

En *El Super* el tiempo y el espacio inmediato, Nueva York, que se rechaza, sirve para trasladarnos al tiempo y al espacio que se evoca, Cuba, con vistas a un tiempo y un espacio futuro, Miami, que sustituye el sueño imposible de un retorno. Por consiguiente Miami se vuelve la geografía de la cubanidad para los personajes, particularmente para el protagonista, Roberto Amador Gonzalo, cuya meta es un regreso a las raíces de lo nacional, pero ajustado a las circunstancias de la extraterritorialidad.

Este planteamiento se hace al detalle, lo que le da a la obra la actualidad de lo perecedero o lo perecedero de la actualidad como ocurre con todo texto aferrado al realismo inmediato, que queda para documentar lo que se es en un momento dado. No deja de ser todo esto un comentario desolador sobre la vida misma como sucesión inútil de lo cotidiano.

biculturalismo léxico

Ubicada la acción en Nueva York, la pieza es cubanísima dentro de los términos de un desplazamiento donde lejos de diluirse lo cubano, se afinca en su propia ausencia, que incluye la constante intrusión de lo foráneo y los correspondientes anglicismos entremezclados con las expresiones más comunes del «lenguaje cubano», como indican nuestras cursivas: «Ya ya voy, *godamet, sanamabiche,* ya voy... Ya está bueno *coño,* tienen que esperarse un momento [...] Tú sabes lo que es que todas las mañanas lo despierten a uno a *tubazos»* (12). «Tápate la boca, Roberto, no vayas a coger *flú»* (12). «¡*Coño,* que clase de frío! *la boila* no quería arrancar» (13). La reafirmación de la identidad se hace por otra parte llegando a extremos del lenguaje popular, para que se sepa claramente lo que somos. «Como dice la cancioncita esa que cantan por ahí, Nueva York, tierra de frío y trabajo, aquí te dejo mi abrigo, que yo me voy pa'l carajo» (14). El reiterado uso del «coño» como expresión natural del lenguaje coloquial cubano, constituye, por cierto, una muestra caracterizadora de la evolución «de las dos orillas»; forma «aceptada» de comunicación que hubiera sido inaceptable en ciertos contextos antes de 1959. Esta transformación de las modalidades léxicas representa en Cuba una reacción contra las normas del buen decir de la antigua burguesía y, en el exilio, una degeneración de ese propio canon.

Esta interacción léxica de los personajes se acrecienta naturalmente en Aurelita, la hija de Roberto y Aurelia, que perteneciente a una generación más joven, nacida en Cuba pero educada en los Estados Unidos, se expresa entremezclando ambos idiomas. «Un día fuí con Henry... ajá, Tania's brother, nos dimos una matada. *(Ríe).* Oye, I did no say "mate", I said "matada"» (35). Aunque Aurelita habla con idéntica facilidad en español como en inglés, el uso de términos cubanos tomados del lenguaje popular reafirma su identidad «cubana» dentro del medio sajón, a pesar del uso indebido que hace del idioma.

El biculturalismo de la obra lleva a secuencias de un humorismo delirante, que es un fuerte del teatro de Acosta. El contrapunto del idioma adquiere uno de sus mejores momentos en la divertida y casi alucinante escena hacia el principio entre el Inspector, Roberto y Cuco, donde ninguno se entiende del todo; sirve además para dejar una muestra de la complejidad de la comunicación intercultural. La obra, en este sentido, es un anticipo de corrientes culturales, literarias, críticas y educacionales que se pondrán de moda hacia fines del siglo XX, con muchas implicaciones y controversias sobre la inmigración. El carácter documental se enriquece con el tiempo a medida que se vuelve parte, no sólo de un conflicto del exilio, sino de conflictos nacionales en los Estados Unidos.

ROBERTO: *(Roberto firma. El inspector va guardándose sus papeles en la maletica…)* Sabe Dios para qué será esto.

INSPECTOR: Tell him that he will receive a letter from downtown. Tell him to keep a copy and then, mail the other two back. Tell him to make sure to sign them, before he mails them back.

ROBERTO: ¿Qué dijo ahora tú?

CUCO: No sé, no lo entendí muy bien, dijo algo de una carta.

ROBERTO: *(Parándose).* Bueno, dile que OK.

CUCO: *(Parándose).* OK.

INSPECTOR: *(Caminando hacia la puerta).* OK.

ROBERTO: *(Caminando hacia el inspector).* OK.

INSPECTOR: OK. Mr. Gonzalo.

ROBERTO: *(Le da la mano).* OK.

CUCO: *(Le da la mano).* OK.

INSPECTOR: OK.

ROBERTO: OK

CUCO: OK

INSPECTOR: OK.

ROBERTO:	OK
CUCO:	OK
INSPECTOR:	Good Afternoon.
ROBERTO:	Good Afternoon.
CUCO:	Good Afternoon, mister
INSPECTOR:	*(Tratando de abrir la puerta)*. OK. The door, please.
CUCO:	OK. The door, please. Abrele la puerta, tú.
ROBERTO:	Oh, Ok, Ok. *(Roberto le abre la puerta. El inspector se va. Roberto y Cuco se dan la mano sonrientes)*. (34-35).

La situación, que en escena puede cobrar mayor comicidad, siendo eminentemente realista, tiene un elemento intrínseco de absurdidad que la hace más cómica todavía. Hoy en día tiene la pátina del tiempo, respondiendo a un momento muy específico de la trayectoria de la diáspora cubana.

dosificación histórica: tensión lúdica

Este choque cultural que conduce a uno de los momentos más divertidos, se manifiesta también gracias a contrapuntos respecto a la situación cubana, cuyo contenido histórico se expone dosificado siempre por el sentido del humor de Acosta, que más cubano no puede ser, y lleva a choques que se resuelven gracias a una eficaz caracterización de los personajes, un diálogo de corte rápido con un sentido intrínseco de la teatralidad que hay en gran parte de la conducta cubana.

La caracterización de Cuco, como representativo de un determinado «tipo» cubano del exilio, es excelente, y el contraste que se establece entre la vehemencia de este y el escepticismo de Roberto, que es eminentemente pasivo e incrédulo, lleva a otros buenos momentos.

El cuadro segundo define el carácter del tratamiento de lo político que tiene *El Super* durante la animada charla que sostienen con Pancho, que cuenta sus peripecias cuando la invasión de Bahía de Cochinos. Al mismo tiempo que expone el episodio histórico, sirve para caracterizar la conducta cubana del exilio, obsesionada por hacer referencia a estos conflictos a donde ha ido a parar todo «diálogo» entre cubanos exiliados. Pancho, gracias a una excelente caracterización, representa un determinado «tipo» cubano del exilio, y el contraste que se establece entre la vehemencia de este y el escepticismo de Roberto, que es eminentemente pasivo e incrédulo, lleva a otros buenos momentos.

Esta sucesión un tanto episódica de escenas relativamente independientes la una de la otra, en el contexto de una conversación viva, directa, realista, forma gradualmente la obra. Son personajes que hablan y gesticulan dentro de un vacío cotidiano que configura lo que ellos son y representa lo que ellos viven. Estos episodios llevan a la escena sexta, que es el clímax de *El Super* a pesar de no desarrollar ningún conflicto específico y explícito.

En la misma, Roberto, Cuco, Pancho y Boby juegan al dominó. El detalle típico del juego de dominó sirve para desarrollar una escena fundamental, que funciona con un sentido coral y colectivo. Sirve además para introducir a Boby, el puertorriqueño, que tiene un papel diferencial en el espacio newyorkino y que forma parte esencial de algunos textos representativos de la dramaturgia cubana del exilio, como *Botánica* de Dolores Prida, estableciendo un contrapunto dentro del documento histórico-costumbrista que hay en la obra. El diálogo es animado, siempre natural, con referencias al pasado inmediato o al presente histórico de los personajes. Al introducir Pancho el tema de la invasión de Bahía de Cochinos, adquiere una mayor intensidad, desatándose y destapando la agitación histórica subyacente. Lo que se inicia con comentarios sobre películas de guerra, pornográficas y *King Kong*, termina en Bahía de Cochinos. Pero todo esto lo desarrolla Acosta de modo funcional, sin perder de vista la teatralidad:

ROBERTO: *(Enojado)*. Bueno, ¿vamos a seguir hablando mierda, o continuamos el partido? *(Todos lucen perdidos y medio borrachos)*.

CUCO: ¿Quién juega?

ROBERTO: ¿No te toca a ti, Boby?

BOBY: No, no me toca a mí.

ROBERTO: ¿Entonces quién juega?

BOBY: ¿Yo que sé quién juega?

ROBERTO: ¿Y tú, Pancho?

PANCHO: Traición, mira que llamarle a eso traición.

BOBY: *(Se para)*. Vengan acá, señores, cada vez que nosotros nos juntamos para echar un partido de dominó tiene que ser para hablar de la invasión de Pancho (48).

La tensión lúdica de la escena se acrecienta a medida que se desarrolla, terminando en un brindis festivo donde tras hacerlo por los dominicanos, venezolanos, ecuatorianos, chilenos, mejicanos, argentinos, uruguayos, colombianos, peruanos, costerricenses, hondureños, salvadoreños, panameños, guatemaltecos, nicaragüenses, paraguayos, puertorriqueños y cubanos, incluyendo también a los brasileños y a los haitianos, Acosta le da a la obra una tónica de «melting pot» de la marginación newyorkina que resulta muy positiva y estimulante al pasar a otra secuencia donde se descarta la politización, de Allende a Pinochet, a favor de la música latinoamericana y se brinda por Lucho Gatica, Boby Capó, Daniel Santos, Miguel Aceves Mejías, Carlos Gardel, Fernando Albuerne, Ñico Membiela, Roberto Ledesma, Gilberto Monroig, Olga Guillot, Celia Cruz e Iris Chacón.

principio del limbo

El choque cultural se manifiesta en particular en la conducta de Aurelita. Aunque la trayectoria dramática más importante es la decisión de Roberto de irse para Miami, que en realidad se desarrolla sin ninguna complejidad dramática o elementos que se opongan a ese objetivo (lo cual acentúa el carácter antidramático de un conflicto antiheroico), el único problema específico se presenta porque Aurelita ha tenido relaciones sexuales con dos de los jóvenes con los cuales ha estado saliendo, quedando en estado y sin saber quién es el padre. Este conflicto, y el deseo de la joven de quedarse en Nueva York, que al final se resuelve sencillamente cuando ella decide que también se va, constituye el mayor enfrentamiento que se le presenta a la familia. La reacción de Roberto y Aurelia respecto a la conducta de Aurelita es la normal de unos padres que tienen otra formación, pero sin estridencias melodramáticas y dosificada por el natural humorismo de Acosta. El episodio crea un mínimo nudo de dramaticidad y proyecta la acción hacia algo más concreto, pero gradualmente baja en altura y se disuelve al mismo nivel.

Se podría decir que la obra está regida por un sentimiento del vacío, de una verdadera nada cotidiana, donde la angustia emerge por omisión, por falta de sentido vital, como si los personajes desarrollaran su vida dentro de un «principio del limbo» en el cual todo se caracteriza por su insignificancia y su ambigüedad. Está concebida escénicamente para que el quehacer cotidiano no se interrumpa, sino que los conflictos se desarrollen, como en la vida real, a medida que uno hace actividades minúsculas: preparar la comida, limpiar la casa, sentarse a la mesa, tomar el desayuno, etc., casi como si este quehacer no quedara interrumpido por el desgarramiento interno de unas vidas que apenas tienen mayores objetivos. Viene a ser una variante del neorrealismo de Fermín Borges de la década del cincuenta, ubicado ahora en Nueva York. Es un realismo sin retórica y sin ningún fallo melodramático, ni intención poética o metafórica. Simple transcripción de la vida de Roberto Amador Gonzalo, sus familiares y amigos. Los comentarios anticastristas y las referencias políticas aparecen ubicados dentro de escenas donde los mismos se desprenden de forma natural. La mano se le va al dramaturgo en el «discurso» del protagonista cuando se cierra la obra; pero es el único momento y de ahí no pasa la cosa, siendo un parlamento que puede, sencillamente, acortarse, y que dicho con efectividad por un buen actor, puede funcionar muy bien.

corte escenográfico

El espacio dramático donde se desarrolla la acción responde al significado de este choque cultural. Tiene lugar en un entresuelo de un apartamento en el «upper westside» de Nueva York: una sala comedor, que es también alcoba y cocina, un tanto informe, todo en una pieza, como si nada quedara definido. Roberto y su mujer duermen en un sofá-cama en medio de la sala, lo que obviamente resta intimidad a sus relaciones personales, que parecen desarrollarse sin mayores ilusiones dentro de las restricciones de una existencia cotidiana incolora donde predomina el desencanto. El mismo hecho de que la ventana de a la acera por donde pasan los transeúntes y de los cuáles sólo se ven las piernas, da una impresión de anomalía, de vidas cercenadas y marginadas en un plano inferior de la existencia. Más que asociarse con el infierno viene a ser una especie de limbo donde los personajes parecen flotar sin ir a ninguna parte, y en especial el protagonista. Hay en esto un sentido de mutilación existencial.

Aurelia es la que mejor define esta situación en tiempo y espacio. Cuando Roberto afirma «tenemos casa...», ella especifica: «Sótano» (15). «Hoy es domingo. A la verdad que metidos aquí abajo, uno no sabe la diferencia de un domingo, a un lunes, o un miércoles, todos los días lucen iguales, y con el frío este, a las cinco de la tarde ya es de noche» (14). Ante argumentos más positivos de parte de su marido, comenta: «Tal vez tú tengas razón, a lo mejor es mejor mirar la vida de ese modo, pero yo no sé, viejo, cada vez que me paro en la ventana y lo único que veo son las piernas de la gente pasar por allá arriba, me causa una malísima impresión. Es como mirar al mundo desde abajo» (15). El comentario irónico es aplastante.

nuestro Willy Loman

El dramaturgo estructura la obra de una manera muy simple: una sucesión de cuadros donde sin un plan aparentemente prefijado, los diferentes episodios van dibujando al protagonista, todo un antihéroe blando y descolorido, casi sin una columna vertebral que lo sostenga, no por inoperancia de Acosta sino por la naturaleza misma de su carácter y su circunstancia. Acosta estuvo a punto de crear un personaje de la altura del Willy Loman de Miller, y aunque en conjunto no lo logra, en muchos momentos da en el blanco:

«Perdóname Aurelia, es que yo he deseado tanto dejar este sótano, este trabajo es una basura, de la boila, de los cristales, que el hidrante, que la vieja que se murió en el tercer piso, que hay una gotera, que no hay calefacción, que le pinten la sala, no vieja no ¡qué va! Aurelia. Además ahora estamos en el verano, que por lo menos uno puede ir al parque, pero el verano aquí nada más que son dos meses, y cuando llega el weekend comienza a llover. Esto no es vida. Si nosotros nos fuimos de Cuba fue para vivir en paz con libertad, pero de qué nos sirve esa paz y esa libertad si el cabrón invierno no nos deja disfrutar de ella» (60).

Particularmente en el monólogo con el que se inicia el cuadro quinto de la obra, cuando Roberto reconstruye su existencia cotidiana en el edicificio de apartamentos, desdoblándose en los inquilinos que lo acosan («Robertico, mire la ventana que no cierra...» «Roberto que frío hace. ¿No hay calefacción?» «Roberto mire, que esta gente ensucia las escaleras» «Roberto, ¿cuándo va a arreglar el ascensor?», 40), hasta llegar a un clímax que se acerca a la alucinación («Que va yo me voy a volver loco, si sigo metido en esta cueva», 41), Roberto Amador Gonzalo está a punto de ser un Willy Loman atrapado en «la jaula del hombre», como clasifiqué en otro trabajo al personaje de Miller. No lo logra entre otras cosas por nuestro congénito humorismo descaracterizador de la tragedia y por no llevarla hasta sus últimas consecuencias, prefiriendo la solución más diluida de la comedia dramática, dada la imposibilidad de dar con una tragedia costumbrista.

Si la protagonista de *Aire frío* de Piñera se asfixia y el motivo del calor se reitera una y otra vez en la obra, el protagonista de Acosta se congela y el motivo del frío se reitera con objetivo parecido. El objetivo final de irse de Nueva York para Miami es una forma de volver al calor de Cuba. No hay, en última instancia, una propuesta ideológica, porque Roberto no responde a una condición política: lo que anima al autor es la caracterización de lo nacional. Con una sensibilidad en la que sobresale la identificación de Acosta con el sufrimiento del hombre común, escoge como protagonista a un marginado, tanto en Cuba como en los Estados Unidos, y aunque aquí vive mejor de lo que vivía en Cuba y posiblemente de como hubiera vivido si se hubiera quedado en su país, con un mínimo de comodidades materiales, lo cierto es que ni en un lado ni el otro forma parte de llamadas «fuerzas vivas», porque en el fondo es una criatura que ni pincha ni corta. De ahí su condición pasiva, antiheroica, cuyo mayor gesto de valor será, dentro de la acción en presente de la obra, irse de Nueva York para Miami. No es difícil de imaginar tampoco las hipotéticas penalidades de Roberto en el contexto de *Mi socio Manolo, En el viaje sueño* o *Andoba*. Roberto Amador Gonzalo es un antihéroe arquetípico, como bien señala Julio Hernández Miyares en el prólogo:

> «Efectivamente, el ex-billetero Roberto Amador Gonzalo, constituye ciertamente la antítesis de ese ya casi mítico cubano triunfador en los Estados Unidos; no es un exiliado elitista con fácil dominio del idioma inglés, de brillante carrera empresarial y sonados títulos universitarios, que vive en los suburbios acomodados y no sufre cotidanamente el violento choque de culturas, el prejuicio rampante o la indiferencia brutal. Más bien, Roberto Amador Gonzalo es un verdadero antihéroe; un hombre humilde que abandonó su patria en busca de mayor libertad y con una esperanza de una mejor vida; un infeliz que marcha siempre con su nostalgia a cuestas, como partido en dos...» (8)

En Cuba, Roberto había sido billetero, lo que socialmente lo coloca en un plano marginado, tanto de la sociedad capitalista como revolucionaria, ya que no era un obrero, sino lo que se llama en términos marxista un lumpen de la burguesía. Por consiguiente no tiene nexos de formación ideológica que lo identifiquen con la sociedad cubana castrista. En realidad, su posición en Nueva York representa un ascenso en la escala social, ya que está empleado como «super» de un edificio de apartamentos (lo que en la Cuba anterior al castrismo se conocía como «encargado») y vive mucho mejor de lo que hubiera vivido en Cuba antes o después de Castro. Pero en definitiva, es un marginado, por razones económicas y de trabajo: un inmigrante sin ninguna formación profesional que ni siquiera habla el idioma.

Criatura lúdica y «super» de la nada

El título lleva implícito un comentario irónico, ya que nadie más distante que Roberto Amador Gonzalo de la hipérbole de superioridad que hay en el mismo. Al no tener ningún entrenamiento determinado, no pertenece ni siquiera a la clase obrera, a pesar de su asociación directa con el trabajo manual, obligado a realizar una gran variedad de «trabajos», pero sin un conocimiento específico de ninguno. En realidad, es un «super» de la nada. Y sin embargo, el protagonista es una criatura lúdica. No es casual que en Cuba hubiera sido billetero, un «vocero» de los juegos del azar, convertido forzosamente en miliciano durante el castrismo, en una de esas conversiones forzosas del marxismo. Pero Roberto Amador Gonzalo es esencialmente fiel a sí mismo. En este sentido pertenece a un grupo de personajes parecidos a aquellos con los que trabaja Leopoldo Hernández al referirse a la inmigración cubana o «latina» en Los Angeles, configurando un «paisaje» cubano dentro del contexto de la inmigración.

Pero es precisamente la condición despolitizada del texto a través de un personaje donde la conciencia ideológica no está formada, lo que le da mayor validez. En este sentido, el antecedente de Acosta hay que irlo a buscar en Carlos Felipe, cuyo teatro está formado por criaturas marginadas desde donde se desprende la denuncia. En el caso de Acosta, no sólo la hay respecto al marxismo cubano sino también respecto al capitalismo norteamericano, ya que Roberto está excluido de su porción en «the American pie». En última instancia, es una obra apolítica que responde a la marginación política del protagonista a favor de un humanismo medular, dentro de términos populares, como una propuesta que supera y va más allá del discurso histórico deshumanizado y rígido que ha caracterizado la vida cubana. No hay (a pesar de sus referencias directas a la dictadura castrista) manifestaciones de odio ideológico y se distancia del cainismo de la vida cubana hacia una propuesta de verdadera hermandad. Es por eso también que al final la unidad familiar se impone y Aurelita decide irse con los padres, en un gesto conciliatorio.

Se cierra con un monólogo de Roberto, que es una propuesta de distanciamiento un tanto brechtiano, como si el personaje se mirara a sí mismo y a su realidad histórica desde una tercera persona narrativa que lo sintetiza: «Había una vez un vendedor de billetes de la lotería nacional que se pasaba la vida pregonando...» (68). Este punto de partida le sirve para hacer un recuento de su existencia dentro de la historicidad de la década de los cincuenta y de principios de los sesenta, equiparando el desengaño de ambos períodos históricos y la perenne nostalgia que representa contemplar el paisaje cubano a noventa millas. Dramáticamente es un poco largo y fuera de contexto, pero sirve por otra parte para que el espectador haga el recuento mental de la propuesta de Iván Acosta, que resulta una de las más sinceras y conmovedoras de la dramaturgia cubana del exilio. No es, medularmente, nostalgia de Cuba sino reafirmación de la injusticia histórica.

nuevas fronteras

El Super representa el principio de una nueva dramaturgia que era inimaginable en 1959. En realidad y paradójicamente, va a ser el resultado más original de la revolución castrista, porque si nunca se hubiera iniciado en Cuba la persecución ideológica jamás hubiera existido el exilio y, por consiguiente, jamás se hubiera desarrollado una literatura cubana en el exilio, entre las cuales el teatro iba a jugar uno de los papeles más difíciles.

Lo que lo distingue de la generación anterior es que su obra se inicia y desarrolla en los Estados Unidos, al contrario de un grupo reducido de autores citados en este libro que inician su obra dramática en Cuba y escriben el resto de la misma en el exilio. Acosta va a pertenecer a una nueva promoción más distanciada en su formación, pero no en su cubanía, ajustada ahora a nuevas circunstancias históricas.

CAPÍTULO XIII

RENÉ ALOMÁ

UNA NUEVA FISIONOMÍA DRAMÁTICA

Una cosita que alive el sufrir (1979)

Aunque *Una cosita que alive el sufrir*, originalmente escrita en inglés por René Alomá, no se publica hasta 1992 en traducción al español de Alberto Sarraín en la antología *Teatro cubano contemporáneo* editada por Carlos Espinosa Domínguez, en el prólogo de la misma Sarraín indica que para 1979, en que Alomá viaja a Cuba, ya tenía terminada la obra. La misma se estrenará en inglés, en Canadá, en l980. Su estreno en español, por teatro *Avante*, tendrá lugar en 1986. Por las peculiares características que pasaremos a comentar hemos querido apoyarnos en esta referencia cronológica para incluirla en nuestro recorrido.

Esta inclusión se debe, además, a que la obra de Alomá nos lleva a enfrentarnos a un movimiento de la dramaturgia cubana que resulta *sui generis*, hasta el punto de tenerse que discutir su identidad nacional. Porque, ¿hasta qué punto es cubana una dramaturgia que se escribe en el extranjero y en inglés? Por el lugar de nacimiento del autor y por extensión su nacionalidad (ya que la aceptación de una ciudadanía foránea es en el caso cubano una necesidad, prácticamente forzosa, de sobrevivencia, que no le escatima al escritor su identidad nacional), Alomá es un dramaturgo cubano.

No obstante ello el problema se complica cuando se escribe en un idioma extranjero, ya que esto va a las raíces mismas de la escritura. Como la mayor parte de esta producción, aunque no precisamente en el caso de Alomá, se va a desarrollar en los Estados Unidos, esto ha llevado a la introducción de una terminología adicional, la de «cubano-americanos». A los efectos, Mirza L. González comenta en un artículo publicado en *De las dos orillas. Teatro cubano,* que «los dramaturgos cubano-americanos, en su gran mayoría, ya escriban en inglés o español, representan en sus obras la temática cubana dentro y fuera de la isla íntimamente ligada a la circunstancia política revolucionaria y a los efectos que esta causa en la familia o en el individuo» (66). No obstante ello, la «temática» no determina la identidad del texto. Agregará después que «enmarcados en los parámetros históricos que les ha tocado vivir dentro o fuera de la isla, los personajes del teatro del exilio escrito en inglés, expresan o reflejan de manera veraz como entes familiares, sociales y políticos sus conflictos personales. De ahí que este teatro sea no sólo mecanismo expositor, sino también definidor de una visión totalizadora de la situación cubana en todas sus facetas» (73). Es evidente que textos como los que aparecen en la mencionada edición de Espinosa Domínguez, que incluye dos obras escritas originalmente en inglés y traducidas después al español, aceptan implícitamente la cubanía de esta producción, aunque al ser publicadas en traducción ello acarrea una intervención adicional para afianzar su identidad nacional. Siendo Alomá de madre jamaiquina esto implica una relación muy directa con el inglés, lo que puede explicar un punto de partida inicial que lo lleva a expresarse dramáticamente en este idioma.

Al contrario de aquellos autores exiliados con una producción previamente establecida que no tienen necesidad de marcar sus señas de identidad mediante textos cuya acción se desarrolle en Cuba, escritores como Alomá parecen tener la obligación de hacerlo para ubicar más firmemente sus señas de identidad. Pero en casos como este, no sabemos en qué medida la mano del traductor tuvo su parte en la total cubanización de la obra, entre otras razones porque de entrada hay condiciones de estilo que pasan a ser responsabilidad del traductor, en este caso también cubano.

El caso cubano ha sido tan complejo y se ha extendido por tantos años, que la situación exige un análisis diferente. No es sólo porque se escriba en inglés, sino que hay una preocupación obsesiva por «lo cubano» que da por resultado un texto en cierta medida cubano escrito en un idioma foráneo. No es el caso de Ionesco, dramaturgo francés de origen rumano, o el de Conrad, novelista inglés de ascendencia polaca, o el de Henry James, estadounidense nacionalizado británico. Se trata de un grupo de dramaturgos cubanos o de origen cubano que escriben en un idioma extranjero una obra considerablemente cubana; pero el hecho del idioma no puede ignorarse. Por el momento por razones prácticas y cronológicas me limitaré, haciendo una excepción con *Martínez* por motivos que ya expuse, y a *Una cosita que alivie el sufrir* por los que ahora hago. Además, hay razones histórica adicionales dada la «Cuba detrás del telón» que lleva a la génesis de la obra que ahora comentamos.

El caso de Manuel Martín quizás sea el más complejo, pero su obra más significativa en este sentido, *Union City Thanksgiving,* corresponde más de lleno a la década de los ochenta, y remito al lector a mi ensayo «*Sanguiving* en Unión City: estado de sitio».

entre la autobiografía y el documento colectivo

Alomá sale de Cuba después del triunfo revolucionario, muy joven, para Jamaica, donde su madre había nacido, y al año siguiente pasa a vivir en Canadá, donde realiza estudios universitarios. Es en Nueva York, estudiando con el grupo INTAR, que se pone en contacto con la comunidad cubana y «paradójicamente, su encuentro y asistencia al laboratorio de dramaturgia de María Irene Fornés lo llevó a interesarse por la búsqueda e indagación de sus raíces» (Sarraín, «Un testimonio de amor y nostalgia», 1271). Se desprende de esto un carácter autobiográfico que forma parte, además, de una experiencia colectiva, dándole a la obra un particular valor documental.

En diciembre de 1973 va a Cuba un grupo de cubanoamericanos que forman la «Brigada Antonio Maceo», procedente de los Estados Unidos. El intercambio se repite en el transcurso de este año, con un segundo diálogo entre la llamada Comunidad Cubana en el Exterior y el régimen, con el propósito de establecer facilidades para la reunificación. El proyecto es polémico y los participantes se entrevistan con Castro en enero de 1978. En 1979 se reanudan los vuelos regulares a Cuba con la visita de unos cien mil exiliados. Todo esto forma parte de un amplio proyecto político castrista, que por otro lado acrecienta su política de expansionismo imperialista al servicio soviético enviando tropas a Angola, Etiopía y Nicaragua, así como maestros y médicos que se esparcen por el mundo en plan de infiltración ideológica, sin contar la diplomacia internacional con países en confrontación con los Estados Unidos, incluyendo Irak y una visita de Sadam Hussein a Cuba, hechos que generalmente se pasan por alto en toda la magnitud que los mismos representan. En este intercambio, que incluye el «cultural», cabría preguntarse quién se acordó de entrevistarse con Virgilio Piñera, que vivía sus más difíciles momentos. Siendo el maestro de toda una generación de escritores, la omisión es particularmente significativa entre los intelectuales y los dramaturgos que fueron a Cuba.

Puede decirse que de estos «diálogos» con el régimen de La Habana poco se consiguió a favor de la unidad nacional, porque el diálogo de las dos orillas ha llevado de una frustración a la otra, y se extiende hasta el día de hoy. El caso de Alomá es una muestra temprana de esta circunstancia (razón de más para insertarla en el análisis), lo cual no excluye que *Una cosita que alivie el sufrir,* sea una buena pieza dramática donde se establece en escena un diálogo de las dos orillas que, aclaremos, no tiene nada de «dialoguero» (término peyorativo que se acuñó bajo tales circunstancias) y mucho de documento de un propósito que nunca fue lo que debió haber sido.

un privilegio cronológico

La temática, por otra parte, no puede ser más representativa, pues se trata de un reencuentro familiar, tema que se va a reiterar en el desarrollo ulterior de la dramaturgia cubana de los veinte años que siguen, tanto en Cuba como en el exilio. Es una pieza esencial para un mejor entendimiento de la «Cuba detrás del telón» porque, además, los matices de la aproximación de Alomá son mucho más moderados que en otros dramaturgos, como ocurrirá poco después en el caso de Leopoldo Hernández con *Siempre tuvimos miedo* o el mío con *Exilio*. No es un texto «dialoguero», como ya he indicado; pero el hecho mismo de que Pay, el protagonista, que es el que se ha ido, regrese y quiera quedarse, mientras que Tatín, su antagonista, que es el supuestamente revolucionario, quiera irse, implica una aproximación más equilibrada. Esta inmediatez del texto con un problema cubano específico acrecienta su cubanía y su significado.

En esencia responde a una tradición cainística de la dramaturgia cubana, otra muestra de nuestro cainismo fraterno, que he ido trazando en mis análisis críticos a partir de Ramos. Es parte también del irse o quedarse, que tuvo un nudo dramático de mayor importancia teatral al plantearse el contrapunto Electra-Orestes en *Electra Garrigó*, y al que se va a ir haciendo referencia cada vez más obsesiva en la dramaturgia cubana, tangencialmente a veces, como comentario marginal en muchos casos, hasta convertirse en un contrapunto entre el bien y el mal, la revolución y la contrarrevolución, el patriotismo o la traición.

concepción escenográfica

La concepción del escenario tiene el doble objetivo de crear un espacio que al mismo tiempo que corresponde a un núcleo familiar, los Rabel, pierde su privacidad al quedar expuesto al mundo exterior. Hay un patio «interior» de acción colectiva. «*Las paredes que supuestamente dividen el portal del resto de la casa, a través de las cuales se ve el patio y los cuartos, no existen, pero deben ser respetadas como tal*» *(1279)*. Esta doble condición, la del «patio interior» y las «paredes que se transparentan» representa la intimidad y exterioridad de la obra, como si quisiera decirnos que si bien los conflictos son privados, los mismos se desarrollan públicamente, con lo cual coincide con el carácter de los planteamientos del teatro insular. Además, aunque no se trata de un «solar», el patio da esa impresión «solariega», tan asociada con el folklorismo costumbrista de muchos textos y como confirma la entrada de Pay. De un lado el personaje llega a escena solo, lo que acentúa su distanciamiento, su procedencia de otras latitudes, el allá, para encontrarse de pronto con un acá colectivo y caótico que emparenta la obra con Fermín Borges o Raúl de Cárdenas. Toda esta apertura denota la condición de buen dramaturgo que había en Alomá, prematuramente fallecido en 1986, que se confirmará por secuencias ulteriores de la pieza donde su sensibilidad dramática le permitirá un grado de penetración intimista en incidentes superficiales.

Esta característica donde «los trapos sucios» de la intimidad se discuten con las puertas abiertas y a gritos *(Medea en el espejo, La muerte del Ñeque, María Antonia, El premio flaco,* etc) es un «hecho en Cuba» donde chancleterismo, coturno, farsa y tragedia, nos llevará de cabeza hasta la creación colectiva y el realismo socialista *(Autolimitación, Andoba).*

el discreto encanto del costumbrismo

Para lograr sus objetivos, Alomá parte del costumbrismo como punto de arranque de la obra, y se va a mantener de principio a fin fiel al mismo. El primer acto, el más extenso de los dos y el más marcadamente costumbrista, va a dar el tono. Va a resultar curioso que un buen número de escritores que utilizan el inglés como vía de comunicación literaria, mayormente cubano-americanos, particularmente en la narrativa pero que incluye hasta la lírica, sientan una particular atracción por el costumbrismo: es decir, un marcado afán de recrear un tiempo perdido que no vivieron del todo, como si algo les faltara y tuvieran la añoranza de un espacio uteral que nunca fue totalmente de ellos y conocen por referencias. No es una fijación nostálgica por lo que se tuvo alguna vez, sino por lo que no han tenido, en oposición a aquellos que lo tuvieron, lo perdieron y lo dejaron atrás.

Atraídos por las características más superficiales de «lo cubano», es una especie de pupila costumbrista que funciona desde fuera, en ocasiones de carácter turístico, que saborea los frijoles negros y los casquitos de guayaba, la nostalgia de una gastronomía que ya no existe, sepultada en el «período especial». La atracción internacional que se ha sentido por Cuba ha radicado en este ángulo perceptual que se deslumbra por la luz, el color, la música, el sonido, el escándalo: el gran carnaval. Hay en ello dos peligros, el cuantitativo, que lleva al exceso e intercepta el desarrollo dramático, y el cualitativo, que confunde lo superfluo con lo esencial. En *Alguna cosita que alivie el sufrir* se corren estos riesgos.

De ahí que la obra se inicie con la llegada de Pay a la casa de los abuelos y se forme una gran trifulca al entrar por el patio y ser confundido con un ladrón. La escena no deja de ser divertida y Alomá la maneja con destreza dramática. Es obvio que el dramaturgo siente particular atracción por recrear estas secuencias de «color», de estampas, bien captadas y bastante medidas, pero que sacrifican la profundidad. Este realismo costumbrista (que en Alomá no es chancletero), se pone de manifiesto en referencias cortadas del diálogo (a las frituritas de maíz, a la natilla, a la vida cubana en general), salidas ocurrentes de los personajes, o en el manejo de lo caracterológico, ya en un plano relativamente más trabajado.

Esto ocurre en particular con Cacha, la abuela, y las dos tías de Pay, Dilia y Clara. La abuela responde al arquetipo y Dilia quizás sea la que tenga una función dramática más definida por la preferencia que siente por Tatín. Aquí, en la propia discreción del tratamiento, haya cierta influencia sajona, como si el texto buscara dentro de lo cubano (que no se caracteriza por la prudencia y la moderación) una mayor discreción y medida, propia de lo sajón. La referencia a Kim Novak, intérprete de Inge en la versión fílmica de *Picnic*, trasluce una relación con el blando costumbrismo norteamericano de este dramaturgo. En el caso de Clara, por ejemplo, la tía que tiene la fijación burguesa de los años cuarenta y los cincuenta, hay algo de la Rosalind Russell cinematográfica de *Pinic,* y el propio Pay, que está de paso, recuerda con menos bríos el paso meteórico del protagonista de la obra de Inge. No se olvide que Alomá se entrena con el grupo IN-TAR de Nueva York, de óptica norteamericana, y ya Alberto Sarraín hace referencia a ello y a la posible influencia del Tennessee Williams nostálgico de *Mundo de cristal*. Sin ir tan lejos, también hay algo del discreto realismo estoriniano de *La casa vieja,* y un poquito de Esteban en Pay, que no acaba de encajar del todo en ninguna parte. A medida que la pátina del tiempo deja sus huellas, se acentúa en la obra la textura de lo efímero, que es lo que la matiza.

Finalmente Julio, trabajador manual, primo de Pay y Tatín, da una nota diferencial, populachera pero divertida, que es un «comic relief». Cae más dentro de la norma del costumbrismo tradicional, como cubano «típico»; es decir: simpático, mujeriego, mal hablado, bailador y algo descarado. Es él quien organiza la fiesta, se emborracha e introduce una nota caótica. Pay lo define como «playboy», «como un chulo, pero independiente» (1318). Obviamente, no es un buen revolucionario. Sin embargo, nunca ha pensado en irse: «Si uno no tiene cerebro, no importa donde estés: siempre terminas limpiando fosas» (1318), concepto que se repite en los dramaturgos insulares como explicación y freno respecto a aquellos individuos que no funcionan bien dentro de la maquinaria marxista. «Para ganar poco dinero, sentirme un desgraciado, sin un kilo partido por la mitad, para eso me quedo en Cuba» (1319), circunstancia que no es estrictamente cierta en la sociedad capitalista, pero que es otro latiguillo de contención marxista. El desasosiego interno de Julio, en contraste con su efervescencia populachera exterior, representa una manifestación de una angustia nacional que no pasa de esbozo en la obra de Alomá, pero que resulta uno de sus puntos más inquietantes.

Es, en conjunto, un costumbrismo correcto, sensible, moderado, discreto, poco recalcitrante, que no entorpece el desarrollo.

equilibrio político

El texto mantiene un equilibrio político entre positividad y negatividad. El portavoz de lo positivo es Amelia, una estudiante, que, según ella, ha recibido todos los beneficios de la preparación profesional del régimen. Está dispuesta a dar la vida por el Comandante en Jefe, por todos los beneficios que ha recibido de la Revolución, a quien le debe su educación. La caracterización es externa, de postalita. Del otro lado están la escasez y las precarias condiciones de vida que tienen que sufrir los cubanos. Clara es la que lo expone con mayor sentido del humor, en términos coloquiales: «¡Ay, mi hijito! Si hubiera sabido entonces como iba a ser esto. Déjame decirte, que todavía en esta casa todo el mundo piensa que Fidel es Cristo bajado del cielo. Si se me ocurre abrir la boca, me muerden» (1291). Otras veces, la cosa va en serio, como lo expresa Pay: «Cuando me fui de Cuba, nunca pensé que el exilio iba a ser para siempre. Creía que Fidel no iba a durar. Pero cerró las fronteras y aisló a Cuba. El decide quién se va y quién se queda» (1311). Tatín afirma: «Irse de Cuba no es fácil. Es un proceso largo y complicado, en el mejor de los casos. Aquí los comités cada vez tienen más poder. Ahora que saben que lo que escribo interesa fuera, todo mi trabajo lo inspeccionan minuciosamente» (1331). Quizás la posición más radical sea la de Ana: «No hay que hacer mucho esfuerzo para vivir en Cuba. Solamente necesitas estar ciego» (1330). No obstante el carácter directo del discurso político, se intercala en la acción de modo funcional. La obra es rica en componentes positivos y negativos relacionados con la Revolución; al mismo tiempo, mantiene una actitud abierta con respecto al exilio. No es políticamente recalcitrante, aunque se desprende de las circunstancias una mayor simpatía por los que se quedaron que por los que se fueron.

el discurso soterrado

Pero lo cierto es que el desarrollo conflictivo de la acción va adquiriendo forma casi imperceptible durante el primer acto. Se va bosquejando el contrapunto esencial, que no es otro que el enfrentamiento fraterno. En esto el vínculo de la obra con la dramaturgia nacional no puede ser más marcado: la divergencia cainística que es una tradición que no nos abandona en el siglo veinte, unida al péndulo partir y quedarse, que se acrecienta con el castrismo dada a la constante de las dos orillas: la decisión entre partir y quedarse, la historia del que está y el que llega, el que viene y el que se va. Nada de esto expuesto dentro de los rígidos esquemas del bueno y el malo. Los diálogos, en adecuado contrapunto, los desacuerdos y los reproches, e inclusive las referencias a lo ideológico, están presentados en términos fraternos de un diálogo posible.

El reencuentro fundamental es el de los dos hermanos que tomaron caminos opuestos. Cacha lo va a sintetizar en el cuento que hace sobre la relación entre ella y una de sus amigas, que concluye diciendo: «Nenita aprendió a esconder sus cicatrices. Tatín es tu hermano y tendrá que aprender a esconder sus cicatrices también. Y tú tendrás que hacer lo mismo, Pay» (1287). Ciertamente un buen ejemplo de lo que yo denomino «cainismo fraterno». Es decir, la obra es en gran parte ese paso que hay entre la herida abierta y la cicatriz que se cierra, el paso del tiempo entre el antes que llevó a una serie de incidentes distanciadores entre los hermanos, y el ahora en que tiene lugar la acción. El regreso de Pay revive, naturalmente, todo ese tiempo, ese antes que lleva al ahora dramático de la circunstancia escénica. Todo relacionado con Cuba como ser histórico, porque la separación de los hermanos fue una consecuencia del quehacer político nacional, mucho más grave ya que la familia Rabel estuvo fuertemente vinculada al proceso revolucionario y el padre de Pay fue un Rabel que, tras luchar contra el batistato decide irse del país en desacuerdo con el camino que toma la Revolución.

El enfrentamiento entre los hermanos no es tan tajante como el que hay entre los hermanos de Leopoldo Hernández en *Siempre tuvimos miedo*. No tiene esa condición radical, tan cubana, de careo ideológico, que es como un *match* de boxeo. En cierto modo esto refleja la foraneidad de Alomá, que es un dramaturgo joven formado fuera de Cuba, que suaviza los golpes y no los da de sopetón. Gradualmente Pay y Tatín van rompiendo el hielo, se acercan y se distancian. En momentos de tensión hay gestos de alejamiento, que van sumando hasta llegar gradualmente a una mayor discordia. Las narrativas alternas que utiliza Alomá, las notas costumbristas (el cuento de Cacha sobre los apodos) están efectivamente graduadas. Distraen al espectador pero no obstaculizan el desarrollo.

Poco a poco vamos adentrándonos en este contrapunto. No será hasta el segundo acto, bastante breve, que el enfrentamiento tendrá lugar, casi a punto de terminarse la obra, aunque algo ya ha ido manifestándose hacia la última parte del acto previo. El choque entre el allá y el acá se va a resolver por un cambio interno de posiciones, que es el meollo de las circunstancias y de donde se desprende la insatisfacción esencial de las vidas que los personajes han tenido que vivir en espacios opuestos. Ni Pay ni Tatín se encuentran satisfechos con lo que han vivido y, lo que es peor, con lo que les queda por vivir. Alomá da en el blanco de la insoluble circunstancia cubana: el que se fue ha vivido la vida que hubiera querido vivir el que se queda, y viceversa; Pay quiere vivir en el «acá» y Tatín quiere dar el salto para el «allá».

Aunque la situación se desarrolla dentro del clímax costumbrista de la fiesta de despedida, «una cosita que alivie el sufrir», que es una especie de anticipo del carnaval santiaguero, este elemento matiza la situación, pero no la asfixia. Pay y Tatín dicen poco, pero dicen lo que tienen que decir. Pay exclama: «¡Quiero volver a Cuba para siempre!» (1327). Esta decisión de Pay lleva al desate de Tatín que finalmente puede exteriorizar el discurso que había interiorizado durante todo el resto de la obra. De hecho se convierte en el personaje más importante, el protagonista del discurso soterrado: «Tú no sabes qué carajo estás diciendo. Tú no pudieras [podrías] vivir aquí» (1327). «¡Tú no serías feliz aquí! ¡Nadie es feliz aquí!» (1328). «¡Yo también tengo algo que decir! ¡Me quiero ir de Cuba para siempre!» (1328). Este encuentro en direcciones de desencuentro, es la clave dramática y lo que le da mayor solidez.

Entre la gritería, Tatín pregunta «¿Por qué carajo todos los cubanos se empeñan en no oír a los demás y en hablar todos a la misma vez?» Aunque la sintaxis es incorrecta, ciertamente la pregunta sintetiza la torpeza de nuestro diálogo. Por otra parte, «a la misma vez» (como en el caso de «pudieras» y algún otro ejemplo) refleja un problema de lenguaje.

Algunas aproximaciones de Alomá son cándidas. El hecho de que Pay, en Canadá, sea un dramaturgo que vive de su profesión (lo cual es bastante inverosímil) y que Tatín sea un escritor que tiene que enfrentarse en Cuba a algunos obstáculos burocráticos de poca monta que bordean la ridiculez, denota de parte de Alomá una aproximación pueril a la situación del escritor en la Cuba castrista, que obviamente no conocía al dedillo, donde la cosa era mucho más seria, como ocurría efectivamente con Arrufat y Piñera. Estamos a la sombra de un «parametraje» del cual Alomá parece no darse por enterado. El contrapunto «intelectual» es muy flojo y la impresión que uno se lleva es que nos encontramos ante un par de escritores, Pay y Tatín, bastante mediocres.

mal de muchos...

Al final, las cosas quedan como al principio, aquí no ha pasado nada, y el encuentro es parte de un carnaval santiaguero que sirve de consuelo, «alguna cosita que alivie el sufrir» como indica el título. Alomá agrega una última intervención de Pay, que no está en escena, bastante innecesaria, donde se escucha una grabación suya enviada desde el Canadá, mientras Tatín, Dilia, Ana y Cacha ven pasar una de las comparsas del carnaval. El discurso es patriótico, sentimental, un poco cursi: «No importa donde esté, siempre habrá algo de mí allá. Mi patria. Te extraño, Tatín. Siempre estoy pensando en ti. Pienso en todo lo que nos dijimos y en todo lo que nos dejamos de decir» (1333). A niveles más pragmáticos, le asegura a su hermano que están haciendo tramitaciones para sacarlos de Cuba. La idea (es decir, la de sacarlos del país) está bien pensada, pero dramáticamente debería suprimirse. Mucho mejor es el mensaje matriarcal de Cacha, la abuela, aunque tenga las notas sentimentales y conmovedoras de una utopía que después de un cuatro de siglo sigue tambaleándose, al borde del sepulcro: «Yo no me voy a morir, Pay. Al menos, todavía no. Estoy... estoy esperando que todos regresen a casa. Tienen que regresar porque yo los estoy esperando» (1332). Bueno, obviamente, estará esperándonos en el cementerio, que de acuerdo a como van las cosas es donde nos re-encontraremos todos. Mal de muchos consuelo de tontos, pero «una cosita que alivie el sufrir» es el consuelo que nos queda.

CAPÍTULO XIV

MATÍAS MONTES HUIDOBRO

TEORÍA DEL DESACATO

El año 1979, que sirve de efectivo cierre a la década de los setenta, es un punto de particular importancia para la escena cubana. En primer término por razones luctuosas: es el año en que muere Virgilio Piñera, cierre de una época y figura de significado plurivalente; arquetipo de la vanguardia y la resistencia intelectual. Como contraste, es el clímax del realismo socialista cubano con el espectacular estreno de *Andoba* y la gestación de *Huelga*. En cuanto a la dramaturgia del exilio tres piezas van a dar la tónica de un renacimiento:

El Súper se estrena en 1977, pero es en 1979 cuando adquiere mayor notoriedad con un nuevo montaje newyorkino y a través del cine, otorgándosele premios en los festivales de Manheim y Biarritz, con lo que recibe un reconocimiento internacional de mayor importancia. A pesar de otros textos previamente escritos, publicados y estrenados, se confirma la existencia de un movimiento teatral formado por una nueva generación de dramaturgos que escriben su obra en el extranjero, estableciendo líneas de continuidad, a través del realismo, con manifestaciones populares del carácter nacional sometidas a la transculturación.

Una cosita que alivie el sufrir, gestada en el 1979, estrenada en el 80 y traducida mucho después, escrita originalmente en inglés, implica el nacimiento de una dramaturgia *sui generis* que rompe con el canon de todos los movimientos teatrales previos, estableciendo un espacio diferencial en lo que respecta a «lo cubano».

Ojos para no ver, finalmente, va a reafirmar con su presencia la línea de continuidad y ruptura de un quehacer teatral que iniciado en

Cuba subsiste y persiste más allá de las dificultades históricas y el alejamiento geográfico, unido al hecho adicional que es un texto que complementa, con lo que llamaremos teoría del desacato, un discurso que no puede hacerse en Cuba y que proyecta desde el espacio exterior una imagen de la tiranía que no tiene posibilidades de expresión en el territorio insular.

Ojos para no ver (1979)

renaciendo de las cenizas

No será hasta 1979 casi veinte años después de mi salida de Cuba, que daré a conocer *Ojos para no ver,* cuya publicación me reintegra a la dramaturgia nacional. Personalmente representa un retorno a las raíces de mi quehacer como dramaturgo, que me veo obligado a marginar por más de una década. Curiosamente, aunque por diferentes razones, obsérvese que varios de mis homólogos insulares se van a encontrar en condiciones parecidas, de menor productividad, en los setenta. Durante el período comprendido entre 1961 y la publicación de este texto en 1979, me dedico principalmente a la narrativa y el ensayo. En una fecha indefinida en la década de los setenta escribo esta obra que, obviamente, se inspiró en la figura tiránica de Fidel Castro, con una aproximación expresionista y valleinclanesca, que me parece el único modo de acercarse a un personaje que, en su escuela de actuación, particularmente en los últimos años, por su gestualidad, su apariencia (la barba desaliñada y de aspecto más bien sucio y grasiento, las manos desproporcionadas con uñas largas bastante repugnantes, la boca entreabierta por la que se proyecta su lengua que se mueve con torpeza) su intrínseco grotesco y la distorsión tiránica que se desprende de toda su persona, es la quintaesencia del esperpento expresionista que tan bien captó Valle Inclán en *Tirano Banderas.* Ciertamente el texto no define a Solavaya como Castro, porque como observa Antonio E. Fernández-Vázquez «se puede reconocer a Solavaya como prototipo de todos los opresores en la historia de la humanidad» (269); pero es evidente que el tirano cubano es el personaje que tengo en mente y que viene a la de cualquier cubano.

Es obviamente un desacato a la persona de Castro y, sin lugar a dudas, el primero y más explícito que se le hace de una forma tan radical en la escena cubana del siglo XX desde que sube al poder en 1959. Reconozco que el Etéocles de Arrufat es una proyección castrista, pero mucho más generosa que la mía, que me podía tomar mayores libertades por no vivir en Cuba, aunque también sujeto a marginaciones por el hecho de no vivir allí. Valga decir, además, que desde 1979 a la fecha, Castro acrecentó la semejanza en cuanto a la caracterización de tal modo que sería el único «actor» que pudiera representarlo debidamente.

La figura de Castro en la dramaturgia cubana, a pesar de su papel protagónico en la historia nacional, y a pesar de que todos los cubanos por más de medio siglo han vivido en una dependencia permanente de su persona, ha jugado un papel marginal como personaje. Claro, mete miedo. En Cuba ha aparecido ocasionalmente en las obras más mediocres de la dramaturgia más dogmatizada, siempre a modo de panegírico en correlación con la construcción del socialismo. Arrufat es el único que se atreve «a llevarlo a escena» de forma indirecta, y ya sabemos las consecuencias de tal desacato. De forma implícita, como «personaje ausente», podemos hallarlo en algún otro texto, como en mi propuesta interpretativa de *Los mangos de Caín*. La «sombra» de Castro se proyecta en *El infinito es negro* de Leopoldo Hernández. Hay otras opciones interpretativas referidas a textos que dejan la puerta abierta a esta posibilidad, pero subordinados a la óptica del receptor. Mucho de él hay en el Menelao Garrigó de *Las hetairas habaneras,* pero sin llegar a lo protagónico, que es una característica esencial del «personaje»; categoría que le concedo en *Ojos para no ver.* Con posterioridad a los setenta, durante las dos décadas que siguen, aparecerán otras referencias en el teatro del exilio, aunque mayormente no son de tal nivel protagónico ni tan radicales.

En síntesis, la importancia de *Ojos para no ver* en la dramaturgia cubana es muy sencilla: es la obra que no se podía escribir en Cuba a partir del año 1959 y que tuvo que concebirse en el exilio. Aunque Castro no suba a escena con su nombre y apellido, está con su seudónimo, el de Solavaya, que tan bien y esperpénticamente lleva puesto. Creo que no hay nada similar y, por lo menos, hasta la fecha en que la escribo no hay otra aproximación que se le parezca, porque sólo en el vernáculo miamense se hacían propuestas como estas que yo construyo dentro de una teatralidad esperpéntico-expresionista a otro nivel.

expresionismo histórico

La tiranía y el abuso del poder, a partir del machadato, han jugado un papel protagónico en el quehacer histórico nacional, sin contar antecedentes coloniales. En la década de los setenta se inicia un relativo interés por el teatro histórico, pero como es un discurso hegemónico que responde a los cánones del régimen, el teatro histórico, muy mediatizado, no refleja dos características fundamentales del género: tiranicidio y martirologio. Es lógico que esto fuera así, ya que el análisis de la tiranía, en la tradición shakespereana, por ejemplo, podría llevar a conflictivos paralelismos y transferencias. Arrufat sirvió como chivo expiatorio y razón suficiente para silenciar a los restantes dramaturgos. Como yo no estaba en Cuba, no asumía tales riesgos aunque sí los de exclusión del canon dentro del contexto de la dramaturgia latinoamericana, por marginación y desacato, como me va a ocurrir también a niveles críticos, en los que anticipo la inclusión de este libro. Con el resurgimiento del populismo internacional no estamos, ni remotamente, mejor que antes.

Si «a tyrant play, by its very nature, is about the fall or the ultimate impotence of a tyrant» (Lindenberger 40), *Ojos para no ver* es lo que más se le acerca, aunque no fue concebido con una propuesta tan precisa, a pesar de la documentación histórica que hay en el texto: el discurso de poder está presentado como una síntesis del desarrollo histórico cubano. Las referencias históricas son múltiples: «Que si un chulito de bigotico chaplinesco le puso casa en Solymar y se dio a los placeres de la buena vida» (36) y «que si estaba montando bicicleta y un general por poco la destarra y de la cama del hospital pasó a la del ejército» (36), son alusiones, entre otras, a Carlos Prío Socarrás y Fulgencio Batista respectivamente. La distorsión expresionista que es carácter determinante, la aleja de los parámetros del teatro histórico tradicional, convirtiéndola en una muestra del expresionismo histórico. De ahí que el desplome tiránico de Solavaya esté asociado con la descaracterización procedente del «choteo» cubano, alejándolo de los principios normativos de la historicidad tiránica convencional. El «marianismo» de la obra, por otro lado, establece un nexo con la tradición del martirologio teatral, asociada en este caso con la Virgen de la Caridad del Cobre y la imagen del Ciego de la Bahía, en su constante huida de Cuba, que anticipa la dramaturgia de los «balseros», cubanizando históricamente tales circunstancias, cuyo martirologio puede interpretarse, como en el caso del *Woyzech* de Büchner, en términos sociales y metafísicos, siempre dentro de postulados expresionistas y a modo de «modern martyr play», siguiendo las ideas de Linderberger (51). *Ojos para no ver* llena y complementa espacios vacíos de la dramaturgia cubana, con referencia a la tiranía y el martirologio a los cuales no podían enfrentarse los dramaturgos residentes en Cuba.

libertinaje antijeráquico de la parodia

Siguiendo la tradición política del bufo, la figura de Castro va a jugar un papel permanente en el «vernáculo» del exilio, en la «sagüesera» (la Pequeña Habana de Miami), donde va a tener una contrapartida escénica en el actor Armando Roblán, que es quien, en el marco del bufo cubano exiliado, le ha sacado todo el partido posible al esperpentismo popular castrista. Cuando el estreno de *Ojos para no ver,* Diana Montané observa que este actor hubiera sido el indicado para representar a Solavaya, cuyo trabajo sólo hubiera podido ser superado por el original.

«La parodia que de Castro hace Roblán es el atractivo principal de sus vodeviles, en los cuales hay fragmentos musicales bailados por muchachas en bikini [...] Las imitaciones, iniciadas en Cuba por Roblán en 1959 antes de exiliarse, y entonces bendecidas por el propio Castro —pues aún le favorecían—, han llegado a tal grado de perfección que resultan impresionantes, sobre todo para los cubanos que, nacidos después de 1958 y formados en la isla, jamás tuvieron del comandante en jefe otra imagen que no fuera la del héroe sublime y mítico rigiendo los destinos del país. Pocas cosas resultan más desmitificadoras que el ridículo, porque devuelven terrenalidad a la estampa deiforme e inaccesible que seres como Fidel Castro se fabrican, [mostrando] una dimensión que por razones de censura política, la proverbial irreverencia del bufo ha debido silenciar en la isla durante más de tres décadas» (Evora, 142).

Aunque explícitamente mi Solavaya trata de trascender los límites específicos del «cuerpo» castrista para ubicarlo dentro de las fronteras totales de la Tiranía, la correlación Solavaya-Castro (acentuada por los referenciales históricos en la trilogía mariana, que es una propuesta global de la historia de Cuba) es inevitable. Podría decirse que *Ojos para no ver* es el primer texto de la dramaturgia cubana que saca a Castro del vernáculo, aunque tomando contextos procedentes del mismo y técnicas caracterizadoras que en él tienen su origen. También me encargo de sacarlo de la historia y meterlo en el teatro.

No se olvide por otra parte mi propia interpretación del género bufo, que llevo a efecto extensivamente en mi edición crítica de *Los negros catedráticos*. «La parodia del bufo es una consecuencia de la necesidad del choteo como expresión de la rebeldía, de la actitud antijárquica y de una concepción igualitaria de la existencia. Al ponerse todo a un mismo nivel, al mismo tiempo que producimos una desvalorización, nos rebelamos contra toda autoridad y nos situamos en condiciones de igualdad» (9). En *Ojos para no ver* pongo en práctica el libertinaje anti-jerárquico de la parodia que después servirá de base a mi análisis crítico de *Los negros catedráticos*.

clave poética, clave política

«Se pudiera decir que si una de las constantes de la obra es el "poder", la otra es el propio "teatro". Esto hace que se pueda pasar por encima de la lectura contendista del texto –la representación de lo político—y detenerse en el aspecto discursivo en el que, a diferencia de muchas otras obras que se mueven en coordenadas semejantes, lejos de quedar fijado a los pocos momentos de la representación, cada elemento añade una nueva faceta dramática y nunca se convierte en suma de lo ya dicho. Moviéndose en la frontera entre lo real y el mito, lo fantástico y lo absurdo, en donde el factor ético político se erige en verdadero nudo de la obra, Montes Huidobro imprime en *Ojos para no ver* el carácter de una amarga e irónica reflexión sobre el destino humano encarnado en María, la protagonista de esta pesadilla que terminará tal y como empezó. El hecho de que el texto esté narrado en una clave poética lo convierte en una profunda fusión de teatro y vida. Es decir, que aunque la obra sea una ilustración socio-política de una época para muchos clave, la verticalización del texto exige una respuesta por parte del espectador [...] La pesimista contemplación de la vida que nos ofrece el autor es en definitiva un alegato contra la represión, contra el abuso de la autoridad, centrada aquí en el General Solavaya. Hay muchas huellas de Brecht en el sentido que el espectador contempla la obra desde "fuera", pero sabiendo que en principio aquella situación tiene hoy otras coordenadas» (Valdivieso 69-70)

a long-standing sympathy

«Set in a unidentified country in the throes of political upheaval, this drama focuses on Solavaya, a military official, and those who suffer his abuses—political as well as personal. The plot is suggested rather than developed overtly. We learn of happenings through the statements and observations of others instead of experiencing them directly. This technique contributes to the air of undefined fear and uncertainty that pervades this play [...] The key to the author's intent is found in the next to the last scene of the final act after Solavaya's death. The authors writes, "En lo alto se va iluminando la imagen de María... Abajo hay una sombra cuyos rasgos no se pueden distinguir solamente la silueta representativa de Solavaya... de espaldas. Se trata... de dos figuras simbólicas: dos representaciones de la realidad". Two representations of reality –a cruel one that perceives people as objets, and the ideal one that cherishes the humanity innate in all. Though the author acknowledges their existence, he cannot reconcile them [...] The author's persistent preoccupation with time surfaces in the references as present company to such disparate figures as

Robespierre, Danton, and Hitler [...] This position has emerged from Montes Huidobro's long-standing sympathy for the victims of official immorality and oppression. It is the logical step in his evolution as an artist and as a person still probing the "raison d'etre" of human existence» (Colecchia, Reseña 315)

una fantasmagoría teratológica

En «La desfiguración enajenante en *Ojos para no ver*», Jorge Febles hace un riguroso análisis de esta obra, destacando que en el drama «sobresalen la tonalidad grotesca, el escepticismo existencial y la caracterización simbólica» presentes en casi toda mis obras, agregando después «que denota un acápite de un encadenamiento evolutivo cuyo origen es la percepción del devenir histórico cubano como círculo vicioso signado por el odio fratricida, el dolor, la represión y el pánico» (127). Por el valor que le doy a este análisis excepcional, de un ensayista de primera línea, me tomo la libertad de citarlo extensamente.

«Montes Huidobro confiere a *Ojos para no ver* cierto cariz histriónico que se funda en la exageración teratológica, obviamente suscitada por la puesta en escena de una grotesca pesadilla o una alucinación daliana. De ello se desprende que, pese a su estructura lineal, el argumento sea de importancia secundaria y ceda terreno al cuadro brechtiano individual, lo cual permite que un fragmento de la pieza pueda representarse o publicarse independientemente, como se ha hecho en efecto con la escena titulada *Hablando en chino*. Se percibe también un esfuerzo por desvalorizar el teatro genérico mediante la distorsión cubista de sucedidos y estructuras estereotípicos. El inicio del segundo acto, por ejemplo, parece combinar la profanación del convento por el Tenorio de Zorrilla con la primera entrevista de Celestina y Melibea, mientras que los prosaicos encuentros verbales entre Solavaya y Pútrida son casi parodias grotescas de lances de sainete o comedia de figurón. La incoherencia enajenante de la representación encuentra asidero también en el carácter simbólico conceptual del discurso escénico. Se trata de un lenguaje poético en que cada palabra está preñada de múltiples significaciones. Esta polivalencia se entrevé hasta en la fraseología popular que dentro del contexto dramático promueve ambiguos y espeluznantes efectos» (129).

Febles observa que Solavaya lleva un nombre «cómico-grotesco [que] es de por sí un factor simbólico enajenante que toca descifrar al espectador» (132). De ahí la diversidad y apelativos («Teniente Quebrantahuesos», «Capitán de la Demarcación», «Mierda de Gato», etc): «Al mismo tiempo que lo universalizan haciéndolos síntesis de tiranos más que uno en particular, estos satíricos motes y títulos militares desvirtúan la naturaleza omnímoda del prototipo dictatorial» (132). El crítico hace referencias al aspecto funambulesco del protagonista, que al convertirse en una caricatura «desprovista de emociones y vitalidad humanas» (133), se asemeja al Tirano Banderas valleinclanesco o al Señor Presidente de Asturias.

«Al teatralizar la naturaleza psíquica del protagonista, Montes Huidobro confiere proyección introspectiva a las manifestaciones externas del distanciamiento. Solavaya es, de hecho, un alienado cuya paranoia supera el lugar común debido a la dramatización de síntomas específicos. La hostilidad y la incoherencia que se revelan en su discurso, el aislamiento enfermizo, la invención de una pseudo-comunidad antagónica que debe aniquilar, el regodearse con la sangre y la muerte, la grandiosidad paranoica, son todas mostraciones etiológicas de dicha anormalidad [...] La referencia alegórica al devenir político cubano (Fulgencio Batista: General y Padre; Fidel Castro: Comandante e Hijo) no entorpece el juego con la sicología del personaje. En la conciencia del tirano se adunan entidades conflictivas para patentizar una condición inmanente de la paranoia» (133-134).

Concluye Febles afirmando que el mundo creado en la obra está «habitado por seres cuya extrañeza suprime la interacción público-personaje» (135), lo que conduce a un obligado distanciamiento en la puesta en escena, agrego yo, que no pretende lograr ninguna empatía. Por eso, los aislo «de manera tajante» (135), como señala Febles: «Esta fantasmagoría teratológica y kafkiana no aspira a difundir otra tesis, sin embargo, que la circularidad histórica» (135): de ser así, el futuro no puede ser más negro.

un mosaico barroco

Esto explica las dificultades que representa la interpretación del protagonista en particular y de la obra en general. Consciente de ellas, Escarpanter comentó que «*Prometeo* estrenó bajo la dirección de Marilyn Romero, *Ojos para no ver* de Matías Montes Huidobro, obra significativa dentro de la dramaturgia del exilio cubano, pero muy espinosa para un conjunto de estudiantes de teatro que contó sólo con el apoyo de una actriz profesional, Nattacha Amador, quien fue, en realidad, el único intérprete que situó la pieza en sus justas dimensiones» (109). En un territorio (Miami) que nunca se ha caracterizado por la solidez de la crítica, la obra recibió «mixed reviews», insistiéndose una vez más en el carácter «intelectual» de mi teatro, que ha sido siempre la más frecuente coletilla. En el colmo de la ignorancia, Laurie Horn en *The Miami Herald* llegó a afirmar que «the dictator has the Russian-twinged name of Gen. Solavaya» (7G), lo que da la medida de lo mucho que entendería del resto de lo que allí se hizo o se dijo. Diana Montané señaló que

> *Ojos para no ver*, de Matías Montes Huidobro, es un mosaico barroco de la problemática cubana adornado con consignas universales de todas las tiranías. Es el mismo arroz con mango para once millones de Fidel Castro con el marañón que aprieta la bemba; es el tiempo de los bobos, la gran estafa, y la absolución absoluta de la historia. Los personajes, estereotipos y arquetipos, crean una realidad retorcida que establece parámetros de comportamiento tan sólidos como la ceguera. No se permite ninguna visión de la verdad. Son ellos los que van creando la terrible verdad de que "a Seguro se lo llevaron preso", de que nada es cierto menos el poder del poder, la afirmación a través de la negación. La única integración posible dentro del marco es la muerte. El personaje de María, que en diversos cuadros es María de la Montaña, María la Anunciación, María la

Magdalena, es Cuba encadenada, es virgen, prostituta y madre tierra. Solavaya es un caudillo tropical, el triunvirato de la muerte de la Plaza de la Concordia, el colonialismo mismo. El Ciego de la Bahía es Tiresias, el profeta que no ve; y Pútrida es Casandra, que ve y está condenada a que no la escuchen. La obra sufre de excesos de contextos, de oscurantismo académico, y le falta una fuerte línea dramática. Pero abunda en personajes de una riqueza que sólo el linaje latinoamericano, con ese subtexto subterráneo de lo invisible hecho visible, puede otorgar. Esto es especialmente aplicable a los personajes femeninos, que vienen de la casta de reinas trágicas como Iocasta, Medea, Electra» (61).

una definición lumínica

La función de la luz en esta obra, con la cual trabajo enfáticamente desde *Sobre las mismas rocas,* adquiere ahora niveles de dramaticidad que acrecientan su raigambre expresionista. «Vista del anochecer en el trópico: el discurso de la iluminación escénica en *Ojos para no ver»* de Elsa Martínez Gilmore, es un trabajo medular y técnico que debería ser lectura obligatoria para cualquier montaje de esta obra. Visualizada sistemáticamente, Martínez Gilmore observa que en el primer acto y en el tercero hay una iluminación generalizada del escenario que alterna entre los tres colores primarios, azul rojo y amarillo, denotando significados simbólicos.

«El primer color simboliza el mar, elemento definidor de una isla, al que se alude repetidamente en los parlamentos como único camino de huida para las víctimas de un régimen político opresivo. El rojo, tono simbólico del marxismo, completa la identificación del espacio como Cuba, y determina el tiempo de la acción como un "presente" posterior a 1959. Los temas musicales de "Adelita" y "El manisero" que se dejan escuchar mientras impera esa luz, confirman la validez de descodificar esta según patrones pertenecientes a la cultura y no específicamente al teatro. La celebre melodía de la Revolución Mexicana y la canción cubana cuyo título se ha incorporado en el lenguaje popular de la isla a una burlona metáfora de la muerte subrayan la referencia simbólica, lumínica, a una época y a un lugar específicos, y al igual que el simbolismo cromático, son fácilmente accesibles al espectador conocedor de los códigos culturales del Caribe [...] En *Ojos para no ver* la iluminación, lejos de crear un anonimato protector, se identifica como símbolo de un ámbito social amenazante, donde radican violencia y censura. No se produce una frontera luz/oscuridad que coincide con el proscenio, sino un continuo oscuro que lo abarca todo salvo un escaso "cono de luz" [...] En la pieza de Montes Huidobro, la oscuridad que envuelve al espectador no le proporciona escapatorias, sino que le invita a tomar conciencia de la incómoda postura del ciudadano que no ve la realidad histórica que le rodea por ignorancia, por necesidad de sobrevivir, o por complicidad. [...] No obstante el pesimismo implícito en el argumento, la última escena del tercer acto hace recaer sobre la iluminación la comunicación de un mensaje redentor. Se repite brevemente la generalizada iluminación azul, que, como en el primer acto, sugiere el lugar de la acción, y a la que se le superpone un último cono de luz azul [...] A la conclusión del drama, el cono de luz azul remeda la capa estrellada que ostenta en innumerables estatuas y estampas religiosas la Virgen de la Caridad del Cobre. Su posición alta en el espacio escénico es análoga a la patrona de Cuba en dichas imágenes religiosas, y automáticamente remite al espectador a sus conocimientos de los códigos de la cultura cubana para completar el ícono» (50-56).

Más recientemente (2008) en Cuba, Amado del Pino hace la primera reinserción de esta obra en la dramarurgia cubana, diciendo que en la misma «se hace evidente desde la primera escena que el hábil manejo de los subtextos y la complicidad con el discurso escénico que ha caracterizado la dramaturgia de Montes Huidobro llega a un punto culminate» (382).

El recorrido que hace Martínez Gilmore sobre las propuestas luminotécnicas de *Ojos para no ver*, «ilumina» el texto, dando una clara visión de la riqueza visual iconográfica de la obra. Esto obliga a una elaborada realización donde todos los códigos que estaba utilizando se proyecten estilizadamente hacia el público, con sentido del espectáculo, produciendo precisamente un efecto caótico. Nada de esto se hizo, por cierto, cuando se estrenó la obra. La dimensión ritual de mi propuesta, especialmente hacia el final, que requería una conjunción visual, auditiva y coreográfica, plástica, quedó eliminada, afincándose en un realismo directo que no le era intrínseco dada las connotaciones esperpéntico-expresionistas, que requería, además, el desentrañamiento de datos significativos que fueron ignorados.

bicho malo nunca muere: vernáculo esperpentico nacional

A mi modo de ver, *Ojos para no ver* es el más expresionista de todos mis textos –quizás el único en su concepción total. La obra es en sí misma una proyección física de un estado psicológico anómalo: el del protagonista como figura representativa del abuso del poder y el de la conciencia colectiva de las víctimas de ese abuso. «Expressionism is a vision of life that tells us this. The most important truths are not evident in the physical world that is observed or recorded by our senses. The most important truths are contained in the irrational, inexplicable realm of the human psyche. It is the human psyche that provides the driving force for everything significant we do –our fears, our nightmares, our hopes, our yearnings, our terror» (Farrell, 108); que también es el caso de *Los acosados*. «The expressionist understand that what's important is the impact this things have on our psyches, that in our inner minds, we experience them as forces of energy— devastating, searing, excruciating, and sublime» (Farell, 109). Esto la vuelve una obra particularmente difícil, que no acepta una concepción realista sino una puesta en escena estilizada, también de sesgo brechtiano a pesar de mí mismo, ya que es un texto donde lo popular se distancia del espectador a través de la metaforización, como se desprende del análisis de Febles.

Aunque permite múltiples lecturas políticas, ya que elimino intencionalmente la referencia directa, la misma se vuelve obvia para los cubanos y no podría ser de otro modo. Solo la deformación intencional puede dar la dimensión monstruosa de la tiranía. Aproximadamente tres décadas después de su escritura, la orden de fusilamiento de Solavaya no ha sido dada, lo que quizás explique que aparezca de pie en la penúltima escena, al modo de Drácula, o más cubanamente hablando, al modo de bicho malo nunca muere; en términos de un vernáculo esperpéntico: «Fidel Castro nunca hará como Chacumbele». Creo que acerté bastante en el desacato, en el propósito iconoclasta en espera de que sea yo el que tenga la razón histórico-teatral. En este sentido, valió la pena que me fuera de Cuba para poder darle rienda suelta al desacato que mis homólogos cubanos no podían escribir, respuesta antagónica a la epidemia de la construcción del socialismo. Espero que algún día *Ojos para no ver* pueda estrenarse en Cuba, aunque yo no pueda asistir al estreno, y que Fidel Castro, aunque bien ganado se lo tiene, no esté a la cabeza del reparto.

DE LAS DOS ORILLAS

CAPÍTULO XV

VIGILIO PIÑERA

EL ETERNO RETORNO

El 18 de octubre de 1979 muere Virgilio Piñera. Con su muerte se cierra un ciclo de la dramaturgia cubana aunque las huellas de Piñera son permanentes. Por oposición hay una reapertura. Se inicia de forma más decidida la revalorización del dramaturgo entre aquellos que nunca se habían ocupado de él, los que lo rechazaron y dejaron de prestarle atención por razones políticas y personales (su individualismo, su homosexualidad, su intelecto), por los oportunistas que se afilaban los dientes para sacarle el mejor provecho posible y los que en el extranjero nunca se interesaron por Piñera por «comunista». En todo caso, todos se pusieron finalmente de acuerdo para revalorizar su obra de tú a tú, no a niveles de Virgilio Piñera, sino simplemente de Virgilio, como si lo hubieran conocido de toda la vida y del mismo modo que se refieren a Fidel.

Lamentablemente la envidia de los mediocres es un fenómeno que no conoce fronteras, y si las cosas se complican dentro de determinadas condiciones históricas y políticas todo se pone peor, porque los individuos y los grupos agudizan su patológica «sensibilidad» para sobrevivir y, lo que es peor, sacar el mayor partido, acosando al marginado cuya característica fundamental es su impotencia frente al ataque, y el exilio, paradójicamente, no está exento de hacer lo mismo, como si sólo viera la paja en el ojo ajeno.

Virgilio Piñera entre él y yo, de Antón Arrufat, es un libro fundamental que sirve para un mejor entendimiento de la desolación de la última década su vida. Entre los muchos factores que entran en juego en la marginación de Piñera, sin duda la homofobia nacional sistematizada juega un papel importante, aunque dista de ser el único y no es el fundamental. En una nota al pie de página del libro de Arrufat, este indica que «Samuel Feijoo en una serie de artículos publicados en el periódico *El Mundo* en el año clave de 1965, fue uno de los primeros en reclamar y exigir la erradicación ("higiene social") de los artistas homosexuales, representantes de un "vicio abominable", de "uno de los más nefandos y funestos legados del capitalismo"» (73). La posición de Feijoo es representativa de una actitud que va a ser asumida a niveles radicales por la Revolución, que se oficializa en abril de 1971 durante la celebración del Primer Congreso de Educación y Cultura. «La homosexualidad fue considerada en la época como un grave –insoluble- problema ideológico, una deficiencia y un mal ejemplo para la juventud de la nación» (74). Aunque Arrufat hace un recorrido por la homofobia republicana, ciertamente durante la República, a pesar de existir y de llevarse a efecto redadas contra los homosexuales a niveles callejeros y prostibularios, no alcanzó dimensiones tan siniestras. Después de todo, Cuba siempre se caracterizó por un considerable grado de libertad sexual. Particularmente entre los intelectuales, nunca se llegó a los extremos a que llegaría el castrismo.

Como contraste al estado de euforia que representa «da construcción del socialismo» para muchos participantes del movimiento teatral cubano en la década de los setenta, hay documentos que dejan constancia del estado de depresión en que se encontraban otros muchos. En una carta que Virgilio Piñera le escribe a Julia Piñera el 5 de julio de 1976, el dramaturgo cubano le dice:

«Hace tanto tiempo que recibí tu carta que siento una pena inmensa por no haberla contestado. Es, querida, que no tengo deseos de escribir, ni sobre nada ni a nadie. Mi vida está por terminar, he luchado mucho y estoy cansado de luchar. Me dejo ir, eso es todo [...] Este año Dios mediante cumpliré 64 –edad no venerable, pero ésa es la biológica. En cuanto a la otra me siento matusalénico» (Piñera, «Cartas» 9).

Es evidente que aunque ya no era un niño, un escritor de sus condiciones, en pleno uso de sus facultades mentales, hubiera podido estar en plena actividad creadora. Pero la revolución cubana se encargó de aplastarlo y volverlo matusalénico antes de tiempo.

«Ya sólo queda la muerte y contemplar viejas fotos de instantes de juventud [...] En días pasados se me rompió la última fuente (azul) que teníamos de aquellos dichosos días de la casa de Guanabo. Pienso y estoy seguro que eso sí era la verdadera vida. Pensaba (¡qué inocente!) que allí viviríamos hasta el final de nuestros días y allí envejeceríamos digna y sosegadamente, con ese ritmo de vida acompasada en que sientes que los días que preceden a la muerte son tan amables que te van cubriendo como de una capa protectora de vitalidad. Pero todo esto se vino abajo con estrépito, con el mismo que se supone harán las trompetas del Juicio Final. Entre otras cosas y a manera de miscelánea te diré que murieron, con diferencia de dos meses, Carlos Felipe y Rolando Ferrer; el primero de un edema pulmonar, el segundo de una trombosis. Carlos tenía 59 años y Rolando Ferrer 52; también falleció Ramonín Valenzuela, solo en su apartamento» («Cartas», 9).

Es un panorama desolador, bien distanciado de los «constructores» del socialismo y de toda su fanfarria de signo positivo. No sólo es la cercanía de la muerte, sino la distancia de los vivos. Por trascender los límites de la insularidad y el exilio, lo hemos dejado para el último capítulo.

En todo caso, once años después de su muerte (como para asegurarse de que estuviera bien muerto y enterrado), la Unión de Escritores y Artistas de Cuba publica el *Teatro inconcluso*. La edición está al cuidado de Rine Leal. El libro se abre con un bien elaborado prólogo en el que Leal deja en evidencia su conocimiento de la obra del dramaturgo y nos suministra una documentación de incalculable valor. Lamentablemente lo encabeza con una cita de Piñera que dice: «Mi madre dio a luz dos gemelos: yo y la Revolución» (7). No deja de ser escalofriante que Piñera dijera tal cosa y que entre las muchas cosas que dijo a Rine Leal (que por lo demás estaba haciendo una labor altamente encomiable) se le ocurriera encabezar la edición con semejante cita, casi como epitafio, para recordar a un escritor que durante los últimos años tuvo que sufrir las funestas consecuencias de tal parto, en carne propia. Lo de «yo y la Revolución» va a recordarnos, desde una perspectiva diferente, el concepto dual del doble, de los mellizos, que se rechazan y se complementan en un proceso destructivo. Es en este sentido que la cita tiene significado.

Generaciones más jóvenes, finalmente, han pasado a reconocerlo y verlo como «la suma de todas las esclavitudes y de todas las libertades» (Abreu 11). Piñera es «la más desconcertante y lamentable paradoja experimentada por nuestra *praxis* cultural en los últimos treinta y cinco años» (10) hasta que «una nueva generación de escritores y lectores, recién arribada a nuestra escena cultural, empezó a transgredir añejadas concepciones estéticas, y los estrechos límites en los que, hasta que mucho después de su muerte, una crítica excesivamente sociologizante (a veces mal intencionada) había enmarcado su obra» (10). Alberto Abreu, (nacido en 1961), expone estas ideas en *Virgilio Piñera: un hombre, una isla,* premio UNEAC de ensayo del año 2000, dejando muestra de una nueva aproximación. Esto nos hace pensar que quizás no esté todo perdido. «El deshielo de la obra de Virgilio Piñera hacia finales de los ochenta (y su feliz coincidencia con el arribo de una nueva generación de pensadores, artistas y escritores), marca una fisura, un punto de giro en la trayectoria evolutiva de los procesos artísticos y literarios cubanos. El encuentro con la cosmovisión estética de este controvertido intelectual, catalizó muchas de las premisas desde las cuales, la más reciente promoción, articularía esa (otra) escritura de la isla» (159). Esta revalorización es la reconstrucción de un pasado con vistas a un porvenir. Abreu descubre la verdad enterrada que sirvió, a los de la generación subsiguiente, a reconocerlo como «un escritor política y socialmente subversivo» (143). Pero así pasa siempre contra los que no claudican. Finalmente, la crítica (y las nuevas generaciones) parecen volver al punto de partida.

Es cierto que la producción dramática de Piñera decrece considerablemente, que el teatro inconcluso que finalmente emerge a raíz de su muerte es poco y está sin terminar, que sus obras no se estrenaron y no tuvo público, y sin embargo, paradójicamente, el puñado de textos que deja el dramaturgo, completos o incompletos, encabezado por *El arropamiento sartorial...*, tiene mayor interés que todo el repertorio del teatro de creación colectiva, que pasa al agujero de la memoria, y que son las obras de Piñera las que se sostienen y le dan un significado permanente al teatro de la década de los setenta. Como, efectivamente afirma Rine Leal, «el análisis de estos materiales es también, y en última instancia, un análisis de la dramaturgia en la década del 70» (15); precisamente, agrego yo, por el contraste que representa con los otros textos y por las circunstancias que lo rodearon.

Hay que tener en cuenta, finalmente, que el que posiblemente fuera el más importante dramaturgo cubano del siglo XX, no vuelve a estrenar nada en Cuba a partir de 1962 cuando tiene lugar el montaje de *Aire frío,* en un período de diecisiete años, hasta la fecha de su muerte en 1979, salvo el estreno de una pieza de menor importancia, *El encarne.* El castigo por haber levantado la mano y haber expresado su opinión en 1961 cuando Castro pone en vigor la ley mordaza de sus Palabras a los Intelectuales, no pudo haber sido más injusto.

Las siameses (197?): una criatura malograda

La colección, precisamente, se abre con un parto alegórico por inconcluso. Leal le da el acertado título de *Las siameses*, porque Piñera la deja sin título. Consta de un solo acto, seguramente casi terminado, más cerca del realismo de *Aire frío* que de ningún otro de sus textos, aunque es innegable el nexo bi-partita con *El flaco y el gordo.* Debió haberse escrito a principios de los sesenta en el momento del vuelco de Piñera hacia el realismo, como si estuviera planteando otra perspectiva de los conflictos familiares y como si retomara la tradición de José Antonio Ramos: la familia como microcosmos de conflictos nacionales. La ubicación de la acción en medio de un ciclón, recuerda

La recurva. Hay un contrapunto entre Manuel, el padre de la criatura por nacer, un latifundista, con dos hermanos, uno de ellos sacerdote, y el otro comunista. También la situación tiene parecido con *La casa vieja* de Estorino.

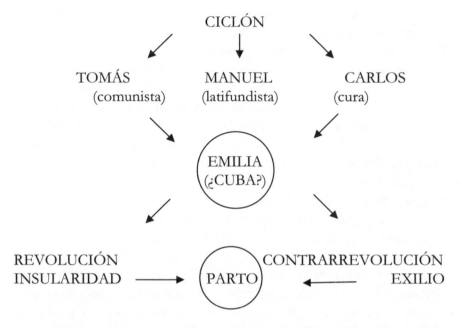

El esquema no puede ser más simple. El núcleo del conflicto está en el parto de Emilia, la esposa de Manuel, que se vuelve difícil e incierto. Emilia es el personaje ausente que está dando a luz, sin acabar de hacerlo; una primeriza que tiene grandes dificultades para que el parto, pasado ya los nueve meses, tenga lugar. Al mismo tiempo, si el parto es el vórtice interno del conflicto, el ciclón que se avecina es la expresión externa del mismo. Una cosa complementa la otra, como hermanos siameses de una naturaleza turbulenta que amenaza con arrasarlo todo desde afuera y desde adentro, en una conjunción simbólica. Emilia es la madre, el cuerpo destrozado (¿Cuba?) donde se desarrolla esta batalla campal.

La caracterización de Emilia, que no entra en escena, es diáfana: rechaza la maternidad y odia a los niños, como afirma su hermana Olga. Todo parece indicar que una condición sicológica, más que física, acondiciona este parto que ocurre contra la voluntad materna. Ha sido fecundada contra sus deseos en un acto de compra-venta entre el padre y el marido. Ofrece al parto una resistencia sicológica que amenaza con costarle la vida. En lugar de ser un hecho natural como afirma frecuentemente el diálogo que sostienen los otros personajes en la sala de la casa, se trata de una lucha sicológica contra las fuerzas fisiológicas que llevan al parto, como si la gestación hubiera tenido lugar en choque con el libre albedrío de la madre. En realidad Manuel compró a Emilia, y el padre de esta, por dinero, accedió a que el contrato se llevara a efecto. Esto determina también el odio de Olga, su hermana, al agente biológico masculino que llevó a la concepción del feto. Manuel le dice: «Y tú me odias doblemente por haberle hecho un hijo a Emilia. ¡Maldita la hora...!» (69). Todos estos elementos confluyen para hacer de este parto no sólo un acontecer huracanado, dado por la presencia del ciclón, sino, en sí mismo, una aberración fisiológica.

Esta negatividad consciente y subconsciente de Emilia (a la larga también política, como veremos más adelante) está asociada con un episodio natural que Emilia percibe como una monstruosidad. En una excursión que tuvo lugar un par de años atrás, Emilia presenció el desove de unas caguamas, «grandes, enormes, gigantescas, monstruosas» (60) que la llevó a un desmayo y a afirmar: «Primero muerta antes que parir» (61). Por primera vez encontramos en Piñera una asociación inusitada: con Tennesse Williams y *Suddenly Last Summer*, donde hay una referencia por el estilo. Es un parto contra la voluntad materna, gestado por imposición masculina: una «Anunciación» aberrante, de la cual van a nacer las siameses: el parto malogrado del dramaturgo, que no va a tener lugar.

Todo esto está cargado de una simbología donde «Cuba detrás del telón» se proyecta al proscenio. En la introducción a *Teatro inconcluso,* Leal cuenta una anécdota de incalculable valor:

> «Por suerte, recuerdo el argumento total que Piñera me narraba a principios de la década del 60 [...] Tal vez se trataba de una especie de broma teatral en la que el propio autor se auto-parodiaba [...] Según sus palabras, la acción se desarrollaba no en 1940, ni en Ca-

magüey, ni en pleno ciclón, sino en Santa Clara, el 31 de diciembre de 1958, cuando las fuerzas rebeldes combaten exitosamente la tiranía. El primer acto concluía con un doble anuncio: el nacimiento de las siameses y el triunfo de la Revolución. El segundo acto tenía lugar varios años después. Las hermanas, unidas por un cartílago en la espalda que las obliga a dialogar por medio de espejos (indiscutiblemente un logro teatral típicamente piñeriano), tienen posiciones contradictorias frente a la Revolución. La unidad y lucha de contrarios alcanzaba en este acto una imagen escénica que definía a la familia cubana, una sola en sí misma pero escindida políticamente. En la imposibilidad de llegar a un acuerdo, a una paz fraternal, las siameses deciden operarse para que cada una de ellas asuma su destino, aunque el riesgo de la separación es terrible: una de las dos puede morir. Al finalizar el segundo acto, el médico anuncia que la separación ha sido un éxito, pero que una de las siameses ha muerto. ¿Cuál? Aquí Piñera se echaba a reír y decía que el tercer acto aún no lo había escrito» (26).

Leal considera que bien pudiera tratarse de la «broma colosal» de un «mitómano» (26), soslayando a su modo la seriedad del caso, aunque reconoce lo brillante de la idea: «la contradicción antagónica en el seno de la unidad, que sólo se resuelve con la desaparición de una de las partes» (27). Leal descarta posibles temores de Piñera y toma este episodio (es decir, la reubicación del texto en 1958) «como una salida ingeniosa, una *boutede* más en su larga colección de anécdotas» (27). Lo dudo, y si lo contó a principios de los sesenta, otra cosa pensaría una década después porque el que juega con fuego se quema; mucho más en Cuba. No era posible que Piñera se fuera a bajar impunemente con «las siameses» dialogando ante un espejo: la cosa estaba entre «dos viejos pánicos» y «siempre tuvimos miedo», «conducta impropia» y «fuera de juego». El encabezamiento, después de todo, «mi madre dio a luz dos gemelos: yo y la Revolución» (7), tiene sus resonancias y apunta, también, a una dicotomía piñeriana.

Situada Emilia entre su esposo y sus cuñados, no es difícil anticipar el desgajamiento, y la ulterior subdivisión de las siameses en un contrapunto revolución-contrarrevolución. Capitalista y machista que todo lo ve en la medida del dinero, Manuel plantea la tesis de la infiltración comunista en la década de los cuarenta, que la historia confirma como cierta, a pesar de lo demagógica que pudiera parecer: «aquí hay muchos que se hacen pasar por católicos y en el fondo son tremendos comunistas» (65); «A mí me sacan de ese pastel histórico. Yo lo único que sé es que el comunismo no tiene chance en Cuba» (67). Piñera está haciendo enfrentamientos que no son peligrosos si se ubican en los cuarenta; dos décadas después son muy arriesgados. En todo caso Tomás, que se ha hecho miembro del Partido Comunista, representa una corriente subversiva latente, mientras que Carlos es un representante del orden eclesiástico. Si bien Olga y Emilia («¡Ni que hubieran nacido pegadas!», 57) anticipan la génesis de «las siameses» dada la unidad que hay en ellas, Manuel y Tomás anticipan la gestación de la divergencia entre unos hombres y otros.

Esta construcción precisa, que es más ibseniana que absurdista, dramáticamente no está expuesta de forma brillante. Los contrapuntos dialógicos se limitan a resultados aceptables. Obviamente Piñera no se sentía a sus anchas en este contexto y es posible que por ello no la terminara: estaba bien pensada pero no le salía del todo bien. Este juego de fuerzas que engendran a las siameses, unidas contra su voluntad, parece conducir al enfrentamiento entre la revolución y la contrarrevolución: dos partes antagónicas de un cuerpo dividido donde no hay conciliación posible.

La referencia a los espejos se reitera en una alusión que la conecta con *El arropamiento sartorial...*, donde de nuevo vuelve sobre el desdoblamiento, la relación tú-yo dentro de semejantes que se rechazan. En buena lógica, las siameses quieren someterse a un proceso quirúrgico que las separe, arriesgando el todo por el todo. Según anticipaba Leal de acuerdo con la información suministrada por Piñera, sólo una iba a salvarse. Prudentemente, el dramaturgo no nos informa sobre tan riesgosa operación por temor, seguramente, a los efectos secundarios de la cirugía, que podrían resultar fatales. En todo caso, no creemos que la operación fuera exactamente un éxito, como parece indicar la muerte de Piñera.

El viaje (196?): un engaño perceptual

Leal afirma que *El viaje* es en realidad *Los mirones*, que Piñera había situado en su producción de los años sesenta, entre 1967 y 1968. A mi modo de ver es un anticipo de *El arropamiento sartorial...*, porque el viaje de los mirones que suben a esta embarcación y que ven pasar la vida sin verla en realidad, se acerca mucho al concepto platónico de la caverna donde las imágenes vistas no son más que el reflejo de una realidad que realmente no estamos viendo. Esta conciencia del engaño perceptual está trabajando en la cabeza de Piñera desde varios ángulos, como ocurre también con la idea de las siamesas que se hablan con el auxilio de un juego de espejos porque de otro modo no podrían verse la cara.

De entrada, nada es lo que aparenta ser. No vemos nada, y si vemos, sólo vemos una copia de algo. Es inclusive una reflexión sobre el teatro como copia de una supuesta realidad. Este barco que nunca se podrá hundir y que jamás podrá naufragar es en sí mismo una ficción escenográfica. Al modo platónico, todo es una copia de una copia. Lo que se ve es un reflejo de otra cosa. «Este remero de barco ballenero ha sido copiado de uno real [...] Pues las partes firmaron un contrato, una de cuyas cláusulas era que la casa armadora se comprometía a reproducir la cubierta tal y como usted la está viendo» (85). El viajero pasa a interpretar al teatro como si fuera un engaño: «Pero eso mismo se lo hubiera encomendado a un escenógrafo. Más barato, mejor reproducido y de mayor efecto teatral [...] aquí todo es de cartón piedra, papel pintado, arpillera, varales, y el mar es un ciclorama» (85). Y el capitan es un «capitán de opereta», como se repite varias veces.

Una reproducción no es un original y todo está obligado a ser reproducción. Un rostro en un espejo no es la persona: es una imagen que se reproduce. Un escenario que reproduce un barco que es una exacta reproducción de un barco ballenero no es más que un duplicado; no es un barco ballenero y por lo tanto no puede hundirse ni naufragar. Es por eso que el timonel llora. Los «mirones» que lo único que hacen es mirar no son capaces de ver nada. La complejidad conceptual del texto se acrecienta dramáticamente con Isabel, que es el «mascarón de proa»: figura colocada como adorno en lo alto del tajamar de un barco; máscara. Isabel es ciega, pero a pesar de su ceguera los «mirones» ven a través de ella lo que ellos no pueden ver, directamente, en alta mar, que es el objetivo que los lleva al viaje, la vida misma, donde se «viven» los viajes con la mayor seriedad.

La imposibilidad de comunicación, sujeta a intermediarios, que es en general uno de los motivos constantes de la dramaturgia piñeriana, es uno de los conceptos con que está trabajando. Se manifiesta en otras obras a través de la incoherencia verbal; aquí el planteamiento está en la naturaleza misma de este viaje de ciegos que es la vida.

Como puede verse de este conjunto de factores, *El viaje* es uno de los textos más enrevesados y conceptuales del dramaturgo. Dramáticamente deja mucho que desear, porque es en extremo pasivo; siempre es de interés por las sugerencias e ideas que se desprenden de lo que se expone, pero no podemos decir que sea buen teatro. No en balde Rami pregunta: «Dígame, ¿esto qué es? ¿Un asilo de locos?» (96). Exactamente no es más que la vida misma donde toda realidad es una copia, incluyendo lo que somos. Por esta vez al dramaturgo le interesa el laberinto de conceptos más que la efectividad dramática de esta complicada madeja, que en más de una ocasión parece trabajada burdamente y como al descuido. Y sin embargo, dentro de todo lo que se dice, hay un material riquísimo dramáticamente aburrido. La zambullida perceptual es un viaje platónico en que parece se va sumergiendo el dramaturgo, quizás también una escapatoria de la realidad inmediata, una explicación teórica de la «copia» que vive y que en algún momento lo llevará a *El arropamiento sartorial*...

Milanés (197?): *muertos en vida*

No obstante el interés que presenta este «teatro inconcluso», hay que tener presente que se trata de un producto incompleto, un «work in progress», que puede permitirnos elaborar reflexiones e hipótesis sin llevarnos a conclusiones definitivas. Este es el interés que tienen las breves páginas del proyecto *Milanés*, que de haberlo terminado hubiera dado a la escena cubana un tercer Milanés: el de Estorino, el de González y el de Piñera, destacándose la importancia del poeta y dramaturgo a niveles individuales (la alineación síquica) y colectivos (la alineación histórico política).

Arrufat ha hecho importantes observaciones sobre este proyecto. En los años setenta, Piñera, Arrufat, Triana, Estorino y algunos otros escritores, se reunían en casa de este último o en la de Olga Andreu, e improvisaban tertulias donde leían sus textos. «Era otra dicha comprobar que, pese a la marginación social del momento, la energía creadora no había sido extinguida. Durante estas lecturas estábamos justificados ante nosotros mismos en virtud del reconocimiento de los demás [...] Los muertos en vida podían reconocer su voz» (163). Arrufat describe detalladamente la noche en que tuvo lugar la lectura de *La dolorosa historia del amor secreto de don Jacinto Milanés*, que fue una sorpresa para Piñera ya que él tenía el proyecto de escribir "su" Milanés, anunciando, pocos días después de la lectura de Estorino, que escribiría una pieza sobre la vida del poeta matancero.

Arrufat hace observaciones sobre el interés de Piñera en el poeta, y de paso expone las suyas sobre «De codos en el puente», que tan importante papel va a jugar en la obra de Estorino, considerando que «los efectos futuros de un mal poema pueden resultar impredecibles» (156). Sin embargo, la imagen de Milanés «de codos en el puente» impresionó a Piñera, aunque con algún sentido paródico, ya que le dedicó un poema «Decoditos en el tepuén» que parodia el de Milanés. Arrufat, curiosamente, observa el simbolismo de «cruzar por el puente» que es como estar en una transición y que invita a una asociación adicional, con la obra de Triana *Cruzando el puente,* que escribe por esos años.

En todo caso *Milanés* quedó entre los textos inconclusos de Piñera: «En su papelería póstuma aparecieron tres bocetos de este proyecto sin consumar. Apenas tienen valor literario... [...] Los fragmentos de la pieza tienen sin embargo el valor de una demostración: lo continuada y profunda que fue su preocupación por Milanés, quien había sido dado de baja de la lista de los poetas en activo del siglo XIX por el propio Piñera en su artículo de 1960. En un artista todo implica elección, incluso sus páginas inconclusas. Imaginar una pieza sobre Milanés, trazar unos apuntes, dos o tres escenas, sin llegar a escribirlas del todo, constituye otra manifestación significativa de Virgilio Piñera» (165). Todo esto tiene un sentido oculto en que se reflejan las condiciones de la vida cubana.

En todo caso, es el texto de lo que no fue, pero las tres versiones interesan para atisbar en el proceso creador del dramaturgo que parte, en la que se supone fuera la primera, de una aproximación más convencional, bastante rígida. Federico y Carlota hablan sobre el estado emocional de José Jacinto, pero la comunicación le sale a Piñera con torpeza, y la entrada de Milanés seguramente no lo dejó satisfecho, en un intento de ofrecernos un diálogo natural que sencillamente no trasmite nada: «Sécate las lágrimas. Te afean [...] Tú sabrás por qué lloras. Eso es asunto tuyo» (103). Hay que tener en cuenta que en este caso, Piñera tenía que trabajar con un material biográfico e histórico (inclusive cuando no fuera ni una biografía ni una historia en sentido convencional) que debía trasmitir un modo de vida auténtico. No era suficiente el «conocimiento» de la locura de Milanés. De no hacerse así le saldrían fantoches, criaturas ideológicamente disfrazadas.

Eso sería precisamente lo que Piñera debió ver en la primera versión, hasta que en las siguientes les va quitando el ropaje, para «encarnarlos». En la segunda se propone un esquema brechtiano (que tampoco es su fuerte) con la presencia directa del autor dirigiéndose a nosotros: «Me encuentro en la casa del poeta y loco José Jacinto Milanés. Los hechos de su vida forman un rompecabezas que nadie ha logrado armar. Ustedes y yo vamos a hacer lo imposible para armarlo, pero les adelanto desde ya que no lo lograremos» (107). Recuérdese que la década de los setenta va a ser la década del «desacato» reprimido. Como en Cuba no se puede «desacatar» a las autoridades de carne y hueso, a riesgo de encarcelamiento, pues el único desacato posible es el histórico, aunque esto debe hacerse naturalmente dentro de la norma. Quizás Piñera consideró el caso y observó que los personajes «son víctimas de los tabús de una sociedad colonial...» (108), bla-bla-blá-bla-blá.

En la supuesta tercera versión, Piñera va camino de encontrarse a sí mismo. Abandona las dos propuestas anteriores con todas sus lagrimitas (incluyendo el poema «Lágrimas» que debería escucharse *en off* en ambas), se olvida de la «teocracia» familiar y se dispone a sumergirse en el protagonista, desdoblado en tres: Milanés loco, Milanes poeta y Milanés loco creado por el loco Milanés, que es el más prometedor de los tres, hasta que llega a un *set* donde ha tirado a «la basura» (como se haría hoy día en una computadora) todo el mobiliario: «*El set es un laberinto constituido por tres caminos en espiral, dispuesto de tal modo que los tres conduzcan a un centro. La acción de los 3 Milanés se desarrolla en dichos caminos. En cambio, los demás personajes actuarán sobre un camino circular que abarca el laberinto y que se eleva sobre este un metro, de modo que esos personajes miran a los 3 Milanés desde arriba. La acción ocurre en el término de un día: mañana, tarde y noche*» (108). La idea es excelente, como si el protagonista estuviera en una espiral triplicada rodeada por el círculo. El cambio ha sido radical. Piñera acaba deshaciéndose de toda la chatarra realista (de moda en los setenta) y vuelve a las andadas de su propia identidad para internalizar el proceso y meterse de lleno en lo que debió haber sido el laberinto de Milanés. La escenografía capta el concepto de internalización alucinada del proceso individual e histórico. Encerrado en el fondo de su laberinto sale de la caverna calderoniana con la voz de Segismundo. Y ahí quedó el texto. Quizás Piñera, abandonando a Milanés a su sino trágico, se fue a buscar el suyo en *Un arropamiento sartorial...*, que es la obra clave.

El ring (197?): una pateadura más

Rine Leal en el prólogo hace referencia a los nexos de *El ring* (título muy certero que le da el editor a este manuscrito) con otras obras de Piñera, colocándola cronológicamente en los primeros años de la década del setenta. Tiene, efectivamente, mucho de todas las que cita, aunque se le escapa mencionar el punto de partida, *Falsa alarma*, que viene a ser otra muestra de la circularidad total que podemos encontrar en su obra, enriquecida por golpizas mayores en *Los siervos* y *Una caja de zapatos vacía*. La diferencia fundamental está en la visualización física del escenario de la pateadura, convertido ya en un «ring» para un *match* de boxeo. Esto lleva a Piñera a la creación de un espacio escenográfico diseñado para la pelea, con cuatro tarimas más altas que representan el domicilio de los boxeadores (acusado, juez, investigador, verdugo), que crean un efecto geométrico, con pasarelas que conducen a un espacio central donde tiene lugar la pelea propiamente dicha. Nuevamente «diseña» el escenario para posteriormente desarrollar la acción y «ver» la escena. El plan no puede ser más acertado y acrecienta su inmersión en la vida cubana, siendo una muestra adicional de su pesadillesca visión de la misma y, por extensión, del mundo, que convierte en una abstracción casi de un sistema total de agresión y tortura.

Como nunca llegó a terminarla (aunque prácticamente pudiera funcionar casi como un acto al que sólo le faltaría agregar un cierre rápido, como un «nocao»), el investigador y el verdugo se quedan cortos, siendo básicamente una pelea entre el acusado y el juez. De ahí que el equilibrio entre los cuatro participantes no está debidamente desarrollado: el *match* queda incompleto. Esto reduce el interés de este manuscrito, ya que se vuelve una repetición de ideas y procedimientos ya desarrollados en otras obras, que aquí tienen la característica adicional de una mayor visualización física: la existencia está vista como una constante entrada de golpes en un cuadrilátero que empieza en los cubículos alienatorios de cada uno de nosotros y confluyen en la «comunicación» vital que representa golpearnos. Es como si el propio dramaturgo no pudiera salir nunca de este «ring» que lo persigue en un quehacer cotidiano. Este quehacer lleva al desdoblamiento y a la meta-teatralidad: invención de personajes («Pues Neno es alto, rubio, de ojos verdes...», 118) e invención de situaciones («Rolo, ¿dónde pusiste el papel? ¿Dónde metiste los sobres? ¿Qué se ha hecho del bombillo? ¿Le avisaste a Pancho? ¿Dónde está el plumero? ¿Queda café? ¿Hay bastante leche?», 117) que se intercalan entre una entrada de golpes y la otra. Pero en cierto modo el texto acaba dando la impresión de agotamiento físico y sicológico, como si el autor estuviera cansado tal vez de vivir de una pateadura a la otra y se hiciera cada día más difícil su propia pelea, su propia subsistencia, su propia escritura.

Quizás refleje, más que ningún otro texto, la entrada de patadas a las que ha estado sometido, su propio cuadrilátero, donde cae y se levanta, entre boxeadores entrenados, inquisidores, jueces y verdugos. La pieza está tan inmersa en la pateadura, que me inclino a pensar que debe haberla escrito en esta década, cuando al propio Piñera le han pegado más de la cuenta. Hay acusaciones, negaciones y declaraciones; reconocimiento de la culpa y negación del crimen; testimonios falsos, que se admiten y se desmienten repetidamente; delaciones e interrogatorios, todo muy a tono con la vida cubana, convirtiendo a Piñera, prácticamente, en el único dramaturgo que hace una decidida alusión a lo que hay detrás de la fachada revolucionaria.

Inermes (197?): un alambicado arropamiento

De *Inermes,* realmente, poco se puede decir. El manuscrito tiene muy pocas páginas. Hay un camino polvoriento entre enormes rocas, de un tono gris oscuro, por donde entran y salen, de derecha a izquierda del escenario, grupos de jóvenes en fila: «*expresión de profundo desaliento en el rostro, cuerpos que expresan un cansancio agotador» (141),* y caen en la nada al extremo oscuro del escenario: «*masas borrosas, sin rutas a seguir ni caminos que tomar»* (144). Este desaliento parece ser, de nuevo, el del propio autor en los setenta. Leal considera que «esta obra no encaja con el resto de su producción» y hasta duda de su autoría, observando que no aporta nada. Quizás aporte la imagen de su propio desengaño, o el del pueblo cubano, inclusive del «hombre nuevo». El tono lúgubre del prólogo que convierte a los personajes en sombras colectivas que van camino de una nada que bien puede ser una cueva, o el escenario como cueva de este espejismo que es la vida (aunque el artificial diálogo ulterior entre Alfredo y Marcos nada tenga que ver con esto) pudiera asociarse con *El arropamiento sartorial...* que es la pieza en que confluyen todos estos textos y en la cual se va hundiendo el espíritu del escritor. En este sentido es un texto que encaja perfectamente con el desencanto piñeriano.

Pompas de jabón (197?): un discurso multifacético

Según Rine Leal este manuscrito, al que le da el nombre de *Pompas de jabón,* debió escribirse entre fines de los sesenta y principios de los setenta. Dándole este título, el crítico se vuelve coautor, porque, además, estas «pompas» tienen mucho filo. La actitud aparentemente inocua del protagonista, Salvador, que se pasa el tiempo haciendo pompas de jabón, encubre un comentario solapado. Le paga a dos secretarias para que lo inspiren en la tarea y lo único que tienen que hacer es hablar entre sí y de acuerdo con esta conversación inútil Salvador hará pompas con mayor o menor entusiasmo.

¿De dónde saca Piñera esta idea? Algo tiene de *El filántropo.* ¿A qué viene todo esto? Yo diría, en primer término, del proceso creador sobre el cual está haciendo un comentario irónico. Salvador «crea» sus pompas gracias a lo que oye, al comentario insustancial de un par de mujeres que no tienen mucho que decir y que pueden hablar y disparatar sobre cualquier cosa. Las «pompas de jabón» representan la creación de un texto que transcribe la nada con la nada, en un gesto efímero por decir algo. Frente a la construcción del socialismo (que no produce nada tampoco), opone la escritura, el arte por el arte, de unas pompas de jabón que se disuelven en el vacío, porque, ¿quién es este señor que se ha pasado toda una vida haciendo «pompas de jabón»? ¿Qué sentido tiene lo que ha estado haciendo?

Por otra parte, hay otra opciones, como si fuera una velada referencia a circunstancias políticas, incluyendo al propio Fidel Castro cuyas «pompas de jabón», su retórica de veinte años, no resuelven el problema pragmático del comer de cada día: puro «pompismo», como si fuera un «perorante» más de los muchos que se han tenido. «¡Cuánto camino recorrido! ¡Hace todavía un año mataba yo a los hombres con balas y ahora los sigo matando, pero con pompas de jabón! Uno no puede dejar de matar a sus semejantes» (133). Hay mucha tela por donde cortar detrás de este material que parece desechable. «Ahora dirán que soy un cobarde, dirán que ya no mato por mi idea, ni me dejo matar por mi idea. Pero se equivocan de plano. La situación es la misma, sólo que la idea es distinta. Por el momento mi ideal es hacer pompas de jabón» (134). «La gente quiere comida. Dicen que las pompas no se comen» (134). El «pompismo no puede defender el alimentismo» (134). Tal parece que se refiere a la retórica del poder en Cuba y a la escasez de alimentos.

Todo es, decididamente muy confuso. En medio de este tratamiento irónico, Ana afirma que es «un precursor, un pionero» (136). Irene cree que hay que matarlo como un perro, pero Ana objeta que después de matarlo vendría otro precursor y se pasarían la vida «matando precursores y pasando hambre» (137).¿De quién está hablando Piñera? ¿Del verdugo o de la víctima? Obviamente... Por otra parte... La palabra «pionero» tiene peculiares connotaciones. ¿Un pionero donde se gesta «el hombre nuevo»? Obsérvense los múltiples significados: «Cuando vengas a abrir los ojos lo verás convertido en un decadente» (137). No se olvide que el fracaso «genético» del hombre nuevo condujo al Mariel. La conciencia política del texto se hace palpable detrás de este conjunto de aparentes tonterías. Ana opina que «los comunistas comenzaron haciendo pompas y mira a donde han llegado» (138), que son palabras mayores.

ANA: Cálmate, querida, no tomes al pie de la letra eso de que los comunistas comenzaron haciendo pompas de jabón. Es un modo de hablar... No las hicieron precisamente de jabón, pero las hicieron con ideas.

IRENE: Hicieron la revolución mundial, elevaron el standard de vida del trabajador, etcétera, etcétera... *(Pausa).* ¿Y ese Salvador, dime, que hace con sus pompas? ¿A [¿quién?] salva?

ANA: Probablemente a los mismo comunistas.

IRENE: ¡Estás loca! Comunismo y salvación son una misma cosa.

ANA: No lo niego, pero es tan agradable hacer pompas después de haber hecho la revolución mundial (138).

Pero, estás mujeres, ¿de qué, de quién o de quiénes están hablando?

Rine Leal, en la introducción, pasa por alto todas estas opciones y se limita a verlas como una especie de «divertimiento» (35). Realmente, estas «pompas de jabón» tienen muchísima trastienda. El texto, por inconcluso, tiene un final abierto, que invita al debate. Como no era del repertorio del *Teatro Escambray,* nunca se corrió el riesgo.

¿Un pico o una pala? (1979): la última ecuación

El mayor interés de *¿Un pico o una pala?* es el momento de su escritura, cuya fecha de creación coincide con la muerte del dramaturgo. Fue su último proyecto, formado por cuartillas inconclusas que estaban en su máquina de escribir. Como las cuartillas que han quedado no constituyen ni un todo medianamente organizado, un juicio de valor es imposible. La fecha, 1979, lleva definitivamente su firma. Pero unas pocas cuartillas no hacen una obra que al parecer estaba concebida de forma más ambiciosa. La muerte, el desdoblamiento, el cainismo y el choque de opuestos siguen obsesionándolo hasta el final. Pero obsérvese que no está solo. Hay muchos textos con parecidas obsesiones: *El juicio de Aníbal, Mi socio Manolo, En la parada llueve, La vuelta a la manzana:* un ámbito que cubriría la mitad del teatro cubano del siglo veinte. El «proyecto» sin hacer debió ser mucho más interesante que lo que quedó de él: dos hermanos mellizos de opuesto carácter, uno saludable y el otro enfermizo, uno jugador y el otro honorable, mueren al final del segundo acto. Hay una movilidad lúdica en la primera escena, pero en general los diálogos son planos, con caracterizaciones opacas sin mucho interés.

El escenario responde a un plan que parece haber trazado con precisión. Dos habitaciones iguales con «espejos deformantes» (presencia expresionista) separados por un espacio intermedio de acción común. La obsesión piñeriana por la bipolaridad (= la obsesión cubana por la bipolaridad), presente en muchas obras, se pone nuevamente de manifiesto Concebida algebraicamente, como una ecuación, la idea se hace explícita y denota una estructuración coherente dentro del caos absurdista:

JOSÉ: ¿Qué nombre les daremos?

MARIA: Pues cuáles sino Juan y Pedro. El nuevo Juan tendrá la pureza del antiguo Pedro y el nuevo Pedro la salud de hierro del antiguo Juan.

JOSÉ: Consecuentemente a dicha ecuación deberá corresponder otra.

MARIA: ¿Ecuación? No te sigo.

JOSÉ: Pues claro. El nuevo Juan heredará el mal incurable del antiguo Pedro y el nuevo Pedro heredará el vicio del antiguo Juan (167).

Los mellizos, que han muerto en el primer acto, son concebidos nuevamente por la madre y el padre, que se llevan mal. Resucitan en el segundo acto en el mismo punto en que habían quedado en el momento de morir, pero ahora con los papeles trocados. No regresan solos, porque los acompañan sus respectivos diablos. Aunque es una idea interesante no sabremos nunca donde ese intercambio iría a parar. No paró en ninguna parte: la muerte lo dictaminó así. Piñera no pudo terminarla y dejó unas cuantas cuartillas solamente que, como un todo, dejan demasiados espacios vacíos.

El título entre interrogantes es otra pregunta sin contestar: no sabemos si es un «pico» para cavar una fosa o una «pala» para cubrirla. Hay en el texto reminiscencia de *Las cabezas trocadas* de Tomás Mann, que Piñera debió haber leído alguna vez. Queda como una muestra adicional de la obsesión del dramaturgo por la duplicidad, el contrapunto de opuestos que lo lleva a ese concepto de mellizos que aparece en toda su obra y que en estas dos últimas décadas de su existir dentro de la Revolución va de un flaco que se come a un gordo a estos mellizos que se rechazan y se complementan.

Al lado de la máquina de escribir insiste en el eterno retorno, vida-muerte, en el parto de la madre que devuelve a la vida a los dos hermanos. Esto tiene un oscuro sentido en este momento de la muerte en que el dramaturgo parece tenerla cerca y de la cual quiere librarse dando lugar a una nueva gestación en un proyecto de eterno retorno. Está trabajando con su propia muerte para resucitarse, y lo que hace es plantearnos el volver otra vez, aunque sea con diablos trocados. Hay en esto, en medio de su pesimismo, una conciencia de la sobrevivida, que lo sostiene con dificultad en estos momentos finales, que debieron ser bastante tristes. Mellizos y siameses, buenos y malos, verdugos y víctimas, toda una serie de dualidades nacionales que forman parte del vórtice huracanado de la escisión colectiva, Dr. Jekyll y Mr. Hyde, son monstruos que lo acompañarán hasta el último momento como pesadilla recurrente.

El trac (1974): auto- epitafio de la desolación

Esta pieza no pertenece al grupo que forma su «teatro inconcluso», pero por su brevedad y final abierto, tiene las características de una pieza que no concluye jamás; en este sentido recurrente está terminada. Denota también el carácter sombrío de su producción durante los últimos años de su vida, que tiene las características siniestras de las pinturas negras de Goya, dando una imagen de su percepción del mundo en su etapa más desoladora. Más precisamente: del mundo en sí mismo. En estos textos se siente el asedio de la muerte, en un recorrido que llega a su final y que busca su principio de acuerdo con su teoría del eterno retorno.

Para Leal, «la acción se crea por medio de unidades cerradas y autónomas que pueden ser ordenadas en un ritmo y un *tempo* aleatorio pues no obedecen a la ley de la causalidad, sino al sentimiento del intérprete en el momento de representarlas» («El ritual de las máscaras», 42). «*El trac* es la yuxtaposición de estados afectivos ("ejercicios" los llama el autor) que se elaboran a partir de rompimientos y giros escénicos» («Piñera-Genet», 43). En realidad Piñera, lejos de envejecer, se rejuvenece con esta experimentación dentro del contexto teatral de un «teatro nuevo» que ya está envejecido. No puedo determinar si llegaron ni cómo llegaron las teorías más modernas de experimentación escénica que se desarrollaban en ese momento o que se pondrían después en el candelero, pero de igual forma que Piñera aseguraba que se había anticipado a Ionesco, estaba haciendo lo mismo con propuestas ulteriores.

Lo que pasó fue lo siguiente: los proyectos experimentales de la resistencia vanguardista de los sesenta quedaron truncos por la represión del teatro político castrista de los setenta, pero Piñera va a seguir trabajando en su laboratorio privado de experimentación escénica, de donde surge *El trac*, que forma parte de un discurso inconcluso. Es un esfuerzo supremo para sacarle su máxima expresión al cuerpo del actor en sus relaciones con el cuerpo de las cosas. El uso de las estacas y la soga en *El trac* recuerda el uso del dispositivo de escena formado por biombos iguales y monocromáticos que propone Gordon Craig para desarrollar la mecánica de sus obras a base del movimiento de los biombos. Lo que hace aquí Piñera es un ejercicio de interrelaciones vivificantes entre las estacas, las sogas y el actor-personaje. «Este dispositivo de escena es algo viviente. En las manos de un artista, es susceptible de todas las variedades de expresión, como lo son la voz o el rostro de un ser vivo» (*Investigaciones, 77*). La experimentación de Piñera fue vista como una prueba del agotamiento de un lenguaje teatral que había sido desplazado por una construcción socialista que iba a dejar poca cosa y que después, sus propios propagandistas, pasarían a negar.

Lo grande del caso es que los que no lo entendieron, los mismos que lo desconocieron y lo ignoraron, han acabado con el paso del tiempo llenándose la boca para hablar de la experimentación teatral de Kowzan, Grotowsky, Barba, Kantor, cuando en su momento negaron lo que estaba haciendo Piñera, que era lo más cercano a propuestas de esa naturaleza. Porque de *Ejercicios de estilo* al *El trac*, Piñera trabaja con «el signo cero de la palabra», como diría Kouzan. La luz en *Dos viejos pánicos* (como yo también proponía en *Los acosados*) es un signo cero que «habla» por sí mismo, poniendo de manifiesto, en esencia, la impotencia de la palabra. La naturaleza que hay en estos espectáculos verbales-antiverbales de Piñera nos traslada a nuevas categorías del ser y quehacer escénicos, a un punto cero de la inarticulación verbal y gestual, donde signos de opuestas naturalezas se intercambian.

En un escenario formado por veinte estacas pintadas de negro y colocadas irregularmente, el actor va a tomar una cuerda de color blanco y tirando de una estaca a la otra, bajo una luz amarilla que llega a una luminosidad inusitada al final, va amarrando la cuerda de estaca en estaca, mientras hace ejercicios de actuación y recita su monólogo. Es un final individual donde Piñera está solo, en contrapunto con una voz en una grabación. Enfoca la atención en el actor, en la emisión sonora y gestual que Piñera lleva a los extremos de la angustia, a veces de la incomprensión. La palabra y el gesto aparecen coordinados dentro de un espacio plástico y laberíntico, de geometría caótica, donde la cuerda en blanco marca el espacio de una estaca a la otra en un trazado que parece ser el dibujo abstracto de un pintor que pinta su encierro. Está solo y atrapado en un devenir espontáneo en que se hace pero en el cual se encarcela, en una afirmación lúdico-sombría. En esta trayectoria (¿qué es la vida?) el espacio dramático se convierte en un medio de caracterización, el desconcierto plástico de un unipersonal que se expresa a través de la incoherencia, como un «trac» que va de una estaca a la otra, de un punto al otro, libremente, que es también una fractura sonora de una cuerda que se descoyunta. El lenguaje «deviene en exacerbada puesta en escena de una textualidad que genera su propio y perturbador espacio, donde lo uno se traslada hacia lo múltiple» (Abreu, 144). Es un texto a veces racional, directo, otras veces desarticulado, donde pone en práctica el juego verbal que siempre ha caracterizado su dramaturgia; da pautas inciertas para seguir un argumento siempre hipotético que trasluce varias obsesiones, sobresaliendo las de la cara y la careta. La invención de su propio juego, el juego de ser él y no ser los otros («estar en uno mismo por sí mismo») es su suprema angustia en oposición a las técnicas de desdoblamientos en que ha vivido, el arte de la representación que le ha imposibilitado a veces ser en uno: esto sería ganar la batalla, y sobre todo «dar el gran salto»; la obsesión de Oscar en sus escapatorias para ser lo esencial desprendiéndose del ser de las cosas (en el orden burgués, en el orden revolucionario) al cual se ha visto supeditado. Dentro de ello, un lenguaje de la adivinanza, de cómo decir lo que no se dice, que es la regla del juego del escritor en represión: «Llegué, vi, vencí», «¡Qué gran artista pierde el mundo!», «El Estado soy yo», «Después de mí, el diluvio»; «¡Mierda!», «*Consummatum est*» *(676)*. Cada texto tiene su opción, cuyo significado subyacente está en la lectura (cada cual lo lee de su forma y manera) y su representación (las posibilidades para el actor son ilimitadas). De ahí el significado múltiple del movimiento gestual, respiratorio y ambulatorio del actor, de estaca en estaca, de agonía en agonía, que es la comunicación del escritor con nosotros, enriquecida por propuestas intertextuales. De Lope toma «en vuestro centro mismo» (682), que es el «cuerpo diamantino» (682) de su propio juego: el centro de sí mismo (su obra). De Lope también es esa esencia de un descubrimiento que no se quisiera descubrir: «Cuando me paro a contemplar mi estado/ y ver los pasos por donde he venido,/ me espanto de que un hombre tan perdido/ a conocer su error haya llegado» (681). El recorrido llega a su fin y se descubre con espanto, calderonianamente, platónicamente, que la vida es «una sombra, una ficción» (681), aunque, quevedianamente, «serán cenizas, más tendrán sentido» porque «han gloriosamente ardido» (681). Todos estos textos que marcan la relación intertextual del propio Piñera con los «personajes» autorales que lo acompañan en su escapatoria de los setenta, están grabados por la voz en off, aunque bien pudieran ser parte del texto del actor, lo que sería una más efectiva idea. Pero en todos los casos, es la imagen de la muerte lo que predomina; particularmente aquella que Piñera toma de su propia obra poética y que bien puede leerse como siniestro epitafio:

Mientras moría imaginaba un hoyo,
paletadas de piedra, agua estancada,
ruidos confusos, bocas apretadas,
y yo, cayendo de cabeza al hoyo.

Mientras moría imaginé mi imagen
de turbios ojos y erizados pelos,
contemplando el supremo desconsuelo:
la muerte disfrazada con mi imagen.

Así me iba muriendo, con hartazgo
de flores y gusanos. Expirando
encima de mi boca desbocada,

ordenando mi escoria, mi contraria,
colocando mis huesos en la nada,
y vomitando mi imagen funeraria (680).

el eterno retorno

«Trac» brutal y definitivo, el recorrido de la dramaturgia de Piñera en los años setenta es una vuelta en redondo al punto de partida, un eterno retorno. Como los expresionistas, abstraccionistas, surrealistas y dadaístas de la vanguardia europea, el dramaturgo se encuentra atrapado en la vorágine de la sinrazón. Es por eso que las muestras de su dramaturgia en los setenta acrecientan su irrealidad y distorsión, particularmente en el caso de *El arropamiento sartorial...* Esto puede parecer tardío, repetitivo, anquilosado; pero retrospectivamente se llega a la conclusión que los anquilosados eran los otros.

CONCLUSIONES

LA MEMORIA DEL ESPECTÁCULO

Si hacemos un cotejo entre el quehacer histórico y el dramático de los años setenta en Cuba, resalta de inmediato la terrible presión política que ejerce el régimen castrista sobre la mayor parte de los dramaturgos que encabezaban el movimiento teatral. Las nuevas promociones van a ofrecer un panorama desolador, francamente mediocre, subordinándose al discurso oficial a través de la creación colectiva, la construcción del socialismo o la expansión ideológica, que he discutido extensamente en el volumen anterior. En el que ahora nos ocupa, he querido dejar constancia de un puñado de textos que superan en mayor o menor medida estas limitaciones, y como en el exterior se dejan sentadas las bases de la dramaturgia cubana en el exilio.

Durante todo el siglo XX los participantes activos del movimiento teatral irán desarrollando una campaña contra el autor bajo toda clase de excusas con el propósito de usurpar su lugar. Bajo el pretexto de la dictadura del autor se impone la del director, que se vuelve su más acérrimo enemigo. En la década del setenta el teatro cubano casi logra eliminarlo, en gran parte por razones políticas. Y sin embargo, lo que le da relieve y permanencia al teatro cubano será el trabajo de los autores que configuran una dramaturgia marginada, en Cuba y en el exilio, con Virgilio Piñera como arquetipo.

El desprecio por el autor es tal, que Claudio de Giroldamo, citado por Teresa Pérez en su trabajo «La escena cubana contemporánea y la vuelta a la palabra poética», afirma con la mayor arrogancia que el texto es «un alma en pena que busca desesperadamente alguien que le devuelva un cuerpo para seguir viviendo».

Como bien dice Teresa Pérez, «a la "dictadura del escritor" denunciada por Artaud, se han sumado luego otras dictaduras (como la del director de escena), no menos excluyentes» (24). Sin contar la política.

> «De todas formas sucede un hecho incuestionable y es que gracias a la existencia del texto teatral se ha podido tener memoria del espectáculo. Hasta la invención del cine, del video, el espectáculo no se podía fijar, no se podía repetir aunque sólo fuera a nivel de testimonio. Hubo la posibilidad de fijar en los vasos griegos, en los murales, en las pintura al óleo, y, más tarde en la fotografía, momentos de los espectáculos, pero el factor incontrovertible es que de no haber existido Esquilo, Shakespeare, Lope de Vega, Racine o Goldoni, no sabríamos prácticamente nada de lo que fue el hecho teatral en el momento en que estos autores vivieron. El texto, pues, es la memoria del espectáculo» (Salvat, 102-103).

El problema que se le presenta a la dramaturgia del exilio es mucho más grave ya que, además de las dificultades que tiene para que sus obras se lleven a escena, no existen proyectos editoriales de ningún tipo destinados a preservar esa herencia cultural. Si en el campo de la narrativa y la poesía existe una mayor posibilidad de que esa herencia no se pierda, porque el porcentaje de títulos que se publican es mayor aunque su difusión sea limitada y difícil, no ocurre lo mismo con el teatro, que visto como «espectáculo» no despierta mayor interés editorial, ni siquiera entre ciertos sectores de la cultura en el exilio, que colocan el ensayo, particularmente de carácter político, por encima de todo lo demás, incluyendo la narrativa y la poesía. El teatro es, decididamente, la última carta de la baraja. Inclusive, es francamente excepcional que mis iconoclastas interpretaciones críticas sobre el teatro cubano, que cubren un período de ochenta años de la dramaturgia del siglo XX, hayan podido publicarse.

Las peores obras del teatro cubano al servicio de la Revolución han corrido mejor suerte. Si las obras que consiguen estrenarse en el exilio son pocas, las que consiguen publicarse son menos todavía.

Algunos de estos textos se publican gracias al esfuerzo de sus propios autores. Limitándonos a las fechas que ahora nos atañen, *Ediciones Universal* recoge algunos de estos títulos: *El Super, Ojos para no ver.* Merece subrayarse la labor llevada a efecto por Manuel Pereiras al frente de *The Presbyter's Peartree Press* y la serie *Libretos*, que recogerá, con posterioridad a los setenta, textos de autores de este movimiento teatral. Otro tanto hay que acreditarle a *Editorial Persona* con la publicación de *Ceremonial de guerra, Las hetairas habaneras* y piezas de Leopoldo Hernández. También algunas obras se salvan gracias a inclusiones antológicas o en publicaciones periódicas *(Revista Mariel, Tribu).* Pero no sabemos las que se han perdido. Y lo triste del caso es que a casi nadie parece preocuparle tal cosa.

Un buen porcentaje de las obras discutidas en la primera parte de este libro responden a un discurso teatral que ha sido víctima de una marginación por el discurso de poder que los excluye del espectáculo, por eliminación o presencia tardía dentro del mismo. Todas las de la segunda parte representan un discurso heterodoxo que se desarrolla en el exilio, disperso y en muchos casos formado por obras que no se han llevado a escena por la falta de solaridad del exilio con el movimiento dramático nacional. Por consiguiente y con más razón tiene que ser una interpretación textocéntrica, aunque con la conciencia interpretativa del «performance». Si bien creemos en «la primacía del texto dramático», consideramos a su vez la necesidad de su teatralización crítica. «Lo importante es que entre todos los niveles del lenguaje y las realidades mostradas en escena debe reinar [...] una interrelación esencial [aunque esta interrelación no tiene que ser mimética] Nada de lo que diga un personaje puede desligarse del marco visual en que aparece enmarcado» (Giordano 17). El crítico teatral está en la necesidad de hacer su análisis no sólo desde el punto de vista del lenguaje, sino desde el punto de vista de *su* puesta en escena: verla, oírla, vestirla, iluminarla, musicalizarla.

Esta dramaturgia, en resumen, se desarrolla dentro de las más adversas circunstancias. La mayor parte de los dramaturgos procedentes de la decada anterior asociados con el discurso de resistencia estética, se encuentran acorralados por el discurso de poder. Quizás por estas mismas circunstancias, Piñera escribirá una obra clave: *El arropamiento sartorial en la caverna platómica*. Así y todo, estos escritores logran producir textos importantes: *Revolico en el Campo de Marte, Ceremonial de guerra* (Triana), *La dolorosa historia de José Jacinto Milanés* (Estorino), *En el viaje sueño* (Camps), *Mi socio Manolo* (Hernández), *Juego de damas* (Matas), *Ojos para no ver* y *Funeral en Teruel* (Montes Huidobro), los «minidramas» de Ariza y *Los perros jíbaros* de Valls. Inclusive, una auto-crítica dramatizada: *Un agitado pleito entre un autor y un ángel* (Dorr). No es mucho, pero es suficiente dentro de circunstancias dificilísimas.

Mientras tanto, se gestan nuevas voces en la dramaturgia del exilio y desde los setenta se nutre con textos importantes (*Las hetairas habaneras, El Super, Siempre tuvimos miedo*). No es para estar de fiesta, porque el telón de fondo, Cuba misma, es sombrío. Pero, en todo caso, el buen teatro subsiste contra viento y marea, y los textos se convierten en la verdadera memoria del espectáculo.

CRONOLOGÍA

'

Los títulos en cursiva se refieren a la fecha en que la obra fue premiada, estrenada o publicada; los que no están en cursiva indican fechas a las que se atribuye su escritura. En los casos de mayor imprecisión hemos omitido el título.

1970. *Cuba detrás del telón.* «Año de la Zafra de los Diez Millones». Desembarco anticastrista (Alfa 66) en Baracoa. Hundimiento de barcos pesqueros. Fracaso de la zafra. Creación de organizaciones de masas encargadas de supervisarlo todo, incluyendo al Partido Comunista. Supresión de los festejos de fin de año. Petición de nuevos sacrificios a los trabajadores.

Brecht-Corrieri.	*Y si fuera así.*
Milián	*La toma de La Habana por los ingleses*
Santos Marrero	*Los juegos santos*
Valls	Los perros jíbaros
Quintero	*Mambrú se fue a la guerra*

1971. *Cuba detrás del telón.* «Año de la Productividad». Primer Congreso de Educación y Cultura. Se incrementa oficialmente una política de represión e intolerancia cultural, condenando el intelectualismo, el homosexualismo, las prácticas religiosas, y otras «aberraciones»: «el arte sólo debe estar al servicio del pueblo». Encarcelamiento de Heberto Padilla y Belkis Cuza Malé. Autocrítica ulterior de Padilla, que le permite que lo pongan en libertad. Reacción internacional de los intelectuales contra esas medidas. Restricciones ideológicas para poder acceder a la enseñanza universitaria. Captura de barcos pesqueros cubanos en aguas internacionales. Política de invervención ideológica de Castro en Latinoamérica: viaje a Chile instando a Allende a una posición más antiburguesa y más revolucionaria. Se promulga la Ley Contra la Vagancia. Ediciones Escelicer, España, publica *Teatro Selecto Contemporáneo Hispanoamericano*, V. III, Eds. Orlando Rodríguez-Sardiñas y Carlos Miguel Suárez Radillo, incluyendo por primera vez una obra de teatro cubano del exilio en una antología de teatro de habla castellana.

Ariza	La reunión
Ariza	Juego de muñecas
Artiles	*Adriana en dos tiempo*s
Camps	*En el viaje sueño*
Hernández Espinosa	Mi socio Manolo
Piñera	El arropamiento sartorial...
Macías	*Girón, la historia verdadera de la brigada 2506*
Paz	*La vitrina*
Sánchez-Boudy	*Homo sapiens*
Triana	Revolico en el Campo de Marte

1972. *Cuba detrás del telón*. «Año de la Emulación Socialista». Largo viaje de Castro por África y Europa Oriental, estableciendo relaciones con los gobiernos revolucionarios de Yemen, Somalia, Zambia, etc. Agradecimiento a la ayuda soviética. Prohibición de las religiones sincréticas afro-cubanas y persecución a intelectuales negros que profundicen en análisis étnicos. Con motivo del proceso conocido como «parametrización», por su falta de preparación ideológica y moralidad, se expulsan unos trescientos directores y actores de teatro. Castro propone el modelo soviético, reconoce que en Cuba se está iniciando la construcción del socialismo y que la Unión Soviética está empezando a construir el comunismo.

Dorr	*Un agitado pleito...*
Dorr	*Un viaje entretenido*
González de Cascorro	Traición en Villa Feliz
Gutiérrez	*Los chapuzones*
Paz	*El paraíso recobrao*
Sánchez	*Cacha Basilia de Cabarnao*
Sánchez	*Amante y penol*
Valdés Vivó	*Naranjas de Saigón*

1973. *Cuba detrás del telón.* «Año del Vigésimo Aniversario del Moncada». Se criminaliza la homosexualidad y se reduce la edad penal a los dieciséis años. Se prohibe en la radio y televisión la música considerada decadente. Encarcelamiento del escritor Manuel Ballagas. Se condecora con la orden «José Martí» a Nicolae Ceaucesco, presidente de Rumanía. Se establecen relaciones diplomáticas con Bangladesh. Castro rompe relaciones diplomáticas con Israel y envía tanques y brigadas médicas a Siria durante la guerra de Yom Kippur.

Brene	El corsario y la abadesa
Estevanell	*El impacto*

Gregorio	*Canción para un día de julio*
Hernández, Gilda	*El juicio*
Matas	Juego de damas
Piñera	Las escapatorias de Laura y Oscar
Pomares	*El 23 rompe el corojo*
Sánchez	*Audiencia en la Jacoba*
Triana	Ceremonial de guerra

1974. **Cuba detrás del telón.** «Año del XV Aniversario de la Revolución». Visitas a Cuba de Honecker, secretario general del partido comunista alemán, de Yasser Arafat, de Pham Van Dougg, primer ministro de Vietnam, y Leonid Breznev, que recibe la orden «José Martí». Se agradece la ayuda soviética y se incrementan las relaciones con el Kremlin. Se establecen relaciones con Zaire, Madagascar y Senegal. Cuba apoya a los movimientos insurgentes de Latinoamérica por todos los medios posibles.

Artiles	*De dos en dos*
Dorr	*La chacota*
Fulleda León	*Azogue*
Estorino	La dolorosa historia del amor secreto....
González de Cascorro	Vamos a hablar del Mayor
González de Cascorro	*El hijo de Arturo Estévez*
Hernández, Leopoldo	Martínez
Paz	*El rentista*

Pomares	*De cómo Santiago Apóstol...*
Piñera	El trac
Quintero	*Si llueve te mojas como los demás*
Soler Puig	El derrumbe

1975. ***Cuba detrás del telón***. «Año del Primer Congreso del Partido Comunista». Visita de Kenneth Kaunda, presidente de Zambia, que recibe la orden «José Martí». Se establecen relaciones con Etiopía y Afganistán. Conferencia en La Habana de los Partidos Comunistas de la América Latina y el Caribe. Represión contra los prisioneros políticos de Boniato, Oriente, algunos de los cuales son ametrallados. Incremento de la política cubana en la Guerra de Angola: envío de tropas y equipos, que aumentarán durante el transcurso de la década: para 1987 Cuba habrá enviado trescientos mil soldados. Cuba apoya la facción marxista del movimiento independentista angolés. Celebración en La Habana del Primer Congreso del Partido Comunista. Muere Carlos Felipe.

Ariza	El asunto
Camps	Antonia
Camps	Un lunes sangriento
Estevanell	Santiago 57
Fulleda León	*Los profanadores*
Fernández	*Ernesto*
Fernández	*Ha muerto una mujer*
González	*Las provisiones*
González	*El ladrillo sin mezcla*
Hernández, L.	Cheo

Hernández, L.	Los pobres ricos
Meneses	*Juan Jaragán y los diablos*
Orihuela-Rentería	*El patio de maquinarias*
Paz	Antón Antón Pirulero
Paz	*El mal de los remedios*
Sánchez	*¡De pié!*
Sánchez-Boudy	*La soledad de la Playa Larga*
Vera	*Memorias de un proyecto*

1976. *Cuba detrás del telón.* «Año del XX Aniversario del Granma». Se promulga una nueva constitución. Candidatura única con el apoyo del Partido Comunista de Cuba. Castro visita la Union Soviética y Yugoeslavia. Dirigentes de los Black Panthers acusan a Castro de enviar a los negros cubanos a morir en Angola. Ataque a la flota pesquera cubana. Atentado contra un avión de Cubana de Aviación en Barbados. Perecen setenta y tres pasajeros. Se crea el Ministerio de Cultura dirigido por Armando Hart.

Corrales	Bulto postal
Fernández Travieso	Prometeo
Hernández Espinosa	*La Simona*
Junco Martínez	*A la orilla de la presa...*
Orihuela	*Ramona*
Padrón	*De cómo Juan el gato fue convertido en pato*

1977. *Cuba detrás del telón.* «Año de la Institucionalización». Carter inicia una política de acercamiento con el objetivo de lograr que cese la intervención militar de Cuba en Angola, su ingerencia en la América Latina y un mayor respeto a los derechos humanos. Castro hace caso omiso de tales condiciones. Exige la supresión incondicional del embargo. Visita Argelia, Somalia, Etiopía, Tanzania, Angola, Europa Oriental y la Unión Soviética. Se firman acuerdos con los Estados Unidos para resolver el problema pesquero. Nueva visita a Cuba del presidente de Angola. Se establecen vuelos comerciales entre Cuba y Angola. Llegan tropas cubanas a Etiopía hasta configurar un total de ochenta aviones, seiscientos tanques y seiscientos transportes blindados. Trescientos turistas llegan a La Habana en el buque Dafhne. Visita de los cubano-americanos de la brigada «Antonio Maceo». Se celebra el Primer Congreso de los Comités de Defensa de la Revolución.

Acosta	*El Super*
Camps	El traidor
Corrales	*Juana Machete...*
Corrales y Pereiras	Las hetairas habaneras
García, Carlos Jesús	*Toto de los espíritus*
Hernández, L.	No negocie, Sr. Presidente
Paz	*El robo del motor*
Paz	*El rematador de Remache*

1978. *Cuba detrás del telón.* «Año del XI Festival de la Juventud». La tropa cubana inicia la ofensiva de Ogadén en Etiopía, con diecisiete mil soldados. Visita Cuba George Habash, del Frente Popular para la Liberación de Palestina. Se duplica la ayuda soviética. Se celebra el Festival de la Juventud. Sadam Hussein visita Cuba. Se incrementan las relaciones con la llamada Comunidad Cubana en el Exterior.

Artiles	Al final de la sangre
Herrero	*Cefí y la muerte*
Hernández Savio	*En Chiva Muerta no hay bandidos*
Oliva	*Un pelo en plena juventud*
Orihuela	*La emboscada*
Paz	*El desesperado de avanzada*
Paz	*Los tres burritos*
Paz	*Autolimitación*
Reyes	*¡Vayá!*

1979 ***Cuba detrás del telón.*** «Año del XX Aniversario de la Victoria de la Revolución». Visitan Cuba el vicepresidente de Irak, el primer ministro de Bulgaria, el presidente de Angola y el jefe del ejército sirio. El jefe militar de Etiopía condecora en La Habana a militares cubanos y familiares de las víctimas de la guerra en Etiopía. Se envían cuatrocientos maestros a Angola y mil doscientos a la Nicaragua sandinista. Cuba suministra asistencia médica a diecisiete países africanos. Prosiguen los viajes de la Comunidad Cubana y alrededor de cien mil exiliados visitan la isla. Muere Virgilio Piñera.

Ariza	Declaración de principios
Aloma	Una cosita que alivie el sufrir
Montes-Huidobro	*Ojos para no ver*
Piñera	Un pico y una pala
Rodríguez	*Andoba*

BIBLIOGRAFÍA

Abel, Lionel. *Metatheatre*. New York: Hill and Wang, 1963.

Abirached, Robert. *La crisis del personaje en el teatro moderno*. Madrid: Asociación de Directores de la Escena Española, 1994.

Acosta, Iván. *El Super*. Miami: Ediciones Universal, 1982.

Abreu, Alberto. *Un hombre, una isla*. La Habana: Ediciones Unión, 2000.

Addler, Heidrun y Herr, Adrián. *De las dos orillas. Teatro cubano*. Madrid y Frankfurt am Main: Vervuert Iberoamericana, 1999.

—— *Extraños en dos patrias: Teatro latinoamericano del exilio*. Madrid: Vervuert-Iberoamericana, 2003.

Acta y declaración. Festival de Teatro de La Habana, 1980. *Conjunto,* abril-junio 1980, 128-131

Aguilú de Murphy, Raquel. *Los textos dramáticos de Virgilio Piñera y el teatro del absurdo*. Madrid: Editorial Pliegos, 1989.

—— Reseña. *Juegos y rejuegos. Dramaturgos*. N.1, V.I, 1995, 265-268.

Albuquerque, Severino J.: *Violent Acts. A Study of Contemporary Latin American Theatre*. Detroit: Wayne State University Press, 1991.

Almendros, Néstor, y Jiménez-Leal, Orlando. *Conducta impropia*. Madrid: Editorial Playor, 1984.

Alomá, René. *Una cosita que alivie el sufrir*. Traducción de Alberto Sarraín. En *Teatro cubano contemporáneo. Antología,* Carlos Espinosa Domínguez, Ed. Madrid: Centro de Documentación Teatral, 1992, 1277-1333.

Arias, Salvador. «Machismo, historia y revolución en la obra de Abelardo Estorino». Prólogo. *Teatro,* de Aberlardo Estorino. La Habana: Editorial Letras Cubanas, 1984, 5-26.

Ariza, René. *Teatro brevísimo: El que faltaba, El asunto, Juego con Muñecas. Revista Mariel,* Primavera, 1983.

—— *Declaration of Principles, A Flower Vendor for These Times*. Publicadas en *Cuban Theater in the United States,* Luis González-Cruz y Francesca

Colecchia, editores. Tempe, Arizona: Editorial Bilingüe, 1992, 60-76.

Arrufat, Antón. *Virgilio Piñera, entre él y yo.* La Habana: Ediciones Unión, 2002.

Artiles, Freddy. «Apocalipsis cum Grotowski» *Conjunto.* N. 26, octubre-diciembre 1975, 83-91.

Artaud, Antonín. *El teatro y su doble.* Buenos Aires: Editorial Sudamericana, 1964.

Balmaseda, Mario. «*La Simona*». *Conjunto:* julio-septiembre 1977, N. 33. 111-112.

Barba, Eugenio. *Más allá de las islas flotantes.* Buenos Aires: Firpo & Dobal, 1987.

——— *La canoa de papel.* México: Grupo Editorial Gaceta, 1992.

——— «En las entrañas del monstruo». *Conjunto,* enero-abril, 2002, 2-13.

Battegay, Raymond. *La agresión.* Barcelona: Editorial Herder, 1981.

Bello, Francisco R. Reseña. *Funeral en Teruel. Repertorio Latinoamericano.* Abril-Junio 1991, 15-16.

Berenguer, Angel. *Teoría y crítica del teatro.* Alcalá de Henares: Universidad de Alcalá, 1996.

Berthold, M. *Historia social del teatro.* Madrid: Ediciones Guadarrama, 1974.

Bobes Naves, M.C. *Semiología de la obra dramática.* Madrid: Taurus, 1995.

Boudet, Rosa Ileana. *En tercera persona.* Irvine, California: Gestos, 2004.

——— «Veinticinco aniversario del teatro de la Revolución». *Conjunto:* abril-junio, 1984, N. 60, 7-26.

——— «Riesgos y dificultades de la dramaturgia cubana actual», *Tablas,* enero-mayo, 1982, 24-34.

Brook, Peter. *La puerta abierta.* México: Arte y Escena Ediciones, 1998.

Camps, David. *En el viaje sueño.* La Habana: Unión, 1973.

——— *Antonia.* La Habana: Letras Cubanas, 1989.

—— «Teatro y revolución». *Conjunto:* octubre-diciembre, 1980. N. 47, 110-111.

Cancio Islas, Wilfredo. «El *boom* de Virgilio Piñera». La Habana: *La Gaceta de Cuba.* Abril 1990. 4-5.

—— «Abelardo Estorino en la guerra del tiempo». *Encuentro:* Nms. 26-27, otoño-invierno 2003/04, 15-26.

Carlson, Marvin. *Theories of the Theatre,* Ithaca, Cornell University Press, 1984.

Carrió, Raquel. *Dramaturgia cubana contemporánea.* La Habana: Editorial Pueblo y Educación. 1988.

Castagnino, Raúl H. *Teoría del teatro.* Buenos Aires: Editorial Nova, 1956.

Canby, Vincent, «The Screen: "El Super", A Cuban American Tale». En Kanellos, Nicolás, Ed., *Hispanic Theatre in the United States.* Houston, Texas: Arte Publico Press, 1984.

Chaple, Sergio. *Historia de la literatura cubana.* Vol III. La Habana: Letras Cubanas, 2008.

Colecchia, Francesca. «Matías Montes Huidobro: His Theater». *Latin American Theatre Review,* Summer 1980, 77-80.

—— Reseña. *Ojos para no ver. Hispania.* Mayo 1982, 16.

—— «Niveles temporales en *Funeral en Teruel*». Prólogo. *Funeral en Teruel.* Honolulu, Hawaii: Editorial Persona, 1991.

Corrales, José, y Pereiras, Manuel. *Las hetairas habaneras.* Prólogo: José A. Escarpanter. Honolulu, Hawaii: Editorial Persona, 1988.

Corazón, Alberto, Editor. *Investigaciones sobre el espacio escénico.* Madrid: Plaza Mayor, 1970.

Dahl, Mary Karen. *Political Violence in Drama.* Ann Arbor, Michigan: UMI Research Press, 1987.

Diccionario de literatura cubana. La Habana: Editorial Artes y Letras, 1980. Vol. I y II.

Diéguez Caballero, Ileana. *Movilidad del tema marginal en el teatro cubano.* La Habana: Departamento de Actividades Culturales de la Universidad de La Habana, 1985.

Documentos. Primer Festival de Teatro Nuevo. *Conjunto*. Enero-Marzo, 1979. No. 39, 22-32.

Documentos. Festival de Teatro de La Habana, 1980. Acta y declaración. Declaración final. *Conjunto*. Abril-Junio 1980. N. 44, 128-132.

Documentos. Primer encuentro de teatristas latinoamericanos y del Caribe. *Conjunto*, Oct-Dic., 1981, N. 50, 3-27.

Dorr, Nicolás. *El agitado pleito entre un autor y un ángel*. La Habana: Unión, 1973.

——— *La Chacota*. Prólogo de José Antonio Portuondo. La Habana: Letras cubanas, 1989.

——— Entrevista. «El autor de *Las pericas* cuenta su historia», por Matías Montes Huidobro. *Lunes de Revolución*. N. 110, junio 19, 1961, 18.

——— Entrevista. «Nicolás Dorr y su agitado pleito», por Nancy Morejón. *La Gaceta de Cuba*, enero 1973, 18-19.

Dragún, Osvaldo. «El teatro de Nicolás Dorr». Prólogo a *Teatro*. La Habana: Ediciones El Puente, 1963, 7.

Elam, Keir. *The Semiotics of Theatre and Drama*. London: Methuen, 1980.

Escarpanter, José. «Una parodia cubana» Prólogo a *Las hetairas habaneras* de José Corrales y Manuel Pereiras. Honlulu, Hawai: Editorial Persona, 1988, 5-9.

——— «*Funeral en Teruel* y el concepto de la hispanidad». Prólogo, *Funeral en Teruel*. Honolulu, Hawaii: Editorial Persona, 1990, 11-14.

——— «Imagen de imagen: entrevista con José Triana». En *Palabras más que comunes*, Kirsten F. Nigro, Ed. Boulder, Colorado: Society of Spanish and Spanish American Studies, 1994, 1-12.

——— Prólogo. Leopoldo Hernández, *Piezas cortas*. Honolulu, Hawaii: Editorial Persona, 1990, 6-9.

——— Reseña, Renaldo Ferrada, *La puta del millón. Anales Literarios. Dramaturgos*. N. 1, V.I, 1995, 227-229.

Espinosa Domínguez, Carlos. *Virgilio Piñera en persona*. Denver, Colorado: Término Editorial, 2003.

——— «Una dramaturgia escindida». *Teatro cubano contemporáneo. Antología*. Madrid: Centro de Documentación Teatral, 1992.

——— «Las ediciones cubanas de teatro». *Conjunto,* N. 51, enero-marzo 1982. 118-119.

——— «*Toto de los espíritus»*, *Conjunto,* enero-marzo 1979, N. 39, 135-137.

Esslin, Martín. *The Theater of the Absurd.* Garden City, New York: Anchor Books, 1969.

——— *An Anatomy of Drama.* New York: Hill and Wang, 1976.

Estorino, Abelardo. *Teatro.* Prólogo de Salvador Arias. La Habana: Editorial Letras Cubanas, 1984.

——— Entrevista. *Gaceta de Cuba:* junio 1963, 5.

——— Entrevista. «El dramaturgo en primera persona». *Encuentro:* Nms. 26-27, otoño-invierno 2003/04, 5-13.

——— «Entre el Dr. Jeckyll y Mr. Hyde». La Habana: *La Gaceta de Cuba,* Nov-Diciembre 1997, 36-37.

Evora, José Antonio. «La otra orilla del círculo: teatro vernáculo cubano en Miami». *De las dos orillas. Teatro cubano.* Heidrun Adler, Adrián Herr, Eds. Frankfurt: Vervuert, 1999. 139-148.

Farell, Gordon. *The power of the playwright's vision.* Portsmouth, NH: Heinemann, NH. 2001.

Febles, Jorge. «La desfiguración enajenante en *Ojos para no ver».* *Crítica Hispánica.* N. 2, 1982, 127-136.

——— «Asedios a una tradición: aspectos del motivo exílico en el teatro cubano postrevolucionario». En Adler, Heidrun, and Herr, Adrián, editores. *Extraños en dos patrias: Teatro latinoamericano del exilio.* Madrid: Vervuert-Iberoamericana, 2003. 77-97.

——— «De la desazón de los 70 al prurito reconciliador de los 90: Revolución (¿y contrarrevolución?) en cinco piezas del exilio cubano». *De las dos orillas. Teatro cubano.* Frankfurt: Vervuert, 1999. 77-98.

Fernández Travieso, Tomás. *Prometeo.* Prólogo de Armando Alvarez Bravo. Miami: Editorial D.A.C, 1991. 9-12.

Fernández Vázquez, Antonio. Reseña. *Ojos para no ver. Dramaturgos.* N. 1, N. I, 1995, 269-270.

Fornés-Bonavia Dolz, Leopoldo. *Cuba. Cronología. Cinco siglos de historia, política y cultura.* Madrid: Editorial Verbum, 2003.

Fromm, Erich. *Anatomía de la destructividad humana*. México: Siglo XXI Editores, 1975.

García, Carlos Jesús. *Toto de los espíritus*. La Habana: Ediciones Unión, 1977.

García, Santiago. *Teoría y práctica del teatro*. Bogotá: Ediciones CEIS, 1983.

González-Cruz, Luis F. Reseña, *Funeral en Teruel. Confluencia*. Primavera-Otoño 1993, Vol. 8-9, N. 1-2, 291-292.

Gilmore, Elsa Martínez. «Vista de amanecer en el trópico: el discurso de la iluminación escénica en *Ojos para no ver»*. *Matías Montes Huidobro: acercamientos a su obra literaria*. Febles y González-Pérez, Eds. New York. Mellen Press, 1997. 49-58.

Geriola, Gustavo. *Teatralidad y experiencia política en América Latina*. Ediciones Gestos: Universidad de California, Irvine, 2000.

Gladkov, Aleksandr, *Meyerhold speaks, Meyerhold rehearses*. Australia-United Kingdom: Hardwood Academic Publishers, 1997.

Grotowski, Jerzy. *Hacia un teatro pobre*. México: Siglo XXI, 1981.

Grandes Rosales, María Angeles. *La noche esteticista de Edward Gordon Craig*. Alcalá de Henares, España: Universidad de Alcalá, 1997.

Gombrowicz, Witold. «Aurora y Victrola, dos juguetes literarios de Virgilio Piñera y Witold Grombrowicz». *La Gaceta de Cuba*, 3-5.

González de Cascorro, Raúl. *Vamos a hablar del Mayor*. La Habana: Editorial Genete Nueva, 1978.

González, Mirza. «Persistencia y resistencia: visión de "lo cubano" en el teatro del exilio en inglés.» *De las dos orillas*, Ed. Heidrun Adler y Adrian Herr. Frankfurt: Vervuert, 1999, 65-76.

González, Tomás. Prólogo. *Vade retro y otras obras* de José Milián. La Habana: Letras Cubanas, 1990.

Guerra, Ramiro. *Teatralización del folklore y otros ensayos*. La Habana: Editorial Letras Cubanas, 1989.

Helbo, A. *Theory of Performing Arts*. Amsterdam-Philadelphia: John Benjamins, 1987.

Hernández Espinosa, Eugenio. *Teatro*. Prólogo de Inés María Martiatu. La Habana: Letras Cubanas, 1989.

—— *La Simona*. La Habana: Casa de las Américas, 1977.

—— «Mi cultura personal es un ajiaco». Entrevista, Cristilla Vasserot. *Conjunto*. Abril-Junio, 1998. 43-48.

—— «Con el autor de *María Antonia*». Entrevista. *Entretelones*. Febrero 2005, N. 12, 2-3.

Hernández, Leopoldo. *Siempre tuvimos miedo*. Honolulu, Hawaii: Editorial Persona, 1988.

—— *Martínez*. En *Cuban American Theater*, Rodolfo Cortina, Ed. Houston, Texas: Arte Público Press, 1991, 21-52.

—— *Piezas cortas*. Honolulu: Hawaii, 1990.

Hernández Miyares, Julio. «Un breve prólogo para un Súper muy superior», En *El Super* de Iván Acosta. Miami: Ediciones Universal, 1982.

Hormigón, Juan Antonio. *Teatro, realismo y cultura de masas*. Madrid: Edicusa, 1974.

Horn, Laurie. Reseña, *Ojos para no ver. The Miami Herald*. June 24, 1993, 7G.

Hornby, Richard. *Drama, Metadrama and Perception*. London and Toronto: Associated University Presses, 1986.

Huizinga, J. *Homo ludens*. New York: Roy Publishers. 1950.

Innes, Christopher. *El teatro sagrado*. México: Fondo de Cultura Económica, 1995.

Kowzan, Tadeusz. *El signo y el teatro*. Madrid: Arco Libros, 1997.

Kumiega, Jennifer. *The Theater of Grotowski*. Londres y Nueva York: Methuen, 1985.

Leal, Rine. *Breve historia del teatro cubano*. Editorial Letras Cubanas, 1980.

—— «Líneas y problemas de la escena cubana actual». La Habana, *Tablas*, N. 1, enero-marzo 1989, 48-49.

—— «Diálogo sobre afirmaciones y desencuentros». La Habana, *Tablas,* Num. 4, octubre-diciembre 1987.

—— «El ritual de las máscaras». *Tablas.* N. 1. Enero-marzo, 1988, 39-44.

—— «Piñera inconcluso». Prólogo a *Teatro inconcluso* de Virgilio Piñera. La Habana: Unión de Escritores y Artistas, 1990. 7-42.

—— «Respuestas sin preguntas». *La Gaceta de Cuba.* Enero-Febrero 1997. N. 1, 34

—— «Ausencia no quiere decir olvido». Prólogo. *Teatro. 5 autores cubanos.* New York: Ollantay, 1995.

Lindenberger, Herbert. *Historical Drama: The Relation of Literature and Reality.* Chicago: University of Chicago Press, 1975. IX-XXXI.

López Miret, Alvaro. Prólogo. *Teatro* de Héctor Quintero. La Habana: Letras Cubanas, 1983. V-XX.

López Miret, Alvaro. «El arte dramático de David Camps» en *Antonia* de David Camps. La Habana: Editorial Letras Cubanas, 1989. 5-20.

Matas, Julio. *Juegos y rejuegos.* Miami: Ediciones Universal, 1992.

Martiatu, Inés María. Prólogo. *Teatro,* Eugenio Hernández Espinosa. La Habana: Letras Cubanas, 1989. 5-24.

—— «Notas anticipadas a *Mi socio Manolo».* La Habana: *Tablas,* Núm. 3, julio-septiembre 1988, 24-28.

Mamet, David. *Los tres usos del cuchillo.* Barcelona: Alba Editorial, 2001.

Manet, Eduardo. «Encuentro a través del tiempo». *Encuentro:* Nms. 26-27, otoño-invierno 2003/04, 27-29.

Martínez Tabares, Vivian. «El reencuentro: un tema polémico». *Conjunto:* octubre-diciembre 1988. N.4. 2-5.

Marré, Luis. «Tomar a Virgilio». *La Gaceta de Cuba.* 2000, 17-20.

Meléndez, Priscilla. «*Revolico en el Campo de Marte:* Triana y la farsa esperpéntica». Nigro, Kisten F., *Palabras más que comunes. Ensayos sobre el teatro de José Triana.* Boulder, Colorado: Society of Spanish and Spanish-American Studies: 1994.

Meyerhold, V. E, *El actor sobre escena.* México: Grupo Editorial Gaceta, 1986.

Miklaszewski, Krsysztof, *Encounter with Tadeusz Kantor.* New York and London: Routledge, 2002.

Milián, José. *Vade retro y otras obras.* Prólogo de Tomás González. La Habana: Letras Cubanas, 1990.

Montané, Diana. «Ojos que no ven, corazón que no siente». *Éxito,* 23 de junio, 1993, 61

Montes Huidobro, Matías. *Persona, vida y máscara en el teatro cubano.* Miami: Ediciones Universal, 1973.

—— *Ojos para no ver.* Miami: Ediciones Universal, 1979.

—— *Funeral en Teruel.* Honolulu, Hawaii: Editorial Persona, 1990.

—— «El caso Dorr: el autor en el vórtice del compromiso». *Latin American Theatre Review.* Fall 1977, 35-43.

—— «Charada». *Escandalar.* Enero-Junio, 1982, V. 5, N 1-2, 137-140.

—— «La ética histórica como acondicionadora de la acción en el teatro de José Triana». En Nigro, Kisten F., *Palabras más que comunes. Ensayos sobre el teatro de José Triana.* Boulder, Colorado: Society of Spanish and Spanish-American Studies: 1994. 41-52.

—— «Pre-historia del erotismo». *Cubanacán.* Revista del Centro Cultural Cubano de Nueva York. Vol. I, N. 1, Verano 74, 20-32.

—— *Teoría y práctica del catedratismo (en Los negros catedráticos de Francisco Fernández).* Honolulu, Hawaii: Editorial Persona, 1987

Morín, Francisco. *Por amor al arte.* Miami: Ediciones Universal, 1998.

Morejón, Nancy. «Nicolás Dorr y su agitado pleito» *La Gaceta de Cuba.* No. 108, enero 1973, 18-19.

—— «Si llueve, te mojas... también». *La Gaceta de Cuba.* No. 121, marzo 1974, 30-31.

—— «Panorama de teatro cubano 1975». *La Gaceta de Cuba.* No. 139, oct. 1975, 2.

Mukarovsky, Jan. *Escritos de estética y semiótica del arte.* Barcelona: Gustavo Gili, 1975.

Muguercia, Magaly. *Indagaciones sobre el teatro cubano.* La Habana: Editorial Pueblo y Educación, 1989.

—— *Semiología y teatro.* La Habana: Editorial Pueblo y Educación, 1988.

—— *Teatro y utopía.* La Habana: Ediciones Unión, 1997.

—— *Teatro: en busca de una expresión socialista.* La Habana: Editorial Letras Cubanas, 1981.

—— «Del teatro sociológico al teatro de la identidad». *Conjunto:* abril-junio, 1991, 2-18.

Neglia, Erminio G. *El hecho teatral en Hispanoamérica.* Roma: Bulzoni, 1985.

—— *Aspectos del teatro moderno hispanoamericano.* Bogotá: Editorial Stella, 1975.

Novosti, Agencia de Prensa. «El teatro soviético refleja Nuestra América». *Conjunto:* octubre-diciembre, 1977. N. 34, 3-6.

Nightingale, Benedict. «In Pinter County There Are Only Questions». *The New York Times.* Enero 23, 1994. H5.

Nigro, Kisten F., *Palabras más que comunes. Ensayos sobre el teatro de José Triana.* Boulder, Colorado: Society of Spanish and Spanish-American Studies: 1994.

Oliva, Felipe. *Un pelo en plena juventud.* La Habana: Ediciones Unión, 1978.

Pavis, Patrice. *El análisis de los espectáculos.* Paidos: Barcelona, 1996.

—— *El teatro y su recepción.* La Habana: UNEAC, 1994.

Pérez, Omar. «Ritos, figuras y funciones. Palabras con Vicente Revuelta». *Conjunto:* abril-junio, 1991. 26-30.

Pérez, Teresa. «La escena cubana contemporánea y la vuelta a la palabra poética». *Conjunto:* Julio-Septiembre 1998. N. 110. 24-31.

Pérez Peña, Carlos. «Los Doce», *Tablas.* Enero-abril, 2003. V. LXXI.

Piñera, Virgilio. *Un arropamiento sartorial en la caverna platómica. Tablas.* N. 1. Enero-marzo 1988.

—— *Teatro inconcluso.* Edición y prólogo de Rine Leal. La Habana: Ediciones Unión, 1990. Obras citadas: *Milanés. El viaje, Las siamesas, El ring, Inermes, ¿Un pico y una pala?, Pompas de jabón.*

—— *Las escapatorias de Laura y Oscar, El trac.* En *Teatro completo.* Compilación, ordenamiento y prólogo: Rine Leal. La Habana: Letras cubanas, 2002.

—— «Se habla mucho...» *Conjunto:* Julio-Diciembre 1984, N. 61-62, 57-59.

—— «No estábamos arando en el mar». *Tablas:* abril-junio, 1983. N. 2: 37-46.

Pianca, Marina. *El teatro de nuestra América: un proyecto continental: 1959.1989.* Minnesota: Institute for the Studies of Ideologías and Literature, 1990.

—— *Testimonios de teatro latinoamericano.* Buenos Aires: Grupo Editor Latinoamericano, 1991.

Pino, Amado del. «Estudio preliminar». *Antología de Teatro Cubano,* t. 6. La Habana: Editorial Pueblo y Cultura, 1-14.

Portuondo, José Antonio. Prólogo. *La Chacota* de Nicolás Dorr. La Habana: Letras Cubanas, 1989.

Pogolotti, Graziella. Prólogo. *Teatro y Revolución.* La Habana: Ediorial Letras Cubanas, 1980, 7-30.

Richards, Thomas. *At Work with Grotowski on Physical Actions.* London and New York: Routledge, 1995.

Rodríguez-Florido, Jorge. J. Reseña. *Funeral en Teruel. Latin American Theatre Review.* Fall 1991, 176-177.

Roster, Peter, y Rojas, Mario, editores. *De la Colonia a la Postmodernidad.* Buenos Aires: Editorial Galerna, 1992.

Salvat, Ricard. *Historia del teatro moderno. Los inicios de la nueva objetividad.* Barcelona: Ediciones de Bolsillo, 1981.

Sánchez, José A., Ed. *La escena moderna.* Madrid: Akal, 1999.

—— *Dramaturgias de la imagen.* Cuenca: Ediciones de la Universidad de Castilla-La Mancha, 2002.

Sánchez-Boudy, José. *Homo Sapiens.* Miami: Ediciones Universal, 1971.

—— *La Soledad de la Playa Larga.* Miami, Ediciones Universal, 1975.

Santiago, Héctor. «Teatro de resistencia en los campos de concentración de la UMAP en Cuba». Edición electrónica. *www.elateje.com,* 3/9/2005.

Sarraín, Alberto. «Un testimonio de amor y nostalgia». Espinosa Domínguez, Carlos. *Teatro cubano contemporáneo.* Madrid: Centro de documentación teatral, 1992, 1269-1274.

Sejourne, Laurette. *Teatro Escambray: una experiencia.* La Habana: Editorial Ciencias Sociales, 1977.

Schechner, Richard, and Schuman, Mady. *Ritual, Play and Performance.* New York: Seabury Press, 1976.

Sicilia, Rubén. *Teatro ontológico.* La Habana: Letras Cubanas, 2001.

Stanislavski, Konstantin. *El arte escénico.* México: Siglo XXI, 1980.

Suárez Durán, Esther. *El juego de mi vida: Vicente Revuelta en escena.* La Habana: Centro de Investigación y Desarrollo de la Cultura Juan Marinello, 2001.

Solovyova, Inna. «The theatre and Socialist Realism, 1929-1953». Publicado en Leach, Robert; Borovsky, Victor. *A history of Russian theatre.* United Kingdom: Cambridge University Press, 1999.

Souritz, Elizabeth, «Constructivism and Dance». *Russian Avant-Garde Stage Design,* Nancy Van Norman Baer, Ed. New York: Thames and Hudson, 1991, 129-143.

Spang, Kurt. *El drama histórico. Teoría y comentario.* Pamplona, Navarra: Eunsa. 1998.

Stanislavski, Konstantin. *El arte escénico.* México: Siglo Veintiuno Editores, 1980.

Taquechel, Orlando. «Por una *Simona* en escena». *Conjunto:* abril-junio 1979, N. 40, 115-117.

Törnqvist, Egil. *El teatro en otra lengua y otro medio.* Madrid: Arco, 2002.

Triana, José. *Ceremonial de guerra.* Honolulu, Hawaii: Editorial Persona, 1990.

—— *Revolico en el Campo de Marte. Gestos.* Año 10, Nro. 19, Abril 1995.

—— Entrevista. *Gaceta de Cuba:* junio 1936, 6.

—— «Siempre fui y seré un exiliado». *Encuentro.* Ns. 4-5, primavera/verano 1997, 33-46.

—— «Imagen de imagen: entrevista con José Triana». En *Palabras más que comunes,* Kirsten F. Nigro, Ed. Boulder, Colorado: Society of Spanish and Spanish American Studies, 1994.

—— «Manuscritos del tiempo». Prólogo, *El tiempo en un acto.* New York: Ollantay, 1999. VIII-XL.

Turner, Victor. *From Ritual to Theater.* New York, Performing Arts Journal Press, 1982.

Ubersfeld, Anne. *Semiótica teatral.* Madrid: Cátedra, 1989.

Valdivieso, Teresa. Reseña, *Ojos para no ver. Chasqui.* Feb-Mayo, 1981, 69-70.

Vázquez, Liliam. «*El corsario y la abadesa*: los antihéroes de Brene». *Tablas.* Oct-Dic, 1986. N. 4, 26-27.

Valenzuela, José Luis. «Eugenio Barba y nuestro teatro débil». En Giella, Miguel Angel, y Roster, Peter, editores. *Reflexiones sobre teatro latinoamericano del siglo veinte.* Buenos Aires: Editorial Galerna/Lemcke Verlag, 1989.

Valiño, Omar, y Hernández-Lorenzo, Maité. «Vicente Revuelta. Monólogos. Confesiones de los setenta años». *La Gaceta,* julio-agosto, 1999, 16-20.

—— «El Odín se detuvo en La Habana». *Tablas,* mayo-agosto, 2002, V. LXVIII.

Valls, Jorge. *Los perros jíbaros. Tribu. Revista del Instituto de Estudios Políticos José Antonio Echeverría.* Nros. 1-2, Invierno-Primavera, 1983.

Versényi, Adam. *El teatro en América Latina.* Cambridge: Cambridge University Press, 1993.

Villegas, Juan. *La interpretación de la obra dramática.* Santigao de Chile: Editorial Universitaria, 1971.

—— *Para un modelo de historia del teatro.* Irvine, California: Ediciones Gestos, 1997.

—— *Ideología y discurso crítico sobre el teatro de España y Amérca Latina.* Minneapolis, Minnesota: The Prisma Institute, 1988.

Watson, Ian. «Eugenio Barba: la conexión latinoamericana». Publicado en: Giella, Miguel Angel, y Roster, Peter, editores. *Reflexiones sobre teatro latinoamericano del siglo veinte.* Buenos Aires: Editorial Galerna/Lemcke Verlag, 1989.

Woodyard, George. «El teatro hispano en los Estados Unidos». La Habana: *Conjunto.* Octubre-Diciembre, 1991, 7-9.

—— «Comentario preliminar». En José Triana, *Ceremonial de guerra.* Honolulu, Hawaii: Editorial Persona, 1990.

Wright, Edward A., *Para comprender el teatro actual.* México: Fondo de Cultura Económica, 1988.

Zand, Nicole. «Veinte años después... Grombrowicz». *Unión.* N. 10, abril-mayo-junio 1990.